Revista de Direito, Estado e Telecomunicações
(The Law, State and Telecommunications Review)

Universidade de Brasília
Faculdade de Direito
Núcleo de Direito Setorial e Regulatório
Grupo de Estudos em Direito das Telecomunicações

Universidade de Brasília
Faculdade de Direito
Núcleo de Direito Setorial e Regulatório
Campus Universitário Darcy Ribeiro
Asa Norte
Brasília, DF
Caixa Postal 04413

Ficha catalográfica elaborada pela Biblioteca Central da UnB

R454   Revista de Direito, Estado e Telecomunicações = The Law, State and
Telecommunications Review / Grupo de Estudos em
Direito das Telecomunicações. – v.7, n.1 – (2015) –
Brasília: Universidade de Brasília, 2015.
v. 7

ISSN 1984-9729 (Versão impressa)
ISSN 1984-8161 (Versão eletrônica)

1. Direito - Periódicos. 2. Telecomunicações. I. Grupo
de Estudos em Direito das Telecomunicações. II. Título:
Law, State and Telecommunications.

CDU 347.83

Conselho Editorial

Prof. Dr. Márcio Iorio Aranha
(Presidente)

Coordenador Executivo

André Moura Gomes

Sumário Resumido
Abridged Table of Contents

Sumário
Table of Contents

Apresentação / *Introduction*

Artigos / *Articles*

Estudos / *Studies*

Normas para submissão de manuscritos / *Manuscripts Submission Rules*

A nova ANATEL: regulação via interpretação
The New Brazilian Telecommunications Agency: Regulation via Interpretation

Resumo
O presente estudo figura como introdução à *Revista de Direito, Estado e Telecomunicações* do *Grupo de Estudos em Direito das Telecomunicações* da Universidade de Brasília, abordando sinteticamente os principais acontecimentos do setor no Brasil, bem como normas e julgados relativos ao ano de 2014, para registro das principais discussões político-jurídicas do setor de telecomunicações brasileiro referentes ao ano anterior ao da publicação.

Abstract
The article introduces this issue of the Law, State, and Telecommunications Review by way of presenting its contents. Statutes and the administrative regulation of 2014 pertaining to telecommunications are referred to in detail. It also addresses the main political and juridical discussions on the Brazilian telecommunications sector that took place the year before the publication of the journal's current volume.

Apresentação

Em consonância com o propósito inaugural da *Revista de Direito, Estado e Telecomunicações*, apresenta-se o sétimo volume da publicação segundo o formato que se segue, mantendo-se a perspectiva de consolidação da revista como um instrumento de pesquisa jurídica setorial.

Para tanto, a presente introdução vai além da identificação das temáticas constantes da publicação e dá sequência ao registro histórico do arcabouço normativo setorial e do correspondente contexto socioeconômico e político das telecomunicações no Brasil. O artigo introdutório também registra as principais discussões jurídico-regulatórias que marcaram o ano de 2014.

Neste número da Revista de Direito, Estado e Telecomunicações, foram reunidos artigos que abordam, em síntese: a) o significado normativo e casos judiciais envolvendo o novo conceito de *agente econômico preponderante*, criado pela reforma das telecomunicações de 2013, no México, para disciplina da competição nos setores de telecomunicações e radiodifusão, em meio à detecção de tendência do Judiciário mexicano em convalidar políticas regulatórias via deferência às decisões do órgão regulador; b) o conflito entre países da América do Sul e a empresa Amazon sobre o domínio genérico de alto nível (gTLD) .AMAZON, os argumentos jurídicos de cada parte e as ajustes institucionais de administração de recursos críticos da internet (CIR) dele advindos; c) a aplicação seletiva da interoperabilidade como parâmetro regulatório influente de definição da fronteira entre infraestrutura de telecomunicações e serviço de valor adicionado de pagamentos móveis no

Brasil; d) os pontos de contato e de divergência dos regimes público e privado na prática do setor de telecomunicações brasileiro, em especial o aprofundamento da relação entre universalização e massificação de serviços; e) a neutralidade de rede sob o enfoque da finalidade, eficácia, efetividade e eficiência; f) a neutralidade de rede sob o enfoque comparativo entre o Marco Civil da Internet brasileiro e o caso Comcast v. Netflix estadunidense; e, finalmente, g) a regulação do direito ao esquecimento no ciberespaço frente a um novo mercado de apropriação de dados e informações pessoais.

Segue-se, na última seção da revista, a reunião das normas do setor de telecomunicações até 1º de janeiro de 2015 organizadas por temas e referenciadas a tabelas informativas. Ao final, foi inserido um exaustivo índice alfabético e remissivo das normas do setor no ano de 2014. Cada tema presente em dita seção contém referências a normas de todos os níveis e a atos administrativos correlatos.

O setor de telecomunicações no ano de 2014[*]

O ano de 2014 revelou com maior intensidade o fenômeno de alteração do processo regulatório da ANATEL, em que o arcabouço normativo criado até então pôde ser visto em retrospecto como um todo coerente e uniforme, mas carente de lapidação de segundo nível. Fala-se da necessária complementação administrativa das normas setoriais por intermédio do esforço concertado da Agência Nacional de Telecomunicações brasileira em construir e, principalmente, valorizar sua jurisprudência administrativa.

Regulação via interpretação ou normatização?

O trato dos casos concretos, coligando as normas e fazendo-as vivas, foi o aspecto marcante do ano de 2014 na guinada operada pela ANATEL em procurar estabilizar a disciplina normativa do setor ao erigir a função interpretativa do seu Conselho Diretor como preeminente na atuação regulatória da Agência.

São exemplos das definições publicadas nesse ano: a) a de inaplicabilidade dos limites de quantidade de espectro a um mesmo grupo econômico quando se tratar de autorizações de uso de radiofrequência em caráter secundário (Acórdão nº 79/2014); b) a definição da suspensão de comercialização de serviço como ato subsequente à multa cominatória por continuidade de descumprimento de decisão de cessação de venda casada de SCM e outros serviços de telecomunicações (Acórdão nº 612/2013); c) a

---

[*]O capítulo do setor de telecomunicações no ano de 2014 foi elaborado por Márcio Iorio Aranha.

compreensão de que a tipificação normativa da conduta ilícita de atividade clandestina decorre da infração ao comando normativo que preconiza que o uso de radiofrequência depende de prévia anuência da ANATEL, constante do Regulamento de Uso de do Espectro de Radiofrequências (Acórdão n° 114/2013); d) a fixação da competência da ANATEL, no âmbito de aplicação de sanção a entidades outorgadas para os serviços de radiodifusão, sobre irregularidades relacionadas aos aspectos técnicos do uso do espetro, à certificação dos equipamentos e à segurança, enquanto compete ao Ministério das Comunicações infrações relacionadas à programação, ao conteúdo, à licença ou a outros deveres provenientes de determinações do Ministério (Acórdão 578/2013); e) a fixação da data do protocolo de Processo de Arbitragem em Interconexão – propriamente arbitramento administrativo – para determinação do valor de uso de rede móvel (VU-M) como o termo *a quo* a partir do que os efeitos da decisão passam a operar (Acórdão n° 403/2014).

O enfoque interpretativo também repercutiu na edição de súmulas, pelo que o Conselho Diretor da ANATEL editou quatro súmulas interpretativas sobre exigências de metas de universalização (Súmula 15), competência em processo administrativo (Súmula 16), efeitos da retratação parcial em processo administrativo (Súmula 17) e disciplina dos pedidos de anuência prévia para transferência de controle (Súmula 18).

Não por acaso, no mesmo ano, foi alterado o Regimento Interno da ANATEL para possibilitar a participação presencial e a possibilidade de manifestação oral das partes em processo administrativo após a exposição da matéria pelo relator em reunião do Conselho Diretor (Res. 636/2014 e Portaria ANATEL n° 465, de 11 de junho de 2014).

O diagnóstico de um setor amadurecido pela presença cada vez mais insistente de acórdãos do Conselho Diretor da ANATEL na produção de novos entendimentos não significa, entretanto, o abandono da produção normativa característica do modelo regulatório inaugurado ao final da década de 1990.

Em alguns casos, fez-se uso da delegação administrativa fundada na justificativa de maior agilidade regulatória para, por assim dizer, descer um degrau a produção normativa da Agência, como se fez, *e.g.*, via Portaria do Conselho Diretor da ANATEL n° 407, de 16 de maio de 2014, que delegou a competência para aprovar os valores mínimos relativos ao preço público pela outorga e expedição de concessão, permissão e autorização para exploração de serviços de telecomunicações, pela autorização de uso de radiofrequência, pela autorização de uso de numeração e pelo direito de exploração de satélite. Mais e mais o Conselho Diretor da ANATEL tem abraçado o aspecto funcional de tribunal administrativo em sua função criativa de precisão interpretativa.

Afora resoluções referentes a alterações pontuais do Regulamento de Tarifação do STFC, do Plano Geral de Códigos Nacionais e de Áreas Locais do

STFC (Resoluções 631, 641, 643, 644 de 2014), atribuição de faixa de radiofrequência a aplicações de segurança pública e defesa civil (Res. 633/2014), prorrogação de prazo para submissão à consulta pública de propostas de alterações para a revisão quinquenal dos contratos de concessão no período de 2016 a 2020 (Res. 634/2014), regulamentação sobre autorização de uso temporário de radiofrequências impulsionada pela Copa do Mundo de 2014 (Res. 635/2014), parcelamento de créditos não tributários (Res. 637/2014), destinação sigilosa de canais de radiofrequências para fins militares (Res. 646/2014), ou portarias pertinentes à metodologia de cálculo do valor base de sanções de multa (Portarias ANATEL 784, 786, 787, 788, 789, 790 e 791), sobressaíram-se normativas da ANATEL em relação: a) à metodologia de estimativa do custo médio ponderado de capital (Res. 630/2014); b) à consolidação do Regulamento Geral de Direitos do Consumidor de Serviços de Telecomunicações (Res. 632/2014); c) à consolidação do Regulamento do Telefone de Uso Público do STFC (Res. 638/2014); d) à aprovação da Norma para fixação dos valores máximos das tarifas de uso de rede fixa do STFC, dos valores de referência de uso de rede móvel do SMP e de Exploração Industrial de Linha Dedicada (EILD), com base em modelos de custos (Res. 639/2014); e) à disciplina das condições de convivência do 4G com a TV digital, ao regulamentar o uso da faixa de 700 MHz (698 MHz a 806 MHz) licitada para o SMP (Res. 640/2014); e f) ao regulamento sobre condições de uso de radiofrequências nas faixas de 71 a 76 GHz e 81 a 86 GHz (Res. 642/2014).

Devido processo legal e o Conselho Diretor da ANATEL

A sequência de progressiva abertura das reuniões do Conselho Diretor da ANATEL foi incrementada mediante a alteração de seu Regimento Interno, via Resolução nº 636, de 11 de junho de 2014, que incluiu a participação presencial e a possibilidade de manifestação oral durante a deliberação de matérias no Conselho Diretor em processos administrativos, excetuados os normativos, pelo tempo mínimo de 5 e máximo de 15 minutos para cada matéria da pauta, desde que requerida a manifestação pelos interessados, segundo a Portaria do Conselho Diretor da ANATEL nº 465, de 11 de junho de 2014, com antecedência mínima de 2 dias úteis da data prevista para a Reunião Ordinária ou 30 minutos antes do horário previsto para a Reunião Extraordinária.

Internet sob nova administração?

Novas conclusões oriundas do vazamento de informações do antigo colaborador da agência de inteligência norte-americana (*National Security Agency – NSA*), Edward Snowden, forneceram ainda mais combustível à fogueira iniciada com a divulgação de quebra de privacidade de ligações telefônicas e fluxo de dados pela internet. Partindo de informações antes divulgadas de interceptação de ligações telefônicas pessoais e governamentais em 2013, em 2014 novas notícias evidenciaram o escopo ampliado da espionagem, alcançando também fabricantes de esquipamentos de telecomunicações, como a Huawei chinesa, mediante operação da NSA batizada de *Shotgiant*. À evidência, as interceptações das redes de telecomunicações pela NSA foram manifestações de políticas mais abrangentes de limitação de empresas acusadas de participarem daquilo que a *Rand Corporation* chamou de triângulo digital, assim entendidas as empresas ligadas a militares na China.

O ano de 2014 foi inaugurado com a reafirmação da posição norte-americana de oposição ao controle intergovernamental da internet em manifestação pública do novo presidente da *Federal Communitacions Commission*, Tom Wheeler, em janeiro, durante sua participação no evento anual *Consumer Electronics Show* (CES), em Las Vegas. A isso sucedeu-se a divulgação, em 14 de março de 2014, por parte de Lawrence E. Strickling, secretário-assistente de Comércio e Informações do governo dos EUA, ligado à Secretaria Nacional de Telecomunicações e Informação do Departamento de Comércio dos Estados Unidos da América (*U.S. Commerce Department's National Telecommunications and Information Administration – NTIA*), da intenção desse órgão de promover à transferência de funções de atribuição de domínios-chave da internet para as partes interessadas da comunidade global, mediante reuniões preparatórias organizadas pela Corporação da Internet para Nomes e Números Designados (*Internet Corporation for Assigned Names and Numbers – ICANN*).

O governo brasileiro havia tomado para si a causa de internacionalização da administração da internet e marcado, ainda em 2013, a organização de evento internacional para debate do ecossistema da internet intitulado NETmundial. O comunicado de março de 2014 do Departamento de Comércio norte-americano decreto não esvaziara o teor do evento, mas eliminou a possibilidade de que o movimento de abertura da gestão da rede mundial de computadores fosse capitaneada por outro país, que não seu criador.

Dentre os requisitos impostos pela NTIA à ICANN para a transição da gestão de domínios da internet, encontram-se: a inafastabilidade do modelo de administração por partes interessadas representativas da diversidade da rede; a manutenção da segurança, estabilidade e resiliência do Sistema de Nomeação de Domínio (*Domain Naming System – DNS*); a satisfação das necessidades e expectativas dos consumidores globais e parceiros dos serviços da Autoridade de Números Designados da Internet (*Internet Assigned Numbers Authority – IANA*); a preservação da internet como espaço aberto a todos (*openness of the Internet*); a vedação a uma solução intergovernamental ou liderada por governos para substituição da administração estadunidense por outra administração nacional ou multinacional.

O evento inaugural da discussão sobre governança da internet – o NetMundial – patrocinado pelo governo brasileiro e realizado nos dias 23 e 24 de abril de 2014, em meio à crise mundial de confiança sobre o uso da internet para fins de espionagem industrial e política, resultou na criação de plataforma online intitulada *NetMundial Initiative*, administrada pelo Comitê Gestor da Internet (CGI.br), pela Internet Corporation for Assigned Names and Numbers (ICANN), e pelo Fórum Econômico Mundial (WEF), e justificada como um espaço de coordenação de contribuições da sociedade para a governança da rede além de figurar como ferramenta da comunidade de internet que facilite parcerias, sem, contudo, contar com poder de decisão sobre os rumos da internet. Sua proposta foi finalmente sintetizada na ideia de figurar como plataforma semelhante à *Internet Enginnering Task Force* (IETF). Se, de um lado, a IETF atua no campo técnico da governança da internet, por intermédio de iniciativas trazidas pelos interessados, administradas e financiadas por eles próprios, de outro lado, a NetMundial atuaria no campo político, nos mesmos moldes de funcionamento da IETF. Ao final do ano de 2014, entretanto, os responsáveis pela organização do conselho da *NetMundial Initiative* ainda viam-se vítimas de inúmeras críticas e ajustes de percurso voltados a legitimar sua estrutura de representação social.

O sucesso da iniciativa NetMundial depende de sua futura institucionalização, mas sintomas de que a discussão de governança da internet alcançara um nível de consenso mundial puderam ser percebidos, quando em novembro de 2014, na Conferência de Plenipotenciários da União Internacional de Telecomunicações (UIT), em Busan, na Coréia do Sul, foi aprovada a Resolução nº 130 sobre segurança cibernética que, entre outros assuntos, manteve o papel da UIT como líder, em aspectos de segurança, no processo da World Summit on the Information Society (WISIS), bem como mencionou a resolução da Organização das Nações Unidas proposta pela Alemanha e pelo Brasil de paridade de garantia de direitos humanos offline e online.

Um tema intrinsecamente ligado ao anterior diz respeito à tramitação do projeto de lei apelidado de Marco Civil da Internet, que se arrastou, devido a divergências parlamentares quanto a seu teor, até o ano de 2014. Em março, a negociação para aprovação do projeto na Câmara dos Deputados resultou na retirada da obrigatoriedade de instalação de *data centers* no Brasil. Outra providência rumo ao consenso legislativo consistiu em remeter a regulamentação da neutralidade de rede a decreto presidencial agora exigida a oitiva da ANATEL e do Comitê Gestor da Internet no Brasil a despeito de duras críticas do Ministro das Comunicações, segundo o qual ouvir o CGI equivaleria a consultar a Federação de Arrozeiros do Rio Grande do Sul em alusão a posição proeminente regulatória que se deveria preservar nesse ponto para a ANATEL. Finalmente aprovado pela Lei 12.965, de 23 de abril de 2014, com vigência diferida em certos pontos para o final de junho de 2014, o Marco Civil da Internet prevê, no art. 9°, a neutralidade de rede, exigindo tratamento isonômico de quaisquer pacotes de dados, sem distinção por conteúdo, origem e destino, serviço, terminal ou aplicação, por parte do responsável pela transmissão, comutação ou roteamento na atividade de provimento de conexão à internet.

Coincidentemente, nos Estados Unidos, após pronunciamento judicial que liberou a Comcast do cumprimento de regras de neutralidade de rede definidas pela FCC, esta pronunciou-se pela validade das chamadas *fast* lanes, ou seja, acordos de provimento de banda priorizada para certos serviços, exigindo, entretanto, a submissão de tais acordos para aprovação pela Agência. Nesse momento, a FCC poderia ter reclassificado o serviço de provimento de acesso à internet como serviço de telecomunicações para exercer plenos poderes regulatórios sobre a rede, mas preferiu optar por uma regulação que podasse os excessos discriminatórios de tráfego via controle dos contratos de priorização entre operadoras de telecomunicações – detentoras da infraestrutura essencial de banda larga – e os chamados provedores de conteúdo, projetando para 2015 a reclassificação da internet, o que, de fato, ocorreu.

É importante notar que a discussão sobre a aplicação, pela FCC, nos EUA, e pelo Congresso Nacional, via Marco Civil da Internet, no Brasil, da neutralidade de rede cingiu-se a posicionamentos pró ou contra a autorização de contratos de priorização de tráfego. Assim fazendo, a discussão cingiu-se a se posicionar sobre um tipo regulatório em que a neutralidade de redes fosse definida a partir do controle sobre eventuais abusos dos contratos de priorização de tráfego firmados com as operadoras de infraestrutura essencial de banda larga – uma postura regulatório de reconhecimento da utilidade dos acordos privados para gerência de tráfego – ou a partir de regras claras de vedação da discriminação, como ocorreu com a edição da Lei 12.965/2014, no Brasil, em que ditos contratos de priorização foram proibidos.

Ocorre, todavia, que a opção por um destes pólos não fornece a solução final quanto aos limites de discriminação autorizados, pois tanto no ambiente norte-americano de contratos de priorização de tráfego – até aprovação definitiva da reclassificação da internet como serviço regulado em 2015 –, quanto no ambiente brasileiro de vedação apriorística da discriminação de tráfego, o efetivo uso da banda disponível para a internet dependerá de disciplina pública sobre o núcleo essencial do direito à informação e à comunicação.

Em outras palavras, a decisão sobre a possibilidade de contratos de priorização de tráfego ou a decisão sobre a proibição de discriminação ou degradação de tráfego foi apenas o primeiro passo rumo à definição da real dimensão dos direitos envolvidos, pois se, de um lado, os contratos não poderão eliminar por completo a utilidade da internet para a intercomunicação pessoal, de outro, a vedação de discriminação inscrita em lei não implica impedir tratamento diferenciado a serviços, aplicações ou utilidades, como bem demonstra o § 1° do art. 9° da Lei 12.965/2014, que prevê que decreto presidencial regulamentará os casos autorizados de discriminação ou degradação do tráfego exigíveis em decorrência de "requisitos técnicos indispensáveis à prestação adequada dos serviços e aplicações" ou "priorização de serviços de emergência".

Em um contexto em que serviços de vídeo sob demanda têm chegado a ocupar cerca de 70% da rede de banda larga, será a regulamentação das exceções o que definirá a extensão dos direitos e não os princípios legais de vedação a contratos de priorização de tráfego no Brasil.

Reflexo da reviravolta ocorrida em 2013 no que se refere à privacidade das comunicações e dos dados na internet, o Plano Plurianual da União para o período de 2012 a 2015 foi alterado pela Lei 12.953/2014 para prever, no enunciado do objetivo 0521, do Programa 2058, da Política Nacional de Defesa, o desenvolvimento de tecnologias da informação e comunicações voltadas ao incremento da capacidade de defesa cibernética no campo militar e para a segurança cibernética nos campos civil e industrial.

Em outra frente, decretos presidenciais de 2014 (Decretos 8.184 e 8.194) regulamentaram a margem de preferência em licitações realizadas no âmbito da administração pública federal para aquisição de equipamentos de tecnologia da informação e comunicação na esteira da finalidade licitatória de promoção do desenvolvimento nacional sustentável (art. 3°, *caput* da Lei 8.666/93), expandido-se a política governamental de proteção à indústria nacional. A Portaria MC n° 41, de 19 de fevereiro de 2014, atualizou os procedimentos para submissão, análise, aprovação, acompanhamento e fiscalização dos projetos apresentados ao Ministério das Comunicações referentes ao Regime Especial de Tributação do Programa Nacional de Banda Larga para Implantação de Redes de Telecomunicações (REPNBL-Redes).

Banda Larga, Internet e 4G

Os sistemas de comunicação máquina a máquina, entendidos como os que se utilizam de dispositivos que, sem intervenção humana, fazem uso de redes de telecomunicações para transmissão de dados a aplicação remotas com o objetivo de monitorar, medir ou controlar o próprio dispositivo, o ambiente ao seu redor ou sistemas de dados a ele conectados por meio dessa redes (Decreto 8.234/2014) passaram a contar com órgão de coordenação para incentivo – a câmara de gestão e acompanhamento do desenvolvimento de sistemas de comunicações máquina a máquina –, em ambiente de fiscalização estabilizada desde de 2012, quando a Lei 12.715 definiu o valor da Taxa de Fiscalização de Instalação das estações móveis do Serviço Móvel Pessoal e de outra modalidade de serviço de telecomunicações que integrassem sistemas de comunicação máquina a máquina.

Ainda mais relevante para o ano de 2014, entretanto, foi a licitação da faixa de 700 MHz (698 a 806 MHz) para o Serviço Móvel Pessoal de quarta geração (4G), em seu formato inovador de migração de faixa de radiofrequência até então utilizada pela TV analógica. Para tanto, as empresas de SMP vencedoras das licitações se comprometeram a constituir, em parceria com a ANATEL, o Grupo de Implantação do Processo de Redistribuição e Digitalização (GIRED) e a criarem uma Entidade Administradora da Digitalização (EAD), para o fim de indenizar os custos de migração das operadoras de TV aberta correspondentes, o que ficou conhecido como o processo de realocação das emissoras de TV. Com isso, os custos de migração de faixa – não de sua comercialização – foram ingeniosamente transferidos para os interessados na faixa de 700 MHz.

Muito se discutiu, na segunda metade de 2014, sobre a possibilidade jurídica de se fixar, em processo licitatório, valores para administração, por pessoa jurídica criada pelas próprias licitantes, da compensação financeira da migração pretendida, mas, ao final, o TCU se convenceu de que os valores administrados pela EAD não se constituiriam em patrimônio público e nem serviriam para o fim de compensação pela transferência de espectro de radiofrequência, mas em valores definidos por via licitatória para indenização dos custos das empresas de TV aberta em migrarem para outra faixa do espectro de radiofrequências. A faixa rendeu aos cofres públicos mais de R$ 5,074 bilhões – em torno de US$ 2 bilhões, na esteira da prática corrente de venda do uso de bem público para fins de prestação de serviço reputado relevante pela sociedade, ao invés de utilização do valor para modicidade do preço privado praticado pelas operadoras.

Após testes de interferência organizados pela Agência Nacional de Telecomunicações (ANATEL), o edital de venda da faixa de 700 MHz contemplou a fixação de valores para depósito pelo vencedores na conta da entidade criada para gerenciar a limpeza do espectro. Também se atribuiu a dita entidade a coordenação do processo de mitigação de interferência prejudicial como resposta da Agência à dificuldade de efetivação das indenizações previstas para as empresas de MMDS pela desocupação da faixa de 2,5 GHz, em que a Vivo e a Oi honraram parcialmente a dívida, mas questionaram outra parte no Judiciário, enquanto Claro e TIM levaram diretamente ao Judiciário a discussão de todo o montante.

A neutralidade da rede foi um dos temas mais discutidos no Brasil e no mundo. Nos EUA, o choque entre a Netflix (provedora de serviço *over-the-top* – OTT, ou que se utiliza da rede de telecomunicações para entrega de mídia sob demanda) e a AT&T (operadora de telecomunicações) demonstrou os efeitos concretos da opção por uma neutralidade "forte" da rede.

Em resposta às declarações do CEO da Netflix, Reed Hastings, contra a cobrança de valores adicionais para entrega de seus conteúdos pelas redes de telecomunicações, o vice-presidente executivo da AT&T, Jim Cicconi, afirmou que a proposta de não se permitir a cobrança diferenciada de serviços como o Netflix significaria que os custos da ocupação de banda por tais serviços deveriam ser pagos por todos os usuários da rede, ao invés de serem suportados pelos consumidores dos serviços que a estão onerando. Em outras palavras, a questão da neutralidade, em certas dimensões de sua apresentação, implica subsídio cruzado de usuários de serviços básicos para usuários de serviços avançados.

Radiodifusão e fronteiras regulatórias

Em 2014, o Ministério das Comunicações persistiu no esforço de tornar mais transparentes os processos pertinentes aos serviços de radiodifusão, disciplinando o procedimento de consignação e requisitos de operação das emissoras de radiodifusão de sons e imagens e retransmissoras de televisão dos Poderes e órgãos da União, bem como a equiparação da Empresa Brasil de Comunicação a tais órgãos para fins de consignação e requisitos de operação (Portaria MC nº 4, de 17 de janeiro de 2014). Ele também aprovou o procedimento para solicitações de adaptação de outorga do serviço de radiodifusão sonora em ondas médias (AM) para o serviço de radiodifusão sonora em frequência modulada (Portaria MC nº 127, de 12 de março de 2014), as normas complementares dos serviços de RTV e RpTV (Portaria MC nº 932, de 22 de agosto de 2014), os requisitos técnicos dos serviços abrangidos pelo Sistema Brasileiro de TV Digital Terrestre (Portaria MC nº 925, de 22 de agosto de 2014) e a vedação de outorgas de novos serviços de radiodifusão de sons e imagens e de retransmissão de televisão na faixa de 700 MHz (Portaria MC nº 4.123, de 30 de dezembro de 2014).

Em sede de regulação de operadoras de telecomunicações em sentido estrito, a ANATEL antecipou sua intenção em obrigar as operadoras de DTH a adotarem caixas híbridas para garantir isonomia entre geradoras de sinais locais de TV nos sistemas de distribuição de TV paga.

Classificação Indicativa

Não menos importante, em 2014, o Ministério da Justiça finalmente consolidou a regulamentação sobre classificação indicativa por intermédio da Portaria MJ nº 368, de 11 de fevereiro de 2014.

Processo de desligamento da transmissão analógica

Com a proximidade do desligamento progressivo da transmissão analógica da TV aberta, o Ministério das Comunicações publicou cronograma detalhado de transição da transmissão analógica dos serviços de radiodifusão de sons e imagens e de retransmissão de televisão para o Sistema Brasileiro de Televisão Digital Terrestre (Portaria MC nº 477, de 20 de junho de 2014). A Portaria MC nº 481, de 9 de julho de 2014, por sua vez, disciplinou as condições de cobertura para desligamento da transmissão analógica dos serviços de radiodifusão de sons e imagens e de retransmissão de televisão, bem como estabeleceu o papel da ANATEL no processo de desligamento, inclusive para distribuição de set-top-box para recepção de TV digital terrestre para famílias cadastradas no Programa Bolsa Família do governo federal.

MVNO

Em outra frente, o ator de maior peso em termos de penetração territorial, função e dimensão nacional para tornar a iniciativa de operadores de rede virtual móvel (MVNO – Mobile Virtual Network Operator) algo influente na conformação de mercado do setor de telecomunicações brasileiro – a Empresa Brasileira de Correios e Telégrafos (ECT) – teve a exploração do SMP por meio de rede virtual disciplinada pelo Ministério das Comunicações em tentativa de isolar essa exploração de quaisquer efeitos sobre a qualidade dos produtos e serviços postais eletrônicos (Portaria MC nº 416, de 6 de maio de 2014).

O mercado de telecomunicações no Brasil

O mercado de telecomunicações no Brasil passou, em 2014, por mais uma etapa de progressiva concentração, quando o Conselho Diretor da ANATEL aprovou, em dezembro, o pedido de anuência prévia formulado pela Vivo/Telefônica para aquisição da única empresa espelho reputada de sucesso para o Serviço Telefônico Fixo Comutado: a Global Village Telecom (GVT), do que resultou a imposição de condicionamentos para proteção dos usuários e consumidores no tocante à preservação de cobertura geográfica mínima de atuação da GVT e da Telefônica quando da aprovação do pedido pela ANATEL, no que se refere aos serviços de SCM, STFC e SeAC, bem como manutenção dos contratos com usuários e consumidores e dos planos de serviços então em vigor de ambas as empresas pelo prazo de 18 meses.

Como de costume, a ANATEL também fixou o prazo de 18 meses para que a Telefônica se desfizesse das sobreposições de outorga de STFC e SCM em cidades indicadas e determinou que, na composição das outorgas de serviços de STFC em vigor, a Telefônica se desfizesse da autorização de serviços de STFC em regime privado e sua assimilação na outorga de concessão de serviço de STFC em regime público.

Conclusão para o ano de 2014

O ano de 2014 encerrou com a inovação de guinada de atuação regulatória da ANATEL para preeminência da função de tribunal administrativo setorial. O ano também presenciou a consolidação das fronteiras regulatórias entre a ANATEL e o Ministério das Comunicações, em sua função de formulador de políticas públicas para todo o setor e de regulador da radiodifusão, utilizando-se do aparato administrativo da ANATEL via aplicação da delegação de poderes para atos de pós-outorga de radiodifusão e de seus serviços ancilares e auxiliares.

Como se pode ver, foi um ano de estabilização institucional tanto da função normativa e de arbitramento administrativo da ANATEL, quanto do alcance razoável daquilo que o Ministério das Comunicações pode efetivamente regular do setor de radiodifusão.

Ricardo Berzoini, novo ministro da pasta de comunicações, nomeado quando do início do segundo mandato da presidente Dilma Rousseff, tomou posse em 2 de janeiro de 2015 com o desafio de lidar com os temas ainda candentes de governança da internet e regulamentação do Marco Civil da Internet, de regulamentação do modelo econômico das indústrias de mídia, de estabilização das demandas de redes nacionais de TV por espaços reservados de distribuição em redes de TV paga, de universalização da banda larga fixa e móvel, de definição do destino da telefonia fixa, em discussão oportunizada durante o ano de 2015 para definição da revisão quinquenal dos contratos de concessão de STFC para o período de 2016 a 2020, de fixação de diretrizes seguras de compartilhamento de infraestrutura entre os setores de energia elétrica e telecomunicações, e de implementação efetiva da digitalização da TV analógica aberta terrestre projetada para ocorrer progressivamente entre 2015 e 2018 em todo o País.

O Conselho Editorial

Preponderant agent, what is that?

Submitted: 01/04/2015
Revised: 17/04/2015
Accepted: 22/04/2015

Clara Luz Álvarez[*]

Abstract

Purpose – Preponderant agent is a new instrument for preventing and reverting adverse impact in competition due to highly concentrated markets. Therefore, this paper's objective is to present and analyze the preponderant agent concept in Mexico with emphasis on the broadcast sector, the telecommunication regulator decisions and the courts' interpretation.

Methodology/approach/design – The objectives were achieved by researching and analyzing the main legal documents, the Congress reports and debates, the regulator's decisions and other relevant regulator's documents, as well as final decisions by the courts in connection with broadcast sector.

Findings – Among the findings are that certain topics were not duly addressed by the Mexican regulator, or by the Congress, whereas the courts were more willing to hold decisions in favor of public interest based on constitutional intent and deference to the regulator's decision.

Originality/value – This paper will be valuable for persons interested in telecommunications, broadcast and antitrust. Although the preponderant agent concept created in Mexico is not necessarily a "best practice", it does provide an alternative instrument in antitrust. Moreover, the courts decisions also provide criteria regarding regulatory deference for the regulator.

Keywords: telecommunications, broadcast, antitrust, preponderant, significant market power.

---

[*]Member of the Mexican National Researchers System (level II) and researcher of the Universidad Panamericana (Mexico). She received the National Journalism Award for spreading democratic culture for its program *Código Democracia* at the Congress Channel (2014). Clara Luz is author of the books *Derecho de las Telecomunicaciones* (3rd ed., 2014) and *Internet y Derechos Fundamentales* (2011), and coordinator of the book *Telecomunicaciones y Tecnologías de la Información* (2012). She was rapporteur for the International Telecommunications Union's study group of ICT accessibility for persons with disabilities (2006-2011), and Commissioner for the Mexican Telecommunications Commission (Cofetel). Email: claraluzalvarez@gmail.com. Website: www.claraluzalvarez.org.

Introduction

Mexico's telecommunication and broadcast sectors are highly concentrated in a few corporate groups. This is the result of building a country – after the Mexican Revolution started on 1910 – based on monopolistic interests on a local, regional and national level (Alvarez, 391).[1] Since capital formation and economies of scale were so vital in developing a functional infrastructure, the government deemed competition as against the public interest and licenses were granted on a discretionary basis (Alvarez, 389-394).

The Mexican 1990s was characterized by privatizations and economic liberalization, and telecommunications were no exception. Privatizations included the telecom historic operator and public monopoly, Telmex (1990), a public TV broadcasting network (Imevisión – Channels 7 and 13, 1993), and the satellite monopoly known as Satmex, in 1997 (Alvarez, 396-400, 407-409). The Telecommunications Law enacted in 1995 (now repealed) opened the telecom sector to competition. Increased competition was supposed to improve the quality of services, increase access and lower prices.

Although two decades have passed since the opening of the Mexican telecom market, the sector is still dominated by a few powerful players:

- Fixed telephony = América Móvil (Telmex): 71% of subscribers.[2]
- Fixed data = América Móvil (Telmex): 60.2% of subscribers.[3]
- Mobile telephony = América Móvil (Telcel): 69% of subscribers.[4]
- Mobile data = América Móvil (Telcel): 68.6% of subscribers.[5]
- Pay TV = Grupo Televisa: 60.1% of subscribers[6]
- Free-to-air TV = Grupo Televisa: 70% (2012)[7] average share of transmissions computed from the beginning of the transmission to the end of it.

---

[1] Example in telecommunications can be found on the *Ley de Vías Generales de Comunicación* (1940).
[2] Instituto Federal de Telecomunicaciones, *Informe estadístico 3 Trimestre 2014*, http://www.ift.org.mx/iftweb/wp-content/uploads/2015/03/InformeEstadisticoVF.pdf, p. 18.
[3] *Ibidem*, p. 23.
[4] *Ibidem*, p. 27.
[5] *Ibidem*, p. 35.
[6] *Ibidem*, p. 38.
[7] Instituto Federal de Telecomunicaciones, *Resolución mediante la cual el Pleno del Instituto Federal de Telecomunicaciones determina al grupo de interés económico del que forman parte Grupo Televisa S.A. B., Canales de Televisión Populares, S.A. de C.V., Radio Televisión, S.A. de C.V., Radiotelevisora de México Norte, S.A. de C.V., T.V. de los Mochis, S.A. de C.V., Teleimagen del Noroeste, S.A. de C.V., Televimex. S.A. de C.V., Televisión de Puebla, S.A. de C.V., Televisora de Mexicali, S.A. de C.V., Televisora de Navojoa, S.A., Televisora de Occidente, S.A. de C.V., Televisora Peninsular, S.A. de C.V.,*

The Mexican telecom reform (2013-2014) purport to tackle the effects of such high concentrations *inter alia* through the creation of a new regulator with antitrust faculties and against whose decisions there could be no injunction, and through the determination of preponderant agents to which special obligations would be imposed to prevent adverse effects to competition.

This article addresses the concept of preponderant agent, its origins and objective of establishing it in the Mexican Constitution. Then the determination made by the Mexican telecom regulator (*Instituto Federal de Telecomunicaciones*, IFT) will be analyzed, along with the arguments presented in both telecommunications and in broadcast for declaring certain corporate groups and affiliates, as part of the economic interest group to be held as a preponderant agent. The differences in telecom and broadcast for calculating each groups with more than 50% national participation on its respective sector, will be presented, analyzed and criticized.

Afterwards the courts' decision and criteria for the preponderant agent in broadcast will be explored, highlighting the relevance for the IFT considering the high regulatory deference in judicial proceedings that is expected to continue. Certain special obligations imposed in for the preponderant agent in broadcast will be analyzed, namely, those regarding relevant audiovisual content and advertisement.

Finally, this article ends with some remarks that include those regarding preponderant agent concept, the effectiveness of special obligations, the absence of plurality analysis by regulator, the regulatory deference precedent thanks to the courts resolution over preponderant agents, and additional facts like the recently concluded public bid for free-to-air commercial TV, that might have consequences over preponderant agent determination in the broadcast sector.

Mario Enríquez Mayans Concha, Televisión La Paz, S.A., Televisión de la Frontera, S.A., Pedro Luis Fitzmaurice Meneses, Telemisión, S.A. de C.V., Comunicación del Sureste, S.A. de C.V., José de Jesús Partida Villanueva, Hilda Graciela Rivera Flores, Roberto Casimiro González Treviño, TV Diez Durango, S.A. de C.V., Televisora de Durango, S.A. de C.V., Corporación Tapatía de Televisión, S.A. de C.V., Televisión de Michoacán, S.A. de C.V., José Humberto y Loucille, Martínez Morales, Canal 13 de Michoacán, S.A. de C.V., Televisora XHBO, S.A. de C.V., TV Ocho, S.A. de C.V., Televisora Potosina, S.A. de C.V., TV de Culiacán, S.A. de C.V., Televisión del Pacífico, S.A. de C.V., Tele-Emisoras del Sureste, S.A. de C.V., Televisión de Tabasco, S.A. y Romana Esparza González, como agente económico preponderante en el sector radiodifusión y le impone las medidas necesarias para evitar que se afecte la competencia y la libre concurrencia, Pleno, V Sesión Extraordinaria 2014, P/IFT/060314/77, March 6, 2014, p. 408, http://apps.ift.org.mx/publicdata/P_IFT_EXT_060314_77.pdf (Consultation date: Nov. 11, 2014).

Preponderant agents concept

Preponderant agent (*agente económico preponderante*) is a new instrument introduced in the Mexican Constitution by the telecom reform (2013) which purports to identify economic agents with excessive market power and impose special obligations to cope with such power through a fast-track procedure. The IFT was mandated to determine those carriers in the telecom and the broadcast sectors that hold more than 50% of national participation in such services based on the number of users, audience, network traffic or capacity.

What was the rationale for determining that more than 50% was an adequate percentage for a carrier to be preponderant? There is no evidence for the reasons to establish such percentage neither in the bill nor in the legislative process documents.[8] Nonetheless, it appears as a very high percentage if compared with what the European Union (EU) once had in place. In 1998 the EU approved a Directive whereby an agent with more than 25% of market share was considered as with significant market power and had special obligations (e.g. interconnection)[9]. Such provision was superseded with the enactment of the new electronic communications framework (2002), as that regulation:

> "[provisions prior to the new electronic communications network] has proved effective in the initial stages of market opening as the

---

[8]See (1) Iniciativa de Decreto que reforma y adiciona diversas disposiciones de la Constitución Política de los Estados Unidos Mexicanos, presented by president Enrique Peña Nieto to the Mexican Deputy Chamber on March 11, 2013; (2) Cámara de Diputados - Comisión de Puntos Constitucionales, *Proyecto de Dictamen en sentido positivo a la iniciativa con proyecto de Decreto que reforma y adiciona diversas disposiciones de los artículos 6°, 7°, 27, 28, 73, 79 y 94 de la Constitución Política de los Estados Unidos Mexicanos, en materia de telecomunicaciones*, March 15, 2013, (3) Cámara de Diputados - Comisión de Puntos Constitucionales, *Propuestas de modificación al Dictamen de la Comisión de Puntos Constitucionales con proyecto de Decreto por el que se reforman y adicionan diversas disposiciones de la Constitución Política de los Estados Unidos Mexicanos en materia de telecomunicaciones*, March 21, 2013; and (4) Senado de la República, *Dictamen de las Comisiones Unidas de Puntos Constitucionales; de Comunicaciones y Transportes; de Radio, Televisión y Cinematografía y de Estudios Legislativos, con la opinión de las Comisiones de Gobernación y de Justicia, respecto de la Minuta con proyecto de Decreto por el que se reforman y adicionan diversas disposiciones de la Constitución Política de los Estados Unidos Mexicanos en materia de telecomunicaciones*, April 23, 2013.
[9]See *Directiva 98/10/CE del Parlamento Europeo y del Consejo de 26 de febrero de 1998 sobre la aplicación de la oferta de red abierta (ONP) a la telefonía vocal y sobre el servicio universal de telecomunicaciones en un entorno competitivo*, published on the European Communities Official Daily L 101/24 ES on April 1, 1998, http://www.boe.es/doue/1998/101/L00024-00047.pdf (Consultation date: March 15, 2015).

threshold for ex ante obligations, but now needs to be adapted to suit more complex and dynamic markets".[10]

The preponderant concept was included in the Mexican Constitution as follows:

> The Instituto Federal de Telecomunicaciones must determine preponderant economic agents in the broadcast and telecommunication sectors, and shall impose those special obligations which are necessary to avoid that free competition is affected and, hence, end users are also affected. Such special obligations shall be enacted in a term not to exceed one hundred and eighty calendar days computed from its [the IFT] integration, and shall include if applicable, obligations related with information, offer and quality of the services, exclusivity agreements, limitations on the use of equipment between networks, asymmetric obligations upon tariffs and network infrastructure, including unbundling of network essential elements and, if applicable, accounting separation, functional and structural separation of such agents.
>
> For the purposes set forth in this Decree, an economic agent will be deemed as preponderant based on its national participation in providing broadcast or telecommunication services, if it directly or indirectly holds more than fifty percent of national participation computed such percentage by the number of users, subscribers, audience, network traffic or by the capacity used by its network, pursuant to the data that the Instituto Federal de Telecomunicaciones has.[11]

The constitutional text refers in the same section to both "sectors" and "services" to determine a preponderant agent. Whether this calculation is based on sector or services, the results could be very distinct. Based on sector, for example, América Móvil (holding company of Telmex and Telcel) would be the preponderant agent in the telecommunication sector. Televisa, on the other hand, would not be preponderant, as it does not hold a majority share in radio broadcasting. If based on services, however, both América Móvil (fixed and

---

[10]See *Directive 2002/21/EC of the European Parliament and of the Council of 7 March 2002 on a common regulatory framework for electronic communications networks and services (Framework Directive)*, number 25, http://eur-lex.europa.eu/legal-content/EN/TXT/PDF/?uri=CELEX:02002L0021-20090702&from=EN (Consultation date: March 15, 2015).

[11]*Decreto por el que se reforman y adicionan diversas disposiciones de los artículos 6°, 7°, 27, 28, 73, 78, 94 y 105 de la Constitución Política de los Estados Unidos Mexicanos*, [Decree by which several provisions of articles 6°, 7°, 27, 28, 73, 78, 94 and 105 of the Political Constitution of the United Mexican States are amended or added], published in the Federal Official Daily on June 11, 2013, article Eighth transitory section III.

mobile telephony and internet access) and Televisa (free-to-air TV and pay TV) would be deemed preponderant carriers in several services.

IFT preponderant determination

When the IFT ruled that América Móvil and Televisa were each preponderant agents in telecommunications and broadcasting, the new Mexican Telecom Law had not yet been enacted (*Ley Federal de Telecomunicaciones y Radiodifusión*, LFTR), nor was there any specific procedure to follow. Consequently, the IFT initiated an administrative process to determine the preponderant agent, including a preliminary report. The preliminary report was notified to the agents that were considered to be preponderant; then these had the opportunity to respond to the preliminary report and to offer evidence to assert their positions; and finally, the IFT solved the issue with the final resolution that determined which companies were part of the preponderant agents in telecom and in the broadcast sector.[12]

---

[12]See (1) Instituto Federal de Telecomunicaciones, *Resolución mediante la cual el Pleno del Instituto Federal de Telecomunicaciones determina al grupo de interés económico del que forman parte América Móvil, S.A.B. de C.V., Teléfonos de México, S.A.B. de C.V., Teléfonos del Noroeste, S.A. de C.V., Radiomóvil Dipsa, S.A.B. de C.V., Grupo Carso, S.A.B. de C.V., y Grupo Financiero Inbursa, S.A.B. de C.V., como agente económico preponderante en el sector de telecomunicaciones y le impone las medidas necesarias para evitar que se afecte la competencia y la libre concurrencia*, Pleno, V Sesión Extraordinaria, P/IFT/EXT/060314/76, March 6, 2014, www.ift.org.mx/iftweb/sector-de-telecomunicaciones/ (Consultation date: (Nov. 20, 2014); and (2) Instituto Federal de Telecomunicaciones, *Resolución mediante la cual el Pleno del Instituto Federal de telecomunicaciones determina al grupo de interés económico del que forman parte Grupo Televisa S.A.B., Canales de Televisión Populares, S.A. de C.V., Radio Televisión, S.A. de C.V., Radiotelevisora de México Norte, S.A. de C.V., T.V. de los Mochis, S.A. de C.V., Teleimagen del Noroeste, S.A. de C.V., Televimex, S.A. de C.V., Televisión de Puebla, S.A. de C.V., Televisora de Mexicali, S.A. de C.V., Televisora de Navojoa, S.A., Televisora de Occidente, S.A. de C.V., Televisora Peninsular, S.A. de C.V., Mario Enríquez Mayans Concha, Televisión La Paz, S.A., Televisión de la Frontera, S.A., Pedro Luis Fitzmaurice Meneses, Telemisión, S.A. de C.V., Comunicación del Sureste, S.A. de C.V., José de Jesús Partida Villanueva, Hilda Graciela Rivera Flores, Roberto Casimiro González Treviño, TV Diez Durango, S.A. de C.V., Televisora de Durango, S.A. de C.V., Corporación Tapatía de Televisión, S.A. de C.V., Televisión de Michoacán, S.A. de C.V., José Humberto y Loucille, Martínez Morales, Canal 13 de Michoacán, S.A. de C.V., Televisora XHBO, S.A. de C.V., TV Ocho, S.A. de C.V., Televisora Potosina, S.A. de C.V., TV de Culiacán, S.A. de C.V., Televisión del Pacífico, S.A. de C.V., Tele-Emisoras del Sureste, S.A. de C.V., Televisión de Tabasco, S.A. y Ramona Esparza González, como agente económico preponderante en el sector radiodifusión y le impone las medidas necesarias para evitar que se afecte la competencia y la libre concurrencia*, Pleno, V Sesión Extraordinaria, P/IFT/EXT/060314/77, March 6, 2014, www.ift.org.mx/iftweb/sector-de-radiodifusion/ (Consultation date: Nov. 11, 2014).

In order to determine that América Móvil was preponderant, the IFT first declared that the economic interest group was composed by America Móvil (holding of Telmex and Telcel), Telmex (fixed telephony and data), Telcel (mobile telephony and data), Grupo Carso (holding of commercial, industrial, energy, infrastructure and construction sector companies[13]), and Inbursa (financial group).[14] Then it essentially made an addition of the number of subscribers of the main telecommunication services concluding that such companies were preponderant agents in telecommunications.

Declaring Televisa as preponderant agent in broadcast presented more challenges for the IFT than América Móvil case for several reasons. The first challenge was to determine which companies and persons were part of the economic interest group of Televisa. Televisa holds title to several licenses for free-to-air TV channels along the Mexican Republic commonly known as *Canal de las Estrellas* (channel 2), *Canal 4*, *Canal 5* and *Canal 9* (hereinafter "Televisa Channels").[15] But these channels are also retransmitted in several cities by independent free-to-air TV licensees in which Televisa does not hold any stock or share. IFT named these independent free-to-air TV licensees as "independent affiliates" as will be explained below.[16]

---

[13]Grupo Carso, http://www.carso.com.mx/ES/grupo_carso/Paginas/perfil-corporativo.aspx (Consultation date: March 25, 2015).

[14]Neither Grupo Carso, nor Inbursa hold any title to a telecom license, nor are they telecom carriers. IFT considered that they were companies with commercial and financial interests which coordinated activities for a common end and for the economic benefit of their shareholders. Instituto Federal de Telecomunicaciones, *Resolución mediante la cual el Pleno del Instituto Federal de Telecomunicaciones determina al grupo de interés económico del que forman parte América Móvil, S.A.B. de C.V., Teléfonos de México, S.A.B. de C.V., Teléfonos del Noroeste, S.A. de C.V., Radiomóvil Dipsa, S.A.B. de C.V., Grupo Carso, S.A.B. de C.V., y Grupo Financiero Inbursa, S.A.B. de C.V., como agente económico preponderante en el sector de telecomunicaciones y le impone las medidas necesarias para evitar que se afecte la competencia y la libre concurrencia*, Pleno, V Sesión Extraordinaria, P/IFT/EXT/060314/76, March 6, 2014, www.ift.org.mx/iftweb/sector-de-telecomunicaciones/ (Consultation date: (Nov. 20, 2014), p. 156.

[15]These channels are the channel numbers in Mexico city, as they may vary from city to city.

[16]Instituto Federal de Telecomunicaciones, *Resolución mediante la cual el Pleno del Instituto Federal de Telecomunicaciones determina al grupo de interés económico del que forman parte Grupo Televisa S.A.B., Canales de Televisión Populares, S.A. de C.V., Radio Televisión, S.A. de C.V., Radiotelevisora de México Norte, S.A. de C.V., T.V. de los Mochis, S.A. de C.V., Teleimagen del Noroeste, S.A. de C.V., Televimex, S.A. de C.V., Televisión de Puebla, S.A. de C.V., Televisora de Mexicali, S.A. de C.V., Televisora de Navojoa, S.A., Televisora de Occidente, S.A. de C.V., Televisora Peninsular, S.A. de C.V., Mario Enríquez Mayans Concha, Televisión La Paz, S.A., Televisión de la Frontera, S.A., Pedro Luis Fitzmaurice Meneses, Telemisión, S.A. de C.V., Comunicación del Sureste, S.A. de C.V., José de Jesús Partida Villanueva, Hilda Graciela Rivera Flores, Roberto*

Televisa's economic interest group was declared upon:

- 12 subsidiaries or affiliates owned by Televisa or in which Televisa holds stock. These entities operate 226 TV stations.
- 30 independent affiliates in which Televisa does not hold any stock or share. These independent affiliates operate 32 stations (18 relay station transmitting the same signals, and 14 local stations).

The relationship between Televisa and the independent affiliates is as follows: (1) Televisa pays the independent affiliates a fix percentage of the advertisement sales and the independent affiliates must retransmit Televisa Channels, and (2) independent affiliates may enter into licensing agreement with Televisa in connection with other contents different from those included in Televisa Channels. To be considered an independent affiliate by the IFT, the station must retransmit at least 40% of the audiovisual content of Televisa Channels.

IFT argued that, despite Televisa holds no equity on the independent affiliates, they have commercial and financial common interests regarding programming and advertisements. Such common interests makes Televisa hold a real power over the independent affiliates, and at the same time the independent affiliates have all the incentives to comply with Televisa's demands. Televisa and the independent affiliates share the benefits of advertisement profits; Televisa increases its audience and hence the value of advertisement in Televisa Channels; Televisa also receives income for licensing other programs to the independent affiliates and these benefits them because they do not incur in production costs. Independent affiliates claimed that they also produced their own content and advertisement different from Televisa, but they were unable to prove that fact before the IFT.[17]

Casimiro González Treviño, TV Diez Durango, S.A. de C.V., Televisora de Durango, S.A. de C.V., Corporación Tapatía de Televisión, S.A. de C.V., Televisión de Michoacán, S.A. de C.V., José Humberto y Loucille, Martínez Morales, Canal 13 de Michoacán, S.A. de C.V., Televisora XHBO, S.A. de C.V., TV Ocho, S.A. de C.V., Televisora Potosina, S.A. de C.V., TV de Culiacán, S.A. de C.V., Televisión del Pacífico, S.A. de C.V., Tele-Emisoras del Sureste, S.A. de C.V., Televisión de Tabasco, S.A. y Ramona Esparza González, como agente económico preponderante en el sector radiodifusión y le impone las medidas necesarias para evitar que se afecte la competencia y la libre concurrencia, Pleno, V Sesión Extraordinaria, P/IFT/EXT/060314/77, March 6, 2014, www.ift.org.mx/iftweb/sector-de-radiodifusion/ (Consultation date: Nov. 11, 2014), pp. 207-211.
[17] *Idem.*

"The fact that the independent affiliate entities retransmit GTV [Televisa's] programming represents a reduction of the costs that independent affiliates incur, the maximum exploitation of such resource and the profit of the economies of scale in the content production, [all of] which translates in more benefits for both parties.

(...) The above considerations imply a big risk for the independent affiliates of receiving less income in connection with those obtained from the transmission of GTV programming or even of having losses or putting the business existence in risk, if they stop transmitting the programming that depends or is significantly equal to GTV programming. Therefore, the "independent" affiliates have all the incentives to respond to GTV interests and GTV exercises a real power over the affiliates whose programming is made by a high percentage of GTV programming channels.

(...) moreover in the event that the independent affiliates transmit some content produced by their own or acquired to third parties (including advertisement), GTV programming content is the one that secures a significant part of the independent affiliates advertisement income when they retransmit a high percentage of GTV programming channels.

Consequently, it is estimated that independent affiliate stations with 40% or more of its programming of GTV channels are in a situation as described in the parapraphs above. That because the stations' operations profit is made up, in a significant way, of the same manner as the transmitted programming (...)."[18]

The second challenge was to provide sufficient reasoning for determining a preponderant of the broadcast sector based on free-to-air commercial TV, but excluding free-to-air radio and free-to-air non-for-profit TV.[19]

For excluding radio, the IFT made a comparison between free-to-air radio and TV influence, income and patterns of consumption. IFT ruled *inter alia* that: free-to-air TV was far more concentrated than radio and hence was more able to significantly affect competition; TV was the main media of information access (73% TV, 37% radio); people were more exposed to TV (90%) than radio (76%) (Conaculta); advertisement on TV was the main way of commercializing products and services; TV held 85% of advertisement of the broadcast sector (CICOM); TV generated 86% of income whereas radio did only 14% (INEGI); 90% of the audience accessed TV in their home, whereas 58% accessed radio in their home.[20]

IFT excluded from the calculation of audience share the audience share related with non-for-profit free-to-air TV stations, provided that these (1) do not

---

[18]*Idem.*
[19]*Idem.*
[20]*Ibidem*, pp. 308-311.

have any commercial or for profit objectives, (2) may not sell advertisements, (3) are not competitors of commercial free-to-air TV, and (4) provide a community service. The IFT observed that commercial free-to-air TV maximizes its profits regardless of non-for-profit TV audience, because companies may only advertise in commercial free-to-air TV channels. Additionally, non-for-profit were unable to affect competition as they are not competitors of commercial channels. Notwithstanding the above, the difference in audience share if not-for-profit TV was considered only varied 2%: Televisa audience share without considering not-for-profit stations equaled 67%, and including such stations its share was 65%.[21]

The third challenge was that subscribers of a telecom service are easier to calculate because there are statistics of the number of fix or mobile lines, and there are agreements in place between the carrier and the subscriber (except for pre-paid mobile lines). On the other hand, measuring broadcast audience is not as objective as with telecom subscribers.

The IFT considered the number of persons which were able to receive free-to-air TV in the Mexican Republic, and the market audience share. The audience share is the percentage of persons that have access to a specific channel in relation with the total number of audience. Audience share is different from rating insofar as rating is based on the index of audience for a given channel. IFT based its findings in an audience research by IBOPE which took into account the audience from 6 to 23 hours.

It is important to note that different methodologies are employed to determine the audience share in free-to-air TV and free-to-air radio. In free-to-air TV, there is a process for estimated audience through a device known as *people meters*. This device is installed in home TV sets of a statistical sample, and it records the channel/program being viewed and the number of spectators. Free-to-air radio audience is estimated by survey made by telephone or personally. These methodologies for assessing the share of audience in broadcast are not objective as counting number of users via the number of lines or the agreements in place as was the case for the telecom sector.[22]

The IFT took as reference for audience share the results of a study by IBOPE of 2012 as the proceeding had initiated in November 2013. IBOPE study bases its results in a representative sample of the Mexican Republic audience through the use of people meters in major cities (Mexico city, Guadalajara and Monterrey) and 25 other places.

---

[21]*Ibidem,* pp. 312-314.
[22]*Ibidem,* pp. 308-310.

ALVAREZ, C. L. *Preponderant agent, what is that?* **The Law, State, and Telecommunications Review**, Brasilia, v. 7, n. 1, p. 13-36, May 2015.

IBOPE studies had traditionally been used by Televisa to assess its audience share, and were used by Televisa in its report filed before the Mexican Stock Exchange. Afterwards, Televisa initiated litigation against IBOPE regarding an agreement between them. Consequently, Televisa challenged the appropriateness of IBOPEs study, and the IFT – and further the courts – dismissed such claim as Televisa had in the past recognized IBOPE's results as valid.

The IFT also considered the number of users by network capacity (MHz/Population) to determine Televisa as preponderant. This metric takes into account the number of users able to receive free-to-air TV signals on the authorized coverage area, and the spectrum capacity (6 MHz). Pursuant to this metric, Televisa had 54% of the MHz for free-to-air TV.

The IFT ultimately determined that Televisa (including its independent affiliates) was the preponderant in the broadcast sector, because (1) Televisa held 67% of the audience share, and (2) Televisa held 54% of the MHz of free-to-air TV.

A major criticism to IFT preponderant resolution regarding Televisa was that it did not include Televisa's pay TV companies. Notwithstanding that pay TV and free-to-air TV are related markets due to their audiovisual content and TV advertisement markets, IFT did not refer to Televisa's pay TV companies. In the case of America Móvil the IFT determined that Grupo Carso and Inbursa should be considered within that same economic interest group despite the fact that they did not hold title to any telecom license, yet IFT considered that as they had a strong relation with Telmex and Telcel, they had to be summoned to the preponderant proceedings.[23] Following the same argument of América Móvil's resolution, why the IFT did not include Televisa's pay TV companies? The answer is unknown to the public. However, it could have been a political decision to omit any reference whatsoever to Televisa's pay TV companies so that none of the preponderant special obligations (analyzed below) would apply to them.

Currently, the IFT is conducting a research regarding Televisa's market power in pay TV market and preliminary determined that Televisa has significant market power in 2,124 pay TV local markets.[24] This type of procedure has been in place since 1993, and the results in the Mexican telecom

---

[23]Instituto Federal de Telecomunicaciones, *op. cit.* 14 [Resolution of preponderant agent in telecommunication sector], pp. 156-157.
[24]Instituto Federal de Telecomunicaciones (Autoridad Investigadora), *Datos relevantes del Dictamen Preliminar sobre la Existencia de Poder Sustancial en el Mercado Relevante de Provisión del Servicio de Televisión y Audio Restringidos, radicado en el Expediente AI/DC-001-2014*, published in the Federal Official Daily on March 18, 2015.

sector had been null until now.[25] Although now the IFT has more scope of authority and no injunctions can be granted against IFT's decisions, IFT's investigation time and the procedure itself will take several months until its conclusion. After the final IFT decision as to whether Televisa has significant market power in pay TV, IFT would then be followed by another administrative procedure to impose special obligations to avoid abuse of its market power, consequently the effectiveness and timeliness of this procedure is still an open question.

Judicial interpretation

Against the preponderant decisions, several judicial review proceedings (*juicios de amparo*) were initiated before the specialized courts[26] on March 2014 months before the new LFTR was enacted on July 2014. The main debate at Congress during the legislative process for approval of the LFTR was as to whether a preponderant agent should be considered by a whole sector or by single services. The Senate and Deputy Chamber reports regarding the LFTR proposed an interpretation that preponderant would be by sector rather than by services. The LFTR simply copied the constitutional provision regarding

---

[25]The former antitrust regulator (Comisión Federal de Competencia, Cofeco) declared on 1997 that Telmex was an agent with significant market power in several telecommunications markets. After one decade of litigation on 2007 Telmex won all litigations against such determination. On 2009 Telmex was once again declared by Cofeco as an agent with significant market power on several markets, but the former telecom regulator (Comisión Federal de Telecomunicaciones, Cofetel), never imposed special obligations to prevent abusive use of such market power. On 2010 Telcel was declared by Cofeco as an agente with significant market power on mobile telephony, but Cofetel failed to impose special obligations. See Alvarez, pp. 235-240.

[26]As a result of the 2013 amendment to the Constitution, specialised courts for telecommunications, broadcasting and antitrust were created on August 10, 2013. See Consejo de la Judicatura Federal, *Acuerdo General 22/2013 del Pleno del Consejo de la Judicatura Federal, relativo a la conclusión de funciones de los Juzgados Cuarto y Quinto de Distrito del Centro Auxiliar de la Primera Región, y su transformación como Juzgados Primero y Segundo de Distrito en Materia Administrativa Especializados en Competencia Económica, Radiodifusión y Telecomunicaciones, con residencia en el Distrito Federal, y jurisdicción territorial en toda la República. A la conclusión de funciones de los Tribunales Colegiados Segundo y Tercero de Circuito del Centro Auxiliar de la Primera Región y su transformación como Primer y Segundo Tribunales Colegiados de Circuito en Materia Administrativa Especializados en Competencia Económica, Radiodifusión y Telecomunicaciones, con residencia en el Distrito Federal y jurisdicción territorial en toda la República. Así como su domicilio, fecha de inicio de funcionamiento y a las reglas de turno, sistema de recepción y distribución de asuntos entre los Órganos Jurisdiccionales indicados. Y al cambio de denominación de la oficina de correspondencia común del Centro Auxiliar de la Primera Región.*, published on the Federal Official Daily on August 9, 2013.

ALVAREZ, C. L. *Preponderant agent, what is that?* **The Law, State, and Telecommunications Review**, Brasilia, v. 7, n. 1, p. 13-36, May 2015.

preponderant *ad verbatim* and described the special obligations that could be imposed to the preponderant in telecom and to the preponderant in broadcast.

Notwithstanding the above, the courts were only bound by the Constitution and not by the LFTR as it was enacted after the IFT preponderant resolutions.

Judicial resolutions over broadcast preponderant[27] provide a very interesting approach by the courts in at least three aspects: the constitutional intent as how preponderant should be determined; the regulatory deference over IFT decisions that the courts are willing to accept; and the type of scrutiny that courts will likely have over telecom and antitrust regulators' decisions.[28]

Preponderant's constitutional intent

As pointed out in section "Preponderant agents concept" above, the Constitution is unclear whether the determination of a preponderant agent must be based on the whole sector or if it could be determined by a single service of a given sector. The final judicial decision acknowledged the ambiguity of the Constitution's wording, but confirmed IFT's decision based on the constitutional intent of the preponderant figure and on the expertise of the IFT as regulator for antitrust matters on telecom and broadcast. If the constitutional intent was to prevent negative effects on competition and hence to end users[29], then that could be achieved by declaring Televisa as preponderant in the broadcast sector considering only free-to-air TV.

> "(...) the Constitutional Assembly mentions preponderant agents, first, mandating the determination of preponderant economic agents "in the broadcast and telecommunications sectors" and, later, establishes that the agents must be determined based on their national participation "in providing broadcast or telecommunication services".
>
> (...) Nonetheless, the ambiguity or lack of clarity in the constitutional wording does not discredit IFETEL's decision as to consider in the broadcast sector

---

[27] As of March 31, 2015 there are several final decisions of the specialized courts regarding lawsuits filed by different persons that are part of Televisa's economic interest group (as defined by the IFT). The lawsuit filed by Televisa is still pending final decision, as well as the resolutions regarding the lawsuits filed by America Móvil, Telcel, Telmex, Grupo Carso and Inbursa are also pending at the specialized courts for final resolution.

[28] In Mexico the IFT is the telecom and broadcast regulator with antitrust mandate over such sectors; the Comisión Federal de Competencia Económica (Cofece) is the antitrust regulator for all other sectors of the economy.

[29] *Decreto por el que se reforman y adicionan diversas disposiciones de los artículos 6°, 7°, 27, 28, 73, 78, 94 y 105 de la Constitución Política de los Estados Unidos Mexicanos*, [Decree by which several provisions of articles 6°, 7°, 27, 28, 73, 78, 94 and 105 of the Political Constitution of the United Mexican States are amended or added], published in the Federal Official Daily on June 11, 2013, article Eighth transitory section III.

only free-to-air TV service, for determining preponderant [agent] as mandated in the relevant constitutional reform.

(...) the district judge's opinion is shared [by this court] regarding that the Constitution does not predetermine whether the determination of preponderant [agent] must be only one for each sector or whether it should refer to segments of such sector, or by each service, or by a combination of broadcast services, nor does it predetermine that there must be only one [preponderant] agent for each sector or several [preponderant agents], because the answer to these issues are not provided for in the Constitution.

(...) the justification of IFETEL's resolution subject to judicial review, is enough to hold on a reasonable manner the determination of the preponderant economic agent in the broadcast sector based only on free-to-air TV service, considering that [IFT] is a specialized entity, its decision is consistent with the end sought by the Constitutional Assembly and [within] the scope of its discretional faculties that it has to assess the facts and then act; additionally, [IFT] it justifies with reasons that appear admissible, the adequateness and reasonableness of its conclusions."[30]

Both the lower and upper level courthouses dared to do what Congress did not: comply with the constitutional intent regardless of the political consequences for ruling against Televisa's interests.

Regulatory deference and court's level of scrutiny

One of the judicial resolutions regarding the judicial proceeding (*juicio de amparo*) of one independent affiliate, thoroughly developed the concept of regulatory deference by courts and the level of judicial scrutiny for regulators decisions.[31] Consequently, this criteria is perhaps one of the most relevant for the future of the Mexican regulators in telecommunications and antitrust.

The specialized court ruled that IFT decisions in general must be upheld provided that they are reasonable and proportional. IFT as the telecom regulator has to make decisions making economic and technical assessments. Such decisions must be in line with the IFT mandates, and must not violate constitutional rights (e.g. due process, justification of the acts, and accuracy of facts) which could end up in unfairness.[32]

There are different types of discretionary competencies depending on what Congress enacted: major discretionary faculties are those in which there is

---

[30]Primer Tribunal Colegiado de Circuito en Materia Administrativa Especializado en Competencia Económica, Radiodifusión y Telecomunicaciones, *Final resolution of revision remedy 65/2014 filed by Hilda Graciela Rivera Flores*, February 26, 2015, paragraphs 302, 303, 318 and 344.
[31]See *Ibidem*.
[32]*Ibidem,* paragraphs 349 and 357.

no reference or terms that limit the regulator's decision; intermediate discretionary faculties are those that the regulator may exercise within the scope of interpretation of undefined legal concepts (*conceptos jurídicos indeterminados*[33]); and minor discretionary faculties allow the regulator to select its decision within those variables previously established by law.[34]

The discretionary competencies of IFT as regulator are those of technical nature, and consequently the level of scrutiny must be light. The technical nature and specialization makes courts defer to the regulator's decision, and to limit courts' participation to correct abusive or arbitrary actions.[35]

> "In that regard, the discretionary competencies of the Administration, in this case of IFETEL (...) is linked with achieving public interest and it appears as objective, technical, with arguments and reasons, without having valid or solid reasons which evidence against them.
>
> (...) considering the legitimacy presumption of the resolutions – highlighted in this same decision –, which is not effectively, nor directly objected by plaintiff and which must prevail over insufficient or unreasonable arguments, deference must be granted to the specialized authority criteria and decision, exercising only a light scrutiny in connection with scientific or technical issues addressed and acknowledging the validity of what has been decided [by the authority].
>
> (...) the resolution subject to judicial review by plaintiff, issued by IFETEL, is an administrative act of discretionary nature in an intermediate degree, which complies with the limits of discretionary competencies reasonably exercised and in respect of which there must be a light scrutiny or deference to the Administration's will."[36]

The regulatory deference and the standard of judicial scrutiny from the specialized courts would be applicable for IFT's decisions, except in those cases where Congress has established a less degree of discretionary competencies. This approach gives a sufficient degree of autonomy to the regulator, and if duly exercised, could amount to great benefits for public interest.

---

[33]The undefined legal concepts are those which meaning is vague, and must be interpreted. See Roldán Xopa, pp. 165-166.

[34]Primer Tribunal Colegiado de Circuito en Materia Administrativa Especializado en Competencia Económica, Radiodifusión y Telecomunicaciones, *Final resolution of revision remedy 65/2014 filed by Hilda Graciela Rivera Flores*, February 26, 2015, paragraphs 325 to 328.

[35]*Ibidem,* paragraphs 333, 334, 342, 345, 351 and 354.

[36]See *Ibidem,* paragraphs 342, 354 and 357.

Special obligations of preponderant agents

The determination of a preponderant agent by itself would not achieve any public interest objective, because knowing that an agent holds a certain market share does not correct market failures or prevents abuse of market power. Consequently, the special obligations imposed to preponderant agents are the instruments by virtue of which measures are established to prevent and deter any harm to competition.

The IFT imposed several special obligations to Grupo Televisa as a preponderant agent related with passive infrastructure sharing[37], with audiovisual contents, with advertisement, and with information. This section will address audiovisual content and advertisement special obligations because those are directly connected with its market power in both free-to-air TV and pay TV.

Relevant audiovisual content

IFT determined a prohibition – to both telecom and broadcast preponderant agents –, to acquire relevant audiovisual content with exclusivity. Relevant audiovisual content would be that which is non-replicable and which is highly expected by the audience. The rationale expressed by the IFT was that because such type of content is non-replicable and highly expected, then a preponderant with its market power could affect competition if it had the exclusivity over relevant audiovisual content. A preponderant may acquire relevant audiovisual content provided it did not do so with an exclusivity clause.[38]

---

[37]Passive infrastructure sharing is mandated for Grupo Televisa in favor of other free-to-air TV station licensees, provided that they do not hold title of 12 MHz or more in the coverage area. Grupo Televisa must have a public offer of such infrastructure, and is able to freely negotiate the price. In the event of disagreement between free-to-air TV licensees, then IFT will solve the dispute. Instituto Federal de Telecomunicaciones, *Anexo 1 Medidas relacionadas con la compartición de infraestructura, contenidos, publicidad e información que son aplicables al GIETV en su carácter de agente económico preponderante en el sector de radiodifusión*, http://www.ift.org.mx/iftweb/wp-content/uploads/2014/03/Anexo_1-Resolucion_Preponderancia_TV.pdf, Second numbers 6 and 8, Third to Sixth.

[38]Instituto Federal de Telecomunicaciones, *Acuerdo por el que el Pleno del Instituto Federal de Telecomunicaciones identifica los contenidos audiovisuales relevantes en términos y para los efectos de la medida Cuarta y el artículo segundo transitorio del anexo 4 de la resolución número P/IFT/EXT/060314/76 por la que se determinó al agente económico preponderante en el sector de telecomunicaciones y la medida Décimo Octava y el artículo tercero transitorio de la resolución número P/IFT/EXT/060314/77 por la que se determinó al agente económico preponderante en el sector de*

>"(...) when the preponderant economic agents acquire in exclusivity the transmission rights of contents that are received by large parts of the audience and they are non-replicable, (...) they in fact eliminate the possibility that other participants may acquire such rights to use such contents, and consequently such act has the effect of strengthening their preponderant position before the audiences, as well as they limit the possibility of other participants to effectively compete with them."[39]

Two questions immediately arose after IFT's preponderant resolution: (1) which were the so called *relevant audiovisual contents*, and (2) what would happen with those relevant contents that had already been acquired by preponderant agents with an exclusivity clause.

To answer the first question, the IFT took into account historical rating (audience index) of free-to-air TV and pay TV. IFT determined that only sports events held the non-replicable characteristic, because they had no similar substitute[40], and that only events with national coverage had the highly expected characteristic. At the end the following sports events were considered as relevant audiovisual content: all games of the Mexican men soccer team; inauguration and closing ceremonies of the Summer Olympic Games; inauguration, quarter finals, semifinals and final games of Soccer World Cup of FIFA; and final soccer games of the first division organized by the Mexican Football Federation (Liga MX).[41]

Previous to IFT's preponderant resolutions, Televisa had acquired the exclusive rights for the Mexican Republic to the Soccer World Cup of FIFA Russia 2018 and Qatar 2022; and América Móvil had acquired exclusive rights for the Mexican Republic to the Summer Olympic Games of Rio de Janeiro 2016.[42]

---

radiodifusión,   May   29,   2014,   http://www.ift.org.mx/iftweb/wp-content/uploads/2014/05/P_IFT_EXT_290514_105.pdf.
[39]*Ibidem*, pp. 3-4.
[40]For example, a soap opera, a reality show, etcetera, could be replicated by competitors, whereas sports events not.
[41]IFT, *Lista de Contenidos Audiovisuales Relevantes*, http://www.ift.org.mx/iftweb/wp-content/uploads/2014/05/LISTA_DE_CONTENIDOS_AUDIOVISUALES_RELEVANT ES1.pdf (Consultation date: March 25, 2015).
[42]CNN Expansión, *Televisa-AMóvil ¿adiós a las exclusivas?*, March 11, 2014, http://www.cnnexpansion.com/negocios/2014/03/10/proximo-mundial-y-olimpicos-exclusivos (Consultation date: March 25, 2015).

Did the relevant audiovisual content exclusivity prohibition include the ones previously acquired? If yes, then the preponderant agents could argue that this prohibition was having retroactive effects against them and therefore was contrary to the Mexican Constitution. This argument could be offset by public interest reasons, which must prevail over private interest. If the answer were no, then how could IFT argue that the adverse effects on audience rights and upon competition would have to be borne until 2022? The IFT decided simply to ignore the issue. Its silence will certainly be used by the preponderant agents to preserve their current exclusivities referred to in last paragraph.

Finally, there are two criticisms to make to this prohibition. The first one is because in the case of Televisa, this prohibition is only for the free-to-air TV and could not be easily interpreted as to include Televisa's pay TV companies. Consequently, Televisa could acquire relevant audiovisual content in an exclusive manner through its pay TV companies, and that would not amount a violation to the special obligations imposed as a preponderant agent.

The second one is that the prohibition to acquire in an exclusive manner relevant audiovisual content is only for preponderant agents, without considering that audience rights could also be compromised by their acquisition by other corporate groups.

Advertisement

A preponderant special obligation regarding advertisement was imposed only to Televisa considering that it is linked with the provision of broadcast TV insofar as broadcast TV receives income to support its operations from the advertisers. The measure essentially obligates Televisa to have information regarding the terms and conditions for advertising on its free-to-air channels on its website. For such purposes Televisa must: include a model agreement; allow buying packages of free-to-air channels with other channels/programs of Televisa, or the possibility to acquire the right to retransmit a single channel; not discriminate, or refuse to enter into an agreement with a party interested in advertising in Televisa Channels.[43]

The criticism to such measure is that although the advertisement terms and conditions should be public, there is no way to identify whether Televisa is or is not discriminating. For example, in 2013 several non-governmental organizations requested Televisa, TV Azteca and other media companies to provide the terms and conditions to acquire advertisement space in their free-to-air TV channels. The objective of the advertisement was to alert the population

---

[43]Instituto Federal de Telecomunicaciones, *op. cit.* 38 [Exhibit 1 to the Resolution of preponderant agent in the broadcast sector], Twenty first and Twenty second.

of the risks of consuming soda and high-calorie beverages, and to promote water consumption. In the case of Televisa, there was never a response to the request. TV Azteca met with these NGOs, but afterwards responded they had no time left for advertisements.[44] It is to be noted that soda and high-calorie food (junk food) are of the main advertisers on TV, and that Mexico has high levels of obesity among its population.

Whether the refusal to give space in free-to-air channels to this type of advertisements was a legitimate one (e.g. there is no time left for more ads) or was it a discrimination so that the major advertisers (e.g. soda companies) would not be upset, is not clear. However, this case evidences the need of having an electronic system so that Televisa would receive requests for advertisements and avoid any discrimination, or at least, provide a way of detecting discrimination. This type of system would have been the equivalent of the electronic system for interconnection matters for America Móvil as the telecom preponderant, whereby each request is filed and must be processed in the order it was received.

Final remarks

The courts confirmation of Televisa and its independent affiliates as preponderant in free-to-air TV is a milestone for telecommunication and antitrust in Mexico. Although the high concentration of Televisa in free-to-air TV has a long establish tradition of several decades, this is the first time that an antitrust instrument (preponderant agent) has confirmed it. The declaration of Televisa as preponderant by itself would mean nothing, without the special obligations.

The effectiveness of the special obligations imposed to Televisa as a free-to-air TV broadcaster is yet to be demonstrated. First because the special obligations (e.g. relevant audiovisual content exclusivity prohibition) do not apply to Televisa's pay TV companies. Second because the provisions for advertisement on free-to-air TV do not have mechanisms for demonstrating whether or not Televisa discriminates or refuses to enter into advertisement agreements with certain companies for different reasons (e.g. oust potential competitors, deny ads to persons with conflicting interests with major advertisers). Third because in Mexico law enforcement is still a major challenge, and affirming that Mexico is a real rule of law country is debatable.

Also, one of the main problems for Mexican society and democracy are the lack of plurality and diversity on TV, which were not addressed at all in

---

[44]Alianza   por   la   Salud   Alimentaria, http://alianzasalud.org.mx/2013/09/anunciocensurado/ (Consultation date: March 25, 2015).

IFT's preponderant resolution. Plurality and diversity could improve democracy quality because the people would be able to receive information from different sources and ideologies, they could confront them and then form their own opinion in a free manner. Limited public entities free-to-air TV stations and very limited real independent local channels, are unable to cope the high concentration of 90% of audience share by Televisa and TV Azteca. This fact cannot be ignored when 94.9% of Mexican homes have TV[45], and 73% of Mexicans obtain information through TV.[46] Pro-plurality special obligations could have been to oblige Televisa to include a news program developed by independent journalists, for example.

Notwithstanding the above, the court's resolutions regarding preponderant agents set forth several triumphs for the IFT as the telecom regulator. Regulatory deference with light scrutiny appears to be the future of courts' decisions, as long as the IFT demonstrates it is exercising its discretionary competencies with technical/economical issues, its decisions are reasonable and proportional to the objectives set by the Constitution or by the law.

Finally, it is important to note that on March 2015, for the first time ever in Mexico, a public bid for free-to-air TV stations with national coverage was

---

[45]Instituto Nacional de Estadística y Geografía, "Hogares con equipamiento de tecnología de información y comunicaciones por tipo de equipo, 2001 a 2014", http://www3.inegi.org.mx/sistemas/temas/default.aspx?s=est&c=19007 (Consultation date: March 15, 2015).

[46]Instituto Federal de Telecomunicaciones, citing a research by Parametría on page 306 of the "Resolución mediante la cual el Pleno del Instituto Federal de telecomunicaciones determina al grupo de interés económico del que forman parte Grupo Televisa S.A.B., Canales de Televisión Populares, S.A. de C.V., Radio Televisión, S.A. de C.V., Radiotelevisora de México Norte, S.A. de C.V., T.V. de los Mochis, S.A. de C.V., Teleimagen del Noroeste, S.A. de C.V., Televimex, S.A. de C.V., Televisión de Puebla, S.A. de C.V., Televisora de Mexicali, S.A. de C.V., Televisora de Navojoa, S.A., Televisora de Occidente, S.A. de C.V., Televisora Peninsular, S.A. de C.V., Mario Enríquez Mayans Concha, Televisión La Paz, S.A., Televisión de la Frontera, S.A., Pedro Luis Fitzmaurice Meneses, Telemisión, S.A. de C.V., Comunicación del Sureste, S.A. de C.V., José de Jesús Partida Villanueva, Hilda Graciela Rivera Flores, Roberto Casimiro González Treviño, TV Diez Durango, S.A. de C.V., Televisora de Durango, S.A. de C.V., Corporación Tapatía de Televisión, S.A. de C.V., Televisión de Michoacán, S.A. de C.V., José Humberto y Loucille, Martínez Morales, Canal 13 de Michoacán, S.A. de C.V., Televisora XHBO, S.A. de C.V., TV Ocho, S.A. de C.V., Televisora Potosina, S.A. de C.V., TV de Culiacán, S.A. de C.V., Televisión del Pacífico, S.A. de C.V., Tele-Emisoras del Sureste, S.A. de C.V., Televisión de Tabasco, S.A. y Ramona Esparza González, como agente económico preponderante en el sector radiodifusión y le impone las medidas necesarias para evitar que se afecte la competencia y la libre concurrencia", March 6, 2014. See www.ift.org.mx/iftweb/sector-de-radiodifusion/.

concluded.[47] There were two participants. Each won a license to operate 6 MHz for digital TV until 2035.[48] Would the entrance of these two new Televisa's competitors change IFT determination of Televisa as a preponderant agent? As the IFT considered two variables for determining Televisa as preponderant, namely, audience share (67%) and users per network capacity (54%), then IFT would have to at least evidence that Televisa's audience share would continue to be more than 50% in the Mexican Republic. In the near future, it is unlikely that Televisa's audience share is reduced in a significant manner. Had IFT considered also plurality and diversity as rationales for determining Televisa as preponderant, then IFT would most certainly have arguments for maintaining this special regime upon Televisa. However, as IFT relied only on competition rationales, preponderant special obligations might have to be eventually revised.

References

ALVAREZ, C.L. **Derecho de las Telecomunicaciones.** 3ªed., Mexico: Fundalex and Posgrado de Derecho de la UNAM, 2013, http://claraluzalvarez.org/wp-content/uploads/2014/10/Clara-Luz-Alvarez-Dcho-Telecom-2013-final.pdf.

CÁMARA DE DIPUTADOS (Comisión de Puntos Constitucionales), *Propuestas de modificación al Dictamen de la Comisión de Puntos Constitucionales con proyecto de Decreto por el que se reforman y adicionan diversas disposiciones de la Constitución Política de los Estados Unidos Mexicanos en materia de telecomunicaciones*, March 21, 2013.

_____. *Proyecto de Dictamen en sentido positivo a la iniciativa con proyecto de Decreto que reforma y adiciona diversas disposiciones de los artículos 6°, 7°, 27, 28, 73, 79 y 94 de la Constitución Política de los Estados Unidos Mexicanos, en materia de telecomunicaciones*, March 15, 2013.

Decreto por el que se reforman y adicionan diversas disposiciones de los

---

[47]Instituto Federal de Telecomunicaciones, *IFT-1 Licitación de dos cadenas de televisión radiodifundida digital*, http://www.ift.org.mx/iftweb/industria-intermedia/unidad-de-sistemas-de-radio-y-television/licitaciones-en-curso-radio-y-television/licitacion-ift-1/ (Consultation date: March 31, 2015).
[48]As of the date of this article, the IFT had already granted the license for Cadena Tres, and the license for Grupo Radio Centro was not yet granted as payment of the license fee was pending.

ALVAREZ, C. L. *Preponderant agent, what is that?* **The Law, State, and Telecommunications Review**, Brasilia, v. 7, n. 1, p. 13-36, May 2015.

artículos 6º, 7º, 27, 28, 73, 78, 94 y 105 de la Constitución Política de los Estados Unidos Mexicanos, [Decree by which several provisions of articles 6º, 7º, 27, 28, 73, 78, 94 and 105 of the Political Constitution of the United Mexican States are amended or added], published in the Federal Official Daily on June 11, 2013.

EUROPEAN UNION, *Directiva 98/10/CE del Parlamento Europeo y del Consejo de 26 de febrero de 1998 sobre la aplicación de la oferta de red abierta (ONP) a la telefonía vocal y sobre el servicio universal de telecomunicaciones en un entorno competitivo*, published on the European Communities Official Daily L 101/24 ES on April 1, 1998, http://www.boe.es/doue/1998/101/L00024-00047.pdf (Consultation date: March 15, 2015).

_____. *Directive 2002/21/EC of the European Parliament and of the Council of 7 March 2002 on a common regulatory framework for electronic communications networks and services (Framework Directive)*, number 25, **http://eur-lex.europa.eu/legal-content/EN/TXT/PDF/?uri=CELEX:02002L0021-20090702&from=EN** (Consultation date: March 15, 2015).

INSTITUTO FEDERAL DE TELECOMUNICACIONES, *Acuerdo por el que el Pleno del Instituto Federal de Telecomunicaciones identifica los contenidos audiovisuales relevantes en términos y para los efectos de la medida Cuarta y el artículo segundo transitorio del anexo 4 de la resolución número P/IFT/EXT/060314/76 por la que se determinó al agente económico preponderante en el sector de telecomunicaciones y la medida Décimo Octava y el artículo tercero transitorio de la resolución número P/IFT/EXT/060314/77 por la que se determinó al agente económico preponderante en el sector de radiodifusión*, May 29, 2014, http://www.ift.org.mx/iftweb/wp-content/uploads/2014/05/P_IFT_EXT_290514_105.pdf.

_____. *Anexo 1 Medidas relacionadas con la compartición de infraestructura, contenidos, publicidad e información que son aplicables al GIETV en su carácter de agente económico preponderante en el sector de radiodifusión*, http://www.ift.org.mx/iftweb/wp-content/uploads/2014/03/Anexo_1-Resolucion_Preponderancia_TV.pdf.

_____. *IFT-1 Licitación de dos cadenas de televisión radiodifundida digital*, http://www.ift.org.mx/iftweb/industria-intermedia/unidad-de-sistemas-de-radio-y-television/licitaciones-en-curso-radio-y-television/licitacion-ift-1/ (Consultation date: March 31, 2015).

_____. *Informe estadístico 3 Trimestre 2014*, http://www.ift.org.mx/iftweb/wp-content/uploads/2015/03/InformeEstadisticoVF.pdf.

_____. *Resolución mediante la cual el Pleno del Instituto Federal de Telecomunicaciones determina al grupo de interés económico del que forman parte América Móvil, S.A.B. de C.V., Teléfonos de México, S.A.B. de C.V., Teléfonos del Noroeste, S.A. de C.V., Radiomóvil Dipsa, S.A.B. de C.V., Grupo Carso, S.A.B. de C.V., y Grupo Financiero Inbursa, S.A.B. de C.V., como agente económico preponderante en el sector de telecomunicaciones y le impone las medidas necesarias para evitar que se afecte la competencia y la libre concurrencia,* Pleno, V Sesión Extraordinaria, P/IFT/EXT/060314/76, March 6, 2014, www.ift.org.mx/iftweb/sector-de-telecomunicaciones/ (Consultation date: (November 20, 2014).

_____. *Resolución mediante la cual el Pleno del Instituto Federal de Telecomunicaciones determina al grupo de interés económico del que forman parte Grupo Televisa S.A. B., Canales de Televisión Populares, S.A. de C.V., Radio Televisión, S.A. de C.V., Radiotelevisora de México Norte, S.A. de C.V., T.V. de los Mochis, S.A. de C.V., Teleimagen del Noroeste, S.A. de C.V., Televimex. S.A. de C.V., Televisión de Puebla, S.A. de C.V., Televisora de Mexicali, S.A. de C.V., Televisora de Navojoa, S.A., Televisora de Occidente, S.A. de C.V., Televisora Peninsular, S.A. de C.V., Mario Enríquez Mayans Concha, Televisión La Paz, S.A., Televisión de la Frontera, S.A., Pedro Luis Fitzmaurice Meneses, Telemisión, S.A. de C.V., Comunicación del Sureste, S.A. de C.V., José de Jesús Partida Villanueva, Hilda Graciela Rivera Flores, Roberto Casimiro González Treviño, TV Diez Durango, S.A. de C.V., Televisora de Durango, S.A. de C.V., Corporación Tapatía de Televisión, S.A. de C.V., Televisión de Michoacán, S.A. de C.V., José Humberto y Loucille, Martínez Morales, Canal 13 de Michoacán, S.A. de C.V., Televisora XHBO, S.A. de C.V., TV Ocho, S.A. de C.V., Televisora Potosina, S.A. de C.V., TV de Culiacán, S.A. de C.V., Televisión del Pacífico, S.A. de C.V., Tele-Emisoras del Sureste, S.A. de C.V., Televisión de Tabasco, S.A. y Romana Esparza González, como agente económico preponderante en el sector radiodifusión y le impone las medidas necesarias para evitar que se afecte la competencia y la libre concurrencia,* Pleno, V Sesión Extraordinaria 2014, P/IFT/060314/77, March 6, 2014, p. 408, http://apps.ift.org.mx/publicdata/P_IFT_EXT_060314_77.pdf (Consultation date: Nov. 11, 2014).

INSTITUTO FEDERAL DE TELECOMUNICACIONES (AUTORIDAD INVESTIGADORA), *Datos relevantes del Dictamen Preliminar sobre la Existencia de Poder Sustancial en el Mercado Relevante de Provisión del Servicio de Televisión y Audio Restringidos, radicado en el Expediente AI/DC-001-2014*, published in the Federal Official Daily on March 18, 2015.

PEÑA NIETO, E., *Iniciativa de Decreto que reforma y adiciona diversas disposiciones de la Constitución Política de los Estados Unidos Mexicanos*, presented by president Enrique Peña Nieto to the Mexican Deputy Chamber on March 11, 2013.

Primer Tribunal Colegiado de Circuito en Materia Administrativa Especializado en Competencia Económica, Radiodifusión y Telecomunicaciones, *Final resolution of revision remedy 65/2014 filed by Hilda Graciela Rivera Flores*, February 26, 2015.

ROLDÁN XOPA, J. **Derecho Administrativo.** Mexico: Oxford University Press, 2008.

SENADO DE LA REPÚBLICA, *Dictamen de las Comisiones Unidas de Puntos Constitucionales; de Comunicaciones y Transportes; de Radio, Televisión y Cinematografía y de Estudios Legislativos, con la opinión de las Comisiones de Gobernación y de Justicia, respecto de la Minuta con proyecto de Decreto por el que se reforman y adicionan diversas disposiciones de la Constitución Política de los Estados Unidos Mexicanos en materia de telecomunicaciones*, April 23, 2013.

The Battle for Critical Internet Resources: South America vs. Amazon.com, Inc.

Submitted: 14/01/2015
Revised: 04/02/2015
Accepted: 21/04/2015

Patricia Vargas-Leon[*]
Andreas Kuehn[**]

Abstract

Purpose – To analyze the controversy about the allocation of critical Internet resources generated by ICANN's new gTLD program with a particular focus on the .AMAZON TLD.

Methodology/approach/design – This article presents an exploratory case study about the .AMAZON controversy. The initial analysis of this ongoing research is based on data collected from various reports and media coverage on ICANN's new gTLD policy. The article draws from political economy theory to analyze disputes about critical Internet resources.

Findings – This article discusses preliminary findings of the .AMAZON case, a contested prime example in ICANN's efforts to extend the Internet's domain name space.

Practical implications – The findings may inform related controversies in the gTLD program and contribute to a differentiated understanding of CIR allocation in Internet governance, and respective policy-making.

Originality/value – The value of this article is the specific discussion of the .AMAZON case in the larger context of ICANN's new gTLD program, and its analysis that describes the controversy from a property rights perspective.

Keywords: ICANN, gTLD, Amazon.com, .AMAZON, Critical Internet Resources (CIR), Internet governance, property rights.

INTRODUCTION

Contentions about critical Internet resources (CIR) have been major forces in the formation and institutionalization of Internet governance. The Internet governance regime has evolved from these still ongoing debates and has received much attention in scholarly studies. As Mueller (2010) points out, Internet name and number resources represent a very important element within the technical Internet infrastructure over which governments have only limited control.

The Internet Corporation for Assigned Names and Numbers (ICANN) is a private non-profit organization, and has been under contract with the U.S. Department of Commerce to oversee and administer the Internet Assigned

[*]Syracuse University School of Information Studies. E-mail: pavargas@syr.edu.
[**]Syracuse University School of Information Studies. E-mail: ankuhn@syr.edu.

Numbers Authority (IANA) functions, including the management of the Domain Name System (DNS) (Mathiason, 2009; Raja, 2013). ICANN operates at the top of the DNS hierarchy, the "root zone" (Zhu, 2012). Those unique names and numbers associated with the root zone, including domain names, IP addresses, and AS numbers, are referred to as critical Internet resources (e.g., IGF, 2010; Mueller, 2010). The new generic Top-Level Domain (gTLD) program, which provides the context for this article, is a recent ICANN program that will lead to major changes in the Internet's address space and affect the allocation of critical Internet resources.

The program has raised a new round of debates on the allocation of Internet top-level domain names, such as .WINE and .BOOK, and has led to numerous filed objections against some applications in which various third parties saw their interests or material rights threatened or violated. This article addresses the political economy of critical Internet resources, particularly in regard to the creation of new gTLDs and the controversy that followed. For this purpose, we focus on the .AMAZON case, which received considerable attention. The U.S. Internet retail giant Amazon.com, Inc. filed an application for the new gTLD .AMAZON. This application has been disputed in a concerted effort by multiple South American governments who have territorial interests in the Amazon region. At the core of this controversy is a clash of interests between a private U.S. corporation to assert the brand that it built and has used over the last 19 years, and the governments of multiple South American nation-states, representing the interests of the South American people to preserve a name that reinforces the preservation of the Amazon region, and which has been used for the last 500 years (De Carbaxal, 1501).

The purpose of this article is to analyze the controversy over the .AMAZON gTLD. The article draws from earlier work in Internet governance that applied political economy theory to examine the Internet's domain name space. It examines the .AMAZON case with regard to the implications of assigning a TLD to a private corporation with a particular focus on geographical names, and draws insights from this controversy on dispute mechanisms and dynamics.

This article reports on an ongoing research effort to study the .AMAZON case; as such the analysis and findings stated here should be considered as preliminary. The analysis is based on data collected from GAC reports, ICANN policy reports, news articles, and relevant policy websites, and blogs, covering ICANN's new gTLD policy.

The structure of the article is as follows: It first introduces some key Internet governance entities and concepts to set the stage for discussing the new gTLD program and the .AMAZON case. Section 2 provides a brief overview of political economy as a theoretical lens to examine resource allocation in Internet

VARGAS-LEON, P.; KUEHN, A. *The Battle for Critical Internet Resources: South America vs. Amazon.com, Inc.* **The Law, State, and Telecommunications Review**, Brasilia, v. 7, n. 1, p. 37-58, May 2015.

governance. Sections 3 and 4 discuss the new gTLD program and provide an analytical narrative of the .AMAZON controversy. The article ends with concluding thoughts.

1. BACKGROUND

This section presents an overview of ICANN's role as the administrator of the DNS root zone, and short descriptions of relevant entities and terms. It further includes a brief outline of ICANN's mechanisms for solving legal disputes related to domain names.

ICANN and the GAC

The Internet Corporation for Assigned Names and Numbers (ICANN) was created in 1998 as a private non-profit organization under the laws of the State of California (Take, 2012). Its multi-stakeholder governance model involves governments, the private sector, and civil society. As a matter of fact, the creation of ICANN was the result of negotiations between different stakeholders, including the technical community, U.S. government agencies, intellectual property rights holders, and private sector corporations (Mathiason, 2009).

As stipulated in its bylaws, ICANN's board of directors has no representation of national governments or intergovernmental entities. The Government Advisory Committee (GAC), representing governments and a few international governmental organizations, can advise ICANN's board of directors on public policy issues. Its advice, however, is nonbinding (ICANN, 2013a). Even though the board of directors is the highest authority, governments have the opportunity to influence ICANN's decision-making through the GAC, but only if ICANN's board of directors seeks comments from the GAC on a particular policy issue. The GAC only acts in matters where ICANN's policies, laws, and international agreements need to be "harmonized" or when ICANN's policies may affect public policy issues (Take, 2012).

Today, ICANN works as a global multi-stakeholder organization, whose function is to oversee a number of Internet-related functions, such as the domain name registration procedure (Raja, 2013). The IANA contract grants ICANN the authority to create policies to regulate the DNS root zone and keep track of the Top-Level Domains (TLD), the subordinate level of name space within the root (Zhu, 2012). In this condition, ICANN was charged by the U.S. Department of Commerce to address the problem of the scarcity of domain names since domain names are limited, contrary to popular believes (Mathiason, 2009).

Critical Internet Resources (CIR)

ICANN operates at the top of the DNS hierarchy, the root zone (Mathiason, 2009; Mueller, 2002) which is a key area for Internet governance and critical Internet resources (CIR) (IGF, 2010). During the 2007 Internet Governance Forum in Rio de Janeiro, the term "critical Internet resources" dominated a significant part of the discussion. In the Internet policy realm, this term refers to the governance debate about ICANN's role and the administration of the Internet's naming and addressing domains (Huston, 2007).

According to the Working Group of Internet Governance (WGIG), CIR refers to the:

> "... administration of the domain name system and Internet protocol addresses (IP addresses), administration of the root server system, technical standards, peering and interconnection, telecommunications infrastructure, including innovative and convergent technologies, as well as multilingualization. These issues are matters of direct relevance to Internet governance and fall within the ambit of existing organizations with responsibility for these matters." (WGIG, 2005)

In this scenario, the term "critical Internet resources" refers to specific issues, such as the "governance of Internet standards, domain names, and IP addresses, and to the interconnection and routing arrangements among Internet service providers" (Mueller, 2010, p. 215). As it can be inferred from the WGIG statement above, this is the reason why the role of ICANN has become so important: ICANN is the entity that controls these valuable resources.

Domain Name System (DNS)

The Internet is considered the biggest directory service, and in that way, each point in the network needs a name (Mathiason, 2009). In the Internet infrastructure, that name is called a "domain name", and it is identified by a text-based URL, known as a "host name", such as www.syr.edu, to visit the website of Syracuse University in the United States (Mathiason, 2009; Mueller, 2002). Every domain name is associated with a number, an "Internet Protocol (IP) address", and the whole picture is known as the "Domain Name System (DNS)". The DNS is called an "association number", it translates host names, such as www.syr.edu, into an IP addresses, such as 123.4567.891.011 (Wang, 2003).

Top-Level Domains (TLDs)

Multiple activities on the Internet, like email or the World Wide Web (www), use domain names instead of Internet Protocol (IP) numbers as addresses. When Internet packets flow across the network, the domain names are translated into IP addresses. Both kinds of addresses – domain names and IP numbers – are valuable resources, "a kind of virtual real estate that can be bought and sold" (Mueller, 2002, p.6).

Top-level domains (TLDs) are part of an Internet address; they (were originally intended to) tell Internet users what sort of site they are visiting, such as ".COM" for a commercial or business website (Lipton & Wong, 2012). By June 2012, there were about 250 country code top-level domains (ccTLDs), which represent the identity of each nation-state on the Internet, such as .CH (for Switzerland) and .PE (for Peru). There were also 21 generic top-level domains (gTLDs), such as .COM, .ORG, or .EDU. The only entity that can create new TLDs is ICANN. Only ICANN has the authority to make changes in the root zone.[1] From a technical point of view, the root zone can be defined as the computer file that authorizes TLDs, but the root zone is more than that (Arthur, 2012). As Mueller (2002) explains, the root zone is the point of centralization in the Internet's decentralized architecture and "stands at the top of the hierarchical distribution of responsibility that makes the Internet work". It further represents the start point in a "long chain of contracts and cooperation" between Internet service providers and users who use theses addresses and names to surf the web and for data packets to arrive at their correct destinations (Mueller, 2002).

Uniform Domain Name Resolution Policy (UDRP)

In 1999, ICANN created the Uniform Domain Name Resolution Policy (UDRP) to address problems related to cybersquatting and protect intellectual property rights. According to the UDRP policy, a domain name held by a domainer[2] will be transferred, deleted, or modified in the following circumstances (ICANN, 1999):

1) The domain name is identical or confusingly similar to a trademark or service mark in which the complainant has rights.

2) The domainer does not have rights or legitimate interests in respect of the domain name.

3) The domain name in question has been registered and is being used in bad faith.

---

[1] The root zone is the most authoritative telephone directory for the Internet. If a top-level domain is not in the directory, it does not exist.
[2] A domainer is a person or an entity that buys or sells domain names for the purpose of generating profits through speculation or advertising related to popular or sought-after domain names.

2. POLITICAL ECONOMY OF DOMAIN NAMES

The battle between South America and Amazon.com, Inc. for the .AMAZON gTLD can be described by using property rights, a common concept in political economy. For Gilpin (1987) the term 'political economy' is constructed through the parallel existence of and the interaction between the 'state' and the 'market':

> "(...) almost all political economists assume that markets are embedded in larger sociopolitical structures that determine to a considerable extent the role and functioning of markets in social and political affairs and that the social, political, and cultural environment significantly influences the purpose of economic activities and determines the boundaries within which markets necessarily must function (Gilpin, 1987, p.74)."

The modern definition of the term includes the relationship between economics and politics in nation-states and across different nation-states; depending upon the case, private and public institutions may be included (Timimi, 2010). As a theory, political economy focuses on the explanation of how political institutions, the political environment, and the economic system influence each other (e.g., Weingast & Wittman, 2008). This is important because the analysis of the interaction between political economy forces and the potential outcome can generate a set of policies to help policy makers find an equilibrium while addressing concrete problems (Hoekman & Kostecki, 2009).

The academic literature covers a variety of meanings for the term 'political economy'. In this article, we refer to it as the application of an economic rationale to explain the contentions over the assignment and allocation of resources in the new gTLD program, which constitutes an extension of the domain name space.

Mueller (2002) pioneered the use of political economy in Internet governance. In his book "Ruling the Root – Internet governance and taming of cyberspace", he draws from institutional economic theory to analyze the institutionalization of Internet governance, which culminated in the formation of a new governance regime. The Internet's infrastructure is beyond the control of a single entity. Its ability to connect information and people all over the world transformed the political economy of communication and information (Mueller, 2010).

In a similar vein, Park (2008) analyzed the political economy of country code top-level domains (ccTLDs) using regime theory. In the Internet, "names and numbers" are scarce, valuable resources. While the Internet's domain space provides, in theory, superabundant combinations for names, in practice, it is a

VARGAS-LEON, P.; KUEHN, A. *The Battle for Critical Internet Resources: South America vs. Amazon.com, Inc.* **The Law, State, and Telecommunications Review**, Brasilia, v. 7, n. 1, p. 37-58, May 2015.

particular instance of a name, such as www.syr.edu, that is a rivalrous and excludable resource. The development of Internet governance is closely intertwined with the battle over the appropriation of these resources and the institutionalization of norms, rules, and regimes to govern them (e.g., the Uniform Domain-Name Dispute-Resolution Policy to resolve trademark conflicts related to domain names).

Property rights provide a tool to conceptualize the conflict over the allocation of resources, such as domain names. Mueller (2002, p. 60) defines property rights as rights that "… assign decision-making authority over resources to individuals or groups. They are defined by formal laws and regulations as well as by informal customs and norms that affect the way the formal specifications are put into practice". Property rights provide the authority to use, sell or transfer a resource or allow others to use or exclude others from using it. In practice, however, property rights do not provide absolute control, but may be restricted, for instance, through contractual agreements.

With regard to the new gTLD program as described in the following section, it extends the domain space and generates conflicts around competing applications, interests and objections. From a property rights perspective, acquiring a TLD under this program does not establish "ownership" over a particular gTLD. The agreement between ICANN and the registrar gives the latter the right to use the gTLD, but the property rights are limited (e.g., see 7.11 'Ownership Rights' in draft for a new gTLD registry agreement (ICANN, 2012a)). Further, the registrar is contractually bound not to transfer the TLD to others and needs to follow certain policies that restrict names and character strings used in domains (e.g., see 2.6 'Reserved Names' in draft for a new gTLD registry agreement (ICANN, 2012a)). While the gTLD program builds upon existing regimes, the adaption of existing institutions to establish the gTLD program was significant and required considerable efforts.

3. THE NEW gTLD PROGRAM

The new generic top-level domain (gTLD) program was launched in June 2011. However, preparatory steps for the new program, informed by previous experiences with introducing new TLDs, go back further. From 2005 to 2007 ICANN's Generic Names Supporting Organization (GNSO) conducted a policy development process, assessing the creation of the new gTLD program. During its 32nd International Public Meeting, held in Paris in 2008, the ICANN board passed 19 policy recommendations concerning new gTLDs. The purpose of the new gTLD program is to extend the domain name space and to enhance competition, increase innovation, and widen the choice in Internet domain names (ICANN, 2013b). The domain name space has been extended in previous years, to include top-level domains such as .AERO, .BIZ, .COOP, .INFO, .MUSEUM, .NAME, and .PRO in 2000; and .ASIA, .CAT, .JOBS, .MOBI, .POST, .TEL, .XXX, and .TRAVEL in 2004. These extensions were not free of controversies either. The .XXX gTLD, designating adult content, for instance, led to particular sharp debates about moral and content regulation, delaying approval and actual operation until spring 2011. Thus, it is not astonishing that experts foresaw that the new gTLD program would cause trademark issues and litigations (Schonfeld, 2011).

ICANN has to evaluate the questions of when, how, and under what circumstances new gTLDs would be added, since only ICANN is responsible for this particular function under the current regime (Weinberg, 2002). The new gTLD program was open to anybody with sufficient financial means to file an application for a new gTLD from January to May 2012. At the beginning of the 2012 expansion, ICANN declared that it was not possible to estimate how many applications would be received, but initial expectations from 2011 estimated between 300 and 1,000 new gTLDs (Warren, 2011). However, by June 13, 2012, ICANN had received 1,930 gTLD applications, the most popular being .APP, .HOME, .INC, and .ART. (ICANN, 2012d; INTA, 2012). Out of the submissions received within the 2012 application window, 230 are directly contested strings with more than one applicant (e.g., .APP submitted by 13 separate entities; .HOME, applied for by 11 different parties) (ICANN, 2012d). The gTLD .AMAZON was one of the applications that ICANN received.

The resolution process proposed by ICANN to address multiple registrations for the same gTLD was through an auction mechanism. Applicants would resolve the conflict themselves, and the new gTLD would go to the highest bidder (Nazzaro, 2014; Warren, 2011). As of April 3, 2015, from the 1,930 applications, 583 applications completed the gTLD registration, 482 were withdrawn, 65 were not approved and 800 were still being processed. (ICANN, 2015).

Registering a new gTLD comes with significantly high costs, and the commitment lasts for a ten-year period. The initial registration costs approximately USD 185,000 with an estimated cost, including operational costs and legal fees, over a one to two year time period of up to USD 2 million (Angeles, Bagley, Müller, Pinaire, & Vayra, 2010). Organizations that can afford the USD 185,000 registration fee and further costs will be able to register a new gTLD. Table 1 breaks down the various fees, payable to ICANN.

VARGAS-LEON, P.; KUEHN, A. *The Battle for Critical Internet Resources: South America vs. Amazon.com, Inc.* **The Law, State, and Telecommunications Review**, Brasília, v. 7, n. 1, p. 37-58, May 2015.

Fee	Description
Initial Registration Fee: USD 185,000	Per initial registration
Fixed Fee: USD 6,250	Per calendar quarter
Registry-Level Transaction Fee: USD 0.25	per domain name and year after 50,000 domain names have been registered

Source: instar CORPORATION, 2014

Table 1 – gTLD Fees

According to Esther Dyson, founding chairwoman of ICANN, the new ICANN program allows the creation of new domains for almost any word or brand someone wants to register. Successful registrants can use the whole new gTLD just for themselves in a closed model. Alternatively, they can open it up to others who can then register a domain under the new TLD. For Dyson, this is a "way for registries and registrars to make money" and recoup their costs (Schonfeld, 2011).

Disputes, Legal Controversies, and Grounds for Objection

If an applicant has the technical, financial, and operational capacity to become the operator of a new gTLD, then the applicant will be granted the registration for that new gTLD, consisting of a string of alpha-numeric characters (Lipton & Wong, 2012). The applicant then becomes the registrar, a single authority, who is responsible for keeping order in that portion of the Internet's domain name space, including solving controversies about ownership and making sure that sites are visible to the rest of the Internet users (Arthur, 2012). However, after a new gTLD is approved and its management delegated to the registrar, it is unclear what kinds of rules should be adopted to ensure appropriate balancing of trademark rights and other interests within that newly created space (Mahler, 2014).

According to Lipton and Wong (2012), empirical evidence shows that "the areas of dispute resolution in the existing domain space have involved: 1) disputes where free expression is heavily implicated (…); and 2) disputes that do not involve trademark interests". Although in the past, ICANN tried to resolve these disputes in the domain space, some scholars argue that mechanisms implemented for that purpose, such as UDRP, are "too heavily weighted" in favor of protecting the interests of trademark holders. However, other important interests are not equally considered. Reasons for this high protection lie in "the power international trademark lobby wielded in the development process" (Lipton & Wong, 2012).

ICANN has established a procedure to object gTLD applications. Table 2 lists four grounds upon which an individual or entity may file a formal objection regarding a new gTLD application (ICANN, 2012a).

Objection Ground	Description
String Confusion Objection	The applied-for gTLD string is confusingly similar to an existing TLD or to another applied-for gTLD string in the same round of applications.
Legal Rights Objection	The applied-for gTLD string infringes the existing legal rights of the objector.
Limited Public Interest Objection (formerly the Morality and Public Order Objection)	The applied-for gTLD string is contrary to generally accepted legal norms of morality and public order that are recognized under principles of international law.
Community Objections	There is substantial opposition to the gTLD application from a significant portion of the community to which the gTLD string may be explicitly or implicitly targeted.

Source: instar CORPORATION, 2014

Table 2 – Objection Grounds

According to Mahler (2014), legal rights objections are most directly relevant to brand owners. We must remember, however, that in an international context and also in the Internet domain name space, there is no universal legal or economic definition of 'property right' across all legal systems. Although labeled as covering generic "legal rights", ICANN's definition of the grounds for objection makes clear that protecting trademark rights is ICANN's central concern. This is the reason why conflicts within the new gTLD program exist. As currently implemented, the new program leans heavily toward protecting trademark over other interests.

The legal rights objection procedure can be based on common law trademark rights. It involves an assessment of eight factors similar to the "Polaroid factors"[3] (Raja, 2013). Objectors and respondents base their pleadings on Module 3 of ICANN's Applicant Guidebook, and they have objections resolved by a panel of one to three experts appointed by the United Nations' World Intellectual Property Organization (WIPO) (Stanford, 2013).

---

[3]When determining the likelihood of confusion over a trademark, courts apply the "Polaroid Factors"; these are used as guidelines, but not all factors may be considered in a given case. The factors are derived from and named after the 1961 case Polaroid Corp. *v.* Polarad Elecs. Corp.

Critiques to the ICANN policy and the gTLD program

The new gTLD program has led to considerable disputes within ICANN's multistakeholder community. Major actors and their positions against the program include: (Froomkin, 2011):

1.Intellectual property rights-holders, who are concerned that the new gTLDs will increase trademark infringement opportunities and monitoring costs.

2.Governments, which argue about the semantic content of potential new gTLDs on public order grounds.

3.Non-governmental actors, who expressed technical or aesthetic objections to the program itself.

ICANN was criticized by some stakeholders for "policy mistakes" within the new program. Main issues included:

1. Allowing new gTLDs to be run as a "closed registry":

This means that one company, the applicant and registrar in this case (if the gTLD is granted) keeps the benefit of using the gTLD on a closed basis for its own and sole benefit. This means that, for instance, if Google is granted the TLDs .EARTH, or .CAR, no one other than Google is entitled to register domains, such as SOMETHING.EARTH or SOMETHING.CAR (Alleman, 2014b).

On this matter, it is important to remember the provisions of ICANN's Applicant Guidebook which states that the "beneficiary to whom the new gTLD is reserved is the only one permitted to exploit, or to authorize others to exploit, worldwide the domain names associated with the applicants suffix consisting of this gTLD" (Passa, 2014, p.1).

2. ICANN did not limit the number of applications per company:

Part of the civil society showed concerns because ICANN did not limit the number of applications per company. Reasons for this lie in the fact that one company and its partners would be able to apply, and eventually control, a substantial part of the market (Berkens, 2012).

3. Unclear ICANN policy on similar strings:

One of the main problems is that if a similar string for a new gTLD is chosen by multiple applicants, this may lead to confusion. On this matter, ICANN's Applicant Guidebook established a string contention procedure (ICANN, 2012a):

> "Module 4 - String Contention Procedures
>
> This module describes situations in which contention over applied-for gTLD strings occurs, and the methods available to applicants for resolving such contention cases.
>
> 4.1 String Contention
> String contention occurs when either:
>
> 1. Two or more applicants for an identical gTLD string successfully complete all previous stages of the evaluation and dispute resolution processes; or
>
> 2. Two or more applicants for similar gTLD strings successfully complete all previous stages of the evaluation and dispute resolution processes, and the similarity of the strings is identified as creating a probability of user confusion if more than one of the strings is delegated.
>
> ICANN will not approve applications for proposed gTLD strings that are identical or that would result in user confusion, called contending strings. (...)"

To resolve the matter of string contention, ICANN applies an algorithm to compare gTLD strings in order to test for "similarity". Eventually, however, human judgment will make the final call (Berkens, 2012). For instance, how confusing can .NGO, .NG (Nigeria's ccTLD), and .NO (Norway's ccTLD) be? The critics of the program argue that ICANN lacks detailed standards for the examiners to decide about confusingly similar strings (Berkens, 2012).

4. THE .AMAZON CONTROVERSY

In early 2012, the private company Amazon EU S.à r.l. applied for 76 top-level domains, and the cost of those applications was around USD 14 million. Among the applications, there were 11 internationalized domain names, which include brand-related terms like .AUDIBLE, .KINDLE, and the controversial .AMAZON. Other applications include generic terms, such as .WOW, .GAME, .FREE, .LIKE, .SHOP, and .MAIL. In the case of .AMAZON, the company's purpose was to exclusively use the top-level domain for its various online services (Watts, 2013). According to the registration rules, the board of ICANN should evaluate the multiple requests of Amazon EU S.à r.l. and grant or deny the registration (ICANN, 2012c). According to the applicant guidebook, a company can reserve its own name, its trademark, or one of its trademarks as a new gTLD. On this subject, geographical names and purely generic product or service names can also be reserved (Passa, 2014). Despite the gTLD rules, observers argued that if Amazon EU S.à r.l. succeeds with its registration, the world of Internet commerce would be significantly reshaped (Nazzaro, 2014).

With similar intentions, Google applied for 101 gTLDs, including 23 strings similar to Amazon's applications, a situation that led to a direct conflict between these two large Internet corporations (Nazzaro, 2014; Sloan, 2012). At the same time, a group of businesses and organizations, such as Nokia, Microsoft, Oracle, Expedia, TripAdvisor, Hotwire, and Kayak, lobbied against Google's and Amazon's gTLD applications (Alleman, 2014b).

As established by the applicant guidebook, the registry operator of a new string (the beneficiary of a new gTLD reservation) is legally entitled to run a gTLD as a "closed registry". The registry operator has two options: 1) to keep the new gTLD for its own use, or 2) to open its gTLD and allow third parties to reserve domain names associated with this string, which are known as second-level registrations in this gTLD. In the second case, the applicant becomes the registrar of these third-party domain names and is entitled to set its naming conventions and create the conditions under which third parties can reserve these domain names (Passa, 2014). In the specific case of .AMAZON, Amazon EU S.à. r.l. chose the first option and decided to keep a closed registry policy (Alleman, 2014a). The company did not plan to offer any second-level domain registrations to the public. That is, for every gTLD Amazon is awarded, only this company and its partners could register domains, such as SOMETHING.AMAZON or SOMETHING.KINDLE (Alleman, 2014a, 2014b).

After the .AMAZON filing took place, the governments of eight South American nation-states, led by Brazil and Peru[4], which share sovereignty over the geographical Amazon region, raised objections to the .AMAZON gTLD application (RPP, 2013). It is crucial to understand that the South American governments are not claiming a .AMAZON gTLD in any form. They claim that the words "Amazon", "Amazonas", "Amazonia", and "Amazonía" (with accent mark) and their variants refer to a geographic region that covers several nation-states in South America. Peru's Minister for Foreign Affairs, Mr. Miguel Palomino, stated that the South American governments do not question the

---

[4]Several Latin American nation-states protested against the Amazon EU S.à r.l. application, including Brazil and Peru. The Amazon River flows through the territories of those two nation-states, and it covers 2/3 of the river's 5.5 million km^2 plain, known as Amazonia (Passa, 2014).

brand, but he pointed out that "a geographic name that is the heritage of the Amazonian countries cannot be an object of an Internet domain" (Mitnick, 2013).

The main concern of South American governments is based on the fact that where a name or cultural indicator is protected as a trademark, the holder of the rights in the market could take full advantage of all of the protections granted by the trademark-focused domain name regulations (Lipton & Wong, 2012). As a result, the shared perspective of the South American governments is that the U.S. Internet retail company should not obtain, appropriate, or commercialize the .AMAZON gTLD. The South American governments base their objections on the need to protect and create awareness about one of the largest bio-systems on the planet (Watts, 2013).

On December 17, 2012, Amazon EU S.à. r.l. communicated to the Brazilian and Peruvian governments that the company was not going to withdraw its application for the new .AMAZON TLD (RPP, 2013). Shortly before that, the Latin American governments tried to change the company's mind. They used a procedure known as "early warning" to present an objection to ICANN's Governmental Advisory Committee (GAC) (ICANN, 2012b). The GAC advises ICANN, but its conclusions are not binding (ICANN, 2013a). In its advisory opinion, the GAC favored the South American governments' position and advised against the registration of .AMAZON (ICANN, 2012b).

The early warning recommends that the applicant withdraw its application because the string also refers to an important region of South America, part of the sovereign space of eight nation-states and also coincides with the name of an international organization, the "Amazon Cooperation Treaty Organization", from which many of these nation-states are members (ICANN, 2013c).

The GAC members Brazil and Peru provided the following rationales in the early warning:

> "The Amazon region constitutes an important part of the territory of Bolivia, Brazil, Colombia, Ecuador, Guyana, Peru, Suriname and Venezuela, due to its extensive biodiversity and incalculable natural resources. Granting exclusive rights to this specific gTLD to a private company would prevent the use of this domain for purposes of public interest related to the protection, promotion and awareness rising on issues related to the Amazon biome. It would also hinder the possibility of use of this domain to congregate web pages related to the population inhabiting that geographical region." (ICANN, 2012b)

Observers speculated that the U.S. government may lobby in favor of Amazon EU S.à. r.l. (Mitnick, 2013). As a matter of fact, initially, the U.S. government opposed the GAC objection to geographic strings, such as

.AMAZON. However, on July 5, 2013, the National Telecommunications & Information Administration (NTIA), the U.S. government's representative to the GAC, announced that the U.S. government would remain neutral in controversies related to specific geographic strings, such as .SHENZEN (IDN in Chinese), .PERSIANGULF,.GUANGZHOU (IDN in Chinese), .AMAZON (and IDNs in Japanese and Chinese), .PATAGONIA, .YUN, and .THAI (NTIA, 2013). Nevertheless, the U.S. government position was that "sovereignty" is not a valid argument for objecting to the use of terms because there is no "international consensus that recognizes inherent governmental rights in geographic terms" (NTIA, 2013). Finally, the U.S. government clarified that its position in reference to these specific gTLD applications "does not prejudice future United States positions within the ICANN model or beyond" (NTIA, 2013).

After the U.S. government declared itself neutral, the GAC presented a consensus objection regarding the .AMAZON string and all its internationalized domain names in various scripts (Murphy, 2013). From that moment, the controversy was limited to two positions:

> "whether the rules and principles cited in support of these objections and reiterated in the unfavourable advice issued by the GAC are of such nature as to oblige ICANN to reject the application filed by Amazon (A) or, to the contrary, whether the rules and principles cited by Amazon in its response of 23 August 2013 to the GAC's advice oblige it to reserve the new gTLD '.amazon' (B) (Passa, 2014, p.3)".

The legal issue to resolve was whether a geographical name not recognized by any statute or by registration should have some level of legal protection, when the products from the geographical area in question are known to have special characteristics or qualities. Facing this problem, at the beginning of 2014, ICANN commissioned an independent, third party expert to provide additional advice on the specific legal issues, focusing on legal norms or treaty conventions with regards to the .AMAZON case (ICANN, 2014b). In March 2014, during its Singapore meeting, the GAC encouraged ICANN's board to make a decision about this subject because of the long time that had passed since the early warning was issued (ICANN, 2014a).

By May 2014, ICANN rejected the .AMAZON application, including the Chinese and Japanese translation of the name:

> "Resolved (2014.05.14.NG03), the NGPC accepts the GAC advice identified in the GAC Register of Advice as 2013-07-18-Obj-Amazon, and directs the President and CEO, or his designee, that the applications for .AMAZON (application number 1-1315-58086) and related IDNs in Japanese (application number 1-1318-83995) and Chinese (application number 1-1318-5581) filed by Amazon EU S.à r.l. should not proceed. By adopting the GAC

advice, the NGPC notes that the decision is without prejudice to the continuing efforts by Amazon EU S.à r.l. and members of the GAC to pursue dialogue on the relevant issues. (As cited by Murphy, 2014, para.4)" (Griswold, 2014)

The three applications, in English, Chinese, and Japanese, to register the gTLD .AMAZON would remain "frozen" until Amazon.com, Inc. withdraws them (Murphy, 2014) or until it manages to break the arbitration agreement and find a way to appeal ICANN's decision. The timeline in figure 1 summarizes major events of the .AMAZON controversy.

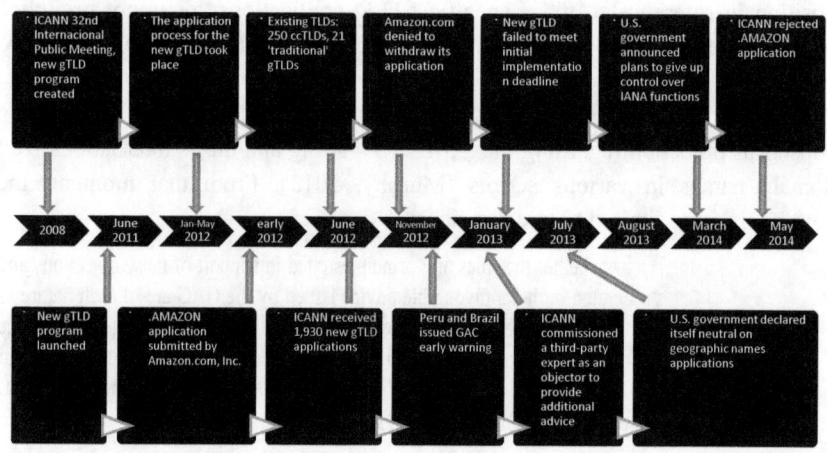

Figure 1 – Timeline new gTLD program and the .AMAZON controversy

5. CONCLUDING THOUGHTS

The gTLD program, conceptualized as an extension of the existing namespace within the Domain Name System, can be analyzed from a property rights perspective, including the conflicts that arose from competing applications for a particular gTLD. From an economic perspective, applicants likely consider the gTLD as a significant investment in an Internet-related asset. An application for a gTLD is very costly, but if successful, the gTLD will offer a potentially valuable advantage to private companies who are willing to invest in the visibility of their brand names. The gTLD provides them with property rights the registrar did not have before. Although there is not a universal understanding of the concept of property rights, it helps to solve conflicts over the allocation of 'names and numbers' in the Internet namespace. Property rights provide an individual or groups the authority over an asset. However, the control over the property rights also has limits. In the particular case of the new gTLD program, it does not establish 'ownership' over a particular gTLD. As mentioned above, the contractual relationship between ICANN and the registrar is not legally clear (Mahler, 2014). The gTLD agreement gives the registrar the right to use the gTLD, but at the same time requires the registrar to fulfill ICANN's technical and legal requirements (ICANN, 2014c). It makes clear that the registrar does not have the capacity to dispose of the gTLD as a property owner could.

The .AMAZON case reveals that the U.S. online retailer's commercial interests in the gTLD are further grounded in an increased level of brand protection. The South American governments, on the other hand, do not want to have .AMAZON registered or even used for any kind of purposes. Their interest is to keep a .AMAZON gTLD non-existent. The analysis of the .AMAZON controversy provides insights into how the processes around the new gTLD program unfolded, which took considerable effort in its institutional preparation. Further, it makes visible the underlying competing values and interests that various stakeholders bring to the Internet governance discussion. While .AMAZON is one of the most prominent controversies about the new gTLD program, many other debates are currently being played out, including .HOME, .APP, .ART, .BLOG, and .LLC (Holly, 2013). The preliminary findings presented in this article may help to inform other controversies related to the new gTLD program and CIR more broadly.

REFERENCES

Alleman, A. (2014a). Amazon.com won't offer domain names to the public. DNW. Retrieved from http://domainnamewire.com/2012/06/14/amazon-com-wont-offer-domain-names-to-the-public/

Alleman, A. (2014b). If .amazon is killed, will Amazon bail on the new TLD program? DNW. Retrieved from http://domainnamewire.com/2013/08/02/if-amazon-is-killed-will-amazon-bail-on-the-new-tld-program/

Angeles, J., Bagley, M., Müller, K., Pinaire, J., & Vayra, F. (2010). To TLD or Not to TLD, That Is the Question. Retrieved from http://www.inta.org/INTABulletin/Pages/ToTLDorNottoTLD,ThatIstheQuestion.aspx

Arthur, C. (2012, June 13). Icann, top-level domains and their expansion. The Guardian. Retrieved from http://www.theguardian.com/technology/2012/jun/13/icann-top-level-domains-explained

Berkens, M. (2012). The Top Policy Mistakes ICANN Made In The New gTLD Program. The Domains. Retrieved July 30, 2014, from http://www.thedomains.com/2012/07/24/the-top-policy-mistakes-icann-made-in-the-new-gtld-program/

De Carbaxal, G. (1501). Descubrimiento del Río de las Amazonas Título Relación del descubrimiento del famoso río grande que, desde su nacimiento hasta el mar, descubrió el Capitán Orellana en unión de 56 hombres Tipo de Documento Manuscrito Materia Orellana, Francisco de Amaz.

Froomkin, A. M. (2011). Almost Free: An Analysis of ICANN's "Affirmation of Commitments." Retrieved from http://papers.ssrn.com/abstract=1744086

Gilpin, R. (1987). The Political Economy of International Relations. Princeton University Press.

Weingast, B. R., & Wittman, D. A. (Eds.) (2008). The Oxford Handbook of Political Economy. Oxford University Press, United Kingdom.

Griswold, A. (2014). Amazon domain: The online retailer lost a bid for the .amazon domain amid South and Latin American protests. Slate. Retrieved May 29, 2014, from http://www.slate.com/blogs/moneybox/2014/05/21/amazon_domain_the_online_retailer_lost_a_bid_for_the_amazon_domain_amid.html

Hoekman, B. M., & Kostecki, M. M. (2009). The Political Economy of the World Trading System. OUP, Oxford.

Holly, R. (2013). The six most contested gTLDs. GEEK. Retrieved from http://www.geek.com/news/the-six-most-hotly-contested-gtlds-1496209/

Huston, G. (2007). On the Hunt for "Critical Internet Resources." CircleID - Internet infrastructure. Retrieved April 12, 2014, from http://www.circleid.com/posts/critical_internet_resources/

ICANN. (1999). Uniform Domain Name Dispute Resolution Policy. ICANN ARCHIVES. Retrieved from http://archive.icann.org/en/udrp/udrp-policy-29sept99.htm

ICANN. (2012a). gTLD Applicant Guidebook. Retrieved from http://newgtlds.icann.org/en/applicants/agb

ICANN. (2012b). GAC Early Warning-Submittal Amazon-BR-PE-58086. Retrieved from https://gacweb.icann.org/download/attachments/27131927/Amazon-BR-PE-58086.pdf?version=1&modificationDate=1353452622000&api=v2

ICANN. (2012c). New gTLD Application Submitted to ICANN by: Amazon EU S.ar.l.   ICANN.   Retrieved   from https://community.icann.org/download/attachments/35520774/ICANN+New+gTLD+Application+-+AMAZON.pdf?version=1&modificationDate=1343595148000

ICANN. (2012d). At a Glance By the Numbers - ICANN New gTLDs. Retrieved   from   http://newgtlds.icann.org/en/program-status/statistics/applications-quick-facts-13jun12-en.pdf

ICANN. (2013a). About The GAC - GAC Website (Main). Retrieved from https://gacweb.icann.org/display/gacweb/About+The+GAC

ICANN. (2013b). Internet Domain Name Expansion Now Underway. Retrieved from http://www.icann.org/en/news/press/releases/release-23oct13-en

ICANN. (2013c). GAC Communique. Durban, South Africa.

ICANN. (2014a). GAC Communique. Singapore.

ICANN. (2014b). NGPC Meeting of 5 February 2014. Retrieved from http://www.icann.org/en/groups/board/governance/reconsideration/14-4/request-annex-uojca-19feb14-en.pdf

ICANN (2015, April 3). Announcement: 03 April 2015 – New Contracting Statistics Released. ICANN new gTLD Updates. Retrieved from http://newgtlds.icann.org/en/announcements-and-media/announcement-03apr15-en

IGF. (2010). Internet Governance Forum. Managing Critical Internet Resources. Retrieved   from http://www.intgovforum.org/cms/component/content/article/102-transcripts2010/643-resources

instra CORPORATION. (2014). New gTLDs Pricing. instraCorporation. Retrieved from http://www.instra.com/en/new-gtlds/pricing

Lipton, J., & Wong, M. (2012). Trademarks and freedom of expression in ICANN's new gTLD process. Monash University Law Review, 38(1), 188.   Retrieved   from http://search.informit.com.au/documentSummary;dn=127843371817386;res=IELHSS

Mahler, T. (2014). A gTLD right? Conceptual challenges in the expanding internet domain namespace. International Journal of Law and Information Technology, 22(1), 27–48. Retrieved from http://ijlit.oxfordjournals.org/content/22/1/27.short

Mathiason, J. (2009). Internet governance: the new frontier of global institutions. London; New York: Routledge.

Mitnick, D. (2013, July 18). Is The GAC Objection To .AMAZON An Abuse Of Power? domainSkate blog. Retrieved from https://domainskate.com/is-gac-objection-to-amazon-and-patagonia-an-abuse-of-power/

Mueller, M. (2002). Ruling the root Internet governance and the taming of cyberspace. Cambridge, Mass.: MIT Press.

Mueller, M. (2010). Networks and states: the global politics of Internet governance. Cambridge, Mass.: MIT Press.

Murphy, K. (2013). Amazon's dot-brand likely doomed as US withdraws geo objection. DomainIncite. Retrieved from http://domainincite.com/13637-amazons-dot-brand-likely-doomed-as-us-withdraws-geo-objection?goback=%2Egde_1840166_member_255992449

Murphy, K. (2014). Amazon's bid for .amazon is dead. DomainIncite. Retrieved from http://domainincite.com/16688-amazons-bid-for-amazon-is-dead

Nazzaro, E. (2014). "Welcome to the New Internet The Great gTLD Experiment" Edward C. Nazzaro Mr. Indonesian Journal of International and Comparative Law, 1(1), 37–71. Retrieved from http://works.bepress.com/edward_c_nazzaro/2/

NTIA (2013, July). U.S. Statement on Geographic Names in Advance of ICANN Durban Meeting. National Telecommunications & Information Administration. Retrieved from http://www.ntia.doc.gov/files/ntia/publications/usg_nextsteps_07052013_0.pdf

Park, Y.J. (2008). The political economy of country code top level domains. Dissertation. Retrieved from http://surface.syr.edu/it_etd/9

Passa, J. (2014). Governmental Advisory Committee (GAC) Advice – .AMAZON (and related IDNs). ICANN. Retrieved from https://www.icann.org/en/system/files/correspondence/crocker-to-dryden-07apr14-en.pdf

Raja, A. (2013). ICANN's New Generic Top-Level Domain Program and Application Results. Intellectual Property Brief, 4(2). Retrieved from http://digitalcommons.wcl.american.edu/cgi/viewcontent.cgi?article=1079&context=ipbrief

RPP. (2013). Solicitan defender dominio ´amazon´ en internet para países amazónicos | RPP NOTICIAS. RPP Noticias. Retrieved from http://www.rpp.com.pe/2013-06-25-solicitan-defender-dominio-amazon-en-internet-para-paises-amazonicos-noticia_607669.html

Schonfeld, E. (2011). Esther Dyson On New Top-Level Domains: "There Are Huge Trademark Issues." Tech CrunchBase. Retrieved from http://techcrunch.com/2011/07/21/esther-dyson-top-level-domains/

Sloan, P. (2012). Amazon.com's domain power play: We want to control them all. CNET. Retrieved from http://www.cnet.com/news/amazon-coms-domain-power-play-we-want-to-control-them-all/

Stanford, V. (2013). WIPO panel dismisses objection to Amazon's application for ".tunes" gTLD. Journal of Intellectual Property Law & Practice, 8(11), 826–827. doi:10.1093/jiplp/jpt184

Take, I. (2012). Regulating the Internet infrastructure: A comparative appraisal of the legitimacy of ICANN, ITU, and the WSIS. Regulation & Governance, 6(4), 499–523. doi:10.1111/j.1748-5991.2012.01151.x

Timimi, K. (2010). Political Economy Theory. Economy Watch. Retrieved from http://www.economywatch.com/political-economy/political-economy-theory.html

Wang, L. (2003). Protecting BGP Routes to Top-Level DNS Servers. IEEE Transactions on Parallel and Distributed Systems, 14, 851 – 860.

Warren, C. (2011). 9 Things You Need to Know About ICANN's New Top Level Domains. mashable. Retrieved from http://mashable.com/2011/06/20/new-gtld-faq/

Watts, J. (2013). Amazon v the Amazon: internet retailer in domain name battle. The Guardian. Retrieved from http://www.theguardian.com/environment/2013/apr/25/amazon-domain-name-battle-brazil

Weinberg, J. (2002). "ICANN, 'Internet Stability,' and New Top Level Domains." In L. Cranor & S. Greenstein (Eds.), Communications Policy and Information Technology: Promises, Problems, Prospects 3. MIT Press.

WGIG. (2005). Report of the Working Group on Internet Governance. WGIG. Retrieved from http://www.wgig.org/docs/WGIGREPORT.pdf

Zhu, H. (2012). A Global Network for Scholars of Internet Governance 2012 Annual Symposium. In The Impact of the New gTLD Program on the Internet Governance Regimes of Emerging Economies. Baku,

Azerbaijan. Retrieved from http://giga-net.org/page/2012-annual-symposium

Aplicação seletiva da interoperabilidade para o serviço de *mobile payment* no Brasil
Selective Use of Interoperability on Mobile Payment Services in Brazil

Submitted: 01/04/2015
Revised: 17/04/2015
Accepted: 22/04/2015

Renata Tonicelli de Mello Quelho[*]

Resumo
Propósito – Este artigo tem por finalidade analisar a aplicação seletiva da interoperabilidade como *standard* regulatório na fronteira entre infraestrutura de telecomunicações e serviço de valor adicionado no caso do mobile payment no Brasil.
Metodologia/abordagem/design – O texto segue o método de abordagem comparativa e interdisciplinar, buscando identificar o contexto regulatório de cada subsistema no qual o *standard* de interoperabilidade está inserido.
Resultados – Foram identificados os principais elementos de possibilidade da opção regulatória por interoperabilidade no Brasil no âmbito das telecomunicações e nos novos serviços de pagamento.
Implicações práticas – O texto serve como guia para análise da opção regulatória por interoperabilidade nas telecomunicações e nos novos serviços de pagamento.
Originalidade/relevância – O artigo contextualiza o significado da interoperabilidade no atual contexto brasileiro para os novos serviços de pagamento.

Palavras-chave: regulação, TICs, interoperabilidade, standards, *mobile payment*.

Abstract
Purpose *– The article identifies the underpinnings of the concept of interoperability in the telecommunications and payment systems in Brazil.*
Methodology/approach/design *– The article uses a comparative methodology on the standard of interoperability.*
Findings *– It identifies the context and peculiarities of the interoperability in telecommunications and mobile payment systems in Brazil.*
Practical implications *– The article helps identifying the basic components of telecommunications and payment systems in the context of the new mobile payment systems.*
Originality/value *– It analyzes Brazil's practice on the topic of interoperability and payment systems.*
Keywords *– regulation, ICT, interoperability, payment system, telecommunication.*

---

[*]Analista Processual do Ministério Público da União e pesquisadora do Grupo de Estudos em Direito das Telecomunicações, no âmbito do Núcleo de Direito Setorial e Regulatório da Faculdade de Direito da Universidade de Brasília. Coautora da Coleção de Normas e Julgados de Telecomunicações Referenciados. Email: renata.tonicelli@gmail.com.

(...) you're not how much money you have in the bank.
Chuck Palahniuk, Fight Club

Introdução

As infraestruturas de Tecnologia da Informação e Comunicação (TICs) têm papel essencial na dinâmica dos serviços de pagamento, em face de novas conjunturas que emergem com o seu emprego.

O aperfeiçoamento do projeto de desenvolvimento das TICs revela que as transformações ocorridas durante os últimos anos têm revolucionado o cenário econômico, político e tecnológico mundial e lançado um desafio para os reguladores e formuladores de políticas públicas.

> "a infraestrutura de informação ligada em rede que combina computação e comunicações é o maior projeto da história da humanidade. O dinheiro e o esforço exigidos para construí-la, superam o que foi necessário para erigir as pirâmides do Egito e a Grande Muralha da China" (COWHEY; ARONSON, 2009, p.7).

O marco legal brasileiro dos novos serviços de pagamento, denominados arranjos de pagamento, criou uma moldura normativa para regular e possibilitar a promoção de política pública da infraestrutura do mercado de pagamentos.

Assim, a Lei nº 12.865, de 9 de outubro de 2013, instituiu competência expressa para que o Banco Central do Brasil disponha sobre critérios de interoperabilidade ao arranjo de pagamento ou entre arranjos de pagamento distintos. Além disso, a interoperabilidade ao arranjo de pagamento e entre arranjos de pagamento distintos é um dos princípios e objetivos para a disciplina normativa dos arranjos de pagamento que também está expresso na lei.

No contexto brasileiro, a Lei Geral de Telecomunicações (LGT), Lei nº 9.472/97, por sua vez, foi pensada como uma lei-quadro, capaz de absorver até as grandes transformações empresariais e tecnológicas, sendo a interoperabilidade um dos pressupostos de regulação dos serviços e das redes de telecomunicações. Todavia, o serviço de pagamento que utiliza telefonia móvel é considerado serviço de valor adicionado, em que o órgão dotado de competências explícitas para supervisão é o Banco Central do Brasil. A compreensão da interoperabilidade como índice regulatório envolve, portanto, dois reguladores e tem trajetória marcada pela compreensão interdisciplinar de fatores no âmbito das telecomunicações e do setor de pagamentos no Brasil.

O trabalho está estruturado do seguinte modo: em um primeiro momento, é evidenciado o fenômeno de modularização, que surge das infraestruturas de Tecnologias de Informação e Comunicação, permitindo convergência mais ampla dentro de capacidades funcionais e mudando a dinâmica dos mercados, bem como o rompimento de padrões normativos que se baseiam em características particulares dos sistemas de comunicação, da convergência e da onda crescente de tecnologias digitais. Tal mudança aponta para uma reconfiguração dos regimes jurídicos regulatórios, de modo a garantir proteção das metas sociais e políticas relevantes, bem como a inovação. Em um segundo momento, será procedida análise acerca dos aspectos institucionais e regulatórios da interoperabilidade na esfera das telecomunicações e na esfera dos novos serviços de pagamento móvel no Brasil e a sua articulação em face desses elementos.

1. Potencialidades políticas e econômicas extraídas da característica mais importante das TICs: a modularidade

Cowhey e Aronson (2009) anunciam que é chegado um novo estágio na economia política da infraestrutura de Tecnologia da Informação e Comunicações (TIC). A tendência verificada globalmente pelos autores para o setor, a partir da experiência norte-americana, é a modularidade (*modularity*). Tal conceito reside na metáfora da Lego, construindo blocos de muitas formas que podem ser facilmente combinadas e dispostas porque elas têm interfaces padronizadas para se conectarem.

Essa tendência das TICs não é um imperativo tecnológico, mas uma opção que se fundamenta na política que se deseja implantar. Os autores apontam que é falsa a ideia de que o desenvolvimento da tecnologia encontra um caminho de progresso por si só. A marcha tecnológica não foi inevitável, tendo em vista que muitas batalhas políticas conformam e suscitam a busca por novas estratégias (COWHEY; ARONSON, 2009).

A modularização significou a habilidade de incremento em misturar e combinar terminais individuais e sensores, peças de software, capacidade computacional massiva, mídia e fontes de dados de modo flexível e experimental.

Nesse sentido, três implicações cruciais decorrem da modularidade. Primeiro, ela facilitou a Revolução a Baixos Custos (*Cheap Revolution*); segundo, permitiu mais eficiência, rapidez e barateamento do acoplamento dos blocos de TIC; terceiro, com banda larga ubíqua, permitiu estender aplicações de informação interligadas em rede para além dos centros acadêmicos e centros tradicionais de negócios. Um efeito cumulativo da modularidade é a aceleração do crescimento da importância de plataformas multidimensionais (*multi-sided platforms*) que alteram a dinâmica de preços e de competição de um modo que não é encontrado na maioria dos ambientes não digitais. Esse tipo de plataforma serve a vários tipos de consumidores que são mutuamente dependentes e cuja participação torna a plataforma valiosa para cada um.

QUELHO, R. T. de M. *Aplicação seletiva da interoperabilidade para o serviço de mobile payment no Brasil*. **Revista de Direito, Estado e Telecomunicações**, Brasília, v. 7, n. 1, p. 59-72, maio 2015.

Para a interoperabilidade, a modularidade permite que diferentes redes, com diferentes características no design, conformem-se com capacidades mais flexíveis. A combinação de custos baixos e grandes capacidades nas redes de próxima geração (*next-generation networks*) dão suporte a novos serviços de informação.

Os autores destacam que colocar a modularidade como o componente central da infraestrutura TIC é mais preciso e aplicável do que a escala, porque não obstaculiza a política em uma arquitetura de rede em particular. Também permite o desenvolvimento de qualquer número de arquiteturas, enquanto reduz riscos para inovação e aumenta o bem-estar do consumidor.

Assim, mudanças tecnológicas desafiam interesses políticos e econômicos que podem levar a mudanças em políticas públicas, mas não é a tecnologia que dita a resposta. Instituições e legados políticos desenham o caminho da transformação. Assim, surge a indagação de se a separação de serviços e a normatização criam barreiras ao desenvolvimento e liberação do potencial das TICs.

1.1 Infraestrutura dos sistemas de comunicação e padrões normativos

Em um debate amplo a respeito da política de comunicações, Bar e Sandvig (2009) argumentam que a convergência de mídias e a onda crescente de tecnologias digitais rompem com o estado de padrões normativos próprios em cada sistema de comunicação de duas formas. Primeiramente ela questiona a essência das regras existentes em cada mídia e em segundo lugar, revela o fenômeno de substituição, em que uma mídia torna-se substituta potencial de outra.

Os autores apontam quatro fatores do processo político que criam ilhas para a política de comunicação que devem ser entendidas como o isolamento das mídias em sistemas de comunicação com políticas diferentes. Os fatores são: as metas subjacentes, o contexto material de comunicação, a tecnologia disponível e o regime da política regulatória.

O primeiro elemento, a meta subjacente, é concebido dentro de um modelo ideal:

> As políticas públicas planejadas para a imprensa, o correio, o telefone, o rádio e a televisão representam compromissos de governança mediada entre aqueles que controlam redes de comunicação e buscam o lucro com esse controle, e aqueles que desejam se comunicar e obter acesso a essas redes comunicacionais. Nós definimos 'controle da rede' como a habilidade de determinar a conformação institucional da rede, sua arquitetura, configuração, serviços e, de igual modo, a estrutura dos preços e as condições de acesso. Controle da rede significa o poder de decidir como a rede de comunicação

será utilizada e por quem, enquanto 'acesso à rede' é a capacidade dos cidadãos e dos atores econômicos em utilizar essa rede de acordo com suas necessidades. [grifei] (BAR; SANDVIG, 2009, p. 82)

A meta representa, assim, um aspecto central para a formulação de uma política pública e que goza de estabilidade.

O contexto material é o fator que revela as circunstâncias fáticas de comunicação: quem está se comunicando, quem deseja se comunicar, o que está sendo comunicado e, a partir do interesse central no contexto da política pública, como essa comunicação está organizada institucionalmente.

Os autores ressaltam que a tecnologia digital é uma característica revolucionária que proporcionou o fenômeno de separação e independência entre a configuração resultante da plataforma de comunicação e a conformação física da rede. Tal separação demonstra que não há exigência de propriedade dos recursos de infraestrutura material.

Outro elemento importante é o do regime da política regulatória (*policy regime*). O papel de um regime é o de permitir a "execução de uma meta quanto a um determinado ponto no tempo, situado no interior do contexto material de um sistema de comunicação e do instrumental tecnológico disponível" (BAR; SANDVIG, 2009, p. 82).

Os autores ressaltam três características centrais dos regimes:

> "(...) eles adquirem inércia porque visam a garantir benefícios historicamente conquistados. Em segundo lugar, eles tendem a ser formulados em relação a um dispositivo tecnológico específico devido à maneira pela qual tais modelos políticos evoluem, (...). Terceiro, os regimes são altamente dependentes do contexto político exógeno à política pública de comunicação." (BAR; SANDVIG, 2009, p.84)

Para ARANHA (2014), "regime é o sistema de uma disciplina jurídica. Assim, é o conjunto de regras jurídicas integradas para consecução de uma finalidade comum."

O desafio trazido pela disseminação das tecnologias digitais, notadamente a Internet, consiste no fato de ser um único sistema de comunicação, baseado em um núcleo tecnológico comum, que pode suportar todas as quatro combinações entre padrões e velocidades de comunicação.

Diante dessa ferramenta que muda a dinâmica nos sistemas de comunicação, Bar e Sandvig constatam que, em um ambiente convergente, a política regulatória deve ser baseada em padrões gerais, mais duradouros que aqueles relacionados à velocidade de envio e recepção de informações pelos meios de comunicação e as autoridades responsáveis e os órgãos decisórios competentes se deparam com o desafio de considerar os objetivos da política de comunicação sem recorrer a políticas públicas que sejam dependentes de um tipo específico de tecnologia.

QUELHO, R. T. de M. *Aplicação seletiva da interoperabilidade para o serviço de mobile payment no Brasil*. **Revista de Direito, Estado e Telecomunicações**, Brasília, v. 7, n. 1, p. 59-72, maio 2015.

A Internet propicia convergência de modo que não importa como os sinais são recebidos por um terminal, a configuração de uma rede de comunicação é determinada menos pela sua infraestrutura física subjacente do que pelo programa [software] de controle dessa rede de comunicação.

Esse é um dos aspectos centrais dos sistemas de comunicação atuais: "a separabilidade entre os três componentes da rede: a infraestrutura física (*physical hardware*), o programa (*software*) de controle da rede; e as aplicações de comunicação" (BAR, 1990). Assim, um único meio condutor pode ser usado tanto para difusão pública quanto para trocas privadas e os padrões de comunicação são definidos no interior do programa (*software*) de controle da rede.

Bar e Sandvig revelam que a plataforma é o elemento chave em redes digitais:

> "Uma plataforma é o sistema operacional sobre o qual aplicativos podem ser criados. A plataforma é, em si, um objeto construído que determina a forma daquilo que pode repousar sobre ele (p. ex. o programa que comanda uma comutação telefônica)" (BAR; SANDVIG, 2009, p. 103)

No modelo antigo, havia necessidade de que o proprietário detivesse a rede física para modificar a arquitetura lógica da rede. Com as redes digitais e os blocos TICs em cena, o controle sobre a configuração da rede é separável da propriedade da rede física e múltiplas plataformas de rede podem coexistir simultaneamente numa única infraestrutura física. Essa característica é o cerne da interoperabilidade.

Dois são os motivos para a interoperabilidade. O primeiro deles é a equidade (*fairness*), porque a arquitetura de plataformas de comunicação pode ou não impedir certas formas de interação. Assim, os participantes devem não só estar cientes dos espaços que frequentam, como também "deveriam ser capazes de influenciar o desenho dos espaços existentes de modo a refletir as suas próprias necessidades, ou de configurar espaços alternativos para tanto" (BAR; SANDVIG, 2009, p. 104).

O segundo motivo é o da promoção da inovação, ou que se permita que aqueles que não controlam as redes, incluindo usuários ou terceiros, introduzam visões diferentes de como estabelecer comunicação. Isto porque, na perspectiva daqueles que controlam redes, segue-se a linha de raciocínio de se conceber plataformas de comunicação que suportem os padrões de interação que promovam os seus próprios interesses, reflitam sua própria história e utilizem sua expertise técnica.

Os autores constatam que para equilibrar o controle da rede, a política de regulação deveria proteger três direitos básicos de acesso dos participantes em sistemas de comunicações: direito de publicar (*right to publish*); direito ao intercâmbio privado (*right to private exchange*); direito de projetar (*right to design*), que exige a proteção razoável e não-discriminatória da capacidade de se projetar uma plataforma de comunicação que ofereça suporte a padrões comunicativos alternativos.

Assim, a intervenção da política regulatória tem papel importante para assegurar o livre acesso aos principais componentes da rede de comunicação, onde o acesso aos recursos essenciais de rede é restrito.

2. A interoperabilidade no marco de telecomunicações e no marco legal de serviços de pagamento móveis brasileiro

2.1 Interoperabilidade na LGT

A evolução tecnológica possibilitou que uma pluralidade de serviços seja prestada sobre uma mesma rede e a LGT, ciente dessa realidade, não vinculou a rede a serviços específicos. Ao revés, houve a necessária separação enter o regime jurídico das redes (e outros meios de transmissão e transporte de informações como o espectro de radiofrequências e as órbitas e satélites) e os serviços (LAENDER, 2005, p. 205). A maior preocupação revelada na LGT é regular os meios de transmissão de informação – redes de telecomunicações – e a atividade econômica de oferecer os meios – serviços de telecomunicações.

Em título específico, a lei dispôs que as redes destinadas a dar suporte à prestação de serviços de telecomunicações de interesse coletivo, no regime público ou privado, serão organizadas como vias integradas de livre circulação (art. 146, da LGT) e que poderão ser secundariamente utilizadas como suporte de serviço a ser prestado por outrem, de interesse coletivo ou restrito (art. 154, da LGT). 'Telecomunicação', segundo a opção da LGT, não está vinculada a um serviço determinado, não dependendo de um meio ou de uma forma determinada de transmissão (LAENDER, 2005).

Além disso, há três institutos distintos na LGT que revelam a interoperabilidade no âmbito das telecomunicações: a interconexão; o compartilhamento de meios; e o unbundling.

O art. 146, parágrafo único, diz que interconexão é a ligação entre redes de telecomunicações funcionalmente compatíveis, de modo que os usuários de serviços de uma das redes possam comunicar-se com usuários de serviços de outra ou acessar serviços nela disponíveis.

Entre outras disposições, destacam-se: a) redes de serviços de interesses coletivos devem atender aos pedidos de interconexão feitos tanto por provedores de serviços no regime público, como no regime privado (arts. 145 e 147); b) deve ser feita em termos não discriminatórios sob condições técnicas adequadas; c) a interconexão terá caráter desagregado/*unbundled* (art. 152).

"A *interconectividade e a interoperabilidade* das redes são características, de fato, essenciais para o estabelecimento de um ambiente concorrencial. Novos entrantes no mercado de telecomunicação apenas terão sucesso se puderem (i) valer-se da infra-estrutura já existente para a implementação de sua própria rede e (ii) fazer circular as informações de sua rede pela rede da prestadora já estabelecida e receber as informações dessa para circulação em suas redes" (LAENDER, 2002, p. 42-43).

A existência de múltiplas redes tecnicamente compatíveis, operadas por diversos operadores, assegura a disciplina de otimização do uso das redes existentes e, também, a possibilidade de incentivo à competição relacionada ao ingresso, no mercado, de operadores que dependem total ou parcialmente, do uso das redes existentes (RAMIRES, 2005, p. 245).

Verifica-se que a interoperabilidade não está expressa na lei, mas pode ser extraída da organização e funcionalidade do setor como tal.

2.2. Arranjos de pagamento por meio de dispositivos móveis em face da LGT

É interessante observar que ambos os diplomas normativos objeto do presente estudo foram de iniciativa do Poder Executivo brasileiro: o projeto de lei da Lei n° 9.742/1997, a Lei Geral de Telecomunicações e a Medida Provisória n° 615/2013, que se tornou a Lei n° 12.865, de 9 de outubro de 2013, sem alterações significativas pelo Congresso.

No atual estágio do Estado Regulador, o papel direcionador exercido o é por este Poder na organização e criação de standards normativos e no gerenciamento da realidade por meio da regulação.

Sob outra ótica, é interessante observar a perda da capacidade de gerenciamento da realidade pelo Poder Legislativo na configuração atual do Estado Regulador:

"É nessa linha de avaliação das condições concretas de normatização que parcela da doutrina administrativista brasileira questiona a viabilidade do Legislativo exercer o gerenciamento normativo da realidade apoiada na insuficiência de um modelo tradicional de separação de poderes. A partir dessa nova visão muito influenciada por demandas políticas concretas do Estado brasileiro, nutrindo-se e nutrindo consultorias internacionais de privatizações setoriais da segunda metade da década de 1990, um novo direito administrativo passou a encarar de frente a realidade de maior intervencionismo estatal sob a forma de planejamento e gerenciamento, mediante contínua edição e substituição de normas decorrente não só do direito, quanto das condições concretas do setor regulado: foi-se o tempo das sínteses de direito administrativo descoladas da realidade setorial (ARANHA, 2014, p. 18).

O que se observa é a regulação descentralizada operacionalmente e de atividade complexa e normativa (AGUILLAR, 199, p. 191). O Estado elegeu certas atividades que serão desempenhadas por si e por suas entidades, dentre elas, a elaboração de normas que demandam expertise técnica.

Os serviços de pagamentos não são privativos de instituições financeiras, como se verá adiante, e os serviços de pagamentos móveis que utilizam como meio de transmissão as telecomunicações não estavam abarcados sob a supervisão da Anatel, ou qualquer outro órgão específico.

Além de tratar especificamente das redes, cujo regramento pressupõe interoperabilidade, os serviços de telecomunicações estão sistematizados em blocos na lei: os de regime público e privado, de interesse coletivo e de interesse restrito. A lei também diferenciou os serviços de telecomunicações (art. 60 da LGT), dos serviços de valor adicionado, ou SVA (art. 61 da LGT).

Segundo a Lei Geral de Telecomunicações, o SVA não se confunde com o serviço de telecomunicações e é definido como a atividade que acrescenta, a um serviço de telecomunicações que lhe dá suporte, novas utilidades. Nesse sentido, o serviço de *mobile payment* é considerado um serviço de valor adicionado.

O interessado na prestação do SVA, ou seja, seu provedor não prestará o serviço público de telecomunicações, mas apenas será um usuário do serviço (art. 61, § 1º, da LGT). Será, assim, na relação com a prestadora, um usuário e, em relação ao consumidor final do SVA, um prestador de serviço privado – iniciativa privada – e não um prestador de serviço público.

A Lei de Arranjos de Pagamento fala apenas na figura do instituidor do arranjo. Como se observa da lei, não há necessidade de que uma instituição financeira esteja envolvida no arranjo, isto é, a própria prestadora de telecomunicações pode eventualmente não apenas fornecer a infraestrutura como configurar a plataforma e as aplicações para atuar nos serviços de pagamentos, desde que constitua uma instituidora do arranjo de pagamentos.

Além disso, há competência da Anatel para regular os condicionamentos entre provedor de SVA e prestador de serviço de telecomunicações com a finalidade de assegurar o uso das redes e o relacionamento entre eles (art. 61, §2º, da LGT).

Não há regras, todavia, sobre como devem ser prestados os serviços de valor adicionado, nem órgão dotado de competências explícitas para regulá-los. Assim, a não regulamentação da atividade dos arranjos de pagamento, sobretudo os pagamentos por meio de tecnologia do Serviço Móvel Pessoal, implicaria a ausência de órgão de regulação e supervisão específica da atividade.

2.3 Interoperabilidade dos arranjos de pagamento sob a ótica das características do Sistema de Pagamentos no Brasil, da figura do Correspondente no país e do caso de direito da concorrência do mercado de cartões de pagamento

A configuração do novo sistema de pagamentos brasileiro envolve a compreensão do serviço de pagamento, a figura de correspondente no país e o caso Redecard-Cielo objeto de análise pelo órgão de defesa da concorrência brasileiro em 2010. Isso porque, a maneira encontrada para adaptação dessa nova atividade ao modelo existente foi a criação de uma nova categoria de serviços no ordenamento jurídico que possui elementos e ideias desses pontos destacados.

Primeiramente, o Sistema Brasileiro de Pagamentos (SPB) é o conjunto de procedimentos, regras, instrumentos e sistemas operacionais integrados usados para transferir fundos do pagador para o recebedor e com isso encerrar uma obrigação. A base legal do SPB que reestruturou esse ambiente é a Lei nº 10.214/2001 que dispõe sobre a atuação das câmaras e dos prestadores de serviço de compensação e de liquidação.

O sistema de pagamentos brasileiro não se confunde com a estrutura do Sistema Financeiro Nacional, compreendendo as entidades, os sistemas e os procedimentos relacionados à transferência de fundos e de outros ativos financeiros.

A finalidade essencial do sistema de pagamentos é propiciar mecanismos que reforcem a solidez e o normal funcionamento do sistema financeiro nacional, como a diminuição de riscos de inadimplemento de obrigações (Res. 2.882/2001, do Conselho Monetário Nacional, CMN).

De um outro ângulo, existe a figura do correspondente no País, regulado pela Res. CMN 3.110/2003 e 3.156/2003. Por meio dessa figura, há possibilidade de prestação de serviços por empresas que não integram o Sistema Financeiro Nacional, para desempenhar a função não principal e não exclusiva de serviços de cunho acessório às atividades privativas de instituições financeiras, tais como recepção e encaminhamento de propostas de abertura de contas de depósitos à vista, a prazo e poupança, bem como recebimentos, pagamentos e outras atividades decorrentes de convênios de prestação de serviços mantidos na forma da legislação em vigor.

Assim, a Medida Provisória nº 615/2013 vislumbrou a participação crescente de instituições não bancárias no provimento de serviços de pagamento. O relatório da PNAD 2011 constatou um grande crescimento e penetração na posse de telefone móvel celular para uso pessoal. Em 2011, 99,8 milhões de pessoas da população de 10 anos ou mais de idade (51,4%) declararam possuir telefone móvel celular para uso pessoal, o que corresponde a um aumento de 34,1% em relação a 2008 (25,8 milhões de pessoas). Nas Regiões Norte e

Nordeste, respectivamente 64,1% e 63,7% possuíam telefone móvel celular para uso pessoal, enquanto o Centro-Oeste estava com 57,3%. O percentual dos que tinham telefone móvel celular para uso pessoal foi maior entre as pessoas de 20 a 39 anos de idade, ultrapassando 70%.

No que diz respeito ao sistema bancário, há importante registro histórico que permite contextualizar o standard da interoperabilidade, em que o órgão de defesa da concorrência brasileiro impôs o fim da exclusividade de bandeiras no credenciamento para o mercado de cartões de pagamento.

Trata-se de um mercado caracterizado por dois lados. Um deles atua diretamente na prestação de serviços aos clientes via oferta de instrumentos de pagamento enquanto o outro lado lida com o provimento da infraestrutura de captura, de processamento, de compensação e de liquidação dos pagamentos de varejo.

O relato do caso se inicia com os estudos do Bacen e do Cade sobre o mercado de cartões de pagamento e a Diretiva 1/2006 do Bacen que expôs opinião favorável à cooperação de infraestrutura deste mercado, constatando ganhos de eficiência e de custos com o uso compartilhado para o processamento, a compensação e a liquidação de pagamentos, favorecendo "o maior aproveitamento das externalidades de rede da indústria".

Em março de 2009, o Banco Central do Brasil, a Secretaria de Acompanhamento Econômico e a Secretaria de Direito Econômico divulgaram o Relatório sobre a Indústria de Cartões de Pagamento com diagnóstico em que identificaram nível de competição insuficiente, sobretudo a baixa rivalidade de preços entre as duas principais plataformas: Visa e Mastercard na ponta credenciadora.

O estudo resultou em representação da SDE em relação à Visanet, atual Cielo, e Redecard analisado pelo Conselho Administrativo de Defesa Econômica no Procedimento Administrativo n° 08012005328/2009-31.

São duas empresas proprietárias do esquema de pagamento das bandeiras detentoras de todos os direitos e responsáveis pelos deveres de utilização da marca, fixando as regras e padrões para integrar a sua rede, beneficiando-se das tarifas pela utilização do esquema pelos demais participantes, emissores e credenciadores.

Não havia interoperabilidade na prestação do serviço de rede e era cobrada tarifa de conectividade em cada rede distinta.

O estudo do desenrolar do processo revelaram que historicamente o serviço de cartões de pagamento, que pode ser considerado um arranjo de pagamento sob a ótica do novo marco legal, era verticalmente integrado. A integração vinha justificada sob a meta de eficiência, propiciando que os credenciadores das redes investissem na sua expansão, havendo uma compensação em razão do interesse social em questão, isto é, ganho de escala. O interesse inicial era o investimento na expansão da rede de POS (*point of sale*). Os relatórios constataram o baixo aproveitamento das economias de escala nos serviços de rede e concluíram que o compartilhamento aumentaria a competição na atividade de credenciamento e redução dos custos da rede.

Ocorre que a Visanet era uma rede contratualmente exclusiva e ligada à bandeira Visa e embora não tivesse sido constatada cláusula de exclusividade, a Redecard, por sua vez, atendia apenas à bandeira Mastercard. O processo desembocou em um Termo de Ajustamento de Conduta com a Cielo, com o fim do sistema de exclusividade de bandeira e credenciamento em 2010.

Diante do exposto, o grande aspecto da infraestrutura TIC está na intersecção proporcionada pelo encontro do sistema que permitirá e já permite transações de pagamento em um sistema de transmissão originariamente organizado de modo interoperável e o mercado de cartões de pagamento, cuja autoridade de defesa da concorrência determinou a interoperabilidade e tende a buscar parcerias e joint ventures baseadas na exclusividade. Dessa forma, a nova lei garantiu ao Banco Central do Brasil, como órgão regulador, a possibilidade de aplicar política pública que insira a interoperabilidade como índice regulatório da atividade dos arranjos de pagamento.

Conclusão

A disseminação das tecnologias de informação e comunicação, por si só, não garante a otimização e desenvolvimento da sociedade. Sob a ótica das implicações regulatórias, o standard da interoperabilidade relaciona-se a índices diferentes no âmbito das telecomunicações e dos sistemas de pagamento.

Enquanto para a esfera de telecomunicações a interoperabilidade está implícita na existência de redes integradas de livre circulação, na esfera dos serviços de pagamentos é uma opção regulatória possível em face de caso originado no direito da concorrência – caso Cielo e Redecard –, e da disposição da lei de arranjos de pagamento que possibilita que o Banco Central disponha a respeito desse índice regulatório.

A interoperabilidade como política pública e índice regulatório, no que concerne à tecnologia e o foco daqueles que não integram o sistema bancário, significa meta subjacente que possibilita formas de pagamento disponível para todos que são usuários de serviço móvel independentemente do prestador de telecomunicações, sugerindo mais eficiência e competição.

Referências Bibliográficas

AGUILLAR, Fernando Herren. Controle social de serviços públicos. São Paulo: Max Limonad, 1999.

ARANHA, Márcio I. Manual de Direito Regulatório. Londres: Laccademia Publishing, 2014.

ARONSON, Jonathan D. e COWHEY, Peter F. Transforming Global Information and Communication Markets: The Political Economy of Innovation. MIT Press, 2009.

BAR, F. e SANDVIG, C. Política de comunicações dos Estados Unidos pós-convergência, Revista de Direito, Estado e Telecomunicações, v. 1, n. 1, p. 77-109, 2009.

LAENDER, Gabriel Boavista. Interconexão, unbundling e compartilhamento de meios de redes de telecomunicação. Revista de Informação Legislativa. Brasília, a. 39, n. 154, p. 41-49, abr./jun. 2002.

_____. O Regime Jurídico das Redes de Telecomunicação e os Serviços de Telecomunicação. ARANHA, Márcio Iório (org.). In: Direito das Telecomunicações: Estrutura Institucional regulatória e infra-estrutura das telecomunicações no Brasil. Brasília: GETEL/UnB, 2005, p. 191-246.

IBGE. Pesquisa Nacional por Amostra de Domicílios. Acesso à Internet e Posse de Telefone Móvel Celular para Uso Pessoal. 2011.

RAMIRES, Eduardo Augusto de Oliveira. Direito das Telecomunicações: Regulação para a competição. Belo Horizonte: Fórum, 2005.

SUNDFELD, Carlos Ari. Meu depoimento e avaliação sobre a Lei Geral de Telecomunicações. R. Dir. Inform. Telecom – RDTI. Belo Horizonte, ano 2, n. 2, p. 55-84, jan-jun. 2007.

Regimes Público e Privado no Setor de Telecomunicações: análise de uma diferença e de uma semelhança
Public and Private Regimes in the Telecommunications Sector: A Study on one Difference and one Similarity

Submetido(*submitted*): 04/12/2014
Parecer(*revised*): 31/12/2014
Aceito(*accepted*): 04/01/2015

Cristiana Leão Quinalia[*]

Resumo

Propósito – Este artigo tem por objetivo analisar as características dos regimes público e privado estabelecidas na Lei Geral de Telecomunicações (LGT) brasileira, traçando especificidades e conexões entre eles. A categorização dos serviços de telecomunicações e a ampliação do acesso foram eleitas, respectivamente, como possíveis diferença e semelhança entre os regimes.

Metodologia/abordagem/design – Para analisar a diferença entre os regimes presentes na LGT, estudam-se as características de serviço público e as diferentes possibilidades de interpretação de seu enquadramento tanto no regime público como no regime privado, dialogando-se em especial com os art. 21 e 175 da Constituição Federal de 1988 e com a LGT. Por outro lado, estudam-se as políticas de expansão como uma possível semelhança, aprofundando-se as bases legais e mecanismos utilizados nos dois regimes.

Resultados – Adota-se o entendimento de que apenas os serviços de telecomunicações prestados em regime público têm natureza de serviço público. A partir daí, identificam-se elementos de conexão entre os dois regimes, notadamente o fato de ambos serem alvo de ações para ampliação do acesso.

Implicações práticas – O entendimento de diferença e semelhança entre os regimes permite maior embasamento para proposta de políticas públicas e regulamentações para remodelagem do arcabouço regulatório das telecomunicações no Brasil.

Palavras-chave: regime público, regime privado, serviço público, universalização, massificação.

Abstract

Purpose *– This article aims to analyze the characteristics of public and private regimes established in Brazil's General Telecommunications Law (LGT), outlining specificities and connections between them. The categorization of telecommunications services and universal deployment of services were elected in this study, respectively, as a possible difference and similarity between the regimes.*

Methodology/approach/design *– So as to analyze differences between public and private regimes described in LGT, this article tackled the building blocks of each regime,*

---

[*]Graduada em Direito pela Pontifícia Universidade Católica do Rio de Janeiro. Mestre em Direito e Políticas Públicas pelo Centro Universitário de Brasília (UniCEUB). Master em Direito Empresarial pelo Centro Internacional de Formación Financiera (CIFF), da Universidade de Alcalá, Espanha. Especialista em Regulação da Agência Nacional de Telecomunicações (ANATEL). Email: cris_leao@yahoo.com.

particularly from the viewpoint of articles 21 and 175 of the Brazilian Constitution of 1988 and the legal framework inaugurated with LGT. To that end this study focused and deepened the legal bases and mechanisms in both public and private regimes.

Findings *– In light of this analysis, it is adopted the view that only on the public regime the provision of telecommunications services is considered public service. Still, it is possible to identify elements of connection between the two regimes, notably the fact that both are targeted for policy-oriented expansion.*

Practical implications *– The understanding of differences and similarities between the regimes provide grounds for improving public policies and regulations.*

Keywords: *public regime, private regime, public service, universal service, Brazil.*

Introdução

No setor de telecomunicações brasileiro, prevalecia o regime de monopólio por empresas estatais desde a década de 70, sob a *holding* Telecomunicações Brasileiras S.A. (Telebras). Ocorre que, passadas mais de duas décadas da criação dessa empresa, o acesso às telecomunicações não era democrático, a infraestrutura estava concentrada em determinadas áreas e exigia-se mudança (SIQUEIRA, 1993; COSTA, 1996).

Ciente da necessidade de avanços, Fernando Henrique Cardoso elaborou capítulo referente às telecomunicações, em proposta ao governo. Nele, salientava a importância de investir em infraestrutura como uma ação fundamental para o crescimento econômico e social (CARDOSO, 2008, p. 23). Quando Chefe do Executivo, no segundo semestre de 1995, por meio do Ministério das Comunicações, lançou o Programa de Recuperação e Ampliação do Sistema de Telecomunicações e do Sistema Postal (Paste).

Em paralelo às discussões sobre a deficiência do setor, na década de 90, questionava-se o papel do Estado. O Plano Diretor de Reforma do Aparelho do Estado (MARE, 1995, p. 6) identificou a crise no modelo burocrático e desvio das atribuições do Estado e sugeriu reforma estatal para reforçar as funções estatais de regulação e coordenação (art. 174 da Constituição Federal de 1988). A Administração "deve ser permeável à maior participação dos agentes privados e/ou das organizações da sociedade civil e deslocar a ênfase dos procedimentos (meios) para os resultados (fins)" (MARE, 1995, p. 16).

Considerando a tendência de organização e atuação do Estado do final do século passado, Almiro do Couto e Silva reconhece uma tendência de recuo do Estado e ampliação das atividades do setor privado, e prevê novas parceiras e formas de colaboração entre os setores público e privados: "por meios de direito público ou de direito privado, haverão certamente de desafiar ainda mais agudamente a imaginação dos juristas no milénio que se aproxima." (SILVA, 2003, p. 208).

QUINALIA, C. L. *Regimes Público e Privado no Setor de Telecomunicações: análise de uma diferença e de uma semelhança.* **Revista de Direito, Estado e Telecomunicações**, Brasília, v. 7, n. 1, p. 73-116, maio 2015.

Considerando, ainda, a tendência de organização e atuação do Estado do final do século passado, para Maria João Estorninho, o setor de telecomunicações é um exemplo típico desse momento de transformação (MOTTA, 2006). Para ela, as privatizações promovidas pelas Administrações Públicas, em sua maioria, nos anos 80 e 90 do século passado, são exemplo de interseção entre regime público e privado, justamente por acentuar a tendência "às formas jurídico-privadas de organização e de actuação administrativas" (ESTORNINHO, 1996, p. 47).

Nesse contexto, foi promulgada a Emenda Constitucional n° 8, de 25 de agosto de 1995, que alterou os incisos XI e XII, "a" do art. 21 da Constituição Federal de 1988. Por ordem constitucional, aprovou-se a Lei n° 9.472, de 16 de julho de 1997 (LGT). A Lei Geral das Telecomunicações (LGT) determinou a criação da Agência Nacional das Telecomunicações (ANATEL), estabeleceu critérios para a desestatização[1] do Sistema Telebras e desenhou o ambiente pós-privatização para as outorgas de concessões, permissões e autorizações.

A LGT estabeleceu dois regimes jurídicos pelos quais os serviços de telecomunicações seriam prestados: o regime público e o regime privado.

Entende-se por serviço de telecomunicações em regime público aquele que a União compromete-se a assegurar, prestado mediante concessão ou permissão, na modalidade de serviços de interesse coletivo, com atribuição (à prestadora) de obrigações de universalização e de continuidade (art. 63, parágrafo único; e, art. 64, *caput*, da LGT). Entende-se por serviço de telecomunicações em regime privado, o prestado mediante autorização, na modalidade de serviços de interesse coletivo ou restrito,[2] apoiado nos princípios constitucionais da atividade econômica e que, excepcionalmente, tem outorga condicionada (arts. 63, 64, 67, 126, 131, 136 da LGT).

Note-se que a LGT estabeleceu características distintivas para os regimes. Contudo, essas, em alguma medida, interceptam-se e merecem

---

[1] As questões são retratadas por DERANI (2002, p. 115). "As questões da privatização, dos serviços públicos e da concorrência situam-se no entroncamento da economia com o direito e a política. A exploração de um serviço público substitui, a princípio, a concorrência, porque sua produção é uma necessidade social e, portanto, independe dos estímulos produzidos pelo mercado."

[2] O art. 17, da Resolução n° 73/1998, da ANATEL, definiu interesse coletivo como "aquele cuja prestação deve ser proporcionada pela prestadora a qualquer interessado na sua fruição, em condições não discriminatórias, observados os requisitos da regulamentação." Enquanto os serviços de interesse coletivo são prestados a todos os interessados em condições não discriminatórias, os de interesse restrito (art. 18, da citada Resolução) são destinados ao uso próprio ou a determinados grupos de usuários. Os serviços prestados em interesse coletivo devem cumprir o que a LGT chama de "função social do serviço de interesse coletivo" (art. 127, VIII, da LGT). O Ato n° 3.833, de 20 de junho de 2013, categoriza os serviços e suas possibilidades de abrangência.

aprofundamento. O objetivo desse artigo é analisar os regimes público e privado estabelecidos na Lei Geral de Telecomunicações (LGT) a partir de uma possível diferença e uma possível semelhança como âncoras conceituais de comparação.

A diferença seria a categorização dos serviços prestados em telecomunicações como serviços públicos, considerando as três possibilidades de outorgas: concessão, permissão e autorização. A semelhança seria a ampliação do acesso aos serviços por meio de universalização e massificação, considerando a obrigação de universalização no regime público e a necessidade de observância dos princípios da atividade econômica, ainda que se permitam condicionantes à expedição de autorização no regime privado.

Serviços de Telecomunicações

A noção de serviço público nasce na França. Leon Duguit[3], Maurice Hauriou[4] e Gaston Jèze são considerados os principais expoentes dessa discussão.

Para o estudo do tema, cabe destacar alguns ensinamentos de Jèze. Segundo o autor, o serviço público está sob a égide de um regime especial e regras especiais, normas, com fulcro em facilitar a satisfação do interesse geral. Ele ressalta, porém, que o serviço público não é a única forma de atingir o interesse público.[5] Além disso, assim como para Duguit, a identificação de um serviço como público e suas regras são suscetíveis a modificações (JÈZE, 1928, p. 284-285); variam no tempo, uma vez que os interesses gerais variam de acordo com a vontade dos governantes (JÈZE, 1928, p. 290).

O serviço público se caracteriza com sua criação por lei, que poderá fazê-la de forma expressa ou de forma genérica (JÈZE, 1928, p. 105-107). Como nem sempre a criação de um serviço público é de simples identificação, não haveria um critério único para reconhecer a vontade do governante, mas um conjunto de

---

[3]Para DUGUIT (2005, p. 65), serviço público é "(...) *toda actividad cuyo cumplimiento debe ser regulado, asegurado y controlado por los gobernantes, porque el cumplimiento de esta actividad es indispensable para la realización y el desenvolvimiento de la interdependencia social, y porque, además, es de tal naturaleza que no puede ser completamente asegurada sino mediante la intervención de la fuerza gobernante.*"
[4]Para CAETANO (1996, p. 217), "foi, sobretudo, Hauriou quem, na escola francesa do começo do presente século, pôs em relevo a importância do serviço público como 'serviço técnico prestado ao público de maneira regular e contínua para satisfazer a ordem pública e por uma organização pública.' (Précis de Droit Administratif, 10ª ed., 1921, p. 25)".
[5]Para Jèze (1928, p. 289), "*En resumen el servicio público es un procedimiento – y no el único – con que se da satisfacción a necesidad de interese general. Decir que en todo caso existe servicio público significa que han de aplicarse reglas y teorías especiales, que existe un régimen jurídico especial, régimen de índole legal y reglamentaria*".

circunstâncias, tais como: regras especiais para assegurar funcionamento e organização; existência de monopólio; atos de gestão; controle do tribunal de contas; autoridade pública que estabeleça determinado serviço como público (JÈZE, 1928, p. 291-293). Para o autor, identificado um serviço público, o regime aplicado é o público.

Atualmente, direito administrativo e serviços públicos não se confundem. Contudo, as posições e contribuições dos citados autores continuam norteando as discussões. Independentemente das propostas apresentadas, a premissa de que os serviços públicos variam no tempo e no espaço é válida e irrefutável. É possível que essa característica seja um fator desfavorável a uma definição uníssona.

A doutrina, normalmente, classifica a expressão "serviço público" em sentido amplo e em sentido estrito.[6] No direito pátrio, a Constituição Federal de 1988 utiliza a expressão "serviços públicos" em ambos os sentidos (art. 40, § 16; art 21, XIV; e, art. 175). "Uma das tarefas mais complicadas para a doutrina é identificar quando a Constituição faz uso da expressão em um sentido ou em outro." (AGUILLAR, 2011, p. 26). Na prática, essa diferenciação dependerá de análise casuística e do conceito de serviço público adotado. Entende-se por serviço público, em sentido estrito, aquelas atividades desempenhadas sob a égide do art. 175 da Constituição Federal de 1988 e que são passíveis de delegação. E é essa noção de serviço público que interessa a esse trabalho.

Para auxiliar a identificação dos serviços públicos em sentido estrito, a doutrina, tradicionalmente reconhece três critérios ou elementos: subjetivo, formal e material.[7] Considerando os três elementos, percebe-se que os autores propõem definições que focalizam, em graus variados, cada um deles (CAVALCANTI, 1967, p. 204; LIMA, 1982, p. 82-83; CAETANO, 1996, p. 216; MEDAUAR, 2007, p. 314-315). Em geral, nenhum é ignorado, muito embora não sejam imprescindíveis (DI PIETRO, 2012, p. 105). De fato, para o setor de telecomunicações, dos três elementos apresentados, o terceiro, se

---

[6]Para DI PIETRO (2012, p. 103), o serviço público em sentido amplo englobaria todas as funções e atividades desenvolvidas pelo Estado, ou seja, a concepção de Duguit. Já o serviço público em sentido estrito seria o serviço público propriamente dito.

[7]O elemento subjetivo reconhece que a criação do serviço público depende de lei e será gerido direta ou indiretamente pelo Estado. O elemento formal relaciona-se ao regime jurídico ao qual o serviço público é prestado, é dizer, identifica-o total ou em partes ao direito público. Por fim, o elemento material refere-se à premissa de que o serviço público deve ter um caráter essencial. Ressalta-se o entendimento de que essa afirmação não deve gerar uma conclusão de que as necessidades sociais serão sempre satisfeitas por meio de serviços públicos, como já ensinara Jèze. Para aprofundamento do tema, vide MELLO (1968, p. 151-158).

percebido isoladamente, não permitirá uma identificação correta de serviços públicos.

Norteados pelos estudos doutrinários e, em especial, pelo descrito na Constituição Federal de 1988, entende-se que o mais eficaz não seria se concentrar na definição de serviço público, mas em suas características. Assim sendo, a fim de identificar se a atividade é serviço público em sentido estrito, propõe-se verificar se:

a) o Estado é o titular do serviço, se por meio de normas, direta ou indiretamente, opta-se por assegurar a existência de serviço essencial;

b) o serviço pode ser prestado diretamente ou se é passível de delegação. De acordo com o art. 175 da Constituição Federal de 1988, apenas concessão e permissão são as formas de delegação de serviço público;

c) exige-se a satisfação dos princípios do serviço público, além de regras específicas, pelas quais se verifica casuisticamente a ingerência do Estado;[8] e,

d) a remuneração do serviço é obtida mediante pagamento (tarifas ou taxas) do usuário que teve o serviço prestado, salvo exceções legais.[9]

Verificadas essas características, estar-se-á diante de um serviço público que demandará tratamento de regime público. A confirmação ou ausência de um dos itens não necessariamente indica a existência de serviço público. Ou seja, os itens devem ser verificados cumulativamente.

Embora a Constituição Federal de 1988 permita que os serviços de telecomunicações (art. 21, XI) sejam explorados diretamente, a LGT atém-se somente à exploração pela iniciativa privada. Isso significa que, ao estipular a divisão entre regime público e regime privado, a LGT estabelece regras com graus de exigência distintos para a iniciativa privada. Nesse sentido, aprofunda-se a análise das quatro características para a identificação de um serviço público, nos dois regimes da LGT, na seguinte ordem e títulos: remunerações; princípios; outorgas de serviços; e titularidades.

A conclusão alcançada é a de que os serviços prestados em regime público enquadram-se na classificação de serviço público, enquanto aqueles

---

[8]A hipótese de bens reversíveis e auditorias dos tribunais de contas são exemplos dessa situação.
[9]Não sendo a tarifa suficiente para adequar a remuneração do concessionário à modicidade que deve permear a sua fixação, a Lei nº 8.987/1995 prevê outras formas, alternativas, de remuneração do concessionário de serviços públicos (BATISTA, 2005, p. 116). Acredita-se também na possibilidade de um serviço público específico sofrer forma distinta de remuneração em virtude de lei que assim discipline.

prestados em regime privado não. Todavia, reconhece-se não haver consenso sobre o tema, como se verá a seguir.

Remunerações

No serviço público, a remuneração é obtida mediante pagamento (tarifas ou taxas)[10] do usuário que teve o serviço prestado, salvo exceções legais.

Cabe, ainda, citar a Súmula 545, do Supremo Tribunal Federal: "preços de serviços públicos e taxas não se confundem, porque estas, diferentemente daqueles, são compulsórias e tem sua cobrança condicionada a prévia autorização orçamentária, em relação a lei que as instituiu."

Dessas duas formas de pagamento, interessa a remuneração tarifária e sua função, segundo Joana Paula Batista:

> "(...) em jogo a concessão do serviço público, nasce o poder tarifário da Administração, que lhe possibilita fixar tarifas, segundo os termos estabelecidos na proposta da licitação da concessão do serviço, garantindo-se ao concessionário o equilíbrio inicialmente contratado com o poder concedente." (BATISTA, 2005, p. 72)

A remuneração das concessionárias e permissionárias do setor de telecomunicações, regime público, ocorre por meio de tarifas pagas pelos usuários que usufruem do serviço (respectivamente, art. 93, VII e 120, III da LGT). Cabe à Anatel controlar, acompanhar e revisar as tarifas dos serviços prestados no regime público, bem como homologar reajustes (art. 19, VII, art. 86, parágrafo único, I da LGT). Admite-se que as concessionárias possuam fontes alternativas de receitas (art. 83 da LGT).

Por outro lado, os serviços de telecomunicações prestados em regime privado são remunerados por preço. O art. 129 da LGT determina que o preço é livre, salvo abusos econômicos e estipulações regulamentares. Isso significa que o preço cobrado pelas autorizadas forma-se atendendo à realidade do mercado, influenciado pela oferta e demanda; porém, sob a regulamentação e fiscalização da ANATEL, quando necessárias. É evidente que toda regulamentação gera custos às empresas e isso causa impacto no preço final do serviço prestado. Cita-se, como exemplo, o fato de a ANATEL estabelecer os critérios para fixação dos valores devidos a título de remuneração pelo uso de redes do Serviço Móvel Pessoal (SMP), bem como procedimentos para cobrança e repasse desses

---

[10]Para MACHADO (2005, p. 291), "[A]s tarifas são a remuneração paga pelos usuários de serviços públicos prestados por empresas privadas que agem na condição de delegadas do Poder Público." Já as taxas são recebidas quando o serviço é prestado pelo próprio Poder Público.

valores entre as operadoras. Cabe à ANATEL analisar os impactos de cada regulamentação.

Fato é que a regra do "preço livre" opõe-se àquela estabelecida no regime público de telecomunicações, que indica que a remuneração dar-se-á por tarifa (WALD *et al.*, 2004, p. 174-178).

Princípios

Os princípios do serviço público auxiliam a individualizá-lo das demais atividades prestadas pela Administração ou pela iniciativa privada. Servem, ainda, como pontos comuns entre os diferentes serviços públicos (DROMI, 1996, p. 532). Além disso, determinam obrigações e direitos dos usuários, pelos quais se verifica, casuisticamente, a ingerência do Estado.

Louis Rolland, integrante da Escola de Bordeaux, indica os seguintes princípios dos serviços públicos: vínculo estatal da atividade que deve promover o bem comum; a continuidade do serviço prestado; a adaptabilidade e modificação de sua organização; e, a igualdade entre os usuários (ROLLAND, 1947, p. 18).

A Lei das Concessões enumera os princípios norteadores dos serviços públicos em seu art. 6°, § 1°, ao indicar que a prestação adequada deve satisfazer "as condições de regularidade, continuidade, eficiência, segurança, atualidade, generalidade, cortesia na sua prestação e modicidade das tarifas." Mesmo não tendo o caráter de lei geral, entende-se, que, na execução dos serviços públicos, todos os princípios acima enumerados devem ser cumpridos. Reconhece-se, porém, que normas setoriais determinem o grau de importância desses princípios e a eventual necessidade de cumprimento de outros.

De acordo com a LGT, os serviços prestados em regime público devem cumprir, em especial, os princípios da continuidade e universalização (art. 64 da LGT). A universalização será discutida adiante, em comparação com o conceito de massificação (art. 79, § 1° da LGT).

A LGT define, como continuidade, as obrigações que permitam aos usuários dos serviços sua fruição de forma ininterrupta, sem paralisações injustificadas, devendo os serviços estar à disposição e em condições adequadas de uso (art. 79, § 2° da LGT). Essa orientação vale para as concessionárias e para a União.

Considerando que a União obriga-se, legalmente, no âmbito do regime público, a continuar prestando o serviço, isso significa que o Estado deve garantir sua existência, ou seja, ele é o titular dos serviços prestados nesse regime. Posto de outra forma: "Se o serviço público é atividade de titularidade do Estado e o Estado é um ente voltado à permanência, igualmente contínuas devem ser suas tarefas" (HORBACH, 2013, p. 555).

E é sob essa perspectiva que as concessões têm regras mais rígidas e exigem maior controle na gestão de suas atividades. Cita-se, como exemplo, a preocupação da LGT em estabelecer regras mínimas para intervenção, que poderá ser decretada por ato da ANATEL, critérios que a precedem e as condições (arts. 110 e 111 da LGT). Foi estabelecido que, em havendo a extinção da concessão (art. 102 e seguintes da LGT), transmitir-se-á a posse dos bens reversíveis à União.[11]

Os demais princípios dos serviços públicos igualmente se aplicam à concessão. Cita-se, como exemplo, o princípio da atualidade. A indenização de bem a ser revertido à União, ao final da concessão, só ocorrerá para os investimentos não amortizados e "que tenham sido realizados com o objetivo de garantir a continuidade e atualidade do serviço concedido." (art. 102, parágrafo único da LGT).

No contrato de concessão do Serviço Telefônico Fixo Comutado (STFC), seu conceito é detalhado, sendo utilizado, por vezes, como sinônimo de modernização de equipamentos, de instalações e de técnicas de prestação de serviços que, por sua vez, é pressuposto básico da concessão (Anexo I à Resolução ANATEL 552, de 10 de dezembro de 2010, capítulo V e cláusula 6.1, § 4°).

Nesse contexto, chama-se atenção ao *caput* da cláusula 6.1 do contrato de concessão/2010. Ela determina o cumprimento dos demais princípios dos serviços públicos mencionados na Lei de Concessões. Embora o art. 210 da LGT exclua a aplicação da Lei de Concessões, não se verifica óbice em utilizá-la como referência.

Por outro lado, sem que se perca a potestade de regular, o art. 126 da LGT determina que os serviços de telecomunicações prestados em regime privado são apoiados nos princípios constitucionais da atividade econômica. Ou seja, são resguardados os imperativos da livre iniciativa, a fim de estimular e fomentar a participação do mercado (CASSAGNE, 1994, p. 90). Há uma tendência mundial, não tão recente, de estimular a livre concorrência de serviços inicialmente definidos como públicos.[12]

---

[11]Para ESCOBAR (2005), "Reversão é a passagem ao poder concedente dos bens do concessionário, necessários ao exercício do serviço público, uma vez extinta a concessão. (...) Essa reversão abrange os bens de qualquer natureza, vinculados à prestação do serviço que a concessionária deve entregar."

[12]Sobre o tema PARADA *et al.* (2006, p. 927): *"Es indudable la progenie americana de esa ideología de libre mercado en el marco de una liberalización económica. Esta no supone falta de regulación ni de intervención, sino una nueva orientación de la regulación y de la intervención tendentes a garantizar que el mercado por sí mismo garantice a mejores precios y calidades los bienes y servicios que con anterioridad el*

Em síntese, enquanto no regime privado a regra é seguir os princípios da atividade econômica, no regime público, exige-se a satisfação dos princípios do serviço público.

Outorgas de serviços

A ausência de definição unânime de serviço público não impede que o Estado delegue atividades de sua titularidade. A possibilidade de delegar é uma das características do serviço público.[13] De acordo com o art. 175 da Constituição Federal de 1988, a prestação de serviço público pode ser delegada por meio de concessão ou permissão.

A opção por delegar é, antes de tudo, um ato do poder público. Por meio de licitação, é escolhida a proposta mais vantajosa ao interesse público, observados os princípios constitucionais e a legislação específica. O parágrafo único do art. 175 da Constituição Federal de 1988 determina que lei disponha sobre política tarifária, contratos, manutenção, extinção, condições de fiscalização e direitos dos usuários na prestação do serviço.

Depois de vários projetos – inclusive anteriores à Constituição Federal de 1988 (WALD *et al.*, 2004, p. 146) – recebidos no Congresso para regulamentar as concessões, a Lei nº 8.987, de 13 de fevereiro de 1995, veio cumprir essa determinação constitucional. A Lei "contribui para a fixação do perfil da concessão (...)" (CARVALHO FILHO, 2013, p. 371), contudo, não impede inovações legislativas que não sejam de competência própria da Lei de Concessões ou que considerem especificidades do setor (MOREIRA NETO, 2003, p. 423). Na mesma linha, Vera Monteiro indica que a simples leitura da Constituição Federal de 1988 ou da Lei nº 8.987/1995 "não esclarece, tampouco dita o regime da permissão de serviço público no Direito Brasileiro" (MONTEIRO, 2010, p. 82).

É necessária, portanto, a análise do tema a partir das leis setoriais que possam endereçar situações específicas. É o caso da LGT que, em seu art. 210, exclui para a outorga de serviços de telecomunicações a aplicação da Lei de Concessões, assim como da Lei de Licitações nº 8.666/1993.

O parágrafo único do art. 63 determina que o serviço de telecomunicações, em regime público, é o prestado mediante concessão ou

---

Estado aseguraba directamente o a través de sus empresas públicas o concesionarios monopólicos."
[13] Para Aguillar (2011, 53), a partir da CF/88, em especial do art. 175, no Brasil, deixam de existir serviços públicos indelegáveis. Para ele, as atividades indelegáveis classificam-se como funções públicas.

permissão. Já no âmbito do regime privado, os serviços são prestados mediante outorga de autorização.

Passa-se à análise das características e especificidades das concessões, permissões e autorizações no âmbito do setor de telecomunicações. O objetivo é demonstrar como as duas primeiras possuem critérios bem delimitados em lei, demonstrando serem delegações de serviços públicos.

Concessão

A LGT determina, como forma de seleção da concessionária, a licitação (arts. 88, 91 e 92 da LGT). Indica, ainda, que as outorgas dos serviços de telefonia fixa, originadas da privatização do sistema Telebras, sejam concessões (arts. 190, 193 e 198, da LGT; e, Decreto nº 2.534/1998).

O contrato de concessão é o vínculo jurídico e desempenha função reguladora, publicado resumidamente no Diário Oficial da União como condição de sua eficácia (art. 93, parágrafo único). Dentre outras regras, nele está estabelecido o prazo da concessão. De acordo com o art. 99 da LGT, as concessões terão prazo máximo de vinte anos, podendo ser prorrogadas, uma única vez, por igual período, desde que cumpridos requisitos legais. Ocorre que, quando das primeiras concessões, optou-se por estabelecer um prazo menor, até 2005. Já na prorrogação realizada, utilizou-se o prazo máximo de vinte anos, até 2025, com revisão quinquenal. As revisões servem para estabelecer novas metas as outorgas.

Embora o desempenho do serviço pela concessionária corra por sua conta e risco (art. 83, parágrafo único, da LGT), Paulo Roberto Ferreira Motta, acredita haver mitigação desses riscos. Ele justifica que, por ser o dinheiro do Fundo de Universalização dos Serviços de Telecomunicações (FUST) composto, em sua maioria, por contas telefônicas pagas pelos usuários, há evidente socialização do dever de universalização, risco financeiro que deveria ser assumido apenas pelo concessionário.[14] Apesar de se discordar da crítica ao sistema de universalização, a afirmação é pertinente por identificar uma mitigação dos riscos.

Por fim, a concessão extinguir-se-á por advento do termo contratual, encampação, caducidade, rescisão e anulação, conforme determina o art. 112 da LGT. Extinta a concessão, a União passa a ser detentora dos direitos e dos

---

[14]Segundo MOTTA (2006, p. 678), "Pode-se concluir que as concessões, ao menos neste modelo, não são atividades exercidas por conta e risco do concessionário, uma vez que os custos e os riscos presentes no atendimento às localidades com menos de 100 habitantes (...) ou a instituições de ensino, bibliotecas (...) são suportadas parcialmente pelos usuários."

deveres relativos à prestação do serviço (arts. 112, parágrafo único; e, art. 102 da LGT). Nessa oportunidade, realiza-se o ajuste de contas, os bens necessários para a manutenção do serviço voltam a União, que deve reembolsar os investimentos não amortizados.

Permissão

No setor de telecomunicações, a permissão (art. 118 da LGT) tem caráter emergencial e transitório, é dizer, quando situação excepcional comprometa o funcionamento do serviço e que, por peculiaridades, não possa ser atendida, de forma conveniente ou em prazo adequado, pela concessionária ou nova concessão. Trata-se de faculdade da União, com base no princípio da continuidade, manter serviços prestados em regime público, sem que seja necessária sua gestão direta.

Nesse contexto, o art. 119 da LGT determina a realização de procedimento licitatório simplificado pela ANATEL. Ocorre que a ADI 1.668-5/DF, de 1998, ajuizada junto ao Supremo Tribunal Federal, questionou, entre outros, esse procedimento. Por votação unânime, o STF deferiu pedido de medida cautelar para suspender as expressões "simplificado" e "nos termos por ela regulados" constantes no artigo.

A hipótese de permissão já seria *per si* extrema e remota. Ocorre que, com a decisão do Supremo, o instituto parece ter perdido função, uma vez que se devem seguir os trâmites de uma concessão. Ainda, a ausência de celeridade do procedimento não gera vantagens em licitar uma permissão.

A outorga de permissão, caso venha a existir, será a título precário e pode-se revogar a permissão antes do prazo estipulado no contrato, baseando-se em razões de conveniência e oportunidade relevantes e supervenientes à outorga, sem direito a indenização (art. 123). Por outro lado, a permissão pode ser mantida, mesmo vencido seu prazo máximo, se persistir a situação excepcional que a motivou (art. 124).

Autorização

A doutrina tradicional (MEIRELLES, 2004, p. 385) entende que a autorização é ato discricionário, dada a título precário e dispensa o procedimento licitatório, desde que garantidas isonomia e impessoalidade. Contudo, essas particularidades não são aderentes a todas as autorizações. Em verdade, o vocábulo autorização não tem sentido unívoco na Constituição (CRETELLA, 1980, p. 372 e 378; DI PIETRO, 2012, p. 233-234), e, portanto, para as autorizações mencionadas no art. 21, XI e XII da Constituição Federal de 1988 e nas leis deles decorrentes, é imperioso questionar tais características.

Acredita-se que o sentido da autorização constitucional do art. 21 segue a orientação ensinada por Guimarães Menegale. Para ele, a autorização é "remoção de óbice jurídico e a restauração da liberdade material do indivíduo, cujo, exercício, em cada caso, a norma legal adstrinja" (MENEGALE, 1957, p. 55-56). Acrescente-se o entendimento de que, a partir da Constituição Federal de 1988, a restauração abrange também a liberdade empresarial e livre iniciativa.

A autorização de serviços de telecomunicações[15] não é precária; não tem vigência sujeita ao termo final; extingue-se somente por cassação, caducidade, decaimento, renúncia ou anulação (art. 138 da LGT). Floriano de Azevedo Marques Neto, após analisar o marco normativo das telecomunicações, verifica "que nada há em lei ou na Constituição que determine ser a autorização necessariamente precária e vulnerável" (MARQUES NETO, 2003, p. 345). Carlos Ari Sundfeld, referindo-se à lei de petróleo, acrescenta que, igualmente no Direito Comparado, não se encontra vinculação estrita entre autorização e precariedade e que, ao contrário, "registra um histórico multifacético em torno dessa expressão. (...) Em suma, a autorização terá ou não a nota de precariedade segundo o que houver disposto a lei. Doutrina não é lei, como se sabe" (SUNDFELD, 2006, p. 394).

A autorização de serviços da LGT não é ato discricionário; é um ato vinculado quando preenchidas as condições objetivas (art. 132 da LGT) e subjetivas (arts. 133 e 134 da LGT) necessárias. Em relação ao tema, cita-se Andreas J. Krell para quem a variação entre ato discricionário ou vinculativo é uma questão gradual, depende da liberdade concedida pelo legislador (KRELL, 2004, p. 184-185). Na mesma linha, Santi Romano afirma que o ato de autorização pode ser mais ou menos discricionário: "Dizemos mais ou menos discricionário porque há casos em que, quando ocorrem certas condições determinadas pela lei, a Administração deve autorizar".[16] Guimarães Menegale, fiel a sua noção de autorização, afirma que, verificados os requisitos normativos, a autoridade deve deferir autorização, a fim de efetivar o direito que, em potencial, já assistia ao pleiteante que se torna credor. A autorização, portanto, "não se insere na categoria dos atos discricionários; aliás, contraria a natureza da

---

[15]A LGT trata também da autorização de direito de uso de radiofrequência que sempre estará associada a outorga de serviço. Portanto, não é uma autorização de serviço. Por ser bem público da União, ela terá tempo determinado, não ultrapassados 20 (vinte) anos, podendo seu prazo ser prorrogado por igual período uma única vez (art. 167 da LGT). Por estar associada a um serviço, na hipótese desse serviço ser extinto, também se extinguirá a outorga de radiofrequência. Contudo, nada impede que se obtenham novas outorgas tanto do serviço quanto da radiofrequência (art. 163 da LGT).
[16]Conforme ROMANO (1937, p. 241), *"Diciamo più o meno discrezionale, perchè ci sono dei casi in cui, quando ricorrono certe condizioni determinate dalla legge, l'amministrazione deve autorizzare."*

autorização, quando supõe a ocorrência prévia do direito, cujo exercitamento não faz senão desembaraçar" (MENEGALE, 1957, p. 57-58). Em síntese:

> "Regra geral, a autorização é um ato administrativo de *estrutura declaratória* – constata e declara a verificação dos pressupostos de fato e de direito pré-estabelecidos em lei formal estrita (arts. 132 e 133 da LGT); e tem sempre *efeito constitutivo* – a declaração verificada constitui um efeito de certeza quanto ao enquadramento da situação de interesse no quadro de que a lei faz depender o exercício do direito de que é titular.
>
> Este duplo caráter submete o ato de autorização para prestação de serviços de telecomunicações ao regime dos atos vinculados e constitutivos de direitos: *vinculado*, porque na sua prática a ANATEL não tem liberdade de decisão (art. 131, § 1º, da LGT); e constitutivo de direitos porque não é suscetível de revogação pela ANATEL com fundamento em conveniência e oportunidade (art. 138 da LGT)." (XAVIER, 2003, p. 39)

Considerando os altos custos de investimento, o mercado não suportaria a instabilidade de uma autorização de serviços de telecomunicações precária ou discricionária, sob a pena de desestímulo a prestação dos serviços.

Não há prazo ou limite ao número de autorizações de serviço ou prazo para prestação (arts. 136 e 138 da LGT), salvo em caso de impossibilidade técnica ou quando o excesso de competidores comprometer a prestação de um serviço de interesse coletivo. Nessas exceções, há processo licitatório com prazo de outorga estabelecido. Por fim, destaca-se que, nas autorizações, a publicação do ato de autorização, no Diário Oficila da União (D.O.U.), é o instrumento que passa a obrigar o outorgado (art. 131, § 4º da LGT).

Titularidades

O art. 175 da Constituição Federal de 1988 incumbe o poder público de assegurar a prestação de alguns serviços essenciais diretamente ou por delegação. Como o artigo não os enumera, e considerando o elemento subjetivo dos serviços públicos, entende-se que base legal, ainda que infraconstitucional, pode definir a obrigação de um ente federativo assegurar a prestação de serviço considerado essencial (SUNDFELD, 2006b, p. 318; GROTTI, 2006, p. 65; MEDAUAR, 2007, p. 314-315; DI PIETRO, 2012, p. 105).

Todo serviço público é um serviço essencial, porque lei assim o determina. Contudo, nem todo serviço essencial é serviço público. A Lei 7.783, de 28 de junho de 1989, conhecida como Lei da Greve, por determinação do art. 9º, § 1º da Constituição Federal de 1988, enumera serviços ou atividades essenciais, em seu art. 10. Considerando o conceito estrito de serviço público adotado nesse trabalho, a distribuição de medicamentos e alimentos ou compensação bancária, por exemplo, não se enquadram nessa noção. No entanto, independente da definição de serviço público, são serviços essenciais em razão do interesse público, por previsão legal.

Note-se que telecomunicações, de acordo com a Lei de Greve, é serviço essencial. A essencialidade é um dos elementos que caracteriza um serviço público. Tanto é assim que, de acordo com a LGT, uma parte dos serviços de telecomunicações, aqueles prestados em regime público, será assegurada pela União e, em razão dessa característica somada as demais, será serviço público (art. 64 da LGT). Contudo, isso não significa que todos os serviços de telecomunicações sejam públicos.

Segundo JÈZE (1928, p. 290),

> Son única e exclusivamente servicios públicos aquellas necesidades de interés general que los gobernantes en cierto país y en una época determinada han resuelto satisfacer por procedimiento del servicio público. Sólo importa considerar la intención de los gobernantes. La opinión de los tratadistas carece de interés. El criterio personal del jurista que resuelve la dificultad es indiferente.

O art. 64 da LGT determina que as prestações em regime público do setor de telecomunicações ocorram sempre e quando "a própria União comprometa-se a assegurar" a existência, a continuidade e a universalização de serviços. Ora, se a União decide assegurar a prestação de um serviço, ainda que por meio de delegação, significa haver uma indispensabilidade de uma modalidade de serviço à promoção do bem comum.

Ressalta-se que, em telecomunicações, considerar uma modalidade de serviço como serviço público não exclui necessariamente a possibilidade de que essa mesma modalidade seja prestada por particulares autorizados. Cabe à União decidir se a modalidade de serviço será prestada exclusivamente em regime público ou, em concomitância, em regime privado.

A própria LGT incluiu, entre as diversas modalidades de serviço que poderiam ser prestadas em regime público, o Serviço Telefônico Fixo Comutado (STFC), de qualquer âmbito, destinado ao uso do público em geral. O Plano Geral de Outorgas (PGO), aprovado pelo Decreto nº 2.534, de 2 de abril de 1998, posteriormente alterado pelo Decreto nº 6.654, de 20 de novembro de 2008, determinou que o STFC pudesse ser prestado em ambos os regimes. Em outras palavras, a única modalidade de serviço prestado no regime público também é prestada no regime privado.[17]

---

[17]Cita-se a Oi (Telemar S.A.) como exemplo de concessionária, que presta o STFC local sob regime público e a GVT (Global Village Telecom Ltda.), como exemplo histórico de autorizada, posteriormente adquirida pela Telefônica, que prestava STFC local no regime privado.

Mediante decreto do Poder Executivo, é possível a inclusão de novas modalidades de serviço em regime público (art. 18 da LGT e art. 16 da Res. 73, da ANATEL). Porém, passados 16 anos da entrada da lei em vigor, até o momento, nenhum outro serviço, além do STFC, foi inserido no rol do regime público. Entende-se, pela sistemática da LGT, que as modalidades não enumeradas pela União para prestação em regime público são prestadas mediante autorização, no regime privado.

Em síntese, no regime público do setor de telecomunicações, a titularidade do serviço prestado é da União, que delega um direito à gestão de um serviço por meio de concessão ou permissão, garantido que a remuneração se dê por meio de tarifa e exige o cumprimento de princípios específicos. Verifica-se que as quatro características do serviço público são observadas nos serviços de telecomunicações prestados no regime público. Alinha-se a conclusão de Alexandre Santos de Aragão: "a definição de 'regime público' prevista na LGT identifica-se com a de serviço público" (ARAGÃO, 2007, p. 271).

Por outro lado, não há consenso acerca da titularidade dos serviços outorgados mediante autorização. Isso porque não há acordo sobre a interpretação dos arts. 21, XI e 175 da Constituição Federal de 1988. Tampouco se observa, no âmbito do regime privado, artigo similar ao art. 64 da LGT.

Pela análise isolada do art. 21, XI da Constituição, é possível dizer que a União é titular dos serviços de telecomunicações e a autorização é uma forma de delegação de serviço público. Contudo, como já mencionado, o art. 175 da Constituição Federal determina que o serviço a ser assegurado por ente federativo pode ser delegado apenas por meio de concessão ou permissão. Para combinar esses dois artigos constitucionais hierarquicamente equivalentes, existem algumas interpretações possíveis.

Para concluir sobre a existência de serviço público outorgado mediante autorização, deve-se admitir que o constituinte olvidou-se de mencionar a autorização entre as modalidades de delegação de serviços públicos, ao lado da permissão e da concessão do art. 175 da Constituição Federal de 1988. Alternativamente, é possível defender que o constituinte introduziu erroneamente o regime de autorização para um serviço público no art. 21, XI e XII da Constituição Federal de 1988, estabelecendo-se um conflito com o art. 175.

Parece ser mais acertada a interpretação, ao menos até que advenha alguma Emenda Constitucional ao art. 175 da Constituição, de que os serviços citados no art. 21 da Constituição Federal de 1988, delegados mediante concessão ou permissão (art. 175 da CF/88) seriam serviços públicos; enquanto os serviços prestados mediante autorização não seriam serviço público e sim uma atividade econômica regulada.

A seguir, aprofunda-se o tema, considerando a autorização na LGT. Para tanto, convém mencionar posições de alguns doutrinadores. Nesse sentido, a primeira de todas as providências é verificar se o termo autorização, do art. 21, XI da Constituição Federal de 1988, coincide com o referido na LGT.

Sobre o vocábulo "autorização" usado na LGT, Di Pietro afirma que ele não se amolda "ao conceito doutrinário. O uso indevido do vocábulo não justifica a alteração do conceito" (DI PIETRO, 2012, p. 234). Ela afirma que a LGT quis, na realidade, dizer licença ao invés de autorização (DI PIETRO, 2011, p. 138). Não restam claro, então, quais seriam as hipóteses de autorização para interesse exclusivo do autorizado e como seu conceito se ajusta à LGT.

Explica-se. É imperativo legal, premissa, portanto, que, no âmbito do regime privado, a outorga de serviço dê-se mediante autorização. Admitindo-se a *ratio* da autora, de que a outorga de autorização dar-se-ia no interesse exclusivo do autorizado, ter-se-ia a possibilidade de que, em casos de interesse restrito – como, por exemplo, o serviço de Radioamador – houvesse autorização no sentido constitucional. Nesse caso, estar-se-ia diante de uma autorização nos termos da lei e nos termos da autora.

Contudo, há situações em que a proposta da autora não se aplica. Observe-se que é, também, no âmbito do regime privado que se confere a outorga de Serviço Móvel Pessoal (SMP), que tem abrangência de interesse coletivo. Neste caso, para a autora, as regras da autorização da LGT se transmutariam no conceito de licença e não da autorização descrita da Constituição. Todavia, se assim for, considerando que a outorga do SMP (telefonia móvel) não seria autorização nos termos constitucionais, ter-se-ia uma quarta modalidade de outorga. Mais, para uma mesma regra geral de autorização na LGT, haveria serviços autorizados no sentido da Constituição e serviços licenciados nos termos da doutrina.

Entende-se não ser lógico ter mais de uma interpretação à definição de autorização de serviço referida na Constituição e na LGT. Não se justifica a imposição de entendimentos doutrinários passados, considerando o advento de norma legal que aponta para novos direcionamentos. Fato é que a LGT estabelece regras em consonância com a Constituição Federal de 1988 e os instrumentos de outorga em telecomunicações são: a concessão, a permissão e a autorização. Não há por que se falar em uma quarta modalidade, além das normas legais, para que os pensamentos doutrinários se enquadrem.

Ultrapassado esse ponto, há de se mencionar a discussão sobre a natureza jurídica da autorização: seria ou não serviço público? Frequentemente, essa discussão é relacionada à titularidade do serviço.

Nesse primeiro momento, todavia, o foco a seguir será a classificação dos serviços. O maior argumento daqueles que defendem a autorização como forma de delegação de serviço público é a afirmação de titularidade da União em relação aos serviços constantes no art. 21. Considerando esse raciocínio, Farias[18] entende que a titularidade dos serviços autorizados da LGT é da União; logo, esses serviços têm natureza de públicos, independente de o regime legal ser privado. Na mesma linha, Grotti entende que a LGT foi contrária à concepção tradicional de serviços públicos, na qual se prega a prestação, total ou parcial, sob o regime de direito público. Segundo sua interpretação, a LGT possibilitou que serviços públicos sejam prestados exclusivamente no regime privado. (GROTTI, 2006, p. 207).

Esses argumentos não apresentam explicação razoável para conjugar o art. 21 ao art. 175 da Constituição Federal de 1988. Lembre-se de que este último, expressamente, determina que a delegação de serviço público se dê por meio de concessão e permissão. Ou seja, o constituinte ou esqueceu-se de mencionar autorização no art. 175 da CF/88 ou introduziu, erroneamente, o termo autorização no art. 21 da CF/88.

Admitir que, tanto no regime público quanto no privado da LGT, está-se diante de serviço público parece enfraquecer o sistema desenvolvido pela lei, além de ignorar o elemento formal do serviço público que auxilia o entendimento dessa discussão: é dizer, o serviço público possui um regime especial, público. É importante ressaltar que, no regime público, a LGT garante que a União assegure a manutenção do serviço, admite a delegação por concessão ou permissão (coadunando-se com o art. 175 da Constituição Federal), exige o cumprimento dos princípios do serviço público e prevê remuneração por tarifa, enquanto, no outro regime privado, as regras são mais fluidas.

Considerando o desenho da LGT e reavivando o ensinamento de Jèze sobre a importância de um regime próprio do serviço público, parece não haver lógica jurídica em estabelecer diferenciações entre os regimes para, ao final, classificá-los como públicos. Nesse sentido, acompanha-se o posicionamento de Carvalho Filho,[19] Alexandre de Aragão,[20] Roberto Dromi[21] e Floriano Marques[22] que relacionam a natureza do serviço com o regime em que é prestado.

---

[18]Segundo FARIAS (2005, p. 116), ontologicamente, as atividades arroladas no art. 21, incisos XI e XII (quando executadas mediante autorização), continuam a ser tratadas como serviços públicos. Entretanto, sua disciplina legal pode atender a um outro regime, pautado nos princípios inerentes às atividades econômicas que, por conta do princípio da livre iniciativa – art. 1°, IV da Constituição Federal de 1988 – não pode ser afastado da noção de serviço público naquilo que não seja indispensável para o atendimento do interesse geral.

[19]Para CARVALHO FILHO (2013, p. 448). "Em nosso entender, ou a atividade se caracteriza efetivamente como serviço público – hipótese em que poderá este ser prestado por concessão ou por permissão (mas não por autorização) – ou se tratará de atividade meramente privada e, aí sim, poderá ser outorgada a autorização. Além disso, se o serviço

A seguir, enfrenta-se o tema da titularidade conjugando os arts. 21 e 175 da Constituição Federal de 1988. Alexandre Ditzel Faraco apresenta uma solução conciliatória entre os dois artigos, sem abrir mão da titularidade da União. Ele sugere que apenas serão classificadas como serviço público aquelas atividades econômicas que a Constituição, por meio de menção expressa, tiver assegurada a prestação. Havendo essa menção, o legislador ordinário não pode se afastar dessa realidade. Em sua tese, como o art. 175 da Constituição Federal de 1988 não cita a expressão autorização mencionada no art. 21, o ente público, titular da atividade[23] pode escolher a forma pela qual deve ser feita a prestação das autorizações. (FARACO, 2003, p. 125)

Essa percepção é interessante por reconhecer que os serviços prestados em regime privado, sob a autorização, não são serviços públicos. É dizer, mesmo que se admita que a titularidade do serviço seja do Estado, as demais características dos serviços públicos não são observadas e, consequentemente, os serviços prestados em regime privado são atividades típicas da iniciativa privada.

Há, ainda, outra forma de conciliar os arts. 21, XI e 175 da Constituição: as atividades relacionadas no art. 21 não são obrigatoriamente de titularidade da União. Segundo Alexandre de Aragão, a Constituição dá ao legislador a discricionariedade para enquadrar as atividades nele descritas ou como serviço público ou como privado de interesse público sujeitas a uma regulação de natureza autorizativa (ARAGÃO, 2007, p. 226). Ele conclui que algumas dessas

---

é público, somente o regime de direito público poderá regulá-lo em seu perfil fundamental."
[20]Para ARAGÃO (2007, p. 225). "A questão é, sobretudo, de nomenclatura ('atividades privadas de interesse público' versus 'serviços públicos virtuais'), uma vez que a distinção de regime jurídico entre essas atividades de interesse coletivo exercidas ou titularizadas pelo Estado (serviços públicos propriamente ditos) é, como já exposto, evidente. Assim, se o regime jurídico – que é o que importa – é diverso, a inclusão das duas categorias de atividade no mesmo conceito (de serviço público) faria com que este, por sua amplitude, acabasse ficando sem conteúdo."
[21]Para DROMI (1996, p. 531). *"El obrar público, sin distinción de sus ejecutantes, tiene inexorablemente que estar regido en todo o en parte por el derecho público. Lo contrario provoca -y la realidad lo acredita- una distorsión peligrosa de inversión de regímenes jurídicos, afiliándose el Estado al régimen jurídico privado, o los particulares sometidos al peso de las cargas públicas."*
[22]MARQUES NETO *et al.* (2011, p. 52) entende que a LGT confere a condição de serviço público (em sentido estrito) aos serviços de telecomunicações prestados em regime público. Aos demais serviços, o tratamento dedicado é o de atividades econômicas (em sentido estrito) a serem exploradas sob o típico regime de direito privado.
[23]FARACO (2003, p. 127) entende que, mesmo nos serviços prestados em regime privado de telecomunicações, estar-se-ia diante de uma atividade econômica de titularidade do Estado. Se a Constituição não estabelece o regime de serviço público, o legislador ordinário é livre para estabelecer outro regime.

atividades, mais do que delegadas à iniciativa privada sob a titularidade do Estado, "teriam saído da órbita público-estatal e passado para o mercado, para a livre iniciativa privada, sujeitas, naturalmente, à regulação exógena" (ARAGÃO, 2007, p. 227).

Na mesma linha, Helena de Araújo Lopes Xavier afirma que, considerando o art. 170, parágrafo único da Constituição Federal de 1988, a autorização outorgada no regime privado da LGT "é um condicionamento ao exercício do direito de livre iniciativa, cujo estabelecimento traduz o reconhecimento de que o correspondente direito é pré-existente na titularidade dos particulares" (XAVIER, 2003, p. 38). Nesse sentido, justifica-se o ato de autorização ser declaratório e vinculado.

Para Alexandre de Aragão – seguindo o mesmo entendimento de Laender (2005, p. 232-233) –, a autorização do art. 21 da Constituição Federal de 1988 é originada do poder de polícia do Estado.[24] Tanto o poder de polícia como o serviço público são formas de intervenção do Estado na atividade econômica. Segundo Daniel Edgardo Maljar (2007, p. 169), serviço público pressupõe a titularidade da Administração, enquanto o poder de polícia regula a atividade por meio de normas, o exercício de atividades por particulares em razão do direito constitucional da iniciativa privada. Nesse sentido, a atividade de polícia administrativa não se confunde com serviços públicos. Esses consistem em prestações positivas aos indivíduos, enquanto aquele impõe limitações aos indivíduos em benefício da coletividade. No poder de polícia, a Administração Pública condiciona a atividade particular; pelo serviço público; ela confere utilidades aos particulares (ARAGÃO, 2012, p. 190).

Vale lembrar, por fim, os ensinamentos de que os serviços públicos variam no tempo e no espaço. No passado, a Constituição considerou todos os serviços de telecomunicações como públicos. Contudo, a Emenda Constitucional nº 8/95 alterou essa perspectiva, como bem mencionou o Ministro-Relator Marco Aurélio em seu voto na Arguição de Descumprimento de Preceito Fundamental (ADPF) nº 46/DF, que julgou a existência ou não de privilégio no serviço postal. Acredita-se que, após a EC nº 8/95 e advento da LGT, desenhou-se um novo cenário no direito nacional. Já não são públicos todos os serviços de telecomunicação. A natureza dos serviços está relacionada ao regime e a forma de outorga.[25]

---

[24]ARAGÃO (2007, p. 232) enfatiza que "Cumpre também destacar que o art. 21 (...) dispõe (...) que essas atividades são da competência da União, que as regulará seja como poder concedente, seja como titular do poder de polícia autorizativo sobre elas incidente."
[25]Na ADI nº 1.668-5/DF, de 1998, entre outras alegações, busca-se a declaração de inconstitucionalidade do art. 65, III, que permite a concomitância do regime público e do regime privado. Vencido o ministro-relator Marco Aurelio no pedido de suspensão cautelar, o Supremo entendeu pela constitucionalidade desse inciso. Passados 10 anos da

Pelo exposto, ratifica-se o entendimento de que os serviços de telecomunicações autorizados, referidos no art. 21 da Constituição Federal de 1988, e que ganham significado na LGT, não são serviço público. Trata-se de um serviço de titularidade da iniciativa privada, ainda que regulado pelo Estado. Este estudo filia-se, portanto, ao posicionamento que considera que os serviços outorgados mediante autorização não têm natureza de públicos e estão sujeitos ao exercício do poder de polícia.

Amplicação do Acesso no Setor de Telecomunicações

Até o momento, ressaltou-se uma diferença entre os regimes público e privado no setor de telecomunicações. O prisma central da distinção foi a de estabelecer que, no regime público, os serviços prestados sob a concessão ou permissão têm a natureza pública, enquanto que, no regime privado, os serviços são abertos à livre iniciativa desde que cumpridos requisitos. Essa realidade não apaga outra: os serviços prestados em regime privado são regulados; há influência do direito público na livre iniciativa. A ANATEL pode impor condicionamentos e novas regulamentações tanto aos já autorizados como aos entrantes (arts. 130 e 135 da LGT). Esse tema será abordado sob a perspectiva da massificação.

A seguir, busca-se estabelecer um vínculo comum entre os dois regimes do setor: a ampliação do acesso. A universalização, no regime público, e a massificação, no regime privado, guardam especial interseção, embora também apresentem características jurídicas distintas.

---

decisão, o mesmo ministro-relator parece ter mudado de opinião. Afirma o Ministro em seu voto: "A possibilidade de duplo regime quanto à prestação do serviço foi inserida no nosso ordenamento por meio da Lei n° 9.472, de 1997, quando consignou que, no caso das telecomunicações, poderia coexistir o regime público e privado. E, para afastar essa aparente, porque falsa, dicotomia entre serviço público e atividade econômica é que o Constituinte derivado houve por bem retificar o adjetivo 'público', que qualifica o serviço de telecomunicações, isso quando da Emenda n° 8, de 1995. Desse modo, o texto atual remete ao 'serviço de telecomunicações' quando versa sobre competência da União para explorá-lo diretamente ou mediante autorização, concessão ou permissão, e não mais ao 'serviço público de telecomunicações." (fls. 71 e 72 do voto do Ministro Marco Aurélio. BRASIL. Supremo Tribunal Federal. Arguição de Descumprimento de Preceito Fundamental. ADPF n° 46/DF. Tribunal Pleno. Arguente: Associação Brasileira das Empresas de Distribuição. Arguido(a/s): Empresa Brasileira de Correios e Telégrafos. Intimado(a/s): Sindicato Nacional das Empresas de Encomendas Expressas; Associação Brasileira de Empresas de Transporte Internacional. Relator(a): Min. Marco Aurélio. Relator para Acórdão: Min. Eros Grau. Brasília, 5 de agosto de 2009. Cumpre mencionar que, embora nessa ADPF, o Ministro Marco Aurelio restou vencido, os argumentos acima transcritos sobre o setor de telecomunicações não foram contestados nos demais votos dos Ministros.

Inicialmente, é preciso mencionar que o princípio da generalidade, universalidade ou universalização[26] deve ser eficaz e integrar a política social e econômica. De forma sucinta: "Universalizar significa tornar determinada categoria de serviço fruível por todos os segmentos sociais, de forma ampla e sem limitações decorrentes de condicionantes econômicas, geográficas ou culturais." (FARACO *et al.*, 2003, p. 9-10).

O Direito reflete e preocupa-se em efetivar o princípio da universalização por meio de distintas regulamentações conjugadas com atuações políticas. No direito público, o conceito de universalização, frequentemente, aparece relacionado à prestação de serviço público, como um princípio. Importa destacar que, nos serviços regulados pelo Estado, de natureza pública ou não, a universalização visa a que todos tenham direito ao acesso e à fruição do serviço, ofertados a preços adequados e com qualidade. É sob essa perspectiva que se deve estudar o setor de telecomunicações.

Antes, porém, ressaltam-se dois posicionamentos da União Internacional de Telecomunicações (UIT),[27] da qual o Brasil é Estado-Membro, sobre os chamados serviços universais. Em 1993, ao se discutir o tema, optou-se por não se definir serviço universal, mas, estabelecer elementos que o comporiam: (i) acesso a telefones; (ii) disponibilização e possibilidade de cobrança pelo serviço; (iii) oferta residual (ofertado àqueles em cujo o mercado não se tem interesse econômico); (iv) desenvolvimento de infraestrutura; e, (v) oferta de alguns serviços de telecomunicações como garantia de um mínimo, básico (ONU/UIT 1993).

Já em 1998, a UIT estabeleceu um conceito,[28] considerando que o objetivo dos serviços universais é facilitar a comunicação entre todos os membros da sociedade, não se restringindo a um nível mínimo (ou básico) de telecomunicações. Ao contrário, por decisão política regulatória, poder-se-ia obrigar os operadores a ofertar seus serviços a toda população.

---

[26] Não há unanimidade em definir o principio da universalidade ou generalidade como de universalização, Marques Neto (2006, 77-8) e Bielschowsky (2010, 179).
[27] A UIT é a Agência do Sistema das Nações Unidas dedicada a temas relacionados às Tecnologias da Informação e Comunicação (TICs). Atualmente, o principal objetivo da UIT é "Conectar o Mundo" por meio da mobilização de recursos humanos, técnicos e financeiros necessários ao alcance das metas de conectividade estabelecidas no marco da Cúpula Mundial sobre a Sociedade da Informação (CMSI) e redução do hiato digital. Para mais detalhes visitar: www.itu.int
[28] OUN/UIT (1998): "universal service is long-term objective of making communication facilities available to every member of society on an individual or household basis, and it is used in particular in the regulatory-legislative framework to indicate the obligation of telecommunication operators to provide their services to the entire population."

O marco regulatório brasileiro, ao desenhar a universalização plasmada na LGT, reflete prioritariamente a primeira proposta de entendimento adotada pela UIT em 1993.

Universalização na LGT

Como mencionado na introdução deste artigo, a Lei Geral de Telecomunicações insere-se em um contexto político nacional e internacional de mudanças. Nesse sentido, é preciso reconhecer que as discussões internacionais influenciaram a formação do conceito de universalização na LGT. É, também, imperioso reconhecer que o termo "universalização" ganhou contornos próprios na LGT. No setor de telecomunicações, ele está restrito ao regime público.

Após a quebra do monopólio do setor (EC nº 08/1995, em 10 de dezembro de 1996), o Ministro das Comunicações encaminhou o projeto de lei com a Exposição de Motivos nº 231/MC. Esse documento, constantemente citado em trabalhos sobre o setor, é importante por apresentar breve histórico e o pensamento daquela época que, evidentemente, influenciou o modo como o projeto de lei foi elaborado.

Nele, a universalização "do acesso aos serviços básicos" aparece como um dos objetivos fundamentais da reformulação do setor (BRASIL. Min. das Comunicações, 1996, p. 15-16). Destaca-se, pois, que a ideia ali contida é, fundamentalmente, de universalizar os serviços básicos, ou seja, os serviços públicos.

No arcabouço regulatório, presumindo-se que os consumidores economicamente atrativos são atendidos satisfatoriamente por um mercado competitivo, a universalização (BRASIL. Min. das Comunicações 1996, 18) é pensada sobre duas situações genéricas: (i) serviços de telecomunicações individuais, com qualidade, tarifas e prazos razoáveis, a qualquer pessoa que os requisitar; e, (ii) prover os serviços em localidades remotas no interior do País, nas áreas rurais, nas periferias das grandes cidades, em regiões escassamente povoadas. Para essa última situação, há previsão de mecanismos de financiamento.

Apesar de a LGT ter sido elaborada também com consultores internacionais, o marco regulatório brasileiro reflete basicamente a primeira proposta de entendimento da UIT de 1993. Na exposição de motivos, fala-se, prioritariamente, em serviços mínimos (telefonia fixa) e em desenvolvimento de infraestrutura para aumentar a cobertura dos serviços. A universalização tem um caráter residual; é subsidiada e promove o acesso em locais economicamente desinteressantes.

É, pois, com base no contexto acima referido que a LGT entra em vigor. Nela, no art. 79, se definem obrigações de universalização como aquelas que possibilitam acesso de todos, pessoas ou instituições de interesse público, aos serviços de telecomunicações, "independentemente de sua localização e condição socioeconômica, bem como as destinadas a permitir a utilização das telecomunicações em serviços essenciais de interesse público."

Como se observa, a definição resume o conceito de universalização, em geral, e no contexto das telecomunicações. Contudo, sua abrangência acaba por se restringir ao regime público por força dos arts. 63 e 64 da LGT. É dizer, há obrigação de universalização apenas para aqueles serviços que a União se compromete assegurar: os serviços públicos. Logo, apenas as concessionárias do STFC e prestadoras de serviço público têm o dever de universalizar a partir dos mecanismos estipulados na LGT. Repita-se que, até o momento, apenas o STFC foi incluído como modalidade de serviço a ser prestado no regime público.

Em suma, ainda que a definição de universalização aparentemente seja ampla, a própria lei restringiu seu conceito ao regime público, estabelecendo obrigações e mecanismos específicos no regime público. Universalização na LGT é sinônimo de princípio da universalização nos serviços públicos.

Mecanismos de Universalização

A universalização dos serviços de telecomunicações dá-se por meio de políticas públicas que visem garantir acesso e fruição dos serviços prestados em regime público ao maior número de usuários.

A estruturação das políticas de universalização cabe à ANATEL que, após estudos, encaminha proposta ao Ministério das Comunicações e este, após debates, a encaminha para edição de Decreto do Presidente da República. Finalmente, essas políticas são aplicadas e fiscalizadas pela Agência (arts. 19, I, III, XXX e 22, III da LGT). Trata-se de uma repartição de atribuições entre política e técnica "uma vez que supõe um regime de relações institucionais entre o Governo e a ANATEL com o escopo de preservar os valores democráticos e a necessidade da atuação técnica da agência reguladora." (D'ALBUQUERQUE, 2013, p. 95).

Evidentemente, o regulador não pode impor a universalização e a penetração da telefonia sem considerar aspectos econômicos, pois políticas sociais e econômicas devem ser complementares. Para tanto, a LGT estabeleceu dois planos de universalização com fontes de financiamento distintas; são dois pilares que sustentam o conceito de universalização no regime público. Em ambos, a execução é de responsabilidade das concessionárias.

O primeiro é o Plano Geral de Metas para a Universalização (PGMU) que, pelo estabelecido em lei, deriva de obrigação contratual. Logo, para a implementação desse plano, as concessionárias concorrem com seus próprios recursos. No PGMU, podem ser incluídas obrigações que a Agência e o Governo entendem prioritárias para permitir o acesso às telecomunicações, desde que não interfiram no equilíbrio econômico financeiro da concessão.

O segundo pilar é o Plano de Metas de Universalização (PMU), financiado pelo Fust. A LGT determinou a criação do Fust em seu art. 81 e a Lei nº 9.998, de 17 de agosto de 2000, instituiu-o. O PMU deve conter propostas, consonantes com a Lei do Fust, de acesso/obrigações de universalização de serviços de telecomunicações, cujos investimentos não são recuperáveis, mesmo com uma exploração eficiente do serviço. Reconhece-se que nem todo custo de políticas de universalização pode ser imputado em sua totalidade às concessionárias, uma vez que algumas dessas políticas podem não ser economicamente recuperáveis. O PMU é um típico instrumento de políticas públicas: não se exige que o projeto seja economicamente viável.

Não é intenção minudenciar o PGMU e o PMU e seus resultados em alcançar um serviço mínimo. Cumpre apenas destacar alguns pontos.

Só se desenvolveu PGMU e PMU para as concessionárias de STFC, uma vez que apenas parte do STFC está inserida no regime público. O PGMU está em sua terceira edição, enquanto o Governo só aprovou um PMU.

As metas estabelecidas nos PGMUs priorizaram o acesso individual do STFC. No PGMU I (BRASIL, Presidência da República, 1998), a obrigação era de prover acessos individuais a localidades com mais de 600 habitantes. No PGMU II (BRASIL, Presidência da República, 2003), os acessos individuais deveriam ser instalados em localidades com mais de 300 habitantes. O PGMU III (BRASIL, Presidência da República, 2011) manteve a obrigação de atendimento em localidades com mais de 300 habitantes.

Contudo, não basta disponibilizar infraestrutura. "Há que se garantir meio de acesso economicamente ao serviço, o que compreenderá, no curso da progressiva universalização, necessariamente, a oferta de estruturas tarifárias diferençadas" (MARQUES NETO, 2006, p. 85). Nesse sentido, o PGMU II estabelece o Acesso Individual Classe Especial (AICE) ou "telefone popular". Trata-se de uma modalidade de serviço pré-pago para uso residencial e limitado a um acesso por domicílio. No PGMU III, o AICE ganha novos contornos porque restringe o benefício àquelas famílias inscritas no Cadastro Único dos Programas Sociais do Governo Federal.

Os PGMUs também se preocuparam em estabelecer metas de acessos coletivos. Isso significa garantir a existência de Telefones de Uso Público (TUP). Desde o primeiro PGMU, estabeleceram-se 300 metros como distância máxima entre os TUP em uma mesma localidade. Contudo, a densidade de TUP por 1000 habitantes tem diminuído ao longo do tempo. O PGMU I previu uma densidade de 7,5; o PGMU II de 6; e, o PGMU III de 4. Justificou-se essa diminuição pela baixa utilização do serviço nos grandes centros, onde a concentração da população é maior.

Por outro lado, se o PGMU I obrigava a instalação de TUP para as localidades com 300 habitantes; no PGMU II, tal obrigatoriedade passou a ser para as localidades com 100 habitantes. No PGMU III, a regra se manteve. Note-se que, embora, nessas localidades não haja obrigação de acesso individual, optou-se por garantir um serviço mínimo para a comunicação.

No PGMU III, estabeleceram-se locais em que os TUPs deveriam ser instalados mediante solicitação e disponibilidade, independente do quantitativo de habitantes, tais como: hospitais e escolas públicas, quilombolas, população extrativista, assentamentos rurais e aldeias indígenas. Por fim, o PGMU III estabeleceu que 2,5% dos TUPs devem estar adaptados para comunicação das pessoas com deficiência de fala, audição e locomoção. O PGMU II determinava a adaptação de 2%. Essas regras também objetivavam garantir o mínimo de comunicação.

Repita-se: todos esses avanços na ampliação do acesso à telefonia determinados pelo PGMU são obrigações de natureza contratual. Por isso, os custos são de responsabilidade da própria concessionária.

O outro mecanismo de universalização estabelecido em lei é o PMU que, embora executado pelas concessionárias, tem seu financiamento com recursos arrecadados pelo Fust. Como dito, o Fust é um fundo previsto no art. 81 da LGT e criado pela Lei nº 9.998, de 17 de agosto de 2000. Em 2001, o Fundo passou a ser recolhido. Somente em junho de 2008, o Ministério das Comunicações, por meio da Portaria nº 273, de 3 de junho de 2008, aprovou a Norma nº 01/2008, que estabeleceu os procedimentos para eleição de projetos a serem financiados com os recursos do Fundo.

Antes mesmo dessa norma, muitas foram as tentativas de aprovar projetos; apenas um, até o momento, concretizou-se em PMU. Trata-se de um Programa de Atendimento à Pessoa com Deficiência, aprovado pela Portaria do Ministério das Comunicações nº 263, de 27 de abril de 2006. Após os trâmites, editou-se o Decreto nº 6.039, de 7 de fevereiro de 2007, conhecido como PMU I.

Esse plano previu que as instituições cadastradas no Sistema Nacional de Informações sobre Deficiência (Sicorde) da Secretaria de Direitos Humanos (SDH), vinculadas à Presidência da República, teriam direito à instalação e à manutenção de equipamentos que possibilitem a comunicação, via telefone fixo, das pessoas com deficiência auditiva. Além disso, essas instituições teriam a isenção mensal da assinatura básica, sendo garantida uma franquia de minutos em chamadas locais.

O Decreto do PMU I previu o estabelecimento de metas trimestrais de instalações, calculando-se que todas as instituições seriam atendidas em nove meses, a partir da celebração do Termo de Obrigações entre ANATEL e concessionárias. O Termo foi assinado em 5 de setembro de 2007 e a previsão de que 782 instituições seriam atendidas em benefício de 19 mil pessoas com deficiência auditiva não se cumpriu.

Das 782 instituições previstas, cerca de 100 aderiram ao Programa. Apuradas as obrigações desse PMU, estimou-se que, em valores reajustados, serão ressarcidos às concessionárias pouco menos de R$ 200.000,00 dos quase R$ 12,5 bilhões[29] arrecadados ao Fust até dezembro de 2012 (D'ALBUQUERQUE, 2013, p. 137).

Dos mecanismos de universalização acima expostos, é fundamental dizer que o PGMU, alinhado ao ambiente concorrencial, especialmente após a desestatização do setor, foi um grande impulsionador do acesso às telecomunicações. O STFC foi o primeiro serviço a chegar a todos os municípios do Brasil. Contudo, como sabido, o mercado de telecomunicação é muito dinâmico e evolui tecnologicamente de forma acelerada. Hoje, a demanda social parece exigir, na maior parte dos casos, mais do que um mínimo de comunicação. Ressalta-se que essa tendência alinha-se à segunda proposta de definição de serviço universal adotada pela UIT.

Universalização e Concorrência

O modelo proposto pela LGT é de não exclusão ou oposição entre universalização e concorrência e, sim, de complementaridade. "A LGT foi sábia em equilibrar estas duas vertentes, franqueando ao poder público e especialmente ao órgão regulador mecanismos para promover a universalização sem comprometer a competição." (MARQUES NETO, 2006, p. 86)

Normalmente, a doutrina destaca essa característica considerando o fato de, no novo modelo regulatório, admitirem-se empresas autorizadas (e não apenas as concessionárias) prestando o serviço de telefonia fixa (STFC)[30], é dizer: concessionárias e autorizadas são concorrentes. Helena de Araújo Lopes Xavier destaca, ainda, que o sistema de competição desenhado na LGT permite que as concessionárias concorram entre si, "recusando assim caráter de exclusividade ou privilégio ao contrato de concessão, conforme dispõe o art. 84, caput, da LGT." (XAVIER, 2003, p. 43)

Note-se que, à medida que a concorrência cresce, os agentes econômicos buscam reduzir preços e explorar demandas reprimidas para conquistar maior participação no mercado. Por sua vez, em um ambiente competitivo, os usuários de serviços têm mais possibilidade de escolha e, consequentemente, exigem mais qualidade do serviço a um menor custo.

---

[29]No final de dezembro de 2013 o FUST já havia arrecadado pouco mais de 16 bilhões, segundo números obtidos junto a ANATEL em 2014.
[30]O primeiro Plano Geral de Outorgas (PGO), aprovado pelo Decreto nº 2.534, de 02 de abril de 1998, determinou que o STFC pudesse ser prestado em ambos os regimes. O mesmo documento ratificou que os demais serviços seriam submetidos ao regime privado.

Contudo, sabe-se que apenas a concorrência mercadológica não garante acesso aos serviços de telecomunicações a toda a população, nem necessariamente uma qualidade mínima do serviço. Isso porque é característica da livre iniciativa que os agentes econômicos invistam em mercados que lhes garantam rentabilidade econômica e de forma a captar o maior número de clientes.

Para que se alcance o acesso universal às telecomunicações, são necessárias políticas públicas e instrumentos de efetivação próprios. É preciso que se pense em políticas de universalização e, ao mesmo tempo, em instrumentos eficientes de regulação do mercado para que os benefícios sociais sejam alcançados.

Massificação no Setor de Telecomunicações

Até o momento, trabalhou-se o conceito de universalização no setor de telecomunicações, respeitando as delimitações legais estipuladas na LGT que dão àquele um contorno teórico bem definido. Sedimentado esse entendimento, é preciso avançar na discussão para mais bem entender a noção de massificação no setor de telecomunicações.

O art. 2°, I, II e VI da LGT, independente do regime jurídico, afirma que cumpre ao Poder Público garantir políticas de acesso às telecomunicações com tarifas e preços razoáveis[31] e em condições adequadas. Além de estimular a expansão do uso de redes e serviços de modo a beneficiar a população e desenvolver econômica e socialmente o País. Isso porque os serviços de telecomunicações são considerados essenciais.

No regime público, a própria lei estabelece critérios rígidos para a ampliação do acesso com tarifas e condições adequadas que, como visto, é alcançado com o cumprimento dos princípios típicos dos serviços públicos, em especial do princípio da universalização.

O mesmo rigor não se observa no regime privado, uma vez que a lei o direciona a uma prestação de serviço mais livre e estabelece que a regulamentação deva respeitar os princípios constitucionais da atividade econômica. A princípio, o acesso é consequência da livre expansão das prestadoras autorizadas. Após a reestruturação do setor de telecomunicações, focalizou-se na expansão no serviço prestado em regime público. Como visto no item anterior, com as edições do PGMU, possibilitou-se que o STFC fosse o primeiro serviço de telecomunicações a atingir todos os municípios brasileiros.

Por outro lado, os serviços prestados no regime privado, tais como o serviço móvel pessoal (SMP – telefonia móvel) e o serviço de comunicação

---

[31] Note-se que ao mencionar tarifa e preço refere-se aos regimes público e privado.

multimídia (SCM – também conhecido como banda larga fixa) se expandiram tendo em vista a demanda reprimida, avanços tecnológicos e interesses da iniciativa privada. Isso, contudo, não garantiu que todas as localidades fossem servidas. Foi constatada a necessidade de avançar. Nesse contexto, lembre-se da segunda proposta de definição de serviço universal da UIT que já não se focaliza em garantir serviço mínimo.

Em 2008, passados 10 anos da reestruturação, a Portaria n° 178, de 22 de abril de 2008, do Ministério das Comunicações, indicou, na implantação de políticas públicas, que a ANATEL adotasse as seguintes diretrizes, entre outras: ampliar a oferta de serviços para o acesso à internet por meio de banda larga; reduzir as barreiras ao acesso e ao uso dos serviços de telecomunicações para as classes de menor renda; ampliar a oferta de todos os serviços de telecomunicações de interesse coletivo, nas diversas regiões do País; assegurar a competição e a concorrência na exploração de serviços, de modo a proporcionar os benefícios aos usuários em termos de preço e qualidade; e, criar ambiente favorável ao surgimento e fortalecimento de novos prestadores de serviços de telecomunicações de pequeno e médio porte.

A partir dessa determinação, que, pela redação, se concentrou no regime privado,[32] a ANATEL, por meio da Resolução n° 516, de 30 de outubro de 2008, publicou o Plano Geral de Atualização da Regulamentação das Telecomunicações no Brasil (PGR). Trata-se de documento estratégico que apontou os rumos da regulação do setor para os 10 anos subsequentes.

A Resolução n° 516/2008 enumera princípios regulatórios, previstos ou decorrentes da LGT, que orientam e balizam a atuação da ANATEL, entre outros: acelerar a redução das desigualdades regionais[33] e possibilitar a oferta dos serviços de telecomunicações da forma mais homogênea possível em todo território nacional.[34]

Esses princípios dão origem a diversos objetivos que, por sua vez, estão relacionados a propósitos estratégicos e são concretizados por meio de ações para a atualização da regulamentação de curto, médio e longo prazo. O primeiro dos objetivos é a massificação do acesso em banda larga. Sobre o tema, admite a Resolução n° 516, de 30 de outubro de 2008, da ANATEL a necessidade de massificar o acesso em banda larga para as diversas camadas da população para suprir a crescente demanda por conteúdo, aumentar a transmissão de dados em

---

[32]No regime público, há concessão apenas de STFC e as determinações da portaria referem-se à banda larga e à expansão dos serviços de telecomunicação.
[33]Item: "II.2. Acelerar a redução das desigualdades regionais" (Resolução n° 516, de 30 de outubro de 2008, da ANATEL).
[34]Item: "II.3. Ampliar a oferta e o uso de serviços e das redes de telecomunicações em todo o território brasileiro" (Resolução n° 516, de 30 de outubro de 2008, da ANATEL).

alta velocidade, superar do hiato digital, realizar a inclusão social, desenvolver aplicações específicas para cada segmento social. "O aumento da abrangência e da capilaridade do acesso garantirá a ampliação dos benefícios sociais (...), sendo que a competição, inclusive no que diz respeito às redes, deverá ser o vetor para a massificação do seu uso."

O propósito estratégico da massificação da banda larga é estimular tanto o surgimento de outros prestadores de acesso quanto o uso da infraestrutura existente. Note-se que, alinhado a um objetivo social de ampliar o acesso e uso das telecomunicações, há uma preocupação concorrencial, de estímulo à competição no mercado. A partir dessas premissas, pensou-se em ações de curto, médio e longo prazo.

Sem que o termo massificação seja encontrado na LGT, o PGR utilizou-o como expressão para indicar ampliação de acesso à banda larga. Desde então, outras Resoluções da ANATEL[35] têm replicado essa determinação do PGR. A Resolução nº 544, de 11 de agosto de 2010, em seus "considerandos", reconheceu a massificação do serviço móvel.

Em artigo comemorativo dos 20 anos da Constituição Federal, o então presidente da Agência afirmou que "a Anatel vem empreendendo ações com vistas à difusão e massificação de outros serviços, como os de telefonia móvel e os serviços de banda larga" (SARDENBERG, 2008, p. 397).

Diante disso, questiona-se: existe base legal e mecanismos que justifiquem a utilização de termos distintos para promover a ampliação do acesso dos serviços de telecomunicações?

Fernando Rocha e Eliana Leão, em obra publicada em 1999, afirmam, sem deixar de criticar, que, a partir da EC nº 08/95, o Estado transfere a titularidade de atividades de telecomunicações que passam a ser exercidas como atividade econômica. Por outro lado, alertam para uma aparente, porém enganosa, dicotomia na distinção entre regime público e privado e para a necessidade de que todos os serviços de telecomunicações sejam universais e contínuos (ROCHA *et al.*, 1999, p. 207 e 211). Eles defendem que, considerando o art. 2º da LGT, independentemente do regime jurídico, em qualquer hipótese, e "a todo custo devem ser buscadas a universalização e a continuidade do serviço. (...) Negar tal evidência é rasgar os cânones

---

[35]Resolução nº 556, de 20 de dezembro de 2010; Resolução nº 557, de 20 de dezembro de 2010; e, Resolução nº 558, de 20 de dezembro de 2010. As três, ao justificarem a edição de seus respectivos regulamentos, citam que o PGR estabelece a massificação do acesso em banda larga. A Resolução nº 629, de 16 de dezembro de 2013, cita, no art. 22, V do Regulamento de celebração e acompanhamento de Termo de Compromisso de Ajustamento de Conduta (TAC), a expressão massificação.

constitucionais, sobrepondo os interesses particulares aos da coletividade" (Rocha *et al.* 1999, 212).

Essa enérgica conclusão talvez tenha raiz em uma confusa interpretação da própria LGT e da distinção entre os regimes público e privado nela estabelecidos. Logo, não é possível concordar que a universalização e a continuidade, tal qual referidas na LGT, se estendam a todos os serviços de telecomunicações. Isso porque, como já demonstrado, esses princípios possuem sistemáticas próprias no regime público.

Cumpre observar que, talvez, os termos universalização e continuidade tenham sido utilizados pelos autores de forma ampla, apenas para indicar o cumprimento de princípios do serviço público. Se a conclusão no capítulo anterior, independente do regime, fosse a de que os serviços de telecomunicações são públicos, nessa hipótese, de fato, a massificação se enquadraria como um princípio dos serviços públicos.[36] A partir dessa premissa, seria mais compreensível a proposta dos autores de que, no regime privado, se observassem os princípios de universalização e continuidade. Contudo, a proposta apresentada foi distinta: propôs-se que apenas no regime público os serviços são públicos.

Dito isso, é preciso avançar no entendimento de como efetivar a massificação no regime privado, sem relacioná-los aos princípios do serviço público.

O art. 128 da LGT prescreve que a Agência deve observar a exigência de mínima intervenção na vida privada. Todavia, esse mesmo artigo admite a imposição de condicionamentos administrativos ao direito de exploração das diversas modalidades de serviço no regime privado. Na mesma linha, a LGT possibilita, em seu art. 135, o estabelecimento de condicionantes de compromissos de interesse da coletividade às autorizações, muito embora essas outorgas estejam no âmbito da iniciativa privada.[37]

Também há permissão legal, no art. 71 da LGT, para que a Agência estabeleça restrições, limites ou condições à obtenção e transferência de concessões, permissões e autorizações, tudo visando promover a competição efetiva, bem como impedir a concentração econômica no mercado.

Em síntese,

---

[36] Note que, se o princípio da continuidade fosse aplicado no regime privado, sem maiores aprofundamentos, poder-se-ia, chegar a interpretação de que a União deveria garantir a continuidade, caso as empresas iniciassem atividade de telecomunicações e, que por qualquer motivo, desejassem encerrá-la. Isso incluiria, além das empresas de telefonia celular, de televisão por assinatura, radiotaxi e etc.

[37] Lembre-se que os serviços de interesse coletivo, tanto no regime público como no regime privado, sujeitam-se a condicionamentos para que sua exploração atenda o interesse da coletividade (Art.17, parágrafo único, Resolução n° 73/1997, da Anatel)

"permite-se à Anatel o estabelecimento de limitações ou a imposição de encargos que não seriam normais em um regime de mercado. Mas isso tem caráter excepcional e deve observar a existência de vínculos de necessidade e adequação com certas finalidades devidamente especificadas, assim como gerar um proveito proporcional à privação imposta (cf.128 e incisos da LGT)." (FARACO, 2003, p. 129)

Segue-se a linha de que esses condicionantes existem em razão do poder de polícia que a União possui sobre os serviços prestados sob a autorização. Alexandre de Aragão define limitações administrativas como qualquer condicionamento ou redução ao exercício de liberdades e propriedades, "operada pela Administração Pública com base em lei ou na Constituição, ponderando-as com outros valores constitucionais, mas sem atingir o núcleo essencial de tais liberdades e propriedades." (ARAGÃO, 2012, p. 177)

Adverte o autor que, ao editar essas limitações, o Estado tem obrigações tanto comissivas quanto omissivas. Explica-se: no primeiro caso, o Estado deve "fazer o particular respeitar os outros direitos e valores sociais que possam ser afetados pelo exercício indiscriminado da sua liberdade (obrigação de limitar)" (ARAGÃO, 2012, p. 178). Por outro lado, o Estado deve omitir-se porque tem obrigação de respeitar o núcleo essencial de cada liberdade a ser limitada, sob a pena de desconfigurá-la.

É nesse ambiente de poder de polícia do regime privado das telecomunicações que a LGT possibilitou, em algumas situações de interesse social, a limitação do direito da livre iniciativa. A ANATEL, ao estabelecer compromissos, deve fazê-lo por meio de regulamentação, respeitando os princípios da razoabilidade, proporcionalidade e igualdade.

Acredita-se que, com o fim de massificar, seja possível a imposição de limitações administrativas às autorizações com o fim de concretizar os princípios regulatórios sociais: (i) redução das desigualdades regionais e (ii) ofertas, o mais homogêneas possível, em todo território nacional, sem que, com isso, o núcleo essencial da livre iniciativa seja extinto.

Mecanismos de Massificação: Exemplos

Diferentemente do que ocorre na universalização que, no âmbito do regime público, possui mecanismos próprios de expansão do serviço, a massificação dos serviços em regime privado não possui mecanismos definidos, de modo que o condicionamento permitido em lei é o instrumento para, pontualmente, estimular a ampliação de serviços. Nesse sentido, são apresentados dois exemplos, considerando a preocupação atual em massificar os serviços de banda larga fixa (SCM) e telefonia celular (SMP).

O primeiro exemplo é mais amplo do que o escopo da ANATEL. Trata-se de política pública de Governo que prioriza a massificação da Banda Larga, por meio do Programa Nacional de Banda Larga e do Programa Brasil Conectado (PNBL). Para tanto, desenvolveu-se um conjunto de ações, nas quais se exige também a atuação da ANATEL.

Além disso, seguindo a Portaria n° 178, de 22 de abril de 2008, do Ministério das Comunicações e o PGR elaborado pela ANATEL tem-se atuado para ampliar o acesso à telefonia móvel. É sob esse contexto que se apresenta o segundo exemplo.

Plano Nacional de Banda Larga

O PNBL, oficialmente instituído pelo Decreto n° 7.175, de 12 de maio de 2010, visa fomentar o uso e o fornecimento de bens e serviços de tecnologias de informação e comunicação, de modo a: massificar o acesso a serviços de conexão à Internet em banda larga; acelerar o desenvolvimento econômico e social; promover a inclusão digital; reduzir as desigualdades social e regional; promover a geração de emprego; ampliar os serviços de Governo Eletrônico e facilitar o uso dos serviços do Estado; promover a capacitação para o uso das tecnologias de informação; e, aumentar a autonomia tecnológica e a competitividade brasileiras.

Em síntese, o PNBL é uma política pública que tem a intenção de estimular a expansão da infraestrutura dos serviços de telecomunicações, nas quais as atividades da ANATEL se inserem. Além disso, possibilitar melhores condições de preço, cobertura e qualidade. "A meta é proporcionar o acesso à banda larga a 40 milhões de domicílios brasileiros até 2014 à velocidade de no mínimo 1 Mbps" (estabelece o Plano). Para tanto, diversas ações são determinadas pelo citado Decreto ou pensadas[38] a partir de suas diretrizes, das quais se destacam algumas.

A primeira dessas diretrizes é a ampliação da rede nacional. O Decreto determinou a reativação da sociedade de economia mista Telebras, para, entre outras atribuições, ser o suporte nas políticas públicas de banda larga.[39]

Nesse sentido, concretamente, a Telebras está expandindo uma rede e oferecendo serviços de acesso dedicado à internet aos prestadores de serviços de telecomunicações, desde que eles possuam autorização expedida pela ANATEL e que sejam ofertados aos usuários finais a preços módicos.

Além disso, a Telebras auxilia na implantação do projeto cidades digitais[40] do Ministério das Comunicações. Apenas, excepcionalmente, a

---

[38]O Decreto determinou a criação do Fórum Brasil Conectado para a promoção do diálogo e definições de metas a serem implementadas.
[39]Para entender a reativação da Telebras, ver SIQUEIRA (2010, p. 22-25).
[40]Para entender o contexto inicial do projeto, ver PAIVA *et al.* (2007, p. 26-30).

Telebras oferta serviço ao usuário final, sendo a sua vocação ofertar no atacado e estimular o desenvolvimento de pequenas empresas.

A segunda diretriz é promover incentivos fiscais e financeiros. Assim, com Regime Especial de Tributação do Programa Nacional de Banda Larga (REPNBL) tem-se a desoneração tributária para estímulo ao investimento em redes. Há redução das alíquotas de PIS/Cofins para projetos de implantação, ampliação ou modernização de redes de telecomunicações que suportam acesso à internet banda larga e para terminais de acesso. O Ministério das Comunicações acredita que, dessa forma, há incentivo à *universalização*[41] da banda larga porque assim o preço final é reduzido.

A terceira diretriz refere-se às ações regulatórias. Para tanto, o Ministério indicou políticas públicas prioritárias à ANATEL. Desde 2010, a ANATEL editou alguns regulamentos que auxiliaram direta ou indiretamente o PNBL, entres outros, destacam-se a Resolução nº 574, de 28 de outubro de 2011, que aprovou o Regulamento de Gestão da Qualidade do Serviço de Comunicação Multimídia (RGQ – SCM); a Resolução nº 600, de 8 de novembro de 2012, que aprovou o Plano Geral de Metas de Competição (PGMC); licitações de faixa de radiofrequência que permitiram o uso de tecnologias que ofertam banda larga móvel; e, a Resolução nº 614, de 28 de maio de 2013, que aprovou o novo Regulamento do Serviço de Comunicação Multimídia.

Sobre o novo Regulamento do Serviço de Comunicação Multimídia (SCM), destaca-se o objetivo de criar assimetrias regulatórias baseadas no conceito de prestador de pequeno porte, cuja presença estimula competir e ocupar segmentos de mercados vazios ou mal explorados. Reduziu-se o preço pago pela outorga do serviço de R$9.000,00 para R$ 400,00 quando a área de prestação for regional e não em todo o território nacional. Nesse contexto de massificação, o Conselheiro Relator Marcelo Bechara, afirmou em sua Análise nº 304, de 17 de maio de 2013:

> **5.9.** Portanto, é salutar que os serviços de telecomunicações, cujas redes servem de suporte ao acesso à banda larga, sejam altamente inclusivos do ponto de vista social de modo, também, a se alinharem às políticas estabelecidas pelo Poder Executivo, materializadas, em grande parte, no PNBL.
>
> **5.10.** Assim, por se tratar de serviço abrangente e dotado de inúmeras aplicações, sendo um deles o suporte à comunicação em Banda Larga, o SCM apresenta-se como um dos instrumentos de democratização do acesso às

---

[41]Esse é o termo encontrado no site do Ministério das Comunicações: MINISTÉRIO DAS COMUNICAÇÕES. Programa nacional de banda larga (PNBL). Brasília, 2013. Disponível em: <http://www.mc.gov.br/acoes-e-programas/programa-nacional-de-banda-larga-pnbl>. Acesso em: 26 de março de 2013.

tecnologias de informação, de redução das desigualdades nesse acesso e de garantia de direitos como educação, saúde, informação e comunicação.

É bem verdade que as ações citadas ramificam-se em outras, contudo, não é objeto desse trabalho dissecar o PNBL ou emitir juízo de valor acerca dele.[42] Menciona-se o PNBL para exemplificar uma medida de massificação incidente sobre a banda larga, em que estão presentes: financiamento estatal e ações regulatórias com objetivo de expandir a rede; e, como consequência dessa política, provimento do acesso à internet a preços módicos.

Licitações no Regime Privado

No plano de atuação da ANATEL, a principal medida de massificação do SMP tem ocorrido por meio das licitações de radiofrequência.

Antes, pois, de adentrar no exemplo, é preciso abordar questões jurídicas de fundo. Embora a regra seja a de que os serviços autorizados não tenham um número limitado de outorgas (art. 136, *caput*, da LGT), a própria LGT abre a possibilidade de condicionantes. A partir dos parágrafos do art. 136 da LGT, identificam-se dois casos de limitação.

O primeiro é de transferência de outorga, que pode não ser aprovada, caso a ANATEL entenda que a medida prejudica a competição ou a execução do contrato. A segunda hipótese ocorre quando há necessidade de associar a prestação do serviço a uma banda de radiofrequências. Nesse caso, a livre iniciativa depende de acesso ao espectro de radiofrequências que é um bem público escasso e limitado. Quando as faixas são limitadas e o uso por um exclui o uso simultâneo de outros, a licitação passa a ser imperativa e, portanto, excepcionalmente limitadora do número de outorgas.

Havendo licitação, ela será sempre onerosa e deverá ocorrer nos termos dos arts. 89 e 164, I da LGT. A licitação possui um caráter instrumental; ela representa o início de um procedimento de implantação da regulação como um meio para atingir uma finalidade pública maior. Isso porque ela não é um fim em si mesmo. O procedimento licitatório é também uma forma de "regulação diretiva ou indutiva da economia, seja para coibir práticas que limitem a competitividade, seja para induzir práticas que produzam efeitos sociais desejáveis." (FERRAZ, 2009, p. 133-142)

O art. 135 da LGT permite, excepcionalmente, em face de relevantes razões de caráter coletivo, a possibilidade de condicionar a expedição de autorização à aceitação, pelo interessado, de compromissos de interesse da

---

[42] Com intuito de identificar críticas jurídicas ao modelo de estímulo à banda larga que vem sendo desenvolvido, recomenda-se a leitura de Marques Neto (2010, 53-61); e, Araújo (2012, 24-35) para entender o PNBL e perspectivas atuais.

coletividade. Esses compromissos[43] deverão ser regulamentados, devendo ser observados os princípios da razoabilidade, proporcionalidade e igualdade. Nesse contexto, entende-se possível que se estabeleçam compromissos de interesse da coletividade, conforme determinado no art. 135 da LGT, nas licitações de outorga de serviço.

Marcos Juruena Villela Souto, um dos propulsores na defesa da função regulatória da licitação, alerta que a "discricionariedade na formação do edital envolve o exercício de uma competência regulatória, pois interfere na estrutura do mercado (...)" (SOUTO, 2005, p. 308). O autor alerta que o objetivo da licitação não necessariamente se limita ao menor preço, "a melhor proposta pode ser aquela que faz ressurgir um mercado livre. Do contrário, não há licitação séria, porque não há livre competição num mercado dominado ou inexistente." (SOUTO, 2003, p. 40-47)

Esclarecidas as possibilidades de outorgar serviços privados por licitação e de o edital, como instrumento regulatório, conter condicionantes de relevante interesse social, analisa-se a massificação do serviço móvel.

Desde 2007, a ANATEL inseriu os chamados "compromissos de abrangência" nos editais de licitação de algumas autorizações de radiofrequência do Serviço Móvel Pessoal (SMP). A primeira vez foi no Edital 001/2007. Contudo, essa prática ganhou notoriedade no Edital 002/2007, em que se licitou a outorga de autorização de uso de radiofrequências de quatro bandas da frequência de 3,5 GHz.

O objetivo da licitação foi garantir que todo o território nacional tivesse acesso ao serviço móvel e que a tecnologia 3G fosse comercializada em todo o País e não só nas regiões economicamente mais desenvolvidas. Dessa forma, dividiu-se o Brasil em 11 áreas. Para impedir que as menos interessantes não recebessem proposta, determinou-se, por exemplo, que a empresa vencedora da cidade de São Paulo (área III) necessariamente levaria parte da Região Norte (área VIII).

Além disso, foram estabelecidos os compromissos de abrangência, entre os quais se destaca o dever de cobrir todos os municípios que não tinham cobertura móvel, independente da tecnologia, em 24 (vinte e quatro) meses a contar da assinatura dos contratos e sua publicação no DOU. Outra obrigação foi que, em todos os municípios com mais de 100.000 (cem mil habitantes), a

---

[43]Segundo MARQUES NETO *et al.* (2011, p. 65), cabe a ressalva, "O tema é certamente passível de amplo debate, já que, dependendo do nível de compromissos que venha a impor, haverá desnaturação do regime privado de prestação de telecomunicações, na medida em que esses compromissos tenderão a se aproximar ou de obrigações de universalização ou de continuidade. Não bastasse isso, esses compromissos podem ter fortíssimo impacto no plano da competição (...)."

tecnologia 3G deveria estar disponível em até 60 (sessenta) meses a contar da assinatura dos contratos e sua publicação.

Licitações desse tipo são classificadas como concorrência melhor técnica e preço. O plano de negócios, que estabelece o preço mínimo de cada um dos lotes da licitação, considera as obrigações que a vencedora deverá cumprir. Dessa forma, o preço mínimo cai e considera-se que a diferença monetária entre o que deveria ser o preço mínimo real e o efetivamente estabelecido será reinvestido no próprio mercado de telecomunicações por meio do cumprimento das obrigações. Esta lógica tem possibilitado que, mesmo com obrigações subsidiárias, as licitações sejam bem sucedidas.

Não resta dúvida de que os compromissos de abrangência interferem no mercado, uma vez que condicionam a autorização e obrigam que as vencedoras cumpram metas que, talvez, não fossem economicamente interessantes. Por outro lado, justamente para estimular o mercado, na licitação, há um deságio. Calcula-se o quanto valeria a faixa de radiofrequência, e desse valor é subtraído o valor estimado para cumprimento das obrigações que serão imputadas às vencedoras. Em outros termos, há um financiamento indireto para o cumprimento das obrigações.

Essas obrigações nada mais são do que meios de estimular investimentos em infraestruturas com o intuito de promover o acesso (massificar), sem que, contudo, haja cobrança de serviço por tarifas, obrigações de continuidade do serviço ou bens reversíveis. Isso porque, tanto o uso de radiofrequência quanto o serviço são outorgados mediante autorizações, amparadas pelo regime privado.

Universalização e Massificação

Como verificado, a definição de massificação das telecomunicações não se encontra acostada em nenhuma norma legal. Contudo, é cada vez mais frequente que os termos massificação e universalização apareçam juntos,[44] podendo gerar duas expectativas: a de que têm conteúdo distinto ou a de que são sinônimos. Isso porque, em síntese, a palavra universalização remete ao conjunto de obrigações do regime público e às características de serviço público, enquanto a massificação é o termo empregado para definir expansão do acesso às telecomunicações no regime privado. Em verdade, são utilizadas em regimes

---

[44]Entre outros: (a) MINISTÉRIO DAS COMUNICAÇÕES. Universalização e massificação dos serviços de telecomunicações". Brasília, 2013. Disponível em: <http://www.mc.gov.br/acoes-e-programas/universalizacao-e-massificacao-dos-servicos-de-telecomunicacoes>.
(b) MARIA FRÔ, João Brant: fust, PNBL – universalizar não é massificar. Disponível em: <http://mariafro.com/2011/04/13/joao-brant-Fust-pnbl-universalizar-nao-e-massificar/>. Acesso em: 25 mar. 2013.

jurídicos distintos para atingir o mesmo fim, porém, com procedimentos diferentes.

Frise-se que ambos buscam como vetor o acesso, contudo, os regimes estabelecem pilares e embasamento jurídico distinto. Enquanto a massificação busca estimular a disponibilização do acesso por meio de regulamentação, condicionamentos e limitações, a universalização do regime público preocupa-se em permitir o mínimo e o básico de comunicação. Nesse último caso, a União se compromete em garantir a continuidade desse mínimo.

Fato é que "a autorização constitui um dos instrumentos mediante os quais a Administração Pública intervém sobre a atividade econômica privada" (FARIAS, 2005, p. 117). Isso se verifica de distintas formas para os variados serviços, não apenas nos casos de licitação, mas também quando se estabelecem parâmetros de qualidade do serviço, quando se exige que os planos/pacotes de serviços só sejam homologados, quando se exige o fornecimento de dados, entre outras.

É ingênuo acreditar ou defender que, no regime privado, não há interferência do Estado, mesmo porque, como já exposto, os serviços de telecomunicações são essenciais e a eles são impostos limites administrativos em razão do poder de polícia.

A proposta do legislador foi de que o Estado atuasse de maneira a proteger o consumidor/usuário ao passo que estimulasse a competição e o desenvolvimento de pequenos mercados. Nesse contexto, massificar significa promover, no regime privado, o acesso aos serviços de telecomunicações, expandindo as redes, inclusive, em áreas economicamente menos interessantes, mediante estímulos financeiros adicionais por parte do governo, gerando, consequentemente, diminuição nas desigualdades regionais, crescimento do setor e benefícios a todos os usuários. Repita-se, não há que se falar em serviços de titularidade do governo e sim no âmbito das atividades privadas regulamentadas. Medidas de massificação visam concretizar os seguintes princípios regulatórios: acelerar a redução das desigualdades regionais e possibilitar oferta de serviços de forma mais homogênea possível em todo território nacional.

A LGT ao definir obrigações ao regime público que, a partir de características próprias, tornam os serviços prestados nesse regime de natureza pública. Por outro lado, admitir a existência de princípios sociais que, em algumas circunstâncias, geram limitações ao regime privado não significa dizer que os serviços prestados nesse regime sejam automaticamente obrigados às regras de universalização do regime público (que possuem mecanismos próprios e rígidos) ou que eles passem a ser serviços públicos. Ao contrário, lembrando os ensinamentos de Gastón Jèze, não há um critério único para a definição de serviços públicos e sim um conjunto de circunstâncias que, isoladamente, não indicariam *per si* sua existência (JÈZE, 1949, p. 291-293). No caso, o objetivo de massificar seria incapaz de transformar os serviços privados em serviços públicos.

Assim, considerando os parâmetros gerais de universalização já estudados e considerando o conceito que ora se adota de massificação, massificar é universalizar.[45] Contudo, como o termo universalização em telecomunicações é bem delimitado e possui características distintas da massificação, que se verifica apenas quando da necessidade de regulamentação que estimule ou, em alguns casos, limite a atuação da iniciativa privada, conclui-se ser adequada a utilização de termos distintos.

Conclusão

O primeiro objetivo do trabalho foi verificar se as três possibilidades de outorgas de serviço de telecomunicações (concessão, permissão e autorização) deveriam ser classificadas como serviços públicos. Identificou-se que os serviços de telecomunicações, prestados sob o regime público, sejam classificados como serviços públicos. Por outra parte, a doutrina se divide acerca da categorização dos serviços prestados mediante autorização no regime privado. Após análise das características dos serviços públicos e ampla discussão sobre a titularidade da outorga da autorização, concluiu-se que os serviços prestados em regime privado não são serviços públicos, e sim atividades da iniciativa privada sujeitas ao poder de polícia. Delimitou-se, então, a principal diferença entre os regimes público e privado estabelecidas na LGT.

Na sequência, analisou-se uma possível semelhança. Para tanto, discutiu-se a ampliação do acesso aos serviços de telecomunicações e como é tratada nos diferentes regimes. No regime público, utiliza-se o termo universalização, que encontra definição e parâmetros estabelecidos na LGT, enquanto que, no regime privado, emprega-se o vocábulo massificação, embora não esteja definido em nenhuma norma, cada vez mais utilizado no setor.

Com a intenção de ampliar o acesso e impulsionar o desenvolvimento de infraestrutura de telecomunicações no País, a ANATEL tem estabelecido obrigações tanto para as concessionárias quanto para as autorizadas. Nesse sentido, acredita-se haver semelhanças entre os regimes público e privado, muito embora verifiquem-se justificativas jurídicas distintas para embasar a universalização e massificação, respectivamente.

---

[45] Lembre-se da proposta de definição e entendimento da UIT sobre serviço universal. Parece ser também esse o entendimento de Aragão (2005, 46): "(...) são justamente os serviços que foram despublicizados (telefonia celular) – e não os serviços públicos – que, na prática, estão propiciando a universalização das telecomunicações no Brasil."

A partir do entendimento de diferença e semelhança entre os regimes, acredita-se que proposta de políticas públicas e regulamentações podem ser mais bem fundamentadas.

Referências Bibliográficas

AGUILLAR, Fernando Herren. **Serviços Públicos: doutrina, jurisprudência e legislação.** São Paulo: Saraiva, 2011.

ARAGÃO, Alexandre Santos de. *Atividades privadas regulamentadas: autorização administrativa, poder de polícia e regulação.* **Revista de direito público da economia.** Belo Horizonte, v. 3, n. 10, p. 9-48, abr./jun. 2005.

_____. **Direitos dos serviços públicos.** Rio de Janeiro: Forense, 2007.

_____. **Curso de direito administrativo.** Rio de Janeiro: Forense, 2012.

ARAÚJO, Paulo Sisnando Rodrigues de. *Considerações sobre o programa nacional de banda larga.* **Revista do TCU**, Brasília, ano 44, n. 124, p. 24-35, maio/ago. 2012.

BATISTA, Joana Paula. **Remuneração dos serviços públicos.** São Paulo: Malheiros, 2005.

BIELSCHOWSKY, Ricardo (comp.). *Sesenta años de la CEPAL. textos seleccionados del decenio 1998-2008.* Bueno Aires: Siglo Veintiuno Editores, 2010.

BRASIL. Ministério da Administração Federal e da Reforma do Estado (MARE). **Plano Diretor de Reforma do Aparelho do Estado.** Brasília, 1995.

BRASIL. Ministério das Comunicações. **Exposição de Motivos nº 231/1996.**

CAETANO, Marcello. **Princípios fundamentais do direito administrativo.** Coimbra: Almedina, 1996.

CARDOSO, Fernando Henrique. **Mãos à obra, Brasil: proposta de governo.** Centro Edelstein de Pesquisas Sociais. Rio de Janeiro, 2008.

CARVALHO FILHO, José dos Santos. **Manual de direito administrativo.** 26ª ed., São Paulo: Atlas, 2013.

CASSAGNE, Juan Carlos. **La intervención administrativa.** 2ª ed., Buenos Aires: Abeledo-Perrot, 1994.

CAVALCANTI, Themistocles Brandão. **Curso de direito administrativo.** 8ª ed., Rio de Janeiro: Freitas Bastos, 1967.

COSCIONE, Milene Louise Renée. **Telecomunicações: doutrina, jurisprudência, legislação e regulação setorial.** São Paulo: Saraiva, 2011.

COSTA, Carlos J. da. **Telecomunicações: Passaporte para a modernidade.** Rio de Janeiro: Instituto Liberal, 1996.

CRETELLA Jr, José. **Administração indireta brasileira.** Rio de Janeiro: Forense, 1980.

D'ALBUQUERQUE, Daniel Martins. **As agências reguladoras e a formulação de políticas públicas: uma abordagem a partir da universalização das telecomunicações por meio do Fust.** Brasília: UniCeub, 2013.

DERANI, Cristiane. **Privatização e serviços públicos: as ações do estado na produção econômica.** São Paulo: Max Limonad, 2002.

DI PIETRO, Maria Sylvia Zanella. **Parcerias na administração pública: concessão, permissão, franquia, terceirização, parceria público-privada e outras formas.** 8ª ed., São Paulo: Atlas, 2011.

_____. Maria Sylvia Zanella. **Direito administrativo.** 25ª ed., São Paulo: Atlas, 2012.

DROMI, Roberto. **Derecho administrativo.** 5ª ed., Buenos Aires: Ciudad Argentina, 1996.

DUGUIT, Leon. **Manual de derecho constitucional.** Granada: Comares, 2005.

ESCOBAR, J. C. Mariense. **Serviços de telecomunicações: aspectos jurídicos e regulatórios.** Porto Alegre: Livraria do Advogado, 2005.

ESTORNINHO, Maria João. **A fuga para o direito privado.** Coimbra: Livraria Almedina, 1996.

FARACO, Alexandre Ditzel. **Regulação e direito concorrencial – as telecomunicações.** São Paulo: Livraria Paulista, 2003.

FARACO, Alexandre Ditzel; PEREIRA NETO, Caio Mário da Silva; COUTINHO, Diogo Rosenthal. **Universalização das telecomunicações: uma tarefa inacabada. Revista de Direito Público da Economia.** Belo Horizonte, v. 1, n. 2, p. 9-58, abr./jun. 2003.

FARIAS, Sara Jane Leite de. **Regulação jurídica dos serviços autorizados.** Rio de Janeiro: Lumen Juris, 2005.

FERRAZ, Luciano. *Função regulatória da licitação.* **A&C R. de Dir. Administrativo & Constitucional.** Belo Horizonte, ano 9, n. 37, p. 133-142, jul./set. 2009.

FIUZA, Eduardo Pedral Sampaio; NERI, Marcelo Cortes. **Texto para discussão nº 573: reflexões sobre os mecanismos de universalização do acesso disponíveis para o setor de telecomunicações no Brasil.** Rio de Janeiro: IPEA, 1998.

GROTTI, Dinorá Adelaide Musetti. *Teoria dos serviços públicos e sua transformação*. In: SUNDFELD, Carlos Ari (coord.). **Direito administrativo econômico**. São Paulo: Malheiros, 2006.

HORBACH, Carlos Bastide. *Os princípios do serviço público na França e no Brasil*. In: de et al (coord.). **Direito público em evolução: estudos em homenagem à Professora Odete Medauar**. Belo Horizonte: Fórum, 2013.

JÈZE, Gaston. **Principios generales del derecho administrativo**. Madrid: Reus, 1928.

_____. *Princípios generales del derecho administrativo*. Buenos Aires: Depalma, 1949. T. 2.

KRELL, Andreas J. *Discricionariedade administrativa, conceitos jurídicos indeterminados e controle judicial*. **Revista ESMAFE** – Escola de Magistratura Federal da 5ª Região, Recife, n. 8, p. 177-224, dez. 2004.

LAENDER, Gabriel Boavista. *O Regime jurídico das telecomunicações e os serviços de telecomunicação*. In: ARANHA, Márcio Iorio. **Direito das telecomunicações: estrutura institucional regulatória e infraestrutura das telecomunicações no Brasil**. Brasília: GETEL/UnB, 2005.

LIMA, Ruy Cirne. **Princípios de direito administrativo**. 5ª ed., São Paulo: Revista dos Tribunais, 1982.

MACHADO, Hugo de Britto. *Remuneração dos serviços públicos*. In: TÔRRES, Heleno Taveira (coord.) **Serviços públicos e direito tributário**. São Paulo: Quartier Latin, 2005.

MALJAR, Daniel Edgardo, apud ARAGÃO, Alexandre Santos de. **Direito dos serviços públicos**. Rio de Janeiro: Editora Forense, 2007.

MARQUES NETO, Floriano de Azevedo. *Regime jurídico dos bens públicos empregados na geração de energia*. **Revista de Direito Administrativo**, Rio de Janeiro, v. 232, p. 333-354, abr./jun. 2003.

_____. *As políticas de universalização, legalidade e isonomia: o caso "telefone social"*. **Revista de Direito Público da Economia**, Belo Horizonte, v. 4, n. 14, p. 75-115, abr/jun. 2006.

_____. *Entre a legalidade e o "puxadinho": a universalização da banda larga no Brasil*. **Revista de Direito de Informática e Telecomunicações - RDIT**. Belo Horizonte, v. 5, n. 9, p. 53-61 jul./dez. 2010.

MARQUES NETO, Floriano de Azevedo; COSCIONE, Milene Louise Renée. **Telecomunicações: doutrina, jurisprudência, legislação e regulação setorial**. São Paulo: Saraiva, 2011.

MEDAUAR, Odete. **Direito administrativo moderno.** 11ª ed., São Paulo: Revista dos Tribunais, 2007.

MEIRELLES, Hely Lopes. **Direito administrativo brasileiro.** 29ª ed., São Paulo: Malheiros, 2004.

MELLO, Celso Antônio Bandeira de. **Natureza e regime jurídico das autarquias.** São Paulo: Revista dos Tribunais, 1968.

MENEGALE, J. Guimarães. **Direito administrativo e ciência da administração.** 3ª ed., Rio de Janeiro: Borsoi, 1957.

MONTEIRO, Vera. **Concessão.** São Paulo: Malheiros, 2010.

MOREIRA NETO, Diogo de Figueiredo. **Curso de direito administrativo.** 12ª ed., Rio de Janeiro: Editora Forense, 2002.

_____. **Direito regulatório.** Rio de Janeiro: Renovar, 2003.

MOTTA, Paulo Roberto Ferreira. *O 'kit' regulatório das telecomunicações.* In: FIGUEIREDO, Marcelo e PONTES FILHO, Valmir (orgs). **Estudos de direito público em homenagem a Celso Antônio Bandeira de Mello.** São Paulo: Malheiros, 2006, p. 667-688.

ONU. União Internacional das Telecomunicações (UIT). *Colloquium nº 2 - universal service and innovation: fostering linked goals through regulatory policy.* Geneva, December 1-3, 1993.

_____. *Elements and principles of the information society."* 1998.

PAIVA, Fernando; POSSETI, Helton. *Oásis digital: Governo federal prepara plano nacional de digitalização de cidades, inspirado em iniciativas municipais de sucesso.* **Teletime,** São Paulo, Ano 10, nº 101, p. 26-30, jul. 2007.

PARADA, J. Rámon. *El sistema garantizador del derecho de defensa de la competencia.* In: OSÓRIO, Fabio Medina e SOUTO, Marcos Juruena Villela (coord.) **Direito Administrativo: Estudos em homenagem a Diogo de Figueiredo Moreira Neto.** Rio de Janeiro: Lumen Juris, 2006.

ROCHA, Fernando Antônio Dusi e LEÃO, Eliana Goulart. **Concessões e permissões no século XXI.** Brasília: Brasília Jurídica, 1999.

ROLLAND, Louis. *Précis de droit administratif.* 9ª ed., Paris: Dalloz, 1947.

ROMANO, Santi. *Corso di diritto ammnistrativo.* 3ª ed., Padova: CEDAM, 1937.

SARDENBERG, Ronaldo Mota. *Vinte anos da Constituição de 1988: as telecomunicações e o cidadão.* In: DANTAS, Bruno (org.). **Constituição de**

1988: o Brasil 20 anos depois - Os cidadãos na carta cidadã. Brasília: Senado Federal, Instituto Legislativo Brasileiro, v. 5, p 386-401, 2008.

SILVA, Almiro do Couto e. *Os indivíduos e o Estado na realização de tarefas públicas.* **Revista da Procuradoria-Geral do Estado** [do Rio Grande do Sul]. Porto Alegre v. 27, n. 57: p. 181-208, 2003.

SIQUEIRA, André. *Uma nova Telebrás: em meio a críticas do setor privado, o governo decide usar a estatal para ampliar o acesso à internet e a concorrência na oferta de banda larga.* **Carta Capital**, São Paulo, v. 15, nº 595, p. 22-25, maio 2010.

SIQUEIRA, Ethevaldo. **Telecomunicações Privatização ou Caos**. São Paulo: Telepress, 1993.

SOUTO, Marcos Juruena Villela Souto. **Contratos administrativos no Brasil: parte I. L & C : revista de direito e administração pública**. Brasília, v. 6, nº 63, p. 40-47, set. de 2003.

_____. **Direito administrativo regulatório**. 2ª ed., Rio de Janeiro: Lumen Juris, 2005.

SUNDFELD, Carlos Ari, Regime jurídico do setor petrolífero. In: SUNDFELD, Carlos Ari (coord.), **Direito administrativo econômico**. São Paulo: Malheiros, 2006. p. 385-396.

_____. *A regulação de preços e tarifas dos serviços de telecomunicações.* In: SUNDFELD, Carlos Ari (coord.). **Direito administrativo econômico**. São Paulo: Malheiros, 2006. p. 317-328.

XAVIER, Helena de Araújo Lopes. **O regime especial da concorrência no direito das telecomunicações**. Rio de Janeiro: Forense, 2003.

WALD, Arnoldo; MORAES, Luiza Rangel de; WALD, Alexandre de M. **O direito de parceria e a nova Lei de concessões**. 2ª ed., São Paulo: Revista dos Tribunais, 2004, p. 174-178.

Neutralidade de Rede: Finalidade, Eficácia, Efetividade e Eficiência
Net Neutrality: Goal, Efficacy, Effectiveness and Efficiency

Submetido(submitted): 15/12/2014
Parecer(revised): 13/01/2015
Aceito(accepted): 15/01/2015

Igor Drumond[*]

Resumo

Propósito – Este artigo pretende abordar o papel da neutralidade de rede, partindo da premissa de uma estrutura de rede de internet escassa.

Metodologia/abordagem/design – O artigo descreve algumas histórias de sucesso e fracasso de serviços de internet para ilustrar alguns pontos daquilo que se entende por neutralidade, como também traça um paralelo das dificuldades dos provedores de conteúdo não enfrentadas pelos provedores de rede e como as estratégias destes podem, ao mesmo tempo, violar a neutralidade, causar prejuízos aos usuários e aos provedores de conteúdo ou interferir negativamente nas estratégias destes. Também se promove a uma comparação do atual cenário regulatório no Brasil e nos Estados Unidos a respeito do tema e se utiliza da convergência e intersecção da Teoria dos Jogos, os custos de transação do Teorema de Coase, a Teoria do Interesse Público e a concepção de um sistema regulatório eficiente e equitativo para analisar os papéis dos atores em jogo.

Resultados – Sugerem-se parâmetros de finalidade, eficácia, efetividade e eficiência como ferramentas para se evitarem violações à neutralidade no que diz respeito à oferta de serviços de internet pelas operadoras aos usuários-consumidores.

Implicações práticas – O artigo auxilia na avaliação de situações cujas relações tenham potencial de violar o princípio da neutralidade de rede.

Palavras-chave: neutralidade de rede, eficácia, efetividade, eficiência, interesse público.

Abstract

Purpose – *This article aims to address the role of net neutrality on the Internet network structure's scarcity.*

Methodology/approach/design – *It analyses cases of Internet service's success and failure to illustrate a few points of what is claimed by net neutrality advocates. In addition, it draws a parallel of the difficulties faced by content providers, but not by network providers, and how strategies of the latter can simultaneously violate the net neutrality, harm the former and cause negative impact on their strategies, and harm users. Concerning this issue, this study makes a comparison of the current regulatory environment in Brazil and in the United States and uses convergence and intersection between Game Theory, transaction costs of Coase Theorem, Public Interest Theory and the design of an efficient and equitable regulatory system to analyze the purpose of the players.*

[*]Advogado e Servidor Público da Defensoria Pública do Estado do Rio de Janeiro. Bacharel em Direito pela Universidade Federal do Rio de Janeiro (UFRJ). E-mail: igordrumond@gmail.com.

DRUMOND, I. *Neutralidade de rede: finalidade, eficácia, efetividade e eficiência*. **Revista de Direito Setorial e Regulatório**, Brasília, v. 1, n. 1, p. 117-144, maio 2015.

Findings – *This article suggests parameters of goal, efficacy, effectiveness and efficiency as means to prevent violations of net neutrality in issues involving internet users.*
Practical implications – *It helps evaluate relationships that have the potential to violate the principle of net neutrality.*

Keywords: Net neutrality, efficacy, effectiveness, efficiency, public interest.

Introdução

No debate global a respeito do princípio da Neutralidade de Rede, utiliza-se o argumento da escassez da estrutura de rede de internet disponível para defender a flexibilização ou até a impossibilidade de aplicação deste princípio. Diante do atual cenário do ambiente de internet e no bojo das conquistas legais rumo às garantias da neutralidade de rede, a Teoria dos Jogos, os custos de transação do Teorema de Coase, a Teoria do Interesse Público e a concepção de um sistema regulatório eficiente e equitativo, são modelos teóricos para analisar os papéis dos atores em jogo. Com estes parâmetros é possível sugerir os conceitos de finalidade, eficácia, efetividade e eficiência como ferramentas para mitigar o argumento de escassez e fomentar a defesa do princípio da neutralidade de rede.

Inicialmente se faz necessário traçar os conceitos e as definições de alguns termos e expressões que serão usados com frequência neste artigo para fins de facilitar e simplificar o entendimento e compreensão do leitor.

A expressão neutralidade de rede será resumida simplesmente à palavra neutralidade, pois a locução "de rede" poderia ser repetida numa mesma frase em referência a locuções substantivas de coisas distintas causando certa cacofonia. Algumas características da sua conceituação serão tratadas em capítulo próprio adiante.

Os provedores de conexão, provedores de rede, ou provedores de acesso à internet são entendidos como as empresas responsáveis pelo oferecimento do serviço de acesso à internet em banda larga aos usuários e todos os meios necessários para este fim: manutenção, correção, ampliação e evolução da infraestrutura de rede. Importante observar que o provedor de acesso à internet não é, necessariamente, o proprietário e responsável pela infraestrutura de rede. Podem ser pessoas jurídicas distintas, mas, para o objetivo deste trabalho, isso não causa qualquer prejuízo à argumentação e será ignorado. Elas serão referidas simplesmente como operadoras.

Os provedores de aplicações e/ou conteúdos são qualquer empresa responsável pela disponibilização de serviços, conteúdos, aplicativos etc. aos usuários da internet. Estes serão tratados como provedores de conteúdo. É importante ressaltar que qualquer indivíduo, usuário pessoa física, é um provedor de conteúdo em potencial para oferecer e disponibilizar algum texto, vídeo, áudio, aplicativo, serviço de internet etc. de sua autoria. Contudo, esta característica será ressaltada somente quando pertinente à argumentação.

Em regra, usuário refere-se a todo e qualquer indivíduo pessoa física consumidor das operadoras e dos provedores de conteúdo. Se faz importante enfatizar que os provedores de conteúdo também são usuários e consumidores das operadoras. Entretanto, esta característica também será ressaltada quando pertinente e conveniente à linha de argumentação. De pronto já é possível perceber que no ambiente de internet as operadoras vendem seu serviço para as duas pontas, para os que buscam informação e para aqueles que a fornecem, conectando usuário a usuários, usuário a provedores de aplicações, estes entre si.

Este artigo divide-se em cinco partes. Na primeira parte, pretende-se explicar em linhas gerais a aplicação da Teoria dos Jogos como ferramenta de análise do comportamento dos indivíduos em situações de conflito ou cooperação em um determinado cenário de tomada de decisão que a teoria denomina de jogo. E como esta teoria está intimamente conectada com a Teoria do Interesse Público, Teorema de Coase e, consequentemente, com a concepção de um sistema regulatório eficiente e equitativo.

A Teoria dos Jogos é um conceito que parte da lógica biológica de adaptação evolutiva e é utilizada como ferramenta por diversos estudos para analisar as relações entre indivíduos num vasto rol de aplicações legais, quais sejam, delitos, resolução de disputas, remédios contratuais, leis criminais, leis corporativas, economia etc. (Benoît et al., 2002).

Na segunda parte, o artigo traça alguns pontos do conceito de neutralidade. Assim como outros assuntos que serão abordados, não será possível aprofundar os temas dada a limitação de espaço. Tais assuntos podem, no entanto, ser melhor abordados em estudos próprios. Aproveita-se apenas os tópicos pertinentes para a argumentação proposta neste trabalho.

Na terceira parte, o artigo apresenta alguns casos de sucesso e fracasso na internet, promovendo à análise da conexão entre a Teoria dos Jogos e o princípio da neutralidade. Demonstra-se que, na perspectiva do jogo em disputa pelos provedores de conteúdo, a neutralidade tem papel determinante na seleção natural de inovações em sentido amplo.

Na quarta parte, o artigo expõe de modo sucinto o atual estágio de regulação das operadoras no Brasil: o Marco Civil da Internet, que estabelece os princípios e garantias; e as Resoluções nº 574 e 575, de 2011, da ANATEL, normas que buscam garantir a melhoria do serviço oferecido pelas operadoras para que se aproxime daquilo que se espera ser o ideal. Ainda se analisa ali como anda o processo de regulação nos EUA e a luta das operadoras pelo direito de cobrar por serviços prioritários (*fastlanes*) em clara violação à neutralidade.

E na quinta parte, com base no que fora explicado sobre Teoria dos

Jogos, Teorema de Coase, Teoria do Interesse Público e a concepção de um sistema regulatório eficiente e equitativo, sugere a utilização dos conceitos de finalidade, eficácia, efetividade e eficiência para análise da participação dos atores envolvidos na preservação e garantia da neutralidade. Nesse sentido, quais os custos de transação que cada um pode e deve oferecer. Também se propõe a possibilidade da utilização destes conceitos em um estudo mais profundo, ou sua aplicação para além deste tema em outras situações a respeito da neutralidade não abordadas, não previstas, não conhecidas, ou ainda inexistentes ao tempo da elaboração deste trabalho.

1. Teoria dos Jogos

A Teoria dos Jogos é um mecanismo coerente para o estudo de áreas como economia, política, biologia, psicologia e sociologia, pois possibilita a investigação de conflitos de interesses presentes na tomada de decisão entre cooperar e não. Ela tem origem como uma abordagem matemática aplicada à economia para tentar descrever as interações competitivas ou cooperativas onde os jogadores tentam antecipar as ações do outro a fim de obter o melhor resultado, o mais eficiente e lucrativo (Von Neumann & Morgenstern, 1944).

Novas abordagens foram aplicadas à teoria, como o equilíbrio de Nash, em específico aos jogos não-cooperativos (Nash, 1951). Posteriormente ela foi aplicada à biologia na criação do conceito de Estratégia Evolutivamente Estável (EEE), que se refere a uma estratégia dominante adotada por um determinado grupo ou espécie e que impede o surgimento de uma estratégia "mutante" (Smith & Price, 1973) por ser mais evolutivamente eficiente (Alencar & Yamamoto, 2009).

Alguns experimentos propostos e realizados para testar a Teoria dos Jogos são modelos de situações estáticas e isoladas num ambiente de controle (laboratório); outros em trabalho de campo ou estudos históricos (Ostrom, 2000; Benoît et al. 2002; Greif, 2002). Em qualquer caso, é uma ferramenta capaz de testar hipóteses comportamentais por intermédio do arranjo de certas variáveis para identificar, prever ou analisar os resultados das estratégias adotadas e das decisões tomadas pelos atores em busca do melhor resultado desejado, para si próprio ou para o grupo.

Em estudos empíricos realizados por diversos pesquisadores, foram identificados alguns padrões de comportamento por meio da combinação de determinadas regras como: jogos dinâmicos, que mudam de regras a cada rodada; jogos de regras estáticas, rodadas sucessivas e repetitivas com as mesmas regras; informações completas, ou informações incompletas; a possibilidade, ou não, de comunicação entre os atores durante ou antes do jogo, e o modo como ocorre esta comunicação; jogos cooperativos ou não-cooperativos etc. (Nash, 1951; Ostrom, 2000; Benoît et al. 2002; Greif, 2002).

O modelo de jogo a que mais se faz referência em artigos acadêmicos é o Dilema do Prisioneiro. Originalmente envolve apenas dois participantes onde cada um, separadamente, é submetido a um interrogatório sobre um crime que praticaram juntos. Os jogadores têm uma oportunidade em que a decisão tomada refletirá cooperar entre si ou não, jogo de rodada única. Se cooperam, é porque não acusam nem confessam o crime. Se não cooperam, é porque denunciam o outro. Algumas variações podem ser aplicadas a este jogo, como: a possibilidade de interações repetidas; múltiplas rodadas. No Dilema do Prisioneiro, para o jogo de rodada única, a melhor decisão, em princípio, é trapacear; por outro lado, com repetições, as estratégias cooperativas são as que demonstram os melhores resultados (Alencar & Yamamoto, 2009).

A título de exemplo, numa versão do Dilema dos Prisioneiros, antes os jogadores são submetidos a participar do Jogo do Ditador, onde um jogador divide uma soma de dinheiro entre ambos e o outro é obrigado a aceitar esta divisão, qualquer que ela seja, para em seguida participarem do Dilema dos Prisioneiros. Jogadores mesquinhos – aqueles que ficaram com pelo menos 70 por cento das dotações no Jogo do Ditador –, tendem a prever que todos os jogares irão trapacear no jogo do Dilema dos Prisioneiros. Jogadores solidários – aqueles que deram pelo menos 30 por cento das dotações, tendem a prever que outros jogadores solidários irão cooperar e os mesquinhos irão trapacear. Antes de iniciar o jogo do Dilema dos Prisioneiros, é informado aos jogadores se seu oponente foi solidário ou mesquinho no Jogo do Ditador. Jogadores solidários optam por cooperar em 69% das vezes quando em disputa com outro jogador solidário, e 39% das vezes quando em disputa com jogadores mesquinhos (Ostrom, 2000).

Vastos estudos de campo sobre problemas de ação coletiva concluíram que o nível de cooperação varia de extremamente alto para extremamente baixo em referência às diferentes configurações dos jogos propostos (Ostrom, 2000). Este foi apenas um exemplo para ilustrar a aplicação da teoria dos jogos a experimentos controlados de múltiplos jogadores com diferentes variáveis.

O Jogo dos Bens Públicos (Ostrom, 2000) é mais um dos diversos experimentos aplicados à Teoria dos Jogos. Este jogo é um arranjo para análise de um contexto de múltiplos jogadores para avaliar a contribuição dos indivíduos para o bem comum. Nos experimentos do Jogo dos Bens Públicos realizados por diversos pesquisadores, chama a atenção uma das sete tendências de comportamento que se repetem com frequência: quanto maior o número de rodadas, mais os indivíduos aprendem a cooperar (Ostrom, 2000).

Em seu trabalho, *Collective Action and the Evolution of Social Norms*, Elinor Ostrom utiliza a Teoria dos Jogos para, a partir do equilíbrio que se atinge com ações individuais, descobrir quais variáveis aplicadas aos cenários estudados mais incentivam o grupo na ação coletiva pelo bem comum. Ele realiza, então, um estudo para traçar as características dos múltiplos tipos de jogadores, para daí estudar a evolução do grupo como unidade; como jogador atuando entre outros grupos (Ostrom, 2000). Com isso, ele tenta identificar os fatores endógenos e exógenos que influenciam as estratégias dos jogadores, sejam eles indivíduos ou grupos.

Ostrom, a partir daí, conclui que recentes desenvolvimentos em teoria evolutiva, incluindo a evolução cultural, fornecem bases genéticas e adaptativas que favorecem a cooperação pelo desenvolvimento e crescimento das normas sociais, como também sugere que novos desenvolvimentos nessa linha são essenciais para o surgimento de políticas públicas que fomentem comportamentos socialmente benéficos e cooperativos baseados, em parte, em normas sociais (Ostrom, 2000).

O campo de estudo para aplicação da Teoria dos Jogos e a lógica de estratégias adaptativo-evolutivas é tão vasto que vai da disputa evolutiva entre genes egoístas (Dawkins, 1979), passando pelo estudo comportamental de indivíduos humanos ou animais (Nash, 1951; Smith e Price, 1973; Ostrom, 2000), até firmas e países (Coase, 1960; Benoît et al. 2002; Greif, 2002), como unidades de atores em jogo.

O Teorema de Coase, por exemplo, se assemelha à Teoria dos Jogos na medida que os atores em jogo traçam estratégias de barganha diante de determinada situação. Em seus exemplos, Coase propõe cenários onde um indivíduo *A*, exercendo uma atividade ou ação a que tem direito acaba, inevitavelmente, causando prejuízo ao indivíduo *B*. Ele demonstra uma relação de reciprocidade onde evitar o dano a *B* implica causar um prejuízo a *A*. Os custos existem para ambas as partes. Elas devem, então, levar o dano em consideração para avaliar os custos e decidir como agir. A melhor decisão será aquela que implicar o menor custo a ambas. Uma das possibilidades é pagar ao causador do dano para que não exerça sua atividade/ação.

O custo de transação é o custo envolvido nas transações entre os indivíduos para se chegar a um acordo e minimizar, ou cessar, a externalidade negativa. É, por exemplo, por meio da análise de custos de transação – o prejuízo que uma comunidade é obrigada a suportar para o desenvolvimento de certa atividade econômica – que é possível avaliar a intervenção do Estado na fixação de direitos. O autor chama, então, de custo social a alocação social apropriada para lidar com os efeitos prejudiciais das externalidades (Coase, 1960).

Ronald Coase nunca definiu um teorema, daí não existir uma conceituação precisa do que se entende por Teorema de Coase. Este decorre de uma dedução de seus argumentos sobre custos de externalidades para fazer um estudo da relação entre direito e economia. É uma teoria utilizada como ponto de partida para analisar o reflexo das leis e direitos nos resultados de negociações de mercado (Coase, 1960; Benoît et al. 2002).

Uma Teoria dos Jogos cooperativa, com informação completa e sem custos de transação pode ser a configuração ideal para dar suporte ao Teorema de Coase (Benoît et al. 2002). Todavia, mesmo neste cenário totalmente favorável o teorema é problemático. A escolha de direitos pelo legislador pode estar preocupada apenas com eficiência do mercado, deixando de lado objetivos que vão além da eficiência do mercado, mas que digam respeito à eficiência da regulação e equidade (Benoît et al. 2002) para proteger direitos sociais básicos.

A neutralidade é o desenho de um cenário ideal para aplicação da Teoria dos Jogos na perspectiva de preservação de um ambiente inovador, pois tem como finalidade o objetivo de preservar a promoção de uma justa competição evolucionária (Wu, 2003) no ambiente privado da internet.

2. Neutralidade de Rede

O conceito de neutralidade de rede foi concebido inicialmente por Tim Wu, professor de Direito da Universidade de Columbia, no EUA. Essencialmente, significa uma internet que não favoreça uma determinada aplicação em relação a outras, como, por exemplo, favorecer a transferência de pacotes de dados de aplicações de vídeo em detrimento dos pacotes de dados de e-mail (Wu, 2005).

Dessa premissa derivam algumas características que tentam sistematizar este princípio. Trata-se da garantia da não-discriminação do tráfego na rede para a preservação de um ambiente inovador e democratizante da internet. Discriminação deve ser entendida aqui como a ocorrência do gerenciamento de tráfego para tratamento diferenciado dos pacotes de dados, em razão de seu conteúdo ou de seu usuário.

A finalidade da neutralidade é a de garantir e preservar a internet como um ambiente inovador e democratizante e todos os benefícios derivados desta premissa. Muito se discute sobre os meios aplicados para se alcançar este objetivo (*e. g.* Núcleo de Direito, Internet e Sociedade da Faculdade de Direito da USP[1]; Cultura Digital e Democracia da UnB[2]).

A teoria econômica básica sugere que operadoras têm interesses de longo prazo coincidentes com o público: ambos querem uma plataforma neutra que favoreça o surgimento das melhores aplicações. Todavia, evidências sugerem que operadoras prestam menor atenção do que seria ideal nos interesses de longo prazo. Um estudo sobre as práticas conduzidas pelas operadoras sugere a tendência de darem prioridade a resultados de curto prazo (Wu, 2005).

---

[1]https://ndisusp.wordpress.com/, último acesso em 15/01/2015
[2]https://thecdd.wordpress.com/, último acesso em 15/01/2015.

DRUMOND, I. *Neutralidade de rede: finalidade, eficácia, efetividade e eficiência.* **Revista de Direito Setorial e Regulatório**, Brasília, v. 1, n. 1, p. 117-144, maio 2015.

A inovação tecnológica proporcionada pela internet é o que está permitindo uma convergência de tecnologias multimídia sem precedentes, tornando obsoletos serviços há muito tempo estabelecidos. O telefone tem sido substituído por VoIP (voz sobre IP)[3] ou vídeo chamadas (Skype, Facetime, Google Hangout etc.); mídias como CD, DVD ou *Blu-Ray,* pela disponibilização do conteúdo diretamente na internet como o iTunes da Apple, por exemplo; a televisão e o rádio perdem espaço para os serviços de *"streaming"*[4] sob demanda (Netflix, Youtube, Spotify, Superplayer etc.); mídias físicas de armazenamento como disco rígido, CD, DVD ou *pen drive,* pelo *"cloud storage",* armazenamento em nuvem ou discos virtuais[5] (Dropbox, Google Drive, iCloud, Copy, SugarSync etc.); jornais e revistas físicos por jornais eletrônicos, blogs ou redes sociais.

Os defensores de uma neutralidade absoluta defendem o resgate da infraestrutura da internet como ela fora inicialmente estruturada, sobre uma "rede estúpida". A rede não precisa ser inteligente e discriminar os pacotes de dados para obter uma otimização do gerenciamento de tráfego. Em uma "rede estúpida", o controle passa do centro para as pontas, das operadoras (rede) para os usuários, pois estes possuem um grande poder de processamento nas pontas dos dedos, seus computadores, *tablets*, *smartphones* etc. Ou seja, que todos os usuários tenham acesso equitativo de fontes de informação sob as mesmas condições de velocidade pela transmissão de dados ponto-a-ponto (*end-to-end*), permitindo que as aplicações e controles da internet estejam em suas mãos. Para tanto, basta que a rede seja baseada em uma estrutura abundante, sem gargalos (Isenberg, 1998).

Sob esta perspectiva, resta claro que um cenário de infraestrutura sem escassez permite que os usuários – aqui englobando os provedores de conteúdo –, possuindo controle das interações ponto-a-ponto, apliquem uma enorme quantidade de esforços dedicados à energia inovadora.

Contrárias à neutralidade, as operadoras objetivam a cobrança diferenciada, alegando que a infraestrutura da internet é um recurso escasso. Afirmam que a demanda será sempre superior à infraestrutura estabelecida, pois a quantidade e qualidade de conteúdo disponível é sempre superior à capacidade da rede. Assim, a amplitude de largura de banda disponibilizada para os usuários amplia as possibilidades de mais criação na rede, o que permite a exigência por maior qualidade pelos consumidores, portanto, mais amplitude de largura de banda disponibilizada, e assim por diante.

Por isso, as operadoras almejam cobrar dos provedores de conteúdo pelo acesso e carregamento mais acelerado de suas aplicações; e também dos

---

[3]http://pt.wikipedia.org/wiki/Voz_sobre_IP, último acesso em 13/12/2014.
[4]http://pt.wikipedia.org/wiki/Streaming, último acesso em 13/12/2014.
[5]http://pt.wikipedia.org/wiki/Disco_virtual, último acesso em 13/12/2014.

usuários o pagamento para o acesso rápido e prioritário a serviços específicos ou determinadas categorias de serviços. Assim, a melhor forma de administrar esta escassez de recurso seria a precificação diferenciada para serviços prioritários por meio da discriminação por conteúdo, por usuário ou por categoria de serviço.

Inicialmente a internet surgiu como uma "rede estúpida". Defensores da neutralidade advogam que, por isso, ela funcionava melhor, pois todos os pacotes de dados eram roteados com a mesma prioridade ponto-a-ponto. Todavia, engenheiros de rede têm trabalhado por anos para aperfeiçoar a internet preocupados com a insuficiência da abordagem ponto-a-ponto para atender à alta qualidade e/ou ao grande volume de transações, principalmente as vídeo chamadas ou transmissões de vídeo (Marsden, 2010).

A Inspeção Profunda de Pacotes, *Deep Packet Inspection* (DPI)[6], foi uma tecnologia inicialmente desenvolvida por motivos de segurança. Um equipamento com alto poder de processamento que permite a inspeção em tempo real, instantânea, do conteúdo dos pacotes de dados para bloquear vírus, *worms*[7] e ataques de negação de serviço[8].

Atualmente o *DPI*, além do uso por motivos de segurança da rede e dos usuários finais, permite às operadoras uma otimização da distribuição de largura de banda para garantir uma distribuição equitativa entre todos os usuários da internet e assim prevenir congestionamento da rede. Assim, maior prioridade de conexão pode ser direcionada aos serviços sensíveis, ou seja, para aqueles que requerem maior velocidade como VoIP e *streaming* de áudio e vídeo.

Por outro lado, esse mecanismo de discriminação de pacotes de dados pode ser um instrumento de abuso das operadoras contra os usuários, e isso pode ser objeto de estudo mais profundo em trabalho próprio. Para fins deste artigo, basta analisar esse argumento de segurança e eficiência sob outra perspectiva. Os dados podem ter sua privacidade checada, neste caso violada, para distorcer a competitividade, dificultando, não-priorizando ou bloqueando o acesso a conteúdo disponibilizado por usuários de determinada aplicação, ou fornecido por determinado provedor de conteúdo que não seja parceiro da operadora.

A liberdade do usuário, também como provedor de conteúdo, não pode ser determinada por limitações técnicas da internet impostas pelas operadoras. Isso pode ocorrer – alguns alegam que já ocorre[9] – pelo uso das tecnologias disponíveis *DPI* nas operadoras para a identificação dos conteúdos dos pacotes

---

[6] http://en.wikipedia.org/wiki/Deep_packet_inspection, último acesso em 13/12/2014.
[7] http://pt.wikipedia.org/wiki/Worm, último acesso em 13/12/2014.
[8] http://pt.wikipedia.org/wiki/Ataque_de_negação_de_serviço,   último   acesso   em 13/12/2014.
[9] The FCC Open Meeting: Far less of a monumental happening than you thought. http://www.techpolicydaily.com/communications/fcc-open-meeting-2/, último acesso em 13/12/2014.

de dados em trânsito em suas redes no gerenciamento do tráfego.

A neutralidade fomenta o debate sobre direitos autorais, ou a possibilidade do debate sobre direitos e deveres futuros ainda não vislumbrados pela inexistência de relações que ainda não se estabeleceram por inovações ainda não realizadas ou não previstas.

3. Casos de sucesso e fracasso

Aqui serão apresentados alguns casos de inovações, desenvolvidas por usuários ou grupo de usuários – e não por corporações –, possibilitadas pela internet, que se tornaram marcos no mundo da internet. Tais casos demonstram a influência que estas aplicações inovadoras provocaram na evolução dos equilíbrios estratégicos de outros nichos de mercado, como telefonia, televisão, áudio e vídeo.

3.1 Google e Facebook

Google e, posteriormente, Facebook são empreendimentos revolucionários em seus nichos e que não foram desenvolvidos inicialmente por corporações já estabelecidas. Eles são os principais exemplos de empresas que surgiram da livre iniciativa de usuários e que se tornaram grandes corporações. Elas se apresentam na lista das vinte marcas mais valiosas do mundo[10], terceira e décima oitava respectivamente. Atualmente a atividade de ambas transcende um nicho específico, por isso estão sendo abordadas em tópico específico.

O Google[11], criado por dois estudantes da Universidade de Stanford nos Estados Unidos, em 1998, revolucionou a internet como um motor de buscas. Com a missão de "organizar a informação mundial e torná-la universalmente acessível e útil", ele aproveita o seu largo poder de indexação e referenciação de informações para oferecer o seu principal produto, o Google AdWords[12]. Oferece um serviço de publicidade de alta *eficiência*, aproveitando a referência cruzada com o seu mecanismo de busca.

O crescimento exponencial do Google, como provedor de conteúdo, possibilitou a empresa a se aventurar com sucesso em diversos empreendimentos fora da internet, relacionados direta, indiretamente, ou não relacionados de maneira alguma com a internet. Atualmente, a empresa tem o poder econômico de adotar e impulsionar inovações de sucesso decorrentes de livres iniciativas. Alguns destes casos serão demonstrados adiante.

O Facebook surgiu em 2004 em meio a um nicho de mercado já dominado por outros atores e altamente competitivo. Nos Estados Unidos[13], a

---

[10]Forbes. *World's Most Valuable Brands*. Disponível em: http://www.forbes.com/powerful-brands/list/, último acesso em 13/12/2014.
[11]https://www.google.com.br/about/company/history/, último acesso em 13/12/2014.
[12]http://pt.wikipedia.org/wiki/AdWords, último acesso em 13/12/2014.
[13]*Top 10 Social Networking Sites by Market Share of Visits* [June 2013]. Disponível em: http://www.dreamgrow.com/top-10-social-networking-sites-by-market-share-of-visits-june-2013/, último acesso em 13/12/2014.

principal rede social em 2008 era o MySpace, com 44,33% do mercado, contra apenas 13,50% do Facebook. Atualmente, o Facebook domina mais de 58% do mercado entre as redes sociais. No Brasil, a rede social Orkut[14], filiada ao Google, dominava o mercado, mas em 2012 foi superada pelo Facebook. O Google encerrou oficialmente as atividades do Orkut em setembro de 2014. Assim como o Google, o Facebook tem poder econômico tal que lhe permite adquirir iniciativas inovadoras, que poderiam ou não ameaçar sua atividade, para ampliar seu leque de serviços.

3.2 Mensagens instantâneas (*Instant Messenger* - IM)

O ICQ[15] foi o aplicativo pioneiro no oferecimento do serviço de mensagens instantâneas pela internet com o uso de computadores pessoais. Fora criado em 1996 para, em 2001, afirmar-se como o mais popular do mundo, com mais de 100 milhões de usuários registrados. De fato, uma marca impressionante, levando em consideração que, em 2001, o mundo tinha pouco menos de 500 milhões[16] de usuários de internet.

Foi inovador por oferecer recursos como troca de arquivos, a criação de salas de bate-papo com diversas pessoas, arquivamento do histórico das conversas, oferta de troca de mensagens *offline*, possibilidade de criação de um perfil com as informações do usuário etc.

Esta criação de quatro jovens israelenses[17] foi superada mais tarde por outros dois serviços de mensagens instantâneas de grandes corporações: pelo MSN da Microsoft, que se tornou muito popular no Brasil; e pelo AIM (*Aol Instant Messenger*) da gigante provedora de internet norte americana *America OnLine*[18].

Durante esse período de queda do ICQ e crescimento do MSN, surgiu o Skype[19] criado por um dinamarquês, um sueco e três estonianos. Um serviço que, embora não tenha se tornado popular como IM, acabou revolucionando a comunicação na internet, pois além de mensagens de texto, também permitia a comunicação instantânea por voz e vídeo.

Atualmente, o MSN, após ter virado *Windows Live Messenger*, foi descontinuado e substituído pelo Skype como aplicativo de mensagens instantâneas da Microsoft após sua aquisição em 2011.

---

[14]http://pt.wikipedia.org/wiki/Orkut, último acesso em 13/12/2014.
[15]*Do ICQ ao Facebook: uma breve história dos mensageiros instantâneos*. Disponível em: http://olhardigital.uol.com.br/noticia/historia-dos-mensageiros-instantaneos/30392, último acesso em 13/12/2014.
[16]*Number of worldwide internet users from 2000 to 2014 (in millions)*. Disponível em: http://www.statista.com/statistics/273018/number-of-internet-users-worldwide/, último acesso em 13/12/2014.
[17]http://pt.wikipedia.org/wiki/ICQ, último acesso em 13/12/2014.
[18]http://pt.wikipedia.org/wiki/AOL, último acesso em 13/12/2014.
[19]http://en.wikipedia.org/wiki/Skype, último acesso em 13/12/2014.

Em 2005, o Google entrou neste mercado com o GoogleTalk[20] (GTalk). Tratava-se de uma plataforma simples de mensagem instantânea que permitia a comunicação em voz ou texto apenas, tendo sido substituída em 2013 pelo Google Hangouts, um serviço de comunicação instantânea similar ao Skype e integrado à sua rede social Google Plus (Google+).

Com a popularização dos *smartphones* como meio de acesso à internet, a utilização dos IM dos computadores pessoais migrou para o pequeno aparelho de celular. Isso causou uma revolução na dinâmica de utilização de mensageiros instantâneos. O SMS[21] (serviço de mensagem curta) e MMS[22] (serviço de mensagem multimídia), oferecidos e cobrados pelas operadoras de telefonia celular rapidamente perderam espaço nessa disputa, principalmente com o surgimento do aplicativo WhatsApp[23]. Com isso, as operadoras de telefonia celular se sentiram pressionadas a incluir nos seus pacotes de serviço a disponibilidade de uma franquia ilimitada de SMS e MMS para seus consumidores.

O WhatsApp foi criado em 2009 por dois ex-funcionários do portal Yahoo!. O aplicativo surgiu como uma alternativa melhorada e gratuita, pois usa a rede de internet e não a rede de telefonia celular, se comparado aos serviços de SMS e MMS. Com ele é possível: sincronizar a agenda de contatos com aquela do telefone; mandar mensagens instantâneas de texto; compartilhar áudio, vídeo, fotos, localização geográfica, contatos pessoais; criar grupos de conversa etc. Recentemente, o WhatsApp foi adquirido pelo Facebook numa transação bilionária.

No jogo dos aplicativos de mensagem instantânea, tanto no computador pessoal, como nos *smartphones*, ICQ e WhatsApp foram protagonistas de marcos na comunicação instantânea. Ambos tiveram origem na livre iniciativa de usuários, ou pequenos grupos de usuários, e não como projetos de grandes corporações.

3.3 VoIP e vídeo chamadas

Como demonstrado anteriormente, o Skype inovou ao possibilitar o uso da internet para fazer chamadas de comunicação direta de voz (VoIP) e voz e imagem (vídeo chamadas). Bastava o usuário ter um computador com conexão de internet estável para conseguir se comunicar com outro usuário em qualquer parte do mundo sem custo adicional. Não era mais preciso ter gastos com custos de ligações por discagem direta à distância (DDD) ou discagem direta

---

[20]http://pt.wikipedia.org/wiki/Google_Talk, último acesso em 13/12/2014.
[21]http://pt.wikipedia.org/wiki/Serviço_de_mensagens_curtas,   último   acesso   em 13/12/2014.
[22]http://pt.wikipedia.org/wiki/Serviço_de_mensagens_multimídia, último   acesso   em 13/12/2014.
[23]http://pt.wikipedia.org/wiki/WhatsApp, último acesso em 13/12/2014.

internacional (DDI).

Atualmente, além do Skype, a Apple tem um serviço próprio de vídeo chamada: o Facetime[24]. Ele pode ser utilizado entre qualquer dispositivo da companhia, computador pessoal, *tablet* ou celular, que tenha o aplicativo disponível e acesso à internet. O Google, por sua vez, oferece o Google Hangouts com os mesmos atributos, mas com a mesma vantagem do Skype, de poder ser utilizado em qualquer plataforma de sistema operacional e dispositivo com especificações técnicas mínimas necessárias e acesso à internet.

3.4 *Streaming* de Áudio e Vídeo

Diversos aplicativos de internet afetaram significativamente o mercado audiovisual, trazendo à tona não apenas um profundo debate sobre direitos autorais, mas também a mudança na dinâmica da oferta dos produtos. Este embate teve início em 1999 com o surgimento do Napster[25], uma plataforma de compartilhamento de músicas entre seus usuários por meio de conexões ponto-a-ponto.

O YouTube[26], assim como ICQ, Skype, Facebook e Google, foi uma aplicação que não se originou de uma grande corporação. Este serviço revolucionou a dinâmica de interagir com vídeos e potencializou o princípio de inovação e horizontalidade da internet. É uma plataforma que expandiu o poder do usuário-consumidor, transformando-o em produtor de conteúdo. A iniciativa foi tão impactante que, em 2006, pouco mais de um ano e meio após sua criação, foi comprado pelo Google por 1,65 bilhão de dólares.

Por causa da internet, mídias físicas foram substituídas por serviços de acesso a áudio e vídeo, por meio de serviços e aplicações com características distintas. Tais serviços diferem ao propor, desde a aquisição individual do arquivo multimídia, até o pagamento de uma assinatura que fornece ao usuário o direito a acessar o conteúdo quando e o quanto quiser, mas sem a posse do arquivo.

O iTunes[27], da Apple, é o principal exemplo de loja online de arquivos multimídia. Ele se destaca por oferecer ao usuário uma plataforma para a aquisição de: músicas isoladas ou álbum; programas, episódios ou temporadas de séries de TV; e filmes. Cada um destes produtos é vendido individualmente e o usuário faz o download do arquivo multimídia ou tem direito a acessá-lo de qualquer máquina pela nuvem através de sua conta naquele serviço.

O Spotify[28], lançado em 2008 na Europa, se destaca por oferecer um

---

[24]http://pt.wikipedia.org/wiki/FaceTime, último acesso em 13/12/2014.
[25]http://pt.wikipedia.org/wiki/Napster, último acesso em 13/12/2014.
[26]http://pt.wikipedia.org/wiki/YouTube, último acesso em 13/12/2014.
[27]http://pt.wikipedia.org/wiki/ITunes, último acesso em 13/12/2014.
[28]http://pt.wikipedia.org/wiki/Spotify, último acesso em 13/12/2014.

streaming de áudio com o qual o usuário pode ouvir o quanto quiser a todo o catálogo de músicas disponíveis na aplicação através dois tipos de conta: uma assinatura gratuita, onde o usuário, de tempos em tempos, tem que ouvir a anúncios de publicidade; ou uma assinatura mensal paga, onde o usuário, além de não precisar ouvir as publicidades, pode acessar sua conta de qualquer país, mesmo daqueles onde o serviço ainda não foi lançado, como também tem a possibilidade de salvar músicas, álbuns ou listas de músicas para ouvir quando não tiver conexão à internet.

O Netflix[29] é um serviço de *streaming* de vídeo que se assemelha ao Spotify, mas nesta aplicação não existe uma assinatura gratuita. Nela o usuário paga uma assinatura mensal fixa e pode assistir a qualquer série, filme ou documentário disponível no catálogo da aplicação o quanto quiser através de qualquer computador com acesso à internet, ou com televisores que apresentem acesso à internet e tenham o aplicativo disponível.

3.5 Netflix v. Comcast

A Netflix surgiu inicialmente em 1997 como uma locadora de vídeos que atendia pela internet. Seu modelo de negócios consistia em uma cobrança de valor fixo por filme locado acrescido de um valor pelas despesas postais de envio e retorno e não cobrava nenhuma multa ou taxa pelo atraso na devolução do filme.

Em 1999, ela alterou sua estratégia e adotou um sistema que o usuário pagava uma assinatura fixa, selecionava os vídeos de sua preferência pelo *website* da empresa, que os enviava via correios com a despesas postais do envio de retorno já pagas[30]. À época, o usuário poderia ter até oito DVDs, ou *Blu-Rays*, em casa durante o tempo que quisesse, e para solicitar novos vídeos bastava devolver parte, ou todos os filmes que estavam em sua posse.

O crescimento da Netflix tem sido exponencial após adotar o modelo atual, de *streaming* de vídeo pela internet. A demanda pelo serviço cresceu de tal modo que a infraestrutura de rede passou a sofrer uma exigência de tráfego superior à sua capacidade, segundo alegações das operadoras norte americanas como, por exemplo, Comcast, Verizon e AT&T.

A polêmica sobre quem é o verdadeiro culpado pelo estrangulamento no oferecimento do serviço de *streaming* de vídeo da Netflix é atual. Esta afirmava que as operadoras estavam deliberadamente restringindo o tráfego disponibilizado para o seu serviço, ou seja, uma clara violação ao princípio da neutralidade; enquanto as operadoras afirmavam que a Netflix era a culpada por

---

[29]http://pt.wikipedia.org/wiki/Netflix, último acesso em 13/12/2014.
[30]http://mundodasmarcas.blogspot.com.br/2007/05/netflix-best-way-to-rent-movies.html, último acesso em 13/12/2014.

estar sobrecarregando[31] certas vias de tráfego[32] com seus dados, quando poderia estar diversificando sua Rede de Fornecimento de Conteúdo (*Content Delivery Network – CDN*)[33] em linhas de transmissão alternativas daquela mesma operadora.

Essa disputa resultou em acordos realizados entre a Netflix e operadoras como Comcast[34], Verizon[35] e AT&T[36] para garantir a qualidade na entrega do seu serviço aos seus usuários. Essa situação levantou questionamentos de Tim Wu, que afirmou que isso poderia ser prejudicial aos usuários pois tais custos certamente lhes seriam repassados. Ele também defendeu que se esses tipos de acordo entre provedores de conteúdo e operadoras se tornassem comuns, só os provedores de conteúdo mais ricos seriam capazes de pagar por eles, o que poderia sufocar a gestação de uma nova Netflix no mercado. Isso demonstra que essa disputa e acordo entre grandes provedores de conteúdo e operadoras pode ser objeto de um trabalho próprio no campo científico. Ela envolve um profundo debate sobre os reflexos que tal relação pode causar aos usuários e à governança da internet, seja em relação aos efeitos que tais acordos podem ter sobre o princípio de neutralidade de rede, como também em relação a possíveis violações ao direito de concorrência.

3.6 Operadoras

Em maio de 2014, Brian L. Roberts, CEO da Comcast, foi entrevistado pelo canal de televisão CNBC[37] sobre a possibilidade de aquisição da empresa de TV à cabo e internet banda larga TimeWarner Cable, pela Comcast. Nessa entrevista, lhe foi indagado que se uma única empresa concentrar tanto acesso de internet banda larga, isso poderia ser prejudicial à competição de mercado, aos consumidores e ao surgimento de novas empresas. Em sua resposta, afirmou

---

[31]*The war of words continues: Verizon says Netflix is the one causing internet congestion.* Disponível em: http://www.theverge.com/2014/7/10/5888239/verizon-netflix-congestion, último acesso em 13/12/2014.

[32]*Comcast vs. Netflix: Is this really about Net neutrality?* Disponível em: http://www.cnet.com/news/comcast-vs-netflix-is-this-really-about-net-neutrality/, último acesso em 13/12/2012.

[33]http://pt.wikipedia.org/wiki/Content_Delivery_Network, último acesso em 13/12/2014.

[34]Comcast and Netflix Reach Deal on Service. Disponível em: http://www.nytimes.com/2014/02/24/business/media/comcast-and-netflix-reach-a-streaming-agreement.html?_r=0, último acesso em 13/12/2014.

[35]Netflix Pays Verizon in Streaming Deal, Following Comcast Pact. Disponível em: http://time.com/80192/netflix-verizon-paid-peering-agreement/, último acesso em 13/12/2014.

[36]Netflix is now also paying AT&T to improve streaming quality. Disponível em: http://www.theverge.com/2014/7/29/5949615/netflix-now-paying-att-to-improve-streaming-quality/in/5547769, último acesso em 13/12/2014.

[37]Comcast CEO defends Time Warner Cable takeover. Disponível em: http://www.cnbc.com/id/101710269, último acesso em 13/12/2014.

que:

> "Primeiro de tudo, em ambos, TV à cabo ou banda larga, nós (Comcast) não competimos com a Time Warner. Temos que partir deste ponto fundamental. Eles estão em Nova Iorque. Nós na Filadélfia. Eles em Los Angeles, nós em São Francisco. Você não pode comprar a Comcast em Nova Iorque, não pode comprar a Time Warner na Filadélfia. Então não tem redução na competição. Em banda larga ou TV à cabo."[38]

Como a infraestrutura de rede é um meio, a poderosa empresa Google está investindo para não depender mais desse intermediário – as operadoras. Ela está em fase inicial de implementação do Google Fiber[39] já em funcionamento na cidade de Kansas, no Texas, nos Estados Unidos. O serviço é uma oferta de conexão em banda larga à internet, em uma velocidade de 1 Gb/s (1 gigabit por segundo), praticamente 100 vezes a média da velocidade norte americana, integrada a uma diversidade de serviços e aplicações de internet oferecidos pelo provedor de conteúdo, convergindo serviços[40] como: armazenamento de 1 terabyte no Google Drive (serviço de *cloud storage*); canais de TV por assinatura (TV Box) com espaço de 2 terabytes para gravar programas e assistir quando o usuário quiser (Storage Box); roteador de rede doméstica com *wi-fi* (Network Box); e ainda um *Tablet* Google Nexus 7 para controlar todas estas aplicações.

Mais impressionante ainda é o serviço de internet oferecido na cidade de Chattanooga, no Tennessee, também nos Estados Unidos, pela empresa pública municipal de eletricidade, a *EPB*[41]. A cidade possui uma rede 100% de fibra ótica desde 2010[42], que fornece a mesma velocidade prometida pelo Google Fiber. Ou seja, a cidade de Chattanooga está quase 5 anos mais adiantada que o Google oferecendo um serviço de internet de altíssima velocidade. Essa empreitada chegou a sofrer processos judiciais interpostos pelas grandes operadoras, como a Comcast, para impedir sua concretização, mas as tentativas claramente fracassaram[43].

---

[38]Tradução livre do trecho: *"First of all, both in video and in broadband we don't compete with Time Warner. We have to start with that very fundamental point. They're in NY. We're in Philadelphia. They're in L.A., we're in San Francisco. You can't buy a Comcast in New York, can't buy a Time Warner in Philadelphia. So there's no reduction in competition. In broadband or in television."* http://www.cnbc.com/id/101710851, último acesso em 13/12/2014.
[39]https://fiber.google.com/about/, último acesso em 13/12/2014.
[40]*Google Fiber: a internet de 1 Gbps da Google já é uma realidade.* Disponível em: http://www.tecmundo.com.br/google/27357-google-fiber-a-internet-de-1-gbps-da-google-ja-e-uma-realidade.htm, último acesso em 13/12/2014.
[41]https://www.epb.net/, último acesso em 13/12/2014.
[42]https://www.epb.net/about/our-company-and-history/, último acesso em 13/12/2014.
[43]*Chattanooga's Gig: how one city's super-fast internet is driving a tech boom.* Disponível em: http://www.theguardian.com/world/2014/aug/30/chattanooga-gig-high-speed-internet-tech-boom, último acesso em 13/12/2014.

Outro ponto importante: a *EPB* oferece o serviço simétrico[44] de banda larga em altíssima velocidade (1Gbps/1Gbps), diferente da prática das operadoras, que oferecem um serviço assimétrico[45], no qual a velocidade de recebimento (*download*) é sempre muito superior à de envio (*upload*).

No Brasil a situação das operadoras não tem um cenário muito diferente do dos Estados Unidos. Não há uma competição real entre as operadoras de internet uma vez que o mercado se apresenta fortemente concentrado: a Oi tem 62% das ofertas de conexão na Região 1 (Rio de Janeiro ao Amazonas); a BrT (também Oi) possui 50,4% na região 2 (Centro-Oeste e Sul) e em São Paulo, a Telefônica/Vivo é responsável por 56% das conexões[46]. Portanto, neste cenário, elas têm o desafio de lidar apenas com suas estratégias organizacionais internas para maximizar a *eficiência* e garantir maior lucro, partindo da premissa de que não se utilizarão de estratégias predatórias de maximização dos lucros em prejuízo dos usuários.

Tendo como base os casos expostos sobre os cenários de competição aos quais os provedores de conteúdo e operadoras são obrigados a se adaptar, pode-se sugerir que, provedores de conteúdo, operadoras e usuários atuam dentro dos seguintes cenários da Teoria dos Jogos: 1) que o jogo do qual participam os provedores de aplicações se aproxima muito da mais pura e justa competição evolucionária, sendo um jogo: com regras instáveis e constantemente mutáveis, cuja dinâmica de adaptação das tomadas de decisão é bem severa; de informações incompletas ou insuficientes; e é, em regra, não cooperativo dentro do mesmo nicho de aplicações (concorrência, disputa), e cooperativo em relação a nichos complementares (dependência, colaboração); 2) o jogo disputado pelas operadoras, por outro lado, é: estático, as regras mudam lentamente e com períodos pré-estabelecidos para adaptação; possuem amplo acesso à informação, afinal são os proprietários da infraestrutura-meio; e pode ser colaborativo ou não colaborativo – embora talvez esta característica não seja relevante para comprometer ou prejudicar suas estratégias; e 3) os usuários, em regra, não são sujeitos a nenhum jogo, salvo os usuários que são provedores de conteúdo em potencial, pois estes estão sujeitos às mesmas situações impostas no cenário 1 sugerido acima.

---

[44]*"Equal download and upload speeds"*. Disponível em: https://epbfi.com/internet/, último acesso em 13/12/2014.

[45]A título de exemplo, colaciona-se aqui a página de oferta de Internet Banda Larga Virtua da operadora Net, que demonstra a assimetria entre *download* e *upload*. Disponível em: http://www.netcombo.com.br/internet-2, último acesso em 13/12/2014.

[46]Covergência Digital. *Deutsche Telekom acaba com neutralidade de rede na Alemanha*. Notícia　　disponível　　em: http://convergenciadigital.uol.com.br/cgi/cgilua.exe/sys/start.htm?infoid=33611&sid=4#. Up1st3CsiX0, último acesso em 03/12/2014.

DRUMOND, I. *Neutralidade de rede: finalidade, eficácia, efetividade e eficiência*. **Revista de Direito Setorial e Regulatório**, Brasília, v. 1, n. 1, p. 117-144, maio 2015.

4. Regulamentação nos EUA e no Brasil

Em 2010, a FCC expediu o *Open Internet Act*[47], para garantir uma internet aberta, mas uma decisão da Corte de Apelação do Circuito do Distrito de Columbia[48], em janeiro de 2014, a derrubou ao declarar que a FCC não possuía competência para obrigar os provedores de conexão a obedecer tal norma. A classificação que a FCC havia dado ao serviço prestado pelas operadoras não as submetiam ao regime do Título II da Lei de Comunicações de 1934 (*Communications Act of 1934*).

Em meio ao debate na sociedade civil pela exigência de respeito a uma internet aberta, insuflado pelas disputas e acordos da Netflix com as operadoras apenas alguns meses depois da decisão da Corte de Apelações, a Comissão Federal de Comunicações (*Federal Communications Commission* – FCC), agência reguladora norte americana de comunicações, se viu compelida a tomar providências. Em 15 de maio de 2014, abriu consulta pública para manifestação da sociedade sobre internet aberta e neutralidade no processo de regulação da internet. Nesse novo procedimento, além de reclassificar o serviço das operadoras de banda larga para as submeter ao regime do *Communications Act of 1934*, pretende traçar as regras para uma governança de internet que respeite a neutralidade.

Neste procedimento, a *The Internet Association*[49], associação da qual fazem parte os grandes provedores de conteúdo, Facebook, Google, Netflix e outros, se manifestou[50] a favor de uma internet aberta e da neutralidade de rede, assim como o presidente Barack Obama, que divulgou uma declaração[51] reforçando o apoio político pró-neutralidade. Entre os principais tópicos defendidos estão: 1) não bloqueio: as operadoras não podem bloquear conteúdos, aplicações, websites, aplicações que compitam com seu serviço de voz ou vídeo por telefone, serviços ou dispositivos não prejudiciais e legais; 2) não estrangulamento, ou gerenciamento de tráfego (*traffic shaping*): controle e alteração do tráfego de rede sobre provedores de conteúdo, serviços e aplicações, de acordo com a origem, destino, ou conteúdo da mensagem, por meio da Inspeção Profunda de Pacotes (*Deep Packet Inspetion* – DPI); 3) transparência: as operadoras devem revelar suas práticas de gerenciamento da rede, as características de seu desempenho, bem como os termos e condições de seu serviço de banda para que os provedores de conteúdo e usuários saibam o

---

[47]*Open Internet Act* – FCC 10-201. Disponível em: https://apps.fcc.gov/edocs_public/attachmatch/FCC-10-201A1_Rcd.pdf, último acesso em 13/12/2014.

[48]Verizon v. FCC, No. 11-1355 (D.C. Cir.). Disponível em: http://www.cadc.uscourts.gov/internet/opinions.nsf/3AF8B4D938CDEEA685257C60005 32062/$file/11-1355-1474943.pdf, último acesso em 13/12/2014.

[49]*The Internet Association Members.* Disponível em: http://internetassociation.org/our-members/, último acesso em 13/12/2014.

[50]*Notice of Proposed Rulemaking* GN Docket No. 14-28. Disponível em: http://internetassociation.org/wp-content/uploads/2014/07/Comments.pdf, último acesso em 13/12/2014.

[51]http://www.whitehouse.gov/net-neutrality, último acesso em 13/12/2014

que está acontecendo com a sua experiência na internet; 4) sem cobrança por priorização (*fastlanes*): nenhum serviço pode ficar preso a uma "pista lenta" por não pagar uma taxa, pois este tipo de controle de tráfego prejudica o fundamento essencial para o crescimento da uma internet equitativa, introduzindo uma barreira de entrada artificial, distorcendo o mercado e desencorajando a inovação.

Em extenso trabalho de campo sobre Teoria dos Jogos, chegou-se à conclusão que indivíduos atuando num cenário de competição voluntariamente se organizam para obter benefícios comerciais, promover mútua proteção contra riscos, criar e aplicar regras para defender seus recursos (Ostrom, 2000). Não obstante, em carta[52] endereçada à *Federal Communications Commission* (FCC) em maio de 2014, as grandes operadoras norte-americanas se uniram para questionar o caminho que a Agência está tomando rumo à regulação da internet e, consequentemente, defender seus direitos de cobrança por serviços prioritários (*fastlanes*).

No Brasil o processo de regulação da internet encontra-se mais adiantado. Em abril de 2014, foi sancionada pela presidente Dilma a Lei nº 12.965, que instituiu o Marco Civil da Internet (MCI). Desde 2011, estão em vigor as Resoluções nºs 574 e 575 da ANATEL, que determinam critérios objetivos para aferir um padrão mínimo de qualidade no serviço de internet oferecido pelas operadoras.

No que diz respeito às resoluções da agência reguladora, as operadoras são obrigadas a garantir, até o final de cada ano de 2012 a 2014, a velocidade média mínima de conexão (*download* e *upload*) de 60%, 70%, e 80%, respectivamente, da velocidade contratada pelo usuário (art. 17 e incisos da Resolução ANATEL nº 574/2011; e art. 23 e incisos da Resolução ANATEL nº 575/2011).

O Marco Civil estabelece em seu art. 2º que a disciplina do uso da internet tem como fundamento o respeito ao direito fundamental constitucional da liberdade de expressão (art. 1º, inciso V e art. 5º, incisos IV, VIII, IX da Constituição Federal de 1988), como também os direitos humanos, a cidadania (também prevista no art. 7º do MCI), a pluralidade e diversidade, a abertura e colaboração, a livre iniciativa, livre concorrência e defesa do consumidor e a finalidade social da rede.

Em seu art. 3º, estabelece os princípios, onde se destacam os seguintes: garantia da liberdade de expressão, comunicação e manifestação de pensamento, nos termos da Constituição Federal; proteção da privacidade; preservação e garantia da ***neutralidade***, da natureza participativa, da estabilidade, segurança e funcionalidade da rede.

O art. 4º determina que a internet tem como objetivo a promoção: do direito de acesso à internet a todos; do acesso à informação, ao conhecimento e à participação na vida cultural e na condução dos assuntos públicos; da inovação e do fomento à ampla difusão de novas tecnologias e modelos de uso e acesso; e da adesão a padrões tecnológicos abertos que permitam a comunicação, a

---

[52]http://www.broadbandforamerica.com/sites/default/files/CEOLettertoFCC-5.13.14.pdf, último acesso em 13/12/2014.

acessibilidade e a interoperabilidade entre aplicações e bases de dados.

Além de ser um princípio previsto no art. 3º, há uma seção específica do Marco Civil dedicada à neutralidade. Os parágrafos e incisos do artigo 9º estabelecem a neutralidade de rede como regra, e em seu § 1º determina que os casos, excepcionais, de discriminação do tráfego serão regulamentados por decreto presidencial (inciso IV do art. 84 da Constituição Federal). A elaboração deste decreto faz parte do planejamento de 2015 para o Ministério da Justiça[53], que a partir de 28 de janeiro de 2015 inicia os debates públicos para captar contribuições da sociedade.

Com o Marco Civil da Internet e as Resoluções da ANATEL, é evidente a definição da neutralidade e governança da internet como interesse público positivado de origem constitucional, com princípios, garantias e direitos e deveres objetivos e substanciais como parâmetros bem definidos para a regulação da internet no Brasil.

5. Finalidade, eficácia, efetividade e eficiência

A análise da finalidade, eficácia, efetividade e eficiência depende do foco abordado e da perspectiva do ator em jogo a que se refere. Relembra-se, aqui, que os atores envolvidos neste trabalho são: as operadoras, os provedores de conteúdo, os usuários e, em certa medida, o Estado. Este surge como a manifestação da concretização dos paradigmas objetivos, valores substantivos e princípios de interesse público já fixados com a positivação das regras de neutralidade (Feintuck, 2010). Ele detém influência fundamental por meio do exercício do seu poder de regulação. Portanto, não é um ator-jogador, pois, inicialmente, não está participando de nenhum jogo com as operadoras, provedores de conteúdo e usuários, mas definindo as regras dos jogos entre eles.

Primeiramente, será necessário estabelecer a conceituação de finalidade, eficácia, efetividade e eficiência, para, em seguida, tentar-se definir o papel destes conceitos pela perspectiva de cada um dos atores envolvidos neste trabalho.

A finalidade é um objetivo que se espera ser atingido. Por vezes, este objetivo é o mesmo para os atores envolvidos em determinada situação; por outras, cada um busca uma finalidade distinta na mesma relação em que estão envolvidos, e isto pode determinar uma avaliação completamente diferente para a aplicação dos conceitos de eficácia, efetividade e eficiência.

Cabe lembrar que se está tentando utilizar estes critérios para avaliar o papel que cada um dos atores aqui envolvidos pode desempenhar em um cenário de escassez da infraestrutura de internet, sempre partindo da premissa do respeito ao princípio da neutralidade de rede. Dadas as suas finalidades específicas, quais estratégias – quando possíveis – podem ser adotadas nas relações de usuários, provedores de conteúdo e operadoras entre os seus iguais.

---

[53]Marco Civil da Internet e Proteção de Dados Pessoais vão a debate público. Disponível em: http://www.justica.gov.br/noticias/marco-civil-da-internet-e-protecao-de-dados-pessoais-vao-a-debate-publico, último acesso em: 15/01/2015.

A eficácia significa a conclusão de determinada tarefa. Por exemplo, a finalidade de um determinado usuário é fazer o *download* de um arquivo armazenado em um provedor de conteúdo. Assim que ele dá o comando, o arquivo é desmembrado em diversos pacotes de dados que trafegam por diferentes rotas na rede até chegarem ao seu destino: o usuário. Assim que todos os pacotes de dados que traduzem aquele arquivo desejado pelo usuário chegam ao seu destino, a tarefa foi eficaz. Em síntese, se a ação concluiu a tarefa, então foi eficaz.

A avaliação da efetividade diz respeito à tarefa produzir o resultado desejado. Uma tarefa pode ser eficaz, mas não ser efetiva. Imagine que a finalidade agora do *download* não fosse um arquivo, mas um *streaming* de áudio ou vídeo. Os pacotes de dados deste tipo de serviço precisam ser disponibilizados para o usuário na ordem correta, caso contrário não cumprem sua finalidade. Se todos os pacotes de dados do áudio ou vídeo chegam ao usuário de forma desordenada, a transferência de dados foi eficaz, mas não foi efetiva pois não produziu o resultado desejado.

A eficiência diz respeito à otimização, à redução de custos, à capacidade de produzir o resultado esperado gastando a menor quantidade de recursos possível para atingir sua finalidade. Podemos deduzir, então, que a eficiência tem como requisitos anteriores a eficácia e a efetividade (Sano *et al.*, 2013).

Na perspectiva do usuário de internet, seu principal interesse é que o serviço contratado atenda à sua finalidade, ou seja, que entregue o conteúdo que deseja de modo efetivo e eficaz. O usuário, consumidor, não participa de nenhuma relação de disputa com outros usuários, provedores de conteúdo ou com as operadoras. Talvez, como elo mais fraco dessa relação, a estratégia dos usuários, como sociedade civil organizada, seja traçar uma estratégia de ação visando o bem comum, como foi o caso do Brasil em busca da aprovação do Marco Civil da Internet.

Deste modo, o usuário como potencial provedor de conteúdo, é o elo mais fraco a ser defendido quando a finalidade é promover a equidade, inovação e ambiente competitivo da internet. O potencial inovador da internet depende do fomento à livre iniciativa individual. Desse ponto em diante, quando, neste artigo, houver referência a provedor de conteúdo, estar-se-á considerando também os usuários como potenciais inovadores.

Os provedores de conteúdo devem estar constantemente atentos às inovações tecnológicas e suas consequências na alteração do comportamento dos usuários. Devem estar sempre cientes de ter flexibilidade adaptativa suficiente para mudar sua estratégia de competição conforme a exigência dos seus consumidores. Um provedor de conteúdo só é eficiente se está constantemente evoluindo para atender aos interesses dos usuários de modo eficaz e efetivo, sempre com o menor custo.

As expectativas sobre o comportamento dos usuários, embora possam derivar de alterações tecnológicas, são uma limitação não-tecnologicamente determinada (Greif, 2002) imposta à estratégia adaptativa de ação e decisão dos provedores de conteúdo. Isso permite explicitar o papel da cultura nas dinâmicas institucionais para se adaptar a um novo equilíbrio evolutivo. Isso demonstra que, para os provedores de conteúdo, as regras do jogo são efêmeras, pois o interesse dos usuários em determinadas aplicações pode mudar rapidamente.

Análises empíricas indicam que determinadas estratégias associadas a certas expectativas se transformam em crenças culturais que transcendem o jogo onde foram originalmente estabelecidas (Greif, 2002). Traços culturais e características organizacionais fixadas no passado proporcionam condições iniciais que influenciam mudanças institucionais, as quais ocorrem por um processo de ajustamento dinâmico para que um novo equilíbrio estratégico seja alcançado. Por outro lado, essas crenças culturais podem ser um empecilho na adaptação à introdução de novas regras e novos arranjos organizacionais, dificultando ou impedindo a adaptação a um novo equilíbrio (Greif, 2002).

Vamos partir da premissa que a Netflix era, de fato, a causadora do congestionamento do tráfego do seu serviço. Vamos supor, então, que foi uma estratégia adotada para obter o menor custo possível, adotando a postura de exigir maiores investimentos das operadoras e garantir a máxima efetividade do seu serviço para seus usuários em comum. Trata-se de uma estratégia voltada a, aparentemente, transferir para as operadoras o ônus pelo investimento para a boa prestação do seu serviço.

Ora, se a Netflix não estava disposta a dedicar esforços – custos –, ou era incapaz de desenvolver soluções para melhorar o fornecimento do seu serviço em um ambiente escasso, então, fatalmente estaria sujeita ao aparecimento de um concorrente que conseguisse desenvolver alguma estratégia para driblar estas dificuldades e oferecer um serviço igual com efetividade. Assim, rapidamente os usuários migrariam de uma plataforma de serviço para a outra. Ocorreria como nos casos do ICQ, MySpace e Orkut, que mesmo dominando seus mercados e não tendo limitações como escassez, acabaram sendo superados.

Diante do cenário que se apresenta, o provedor de conteúdo tem que analisar os custos de transação e tentar decidir sua estratégia por aquele custo que seja o mais eficiente para atingir seu objetivo, no caso da Netflix: desenvolver melhores tecnologias de disponibilização do seu conteúdo; investir em mais *CDN* (rede de fornecimento de conteúdo); ou, a opção escolhida, fazer um acordo com as operadoras, lhes pagando uma quantia tal. Como já dito anteriormente, esta possibilidade de acordo entre provedores de conteúdo e operadoras tem fortes indícios de violação de uma rede neutra.

Para atingir sua finalidade e proteger o interesse público, a neutralidade, política regulatória eficiente, deve estar atenta para garantir a equidade. Um provedor de conteúdo novo, sem recursos financeiros para fazer acordo, não teria condições de negociar com uma operadora e garantir a efetividade do seu serviço. Assim, tratando de modo equitativo tanto o provedor de conteúdo rico e já estabelecido quanto o iniciante pobre e ainda em fase de expansão, não seria aceitável permitir este tipo de transação por violação aos princípios de neutralidade.

Assim, o sucesso ou fracasso da atividade de um grande provedor de conteúdo não implica prejuízo aos usuários, pois a audiência destes é o resultado do sucesso da estratégia daqueles. Um provedor de conteúdo fracassado significa, provavelmente, que outro provedor teve estratégias mais eficientes em busca de ter mais usuários ativos. Isso não significa também uma premissa de opções obrigatoriamente auto-excludentes.

Entendendo as operadoras e grandes provedores de conteúdo como firmas (pertencendo à mesma categoria de atores, nesta perspectiva), elas podem falhar em atingir o melhor resultado eficiente dos custos de transação, refletindo externamente em prejuízos impostos ao ambiente da internet, por exemplo, aos usuários ou à neutralidade de rede (Greif, 2002). Dessa forma, esses seriam efeitos exógenos negativos inaceitáveis.

Por outro lado, na sua organização interna, as firmas podem e devem garantir a eficiência e o melhor resultado das suas estratégias como mecanismo de sucesso na disputa externa com outras firmas. Nesse caso, os atores em jogo – os funcionários da firma – têm um objetivo comum: o sucesso da firma, e todos dispõem de informação completa para atingir cooperativamente esta finalidade (Greif, 2002). Dado tal cenário, o que não pode ocorrer é a transposição de efeitos negativos endógenos, com os quais a própria firma teria que lidar para garantir a eficiência, para o ambiente externo. No caso específico das operadoras, se torna imperativo proteger as premissas de neutralidade, por corresponderem ao serviço-meio, essencial ao usuário (Greif, 2002).

A infraestrutura da transferência de dados, se por cabos de cobre, fibra ótica, sinais de rádio, satélite, tecnologias 3G, 4G ou 5G, *wi-fi* etc., é o meio. Para o usuário, não importa o meio disponibilizado pela operadora, desde que o serviço contratado seja disponibilizado da maneira mais eficaz e efetiva possível para atingir sua finalidade: acesso rápido, amplo, irrestrito, equitativo e indiscriminado a todo o conteúdo da internet. O melhor desenho da arquitetura de infraestrutura da internet para manter uma capacidade de demanda sempre superior à oferta é um ônus que deriva da eficiência das operadoras, não importa qual meio ou a combinação de meios e tecnologias, desde que o seja para atingir de maneira ótima à finalidade esperada pelo usuário pelo seu menor custo.

Conclusão

Já é amplamente adotado pelo mundo que certas medidas devem ser tomadas de acordo com o princípio da precaução, que propõe a regulamentação *ex ante* quando os danos *ex post* ao interesse público podem ser incalculáveis (Stiglitz, 2009; Feintuck, 2010).

Na busca por identificar os objetivos da regulação sobre o mercado financeiro e avaliar se as regulações aplicadas atingiram seus objetivos de modo mais efetivo, Joseph Stiglitz identificou cinco razões inter-relacionadas para a intervenção governamental: assegurar a competição; proteger os consumidores; assegurar a segurança e solidez das instituições e do sistema financeiro; assegurar o acesso; e promover a estabilidade e crescimento macroeconômico. Tais razões incluem preocupações sobre a eficiência e equidade: sem a regulação, certos grupos poderiam ser explorados por não terem acesso a financiamentos (Stiglitz, 2009).

Tendo em vista que é incalculável o valor comercial, como também o valor não-comercial, dos benefícios que o caráter inovador e democratizante da internet aberta e neutra está sempre apto a proporcionar para a sociedade, poder-se-ia dizer que a regulação é desejável, pela lógica do princípio da precaução (Stiglitz, 2009; Feintuck, 2010).

A título de exercício retórico, aqui propõe-se a utilização dos objetivos de Stiglitz sobre o mercado financeiro, importando-os, com pequenas alterações, para a regulação da internet: assegurar a competição e inovação; proteger os consumidores e a equidade; assegurar a segurança e solidez das instituições e do sistema de internet; assegurar o acesso livre e uma internet aberta; e promover a estabilidade e crescimento macroeconômico, fomentando a livre iniciativa.

Dessa forma, não seria razoável as operadoras culparem os provedores de conteúdo ou usuários por sobrecarregarem a rede. A oferta de conteúdo será sempre superior à capacidade da rede, o que não significa que os usuários conseguiriam consumir todo este conteúdo à sua disposição, tendo em vista que estão limitados à largura de banda contratada. Se os usuários demandam cem por cento do produto que contratam, então não teriam como ser culpados por consumirem na plenitude aquilo que contrataram inicialmente. Como eles também não possuem flexibilidade de estratégias para lidar com as operadoras, estão submetidos ao mercado como ele se apresenta.

O colapso da rede talvez seja reflexo das operadoras subdimensionarem seus planejamentos de rede para maximizar os lucros. As evidências mostram que elas têm flexibilidade suficiente para planejar suas estratégias ao cenário de regulação, o qual pode lhe ser imposto com período suficiente para adaptação. Este foi o caso, por exemplo, dos prazos estabelecidos pelas resoluções da ANATEL.

A busca pelo lucro é legítima, e nem todos que o priorizam em sua atividade empresária estão comprometidos com o lucro predatório, mas podem acabar fazendo maus julgamentos das externalidades negativas que a maximização do seu lucro pode gerar simplesmente por não entenderem a natureza do risco que estão assumindo ou transferindo à sociedade. Então, por via das dúvidas, a neutralidade de rede e a oferta de uma estrutura de internet que suporte a demanda exigida deve ser regulada.

Assim, com a finalidade de maximização dos lucros, as operadoras geram externalidades negativas que colocam em risco e causam danos a certos direitos, de maneira que tais direitos devem ser protegidos pela regulação, ainda que isso possa significar um comprometimento à maximização dos lucros (Stiglitz, 2009).

Eficiência de mercado – mecanismo Pareto Eficiente – em busca da potencialização dos lucros difere de eficiência da regulação. Possuem finalidades distintas: a primeira, gastar o mínimo de recursos para obter os melhores rendimentos possíveis; a segunda tem a finalidade de garantir que os melhores esforços estão sendo aplicados para o alcance da eficácia e da efetividade do interesse público. Aquela, pode prejudicar a equidade se não estiver alinhada aos princípios da regulação, e esta tem a equidade como finalidade (Stiglitz, 2009; Feintuck, 2010; Neves, 2011).

Referências Bibliográficas

ALENCAR, A., & Yamamoto, M. (2009). A teoria dos jogos como metodologia de investigação científica para a cooperação na perspectiva da psicologia evolucionista. *Psico*, 522–529. Retrieved from http://revistaseletronicas.pucrs.br/ojs/index.php/revistapsico/article/viewA rticle/3786

BENOÎT, J. P., & Kornhauser, L. A. (2002). Chapter 60 Game-theoretic analysis of legal rules and institutions. *Handbook of Game Theory with Economic Applications*.

COASE, R. H. (1960). The Problem of Social Cost. *The Journal of Law and Economics*.

DAWKINS, R., & Florshein, G. H. M. (1979). *O gene egoísta*. (A. B. Cunha, Ed.)*O Homem e a Ciência* (p. 230). Editora Itatiaia/EDUSP.

FEINTUCK, M. (2010). Regulatory Rationales Beyond the Economic: In Search of the Public Interest. *The Oxford Handbook of Regulation*, (September), 1–17. doi:10.1093/oxfordhb/9780199560219.003.0003

GREIF, A. (2002). Chapter 52 Economic history and game theory. *Handbook of Game Theory with Economic Applications*.

ISENBERG, D. (1998). The dawn of the "stupid network." *NetWorker*, (March 1998), 1–7. Retrieved from https://fenix.tecnico.ulisboa.pt/downloadFile/3779571637666/The Dawn of the Stupid Network.pdf

MARSDEN, C. T. (2010). Towards a Co-regulatory Solution. *Bloomsbury Publishing*, 35. Retrieved from http://ssrn.com/abstract=1533428

NASH, J. (1951). Non-Cooperative Games. *Annals of Mathematics*, *54*, 286–295. Retrieved from http://www.jstor.org/stable/1969529

NEVES, V. (2011). « Custos sociais: Onde para o mercado? ». *Revista Crítica de Ciências Sociais [Online]*, *95*, 55–68. Retrieved from http://rccs.revues.org/4368

OSTROM, E. (2000). Collective action and the evolution of social norms. *The Journal of Economic Perspectives*, *14*(3), 137–158. Retrieved from http://www.jstor.org/stable/2646923

SANO, H., & Filho, M. M. (2013). As técnicas de avaliação da eficiência, eficácia e efetividade na gestão pública e sua relevância para o desenvolvimento social e das ações públicas. *Desenvolvimento Em* .... Retrieved   from https://www.revistas.unijui.edu.br/index.php/desenvolvimentoemquestao/article/view/186

SMITH, J. M., & PRICE, G. R. (1973). The Logic of Animal Conflict. *Nature*, *246*(5427), 15–18. Retrieved from http://dx.doi.org/10.1038/246015a0

STIGLITZ, J. (2009). Government failure vs. market failure: Principles of regulation. In D. A. Balleisen, Edward J.; Moss (Ed.), *Government and Markets: Toward a New Theory of Regulation*. (Vol. m, pp. 13–51). Cambridge: Cambridge University Press. Retrieved from http://academiccommons.columbia.edu/download/fedora_content/downloa d/ac:126998/CONTENT/JES.Govt.Failure.Mkt.Failure.pdf

VON NEUMANN, J., & Morgenstern, O. (1944). *Theory of Games and Economic Behavior. Princeton University Press* (Vol. 2, p. 625). doi:10.1177/1468795X06065810

WU, T. (2003). Network neutrality, broadband discrimination. *J. on Telecomm. & High Tech. L.*, *925*(2001), 77–90. Retrieved from http://heinonlinebackup.com/hol-cgi-bin/get_pdf.cgi?handle=hein.journals/jtelhtel2&section=9

Normas e Julgados

BRASIL. Resolução ANATEL n° 574, de 28 de outubro de 2011. *Aprova o Regulamento de Gestão da Qualidade do Serviço de Comunicação Multimídia (RGQ-SCM).*

BRASIL. Resolução ANATEL n° 575, de 28 de outubro de 2011. *Aprova o Regulamento de Gestão da Qualidade da Prestação do Serviço Móvel Pessoal – RGQ-SMP e altera o Regulamento do Serviço Móvel Pessoal – SMP, aprovado pela Resolução n° 477, de 7 de agosto de 2007, e alterado pelas Resoluções n° 491, de 12 de fevereiro de 2008, n° 509, de 14 de agosto de 2008, nº 564, de 20 de abril de 2011 e nº 567, de 24 de maio de 2011.*

BRASIL. Lei nº 12.965, de 24 de abril de 2014 (*Marco Civil da Internet*). *Estabelece princípios, garantias, direitos e deveres para o uso da Internet no Brasil.*

ESTADOS UNIDOS DA AMÉRICA. *Communications Act 1934.*

ESTADOS UNIDOS DA AMÉRICA. Comissão Federal de Comunicações (*Federal Communications Commission* - FCC). *Open Internet Act* – FCC 10-201.

ESTADOS UNIDOS DA AMÉRICA. Corte de Apelação do Circuito do Distrito de Columbia. Verizon v. FCC, et al., No. 11-1355 (D.C. Cir. 2014).

DRUMOND, I. *Neutralidade de rede: finalidade, eficácia, efetividade e eficiência*. **Revista de Direito Setorial e Regulatório**, Brasília, v. 1, n. 1, p. 117-144, maio 2015.

Neutralidade de Rede:
O caso Comcast v. Netflix e o Marco Civil da Internet
Net Neutrality: Netflix vs. Comcast's Case and the Brazilian Internet Civil Mark

Submetido(*submitted*): 31/12/2014
Parecer(*revised*): 23/01/2015
Aceito(*accepted*): 04/03/2015

Maria Eduarda Cintra[*]

Resumo

Propósito – O artigo pretende fazer uma reflexão sobre como o Estado brasileiro avançou quanto à defesa do princípio da neutralidade de rede. Para essa análise, será utilizado o caso Comcast *vs.* Netflix como exemplo para comparar as ações do Estados Unidos e do Brasil sobre o tema.

Metodologia/abordagem/design – O texto segue o método de abordagem de análise de problema para poder tirar conclusões sobre as práticas adotadas pelos Estados Unidos e pelo Brasil.

Resultados – Foi constatado que o Brasil está na vanguarda sobre governança da internet, especialmente por zelar pela neutralidade de rede.

Implicações práticas – O artigo serve para compreensão da discussão sobre neutralidade de rede e, especialmente, sobre o processo do Marco Civil da Internet no Brasil.

Originalidade/relevância do texto – O artigo, ao fornecer uma perspectiva comparada entre o Estado americano e brasileiro, mostra como esse bem público, qual seja o da internet neutra e aberta, tem sido preservado.

Palavras-chave: neutralidade de rede, Netflix, Comcast, Marco Civil da Internet.

Abstract

Purpose – The main goal of the article is to address how Brazil has progressed in favor of net neutrality. Comcast vs. Netflix case is used as an example to compare the actions took by the United States and Brazil concerning this theme.

Methodology/approach/design – The text follows the problem-driven approach to infer some conclusions about the practices that has been adopted by the United States and Brazil.

Findings – It has been verified that Brazil is on the vanguard of internet governance as far as net neutrality is concerned.

Practical implications – The article can allow for a vast comprehension about net neutrality on par with the Brazilian Internet Civil Mark.

Keywords: net neutrality, Netflix, Comcast, Internet Civil Mark.

---

[*]Coordenadora de Elaboração Normativa da Secretaria de Assuntos Legislativos do Ministério da Justiça. Email: dudacintra@gmail.com.

CINTRA, M. E. *Neutralidade de Rede: o caso Comcast v. Netflix e o Marco Civil da Internet.* **Revista de Direito, Estado e Telecomunicações**, Brasília, v. 7, n. 1, p. 145-170, maio 2015.

1. Introdução

A neutralidade de rede é cada vez mais discutida em nossa sociedade, na medida em que o tratamento não isonômico de pacote de dados se torna uma realidade. Um exemplo muito debatido sobre tratamento diferenciado de pacote de dados foi o caso americano da *Netflix vs. Comcast*, no qual o provedor de rede, a Comcast, limitava a velocidade do provedor de conteúdo, o Netflix. Diante dessa situação, faz-se necessário uma reflexão sobre como o Estado Regulador pode produzir normas voltadas às determinações de políticas, diretrizes de desempenho com o escopo de garantir prestações materiais para fruição pelos cidadãos de direitos de maneira igualitária.

Atualmente, apesar dos inúmeros debates que são feitos em prol da neutralidade, não há dispositivos legais, nos Estados Unidos, que assegurem a neutralidade de rede. Mostraremos como o Estado brasileiro maturou a discussão sobre neutralidade no processo de construção do Marco Civil da Internet e como, apesar da não regulamentação das exceções técnicas desse princípio tão importante nos dias atuais, o Brasil saiu na frente em termos de governança da internet ao definir e tornar vigente a neutralidade de rede no país.

Buscar-se-á demonstrar como o caso objeto de análise, Comcast vs. Netflix, não ocorreria no Brasil, em razão da existência do marco legal que estabelece princípios, garantias, direitos e deveres para o uso da Internet no país.

Inicialmente, a análise terá como foco o princípio da neutralidade de rede e o seu impacto no tratamento isonômico de pacotes de dados. Em seguida, será abordado o litígio da Netflix com a Comcast. Após a apresentação do caso, a reflexão será sobre o papel do Estado Regulador para a boa prestação de serviços de internet. Diante desse cenário, a parte final do artigo consistirá nas medidas que o Estado brasileiro tem adotado para garantir a neutralidade, com base na Lei nº 12.965, de 23 de abril de 2014, conhecida como Marco Civil da Internet.

Buscar-se-ão os pontos de contato entre o caso *Netflix vs. Comcast* e o Marco Civil da Internet sob o enfoque do Estado Regulador e da Teoria do Interesse Público.

Inicialmente, faz-se necessário definir determinados conceitos, não com o objetivo de exauri-los, mas para que seja possível uma compreensão básica sobre o temas que perpassarão o artigo.

O primeiro conceito é de provedor de rede ou conexão, que é a empresa que fornece acesso à internet, seja usando uma linha telefônica, conhecida como dial-up, seja por meio de conexão de banda larga, que pode ser cabo ou DSL. Vale notar que essas empresas são responsáveis pela criação, manutenção e expansão da infraestrutura da rede. Essas empresas são conhecidas como operadoras.

CINTRA, M. E. *Neutralidade de Rede: o caso Comcast v. Netflix e o Marco Civil da Internet*. **Revista de Direito, Estado e Telecomunicações**, Brasília, v. 7, n. 1, p. 145-170, maio 2015.

O segundo conceito essencial para o artigo é o de provedor de conteúdos ou de aplicações, que é a empresa ou pessoa física que disponibiliza determinados conteúdos, serviços ou aplicativos para os usuários da internet.

O último conceito necessário é o de usuários da internet, que se refere às pessoas se utilizam do serviços dos provedores de rede e/ou dos serviços de provedores de conteúdo.

Outros conceitos que se façam necessários para a compreensão do tema serão explanados ao longo do texto. Os conceitos utilizados são os que refletem a regra geral da lógica de funcionamento da internet. Há algumas exceções e problematizações que, por não serem necessárias à compreensão do tema, não serão trabalhadas.

2. Neutralidade de Rede

Um dos principais temas sobre governança de internet é neutralidade. Apesar de não haver um consenso sobre a definição de neutralidade, há uma noção sobre a ideia desse conceito, qual seja a de um princípio segundo o qual os provedores de serviço não devem discriminar, restringir, privilegiar determinados pacotes de dados em detrimento de outros dados.

Esse termo foi inicialmente cunhado em um artigo do professor de Columbia, Tim Wu, no ano de 2003[1]. Ao longo dessa década muito foi debatido sobre o que esse conceito abarca ou não. De acordo com o professor, a neutralidade é um princípio que deve ser utilizado quando houver a elaboração de uma rede. O princípio traz consigo a concepção de que todas as informações que trafegam na rede devem ser tratadas de maneira igualitária.

Para melhor compreensão da rede sem neutralidade, duas metáforas são utilizadas com maior frequência. A primeira de que a internet contaria com a presença de porteiros, no caso os operadores de rede ou provedores de banda larga, com poderes de deliberar sobre as condições, o tipo de conteúdo e a velocidade do conteúdo que deverá ser entregue aos usuários (ALMEIDA, 2007).

A segunda, que enxerga a ausência de neutralidade como uma estrada pedagiada o que pressuporia que várias cabines para cobrar pedágios poderiam ser colocadas ao longo da rede ou "da estrada" para exigir que determinados fornecedores de conteúdo ou aplicativos pagassem a mais para que os seus usuários possam usufruir de um determinado serviço (ALMEIDA, 2007). Essa ideia de estrada pedagiada explica muito bem o conflito ocorrido entre a Netflix e a Comcast que será abordado mais adiante.

---

[1]Para maior conhecimento das ideias iniciais cunhadas por Wu, acesse: http://ssrn.com/abstract=388863 . Acessado em 08/02/2015.

O problema desse tipo de concepção que trabalha com valores distintos para determinados serviços é que para além de restringir a liberdade de acesso a determinados conteúdos, restringe as redes peer-to-peer (ALMEIDA, 2007).

As redes peer-to-peer são uma forma de arquitetura da rede de computadores que permite que cada um dos pontos ou nós funcione como cliente/usuário e servidor, o que permite um compartilhamento de dados e de serviços sem exigir a presença de um servidor central. Outra possível definição é compreender peer-to-peer como uma forma de dinâmica relacional baseada na equipotência de seus participantes.[2] Isso permite o acesso entre os pares, assegura um melhor desempenho econômico, já que os recursos são distribuídos de maneira mais igualitária, não sobrecarregando um possível nó central, que seria o grande servidor.

Por não ter um conceito fechado e contar com definições vagas, o conceito de neutralidade tem recebido inúmeras interpretações. A neutralidade aqui será compreendida através de quatro elementos configuradores defendidos pelo *Center for Democracy and Technology*, quais sejam (ALMEIDA, 2007): o roteamento não discriminatório, que é não diferenciação dos dados que trafegam em razão de seu conteúdo; a abertura ou inovação, que é possibilidade de criação e uso de novos serviços, aplicações, protocolos e dispositivos; a liberdade de conexão e a interconexão, que são as conexões em bases abertas para que usuários de distintas operadoras possam se comunicar.

Sendo assim, deve-se levar em conta essas características sempre que se fizer referência à neutralidade.

3. O Litígio *Netflix vs. Comcast*

A Netflix, Inc é uma provedora de conteúdo de vídeo por demanda através de streaming na internet. A empresa foi fundada em 1997, na Califórnia, por Reed Hastings e por seu amigo Marc Randolph, dois engenheiros de softwares.[3]

O website foi lançado em agosto de 1997 para o aluguel do modelo tradicional de pay-per-rental, onde era possível realizar a locação individual de filmes por meio da internet. Em 1999 foi introduzido o conceito de subscrição mensal, o que fez a empresa abandonar a lógica do modelo de locação individual

---

[2]Para maior problematização do conceito, vide: http://p2pfoundation.net/Defining_P2P_as_the_relational_dynamic_of_distributed_networks. Acessado em 10/02/2015.

[3]Para compreensão da linha do tempo da empresa, vide: https://pr.netflix.com/WebClient/loginPageSalesNetWorksAction.do?contentGroupId=10477. Acessado em 10/02/2015.

nos anos 2000. A partir de então, a empresa ficou conhecida pelo seu modelo de negócio, qual seja o de locação ilimitada, em que o cliente poderia escolher até oito filmes por vez por meio do site e ele receberia o filme por meio do correio, sem datas e taxas de entrega ou devolução e multas de atraso.[4]

Em 2007, houve uma mudança na lógica de negócio da empresa que deixou de enviar DVDs para a casa das pessoas para introduzir o conceito que é atualmente utilizado, qual seja o de vídeo por demanda via internet. Em 2010, essa nova lógica de negócio adotada pela empresa ampliou de maneira tão rápida que a companhia deixou de ser a maior consumidora dos serviços postais americano para ser a maior fonte de tráfego na internet norte americana no período da tarde. Nesse mesmo ano, passou a oferecer os serviços de streaming de maneira separada da locação de DVDs.

Em razão desse enorme crescimento pelos vídeos em streaming fornecidos pela Netflix, a infraestrutura da rede americana passou a ser demandada acima da sua capacidade máxima de tráfego de dados, de acordo com os provedores de rede, AT&T, Comcast e Verizon.

Apesar de todos os provedores alegarem essa demanda superior, focar-se-á no litígio entre a Netflix e a Comcast. A Comcast Corporation é a maior provedora de internet nos Estados Unidos e terceira maior empresa provedora de serviços de telecomunicações desse país. A empresa, que incialmente era chamada de American Cable Systems, foi adquirida em 1963. Apenas em 1969, após a incorporação da empresa na Pennsylvania, recebeu o nome de Comcast, que nada mais é que a junção das palavras "Communication" e "Broadcast".

A maior parte da empresa é chamada de Comcast Cable que é a provedora de serviços de televisão a cabo, internet, e telefonia. Ademais, integra a empresa a *NBC Universal* que contém inúmeros canais de televisão locais e nacionais, que com conta produção de conteúdo.

O litígio estabelecido entre a Netflix e esses três grandes provedores de rede ocorreu quando a velocidade do streaming de vídeo da Netflix caiu de maneira considerável, no segundo semestre de 2013, fazendo com que os usuários reclamassem do serviço prestado pela provedora de conteúdo. O gráfico abaixo demonstra essa queda drástica da velocidade.

---

[4]Para maior detalhamento do modelo de negócio adotado pela Netflix, vide: http://mundodasmarcas.blogspot.com.br/2007/05/netflix-best-way-to-rent-movies.html. Acessado em 10/02/2015.

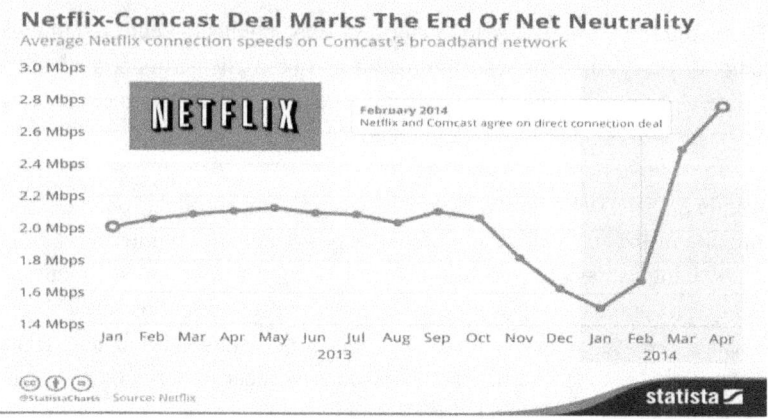

Figura 1 - Velocidade de download da Netflix desde janeiro de 2013[5]

A culpa pela lentidão foi atribuída a ambas as partes. A Netflix alegava que o tráfego de dados foi diminuído de maneira intencional, o que significaria uma violação ao princípio da neutralidade, já as operadoras acusaram a Netflix de sobrecarregar a rede com o seu tráfego intenso de dados para conseguir prover o seu serviço.

No caso especial da Comcast, que também é dona da *National Broadcasting Company* (NBC), ainda recai o questionamento sobre a possível ação para deixar mais lento os streams de seus programas rivais e aumentar a velocidade para os programas produzidos pela NBC[6], o que significaria uma outra ofensa à neutralidade. A primeira é a discriminação sob a alegação de que a rede não suportaria esse tráfego de dados, enquanto a segunda é a discriminação em razão de seu conteúdo, já que a empresa também conta com um provedor de conteúdo próprio.

No início de 2014, a Netflix e a Comcast chegaram a um acordo no qual a Netflix pagaria um valor a mais para se conectar diretamente ao serviço de rede oferecido pela Comcast. Acordos semelhantes foram firmados com as operadoras Verizon[7] e AT&T[8], depois que o acordo com a Comcast foi firmado.

Após assinar esses acordos, o CEO da Netflix reclamou sobre ter que pagar o que ele chamou de "taxa arbitrária"[9] para conseguir melhor o serviço

---

[5]Disponível em: http://www.statista.com/chart/2255/netflix-comcast-deal/. Acessado em 03/03/2015.
[6]Vide http://mediadecoder.blogs.nytimes.com/2010/11/29/netflix-partner-says-comcast-toll-threatens-online-video-delivery/?_r=0. Acessado em 25/12/2014.
[7]Vide http://www.businessweek.com/articles/2014-04-29/netflix-unhappily-signs-another-deal-for-faster-access-to-verizons-broadband-customers. Acessado em 27/12/2014.
[8]Vide http://time.com/3059431/netflix-att-peering/. Acessado em 27/12/2014.
[9] http://time.com/80192/netflix-verizon-paid-peering-agreement/. Acessado em 28/12/2014.

CINTRA, M. E. *Neutralidade de Rede: o caso Comcast v. Netflix e o Marco Civil da Internet*. **Revista de Direito, Estado e Telecomunicações**, Brasília, v. 7, n. 1, p. 145-170, maio 2015.

para os seus clientes. O gráfico acima demonstra bem que logo após a assinatura do acordo no início de 2014, a velocidade disponibilizada pela Comcast para a Netflix cresceu de maneira exponencial, o que deixou claro que não era um problema de congestão da rede, mas sim uma degradação proposital feita pela Comcast.

O CEO, ademais, fez um apelo para a *Federal Communications Comission* (FCC) incluir esse tipo de acordo – os chamados paid-peering – nas regras sobre neutralidade que estavam sendo desenvolvidas pelo órgão regulador americano.

Esse acordo resolveu, no curto prazo, o problema de lentidão enfrentado pelos usuários da Comcast que utilizam o serviço da Netflix. Há quem alegue que isso diminuirá os congestionamentos no tráfego de dados não só relacionados à Netflix.

Após o acordo com a Comcast, a Netflix se pronunciou sobre a velocidade do serviço oferecido pela Comcast, afirmando que ela havia aumentado em quase 65%, saindo de 1,51 Mbps para 2,5 Mbps em apenas dois meses.[10] O acordo firmado com a Verizon, entretanto, parece não ter surtido o mesmo efeito. A Verizon continua atribuindo a culpa à Netflix, que estaria deliberadamente sobrecarregando determinadas linhas de tráfego da Verizon.[11]

O problema é que esses acordos específicos levantam outras questões. Uma delas é se esse tipo de acordo ficará restrito à Netflix, um provedor de conteúdo que demanda um alto volume de tráfego de dados ou isso será um modelo geral adotado pela empresa provedora de rede que solicitará aos provedores de conteúdo uma pagamento específico para obter uma interconexão direta com a rede e, caso esses provedores de conteúdo não queiram pagar, eles serão relegados a uma conexão mais lenta proposital?

Se a direção adotada for esta última, na qual os provedores de conteúdo necessitarem de uma interconexão específica para oferecer os seus serviços, essa forma de interconexão significará uma nova barreira de entrada para os pequenos e novos competidores que surgirem e que não serão capazes de pagar a mais por esse serviço.

A ausência de transparência nesses acordos também é um fator que deve ser levado em consideração. Se não houver critérios claros e específicos, as operadoras terão total controle sobre o tipo de conteúdo que será oferecido para os usuários.

Ora, se a conexão é muito lenta para determinado provedor de conteúdo, provavelmente as pessoas deixarão de acessar esse conteúdo, já que sempre

---

[10]Vide: http://time.com/62903/netflix-comcast-speed-boost/. Acessado em 28/12/2014.
[11]Vide: http://www.extremetech.com/computing/186576-verizon-caught-throttling-netflix-traffic-even-after-its-pays-for-more-bandwidth. Acessado em 28/12/2014.

haverá um provedor que ofertará conteúdo semelhante e que poderá pagar pela interconexão mais rápida.

Essas questões só podem ser respondidas se o Estado assumir um papel regulatório, que será discutido a seguir.

4. O Papel do Estado Regulador

Tim Wu (2005) apontou que os reguladores de comunicações gastariam parte de seu tempo para tentar solucionar conflitos entre os interesses privados dos provedores de banda larga e os interesses públicos no competitivo ambiente que é a internet. Wu explanou que, como essas questões são relacionadas às concepções mais básicas de uma política pública de comunicação, os problemas iriam surgir nas mais variadas formas.

Embora algumas pessoas apontem dificuldades para uma possível regulação da internet por se tratar de um ambiente fluido, vale notar que o acesso à rede é fornecido por um número pequeno de empresas que estão dispostas a eliminar ou dificultar os passos de possíveis concorrentes que com elas tentem competir. As operadoras querem assegurar o maior lucro possível para manter a viabilidade econômica da infraestrutura atrelada à rede (ALMEIDA, 2007)

Wu (2005) afirma que o desafio que se impõe sobre a promoção de uma justa competição em um setor privado, seja de telefonia ou de uma loja de revenda, não é distinto da promoção da neutralidade de rede. A regulação governamental nesses casos serve para assegurar que os interesses a curto prazo de um provedor não impeçam que os melhores produtos ou aplicativos se tornem disponíveis para os usuários de uma rede.

Ao analisar três distintas abordagens de regulação para os provedores de banda larga, quais sejam a de remédios estruturais, regime de não discriminação e a auto/não regulação, ele defende que o mais adequado para garantir a neutralidade de rede é a renúncia aos remédios estruturais para um escrutínio direto da discriminação dos provedores. O princípio por trás da ideia de não discriminação é o de dar aos usuários o poder de utilizar de maneira não prejudicial aplicações e arquivos e de dar aos inovadores a liberdade correspondente de alimentar isso (WU, 2005).

A teoria econômica básica sugere que os operadores, os provedores de rede, têm o interesse coincidente com o interesse público a longo prazo. Ou seja, ambos têm o interesse de uma plataforma neutra que seja propícia aos surgimentos de aplicações melhores. Entretanto, as evidências sugerem que os operadores prestam pouca atenção à esse interesse de longo prazo. Os operadores tendem a focar nos interesses de curto prazo. (WU, 2005)

A FCC, o órgão regulador americano na área de telecomunicações e radiofusão, expediu um ato, em 2010, em prol de garantir uma internet aberta: o chamado Open Internet Order[12]. Entretanto, esse ato, que contribuiria para um dos elementos configuradores da neutralidade de rede, ao ser questionado judicialmente pela Verizon, foi julgado como uma extrapolação da competência da FCC pela Corte do Distrito de Columbia.[13]

Atualmente, nos Estados Unidos, as operadoras têm implementado limitações contratuais e arquiteturais para determinadas classes de aplicações. Há uma tendência dos operadores de tentar banir novas aplicações muitas vezes por um interesse de discriminação de preço, ou seja, por interesse econômico para firmar contratos que prevejam a priorização do tráfego de determinados dados.

O problema é que isso tende a distorcer o mercado e o futuro do desenvolvimento de aplicações. Por essa razão, Wu questiona a eficácia da auto-regulação ou não-regulação para essa área.

Diante dessas claras discriminações e da comoção pública gerada sobre o tema, a agência reguladora norte americana lançou uma consulta pública, em maio de 2014[14], para que a sociedade americana se manifestasse sobre a neutralidade de rede e sobre a concepção de internet aberta. O foco era debater a inserção das operadoras de banda larga no regime do *Communications Act* de 1934 e estabelecer regras e princípios para que a neutralidade de rede fosse respeitada.

Em novembro de 2014, o presidente norte-americano, Barack Obama, se manifestou pró-neutralidade[15], rogando para que a agência americana, a FCC, implemente regras mais fortes quanto ao respeito à neutralidade de rede.

Obama defendeu um plano que envolve quatro passos para os provedores de rede, quais sejam: *no blocking*; *no throttling*; *increased transparency*; *no paid prioritization*. O primeiro diz respeito ao não-bloqueio de acesso à um website ou serviço, caso o conteúdo seja legal. O segundo repudia a diminuição intencional na velocidade de determinado conteúdo, assim como o aumento intencional na velocidade de outro conteúdo. O terceiro ponto roga por uma

---

[12]Para maior compreensão do conteúdo, vide: https://apps.fcc.gov/edocs_public/attachmatch/FCC-10-201A1_Rcd.pdf. Acessado em 02/03/2015.
[13]Para leitura e compreensão da decisão da Corte de Columbia, vide: http://www.cadc.uscourts.gov/internet/opinions.nsf/3AF8B4D938CDEEA685257C6000532062/$file/11-1355-1474943.pdf e http://www.wsj.com/articles/SB10001424052702304049704579320500441593462. Acessado em 15/02/2015.
[14]Para maiores informações sobre os objetivos da consulta pública, vide: http://www.fcc.gov/document/fcc-launches-broad-rulemaking-protect-and-promote-open-internet. Acessado em 20/02/2015.
[15]Para assistir o discurso do presidente americano Obama, vide: https://www.youtube.com/watch?v=uKcjQPVwfDk.

maior transparência entre a conexão que é feita com o consumidor final. Já o quarto ponto rechaça o pagamento para priorização de um determinado serviço.[16]

Assim como Obama, grandes provedores de conteúdo já fizeram esse apelo pró-neutralidade, tais como Netflix, Google, Facebook, entre outros. A maior resistência vem, é claro, dos grandes provedores de rede que argumentam ser válidos os seus direitos de cobrança para priorizar determinados serviços, que são chamados de *fastlanes.*

Wu (2005) argumenta que a neutralidade de rede deve ser entendida como uma expressão concreta de um sistema de crença sobre inovação. Ao se realizar uma discriminação de preços, alguns consumidores são favorecidos e outros prejudicados, o problema é que essa discriminação pode ter efeitos externos no processo de inovação e competição entre os aplicativos. Apesar de não ser tão problemático em uma perspectiva estática, qual seja a relação dos consumidores/produtores, ela pode trazer grandes impactos na perspectiva dinâmica para o desenvolvimento competitivo de novos aplicativos. Ademais, um tratamento desigual significaria aumento nos custos de comunicação como um todo para os usuários e um fortalecimento de poderes monopolísticos.

Há quem questione a real necessidade de uma regulação para conseguir promover a competitividade entre os provedores de rede e, especialmente, de conteúdo. Um dos mais fervorosos acadêmicos contra a neutralidade, Cristopher Yoo argumentou que a neutralidade causaria danos à lógica competitiva, especialmente nas redes de última milha, que estão mais próximas do consumidor final. Ele defende que uma discriminação no preço é a melhor forma para utilizar de maneira eficiente os recursos. Ademais, ele argumenta que a neutralidade restringiria o desenvolvimento de serviços de rede que não são relacionados à internet (YOO, 2006). Dessa maneira, as pessoas contrárias à neutralidade argumentam que a melhor forma de lidar com os possíveis problemas derivados de um exercício de poder duvidoso por parte dos provedores deva ser por corrigido após o fato, *ex post*, por meio de uma legislação antitruste e não por meio de uma regulação anterior. (RAMOS, 2006)

Já Wu afirma que a não-neutralidade significa uma barreira, como já foi dito, à inovação. Ele, ao contrário de Yoo, acredita que grandes provedores de rede, como a AT&T ou a Comcast irão ameaçar a inovação com uma certa frequência. Wu é cético e acredita que, diante dessa posição monopolista existente no mercado, essas empresas provedoras têm um forte incentivo a

---

[16]Para maiores informações sobre esse plano do Obama, vide: http://www.whitehouse.gov/blog/2014/11/10/president-obama-urges-fcc-implement-stronger-net-neutrality-rules e http://www.whitehouse.gov/net-neutrality

bloquear qualquer inovação tecnológica que ameace possivelmente o seu modelo de mercado. Como ponto de defesa para essa visão, pode-se argumentar que foi o modelo vigente, que não conta com interferências dos meios de acesso, que possibilitou a onda de inovações de internet que se conhece atualmente.

Do ponto de vista social, o problema de uma não-regulação e, por consequência, a existência de uma rede não-neutra, diante das práticas que se têm adotado nos últimos anos, é a de diminuição das chamadas externalidades positivas propiciadas pela internet.

De acordo com Almeida (2007), as tecnologias da informação e comunicação forneceram ferramentas com baixo custo capazes de produzir um grande conteúdo informacional, o que, aliado ao também baixo custo para distribuir esse conteúdo, aumentou significativamente o nível mundial de conhecimento disponível aos usuários. É inegável o valor gerado pelas produções individuais e colaborativas que a internet proporcionou. Caso haja discriminação nos pacotes de dados a serem ofertados, isso poderia acabar com essa externalidade positiva proporcionada pela internet.

Ademais, Almeida (2007) argumenta que o fim da neutralidade poderia levar à uma fragmentação da internet, já que outras redes que não se comunicam com a internet de hoje poderiam ser criadas em razão da fragmentação do conteúdo disponível aos usuários.

Como pode-se perceber, a internet tem a natureza de um bem público, de um recurso público e, por isso, a neutralidade deve ser analisada levando isso em consideração. Não assegurar o tratamento isonômico de acesso aos dados levaria a uma modificação desse bem público que conhecemos hoje. Portanto, faz-se necessários adotar regras para a regulação dessa área para assegurar princípios tão caros ao seu funcionamento atual.

Mike Feintuck (2010) defende que há certos campos que a regulação deve incorporar e dar ênfase a certos valores que vão além dos valores estritamente de mercados. Por isso, faz-se necessário uma visão que parta do interesse público e não estritamente do interesse privado. Feintuck se vale de exemplos da regulação ambiental. Um dos princípios norteadores dessa regulação é o da precaução, que serve como uma orientação de uma ação proativa para prevenir danos que sejam irreversíveis ao meio ambiente. Esse princípio exemplifica muito bem as tentativas de se preservar um bem público ao invés de se adotar ações que visam preservar determinados interesses individuais.

A internet neutra e aberta deve ser compreendida como esse bem público que deve ser preservado e contar com princípios e regras que contribuam para essa tarefa.

A seguir, veremos o que o Estado brasileiro fez e tem feito para avançar esse argumento pró bem público. Analisar-se-á todo o processo de maturação do Marco Civil da Internet.

5. O Marco Civil da Internet Brasileiro

A internet foi criada na década de 1960 para fins militares, mas acabou sendo popularizada em 1990, alcançando e afetando inúmeras relações sociais (PAPP, 2014).

Em 1996, John Perry Barlow publicou, em Davos, a chamada Declaração de Independência do Ciberespaço[17], uma documento vindo do futuro, do ciberespaço, solicitando aos governos do mundo industrial que os deixassem em paz.

A declaração afirma que, nesse espaço, nenhum governo foi eleito e que eles não estão propensos a ter um governo; afirma que os governos desconhecem a cultura e a ética que regem aquele espaço; diz que o que está sendo criado é um mundo em que qualquer um, em qualquer lugar possa expressar suas crenças, não interessando o quão particulares sejam e sem o receio de sofrer coerção para ficar em silêncio ou em conformidade.

Como bem apontou Guilherme de Almeida Almeida (2014), como essa concepção de ciberespaço não contém um caráter material, não haveria uma subordinação à lógica de Estado e à lógica de fronteira que advém da concepção de soberania estatal. Por essa razão, não haveria uma legitimidade de os governos, que estão inseridos nessa perspectiva industrial, regulamentarem a internet.

Com inspiração na Declaração de Independência americana, datada de 1976, Barlow buscava declarar independência ao *"Cyberspace, the new home of Mind"*. A declaração foi uma das maneiras encontradas por Barlow para criticar o Capítulo V da Lei de Reforma Americana de Telecomunicações, o chamado *"The Telecommunications Act of 1996"*[18], a primeira grande reforma no direito de telecomunicações americano em mais de 60 anos.

O capítulo V, conhecido como Lei de Decência nas Telecomunicações, foi a primeira tentativa do Congresso americano de regular materiais

---

[17]Para uma leitura completa da *Declaration of the Independence of Cyberspace*, o texto encontra-se em: https://projects.eff.org/~barlow/Declaration-Final.html. Há uma versão em português disponível em: http://www.dhnet.org.br/ciber/textos/barlow.htm.
[18]A Lei americana de Telecomunicações de 1996 fez uma grande reforma nesse setor. A parte que versava sobre as sanções previstas no Capítulo V foram declaradas inconstitucionais pela Suprema Corte. Para maior compreensão das mudanças gerais trazidas pela Lei, veja: http://transition.fcc.gov/telecom.html.

pornográficos na internet. Apesar de conter boas intenções, ou pelo menos assim ter sido justificado, ao regular e impor determinadas sanções, o capítulo acabava por ameaçar o fluxo livre de informações e ideias, ameaçando a existência da rede como um todo.

Em nosso país, na mesma época que se discutiam as reformas que seriam realizadas no setor telecomunicações, o Ministro das Comunicações, por meio da edição da Norma 04/1995, iniciou a regulação do "uso dos meios da rede pública de telecomunicações para o provimento e utilização dos serviços de conexão à Internet". Eram, como bem explicitou Guilherme Almeida (2014), os primeiros passos da internet comercial em nosso país.

A norma trazia importantes definições, como internet, serviço de conexão, provedor de serviço de conexão, entre outros conceitos essenciais para estruturação do tema. Ademais, acabou com o monopólio estatal no provimento de serviços de conexão à internet.

No mesmo ano da edição da norma, foi criado o Comitê Gestor da Internet (CGI) no País, por meio da Portaria Interministerial nº 147, de 1995 e depois por Decreto. Entre as principais atribuições do CGI, podemos destacar o acompanhamento da disponibilização de serviços de internet, as recomendações que por ele deveriam ser emitidas, com relação à estratégia de implantação e interconexão e procedimentos operacionais e técnicos. Como o CGI não é uma agência reguladora, não está dentro de suas competências a formulação de normas, mas apenas de princípios norteadores da internet (PAPP, 2014).

Ainda em 1995, começaram a surgir projetos de lei no Congresso brasileiro que versavam sobre ações relacionadas à palavra informática. No final de 1995, foi proposto o Projeto de Lei nº 1.070, de 1995, que buscava criminalizar a divulgação de materiais pornográficos através de computadores. Vale notar que essa primeira proposição nem mencionava o termo internet. No ano seguinte, surgiram outros projetos que já se valiam do termo, boa parte buscando criminalizar condutas ou preocupados com a autenticação eletrônica de documentos. Muitos desses projetos eram meras traduções ou adaptações de normas internacionais (PAPP, 2014).

Entre os projetos que tramitavam, merece destaque o Projeto de Lei nº 84, de 1999[19], de autoria do deputado Luiz Piauhylino. O Projeto teve várias outras proposições apensados à ele para que a tramitação ocorresse de maneira conjunta, em razão da semelhança dos objetos das proposições.

---

[19]Para maiores informações e melhor compreensão do processo legislativo ao qual esse Projeto de Lei foi submetido, vide: a) na Câmara dos Deputados: http://www.camara.gov.br/proposicoesWeb/fichadetramitacao?idProposicao=15028; b) no Senado Federal: http://www.senado.gov.br/atividade/materia/detalhes.asp?p_cod_mate=63967.

O Projeto pretendia inserir na Seção V do Capítulo VI do Código Penal tipos penais contra a inviolabilidade dos sistemas informatizados. Ao total, nove condutas delituosas foram inseridas: acesso indevido a meio eletrônico, manipulação indevida de informação eletrônica, dano eletrônico, pornografia infantil, atentado contra a segurança de serviço de utilidade pública, interrupção ou perturbação de serviço telegráfico e telefônico, falsificação de cartão de crédito, falsificação de telefone celular, divulgação de informações pessoais ou empresariais.

Como pode-se notar, o Projeto de Lei inicial já contava com um número grande de tipificações penais. Não bastasse a proposição inicial, na Comissão de Educação, Cultura e Esporte do Senado Federal, o Projeto recebeu um substitutivo que expandiu as condutas penais presentes na proposição inicial. Entre as que causaram maior assombro, pode-se citar a alteração do art. 154-F que passou a exigir identificação e autenticação de usuário, quando do acesso ou uso da rede de computadores, sob pena de detenção de um a dois anos e multa. Além disso, criminalizava a manutenção de rede wifi aberta e exigia a guarda de registro de conexão e acesso por um prazo de 5 anos. Esse substitutivo gerou uma mobilização e um claro descontentamento dos setores que se relacionavam à sociedade da informação (ALMEIDA, 2014) já que continha uma redação questionável e transformava condutas comuns em crimes (PAPP, 2014).

A sociedade civil se organizou para combater o substitutivo proposto pelo Senador Eduardo Azeredo. Criou-se uma campanha na internet para criticar o Projeto e as ameaças ao funcionamento da rede que ele trazia. Essa mobilização passou a se referir à Proposição de Lei como "AI-5 Digital"[20], analogia clara à censura que a proposição representaria à internet, caso prosseguisse com a redação proposta. Setores sociais apontavam o perigo de se aprovar o Projeto de Lei dos Cibercrimes. Afirmavam que o Projeto criaria um estado de exceção permanente na internet, que controlaria e puniria os usuários. Diziam que o Projeto significava um vigilantismo na comunicação em rede.

A Proposição gerou questionamentos sobre a necessidade de um marco regulatório civil que contivesse, de uma maneira clara, as regras e responsabilidades dos usuários e das empresas antes mesmo de um marco criminalizador, como o que estava sendo proposto com o substitutivo de Azeredo. Um desses questionamentos veio do advogado Ronaldo Lemos, que

---

[20]O AI-5, Ato Institucional n° 5, foi o quinto decreto emanado pelo regime militar brasileiro em 1968. O ato mais repressivo de todos concedia poderes antes inimagináveis ao Presidente da República. Representou o maior ato de censura na história brasileira. Vide: http://www.planalto.gov.br/ccivil_03/AIT/ait-05-68.htm.

além de criticar o substitutivo de Azeredo, já falava da necessidade de um marco civil regulatório da internet para só depois se estabelecer um criminal.[21]

As manifestações contrárias ao Projeto continuaram movimentando a sociedade civil para concentrar esforços contra a sua aprovação. O movimento que ganhou mais espaço foi o "MegaNão". Em seu sítio, o Movimento definiu o que era objeto de combate: "combatemos o PL 84/99, defendido com unhas e dentes pelo Senador Eduardo Azeredo, e que tem diversos problemas graves conforme estudo colaborativo desenvolvido por diversos ciberativistas (...)". Ao final, de sua página, conclamavam as pessoas a assinarem uma petição contra o Projeto."[22] O blog serviu para agregar manifestos online a catalisar protestos de maneira presencial (PAPP, 2014).

A partir de um discurso feito pelo então Presidente Luiz Inácio Lula da Silva em 2009[23], no 10º Fórum Internacional de Software Livre, no qual criticou o PL 84, de 1999, afirmando que objetivo da Proposição era de censurar e não corrigir abuso de internet, coube ao Ministério da Justiça iniciar a elaboração uma proposta de lei que assegurasse direitos e garantias no âmbito da internet.

O processo de construção do Projeto de Lei do Marco Civil da Internet ocorreu de maneira colaborativa por meio de um debate aberto. Até então, apesar de o Decreto 4.176, de 2002, colocar como possibilidade dentre as competências da Casa Civil da Presidência da República a divulgação do texto básico de um projeto ou ato normativo por meio da Rede Mundial de Computadores, isso sempre ocorreu de maneira estática por meio do envio de colaborações a um determinado endereço sem possibilidade real de interação, ou seja de maneira unilateral, com barreiras de participação entre outros problemas, como pode-se notar em algumas consultas públicas feitas pela Agência Nacional de Telecomunicações.

Muito embora o Projeto do Marco Civil não tenha inovado por completo no sistema de possibilidade de consultas públicas, pois já existiam outros mecanismos de consulta pública por meio da internet, ele inovou ao adotar uma plataforma que permitia um debate não somente unidirecional, mas sim uma maior interação, além de não se restringir somente a um determinado público (ALMEIDA, 2014).

O Ministério da Justiça, especificamente a Secretaria de Assuntos Legislativos (SAL), foi responsável por conduzir esse processo colaborativo e

---

[21] Artigo disponível em: http://tecnologia.uol.com.br/ultnot/2007/05/22/ult4213u98.jhtm. Acessado em 08/02/2015.
[22] Para acesso a todas as críticas realizadas pelo Movimento MegaNão ao Projeto de Lei, vide: http://meganao.wordpress.com/o-mega-nao/o-que-combatemos/.
[23] Íntegra do discurso: http://softwarelivre.org/portal/fisl/veja-escute-e-leia-na-integra-o-discurso-do-presidente-lula-no-fisl-10.

criar possibilidades ao Projeto de Cibercrimes. Optou-se por hospedar a consulta pública no portal *Culturadigital.br*.

A plataforma, que foi criada e lançada pelo Ministério da Cultura em conjunto com a Rede Nacional de Pesquisa em 2009. Ela permitia a construção colaborativa de uma política pública digital. Além da parceria com o portal Culturadigital.br, firmou-se uma parceria com o Centro de Tecnologia e Sociedade da Escola de Direito da Fundação Getúlio Vargas. Esse Centro já tinha contribuído com o debate feito em torno do Projeto de Cibercrimes e foi fundamental para a estruturação da consulta, ao colaborar com as hipóteses de redação dos artigos e a organização de eventos sobre o tema.

A consulta foi estruturada em duas fases. Na página inicial, explicitou-se como funcionariam as regras de participação: o que era aquela consulta; o que se objetivava com o marco civil a ser elaborado. A partir desse instrumento, buscava-se, por meio da participação social, debater e melhorar o texto normativo inicialmente proposto.

A primeira fase da consulta, que ocorreu entre 29 de outubro e 17 de dezembro de 2009, foi estruturada em três grandes eixos: um sobre direitos individuais e coletivos, o segundo sobre responsabilidade dos atores e o terceiro sobre diretrizes governamentais.

O primeiro eixo buscava identificar direitos individuais e coletivos ainda não previstos de maneira explícita no ordenamento nacional. Questionava-se então se a ausência de previsão legal específica, mesmo que esses direitos derivassem de princípios constitucionais, não poderia prejudicar sua efetiva tutela e exercício. Esse eixo foi estruturado em três grandes tópicos: privacidade; liberdade de expressão; e direito de acesso.

O segundo eixo, mais diretamente relacionado ao objeto de análise do artigo, versava sobre a responsabilidade dos diversos atores que compõem a internet, entre os quais se incluem os provedores de acesso, de conteúdo, aplicativos, hospedagem, usuários, acesso, enfim, todos que participam da comunicação em rede. A ausência de legislação específica sobre a responsabilidade desses atores foi questionada, afirmando-se que, diante desse vácuo, era aplicada a responsabilidade objetiva aos provedores de serviços. De acordo com essa responsabilização, há a necessidade de comprovação da existência de um dano e da relação de causa e feito, diferentemente do que ocorre com a responsabilidade subjetiva, que demanda, para além desses dois elementos, a existência de uma conduta culposa do agente, o que significa que deve ocorrer uma ação ou omissão voluntária, imprudência ou negligência.

O principal questionamento consistiu no fato de que a responsabilidade objetiva é, de uma certa maneira, imprevisível quanto à reponsabilidade de atuação dos provedores de serviço, o que não contribui para a inovação tecnológica e cultural, e acaba por ignorar o caráter inovador da internet, já que demandaria dos provedores de serviços um controle sobre os seus usuários e sobre as atividades que eles realizam na internet para que possam ser demandados, quando houver uma ação judicial sobre alguma conduta do usuário. Isso gera uma incerteza jurídica enorme, o que aumenta os custos do serviço e não é propício para a inovação. Dentro desse eixo, foram discutidos mecanismos de salvaguarda e procedimentos administrativos e extrajudiciais para evitar que ações fossem propostas ao Poder Judiciário todas as vezes que ocorresse algum ilícito na internet.

O tópico que mais merece destaque dentro desse segundo eixo foi o 2.2, chamado de não discriminação de conteúdos ou neutralidade. A introdução para o tema continha a seguinte afirmação[24]:

> "A internet desenvolveu-se até seu estágio atual, dentre outros aspectos, por conta de sua natureza aberta e não discriminatória. Os protocolos de comunicação que permitem o envio de dados de um canto a outro, sob a forma de pacotes ou datagramas, foram planejados para que permitissem um tráfego livre e igualitário, independentemente da forma ou da natureza de seu conteúdo.
>
> No entanto, este princípio não legislado – que afirma que a internet deve permanecer neutra com relação às suas inúmeras possibilidades de uso, sem sofrer limitação ou controle na transmissão, recepção ou emissão de dados – nem sempre é obedecido pelos diversos intermediários do processo de comunicação virtual. Isto fere a própria lógica da internet, no sentido de que suas aplicações e controles devem ficar nas pontas (o chamado princípio "*end-to-end*"), ou seja, nas mãos dos seus usuários."

Restou clara a intenção e a necessidade sobre a inclusão desse tópico na consulta. Não se demandou a chamada neutralidade absoluta de rede, a introdução sobre o tema já havia deixado claro que isso é impossível, que sempre haverá critérios de ordem técnica que privilegiam determinado tipo de tráfego. Entretanto, isso não deveria significar a permissão de favorecimento ou discriminação de um determinado conteúdo por motivos alheios aos técnicos, quais sejam: políticos, religiosos, comerciais, econômicos e culturais. O escopo do tópico era, portanto, de impedir que filtragens indevidas sobre os dados ocorressem na rede.

O terceiro eixo presente nessa primeira fase da discussão versava sobre as diretrizes que deveriam servir como referência para a formulação de políticas públicas relacionadas à internet e para a regulamentação, já infralegal, desse mecanismo. O escopo do eixo era o de atualizar as diretrizes já existentes sobre

---

[24]Para acesso à primeira fase completa da consulta pública, vide: http://culturadigital.br/marcocivil/consulta/.

o tema, tanto a Lei Geral de Telecomunicações (Lei 9.472/97) quando a Política Nacional de Informática (Lei 7.232/84) já continham diretrizes gerais.

O eixo foi estruturado em três tópicos: um deles sobre abertura para assegurar a interoperabilidade das distintas formas de acessar a rede; um segundo sobre a infraestrutura, onde colocou-se a necessidade de ampliação da rede para todo o território nacional e, para além disso, a qualidade e velocidade, elementos essenciais ao pleno funcionamento e acesso à internet; ademais, como último tópico do eixo, trouxe uma discussão sobre a chamada capacitação, que podemos compreender como uma visão não determinista sobre a tecnologia. O debate partiu do pressuposto de que a internet, por si só, não promove desenvolvimento social, democracia e justiça social. Deve haver uma capacitação educacional sobre como essa ferramenta pode, e deve, ser utilizada para esses fins. Para tanto, buscou-se elaboração de diretrizes para políticas públicas voltadas a esse fim e para o desenvolvimento, promoção da cultura, educação e ciência.

Como resultado da primeira fase de consulta, um relatório com 580 páginas contendo todos os comentários propostos pelos participantes foi elaborado. A partir daí, esse material foi transformado em um anteprojeto de lei bem estruturado.

Após essa sistematização e tradução do material coletado em uma minuta de projeto de lei e após a validação do texto com outros órgãos de governo, foi dado início a segunda fase do debate. Além de uma melhoria na plataforma, que incorporou facilidades ao debate, como a criação de *plugins* específicos, algumas opções estruturantes foram tomadas para deixar o debate mais fluido, como a separação da minuta em si dos comentários realizados pelos participantes, a visualização de toda a consulta em uma única tela, maior divulgação dos eventos e da consulta, entre outras mudanças que contribuíram para uma consulta mais ampla e colaborativa (ALMEIDA, 2014).

A preocupação com a neutralidade era tão evidente, que foi inserido como um princípio, no inciso IV do art. 2°, no capítulo sobre disposições preliminares:

> "A disciplina do uso da Internet no Brasil tem como fundamentos o reconhecimento da escala mundial da rede, o exercício da cidadania em meios digitais, os direitos humanos, a pluralidade, a diversidade, a abertura, a livre iniciativa, a livre concorrência e a colaboração, e observará os seguintes princípios:
>
> (...)
>
> IV – preservação e garantia da neutralidade da rede;"

Somente este inciso recebeu 15 comentários, que variaram desde a contrariedade da neutralidade de rede, sob o argumento de que a rede é sim valorativa e que os agentes que a ela recorrem também necessitam dessa valoração, até argumentos favoráveis, com explicações sobre o significado de neutralidade utilizado em textos referenciais sobre o tema, como o de Tim Wu, esclarecendo que a neutralidade deveria ser entendida como proibição por parte dos provedores de filtrar ou impedir o tráfego de dados em razão da sua origem.

Na Seção II, sobre o tráfego de dados, que constava do Capítulo III intitulado "A Provisão de Conexão e de Serviços de Internet", estava o artigo 12 que versava sobre o tratamento isonômico de pacotes de dados, com a seguinte redação[25]:

> "O responsável pela transmissão, comutação ou roteamento tem o dever de tratar de forma isonômica quaisquer pacotes de dados, conteúdo, serviço, terminal ou aplicativo, sendo vedado estabelecer qualquer discriminação ou degradação do tráfego que não decorra de requisitos técnicos destinados a preservar a qualidade contratual do serviço".

Alguns dos 17 comentários dirigidos a este artigo remetiam ao disposto no inciso IV, art. 2º, que versava sobre o princípio. Apontou-se como preocupação a parte final do artigo, que abriu margem para exceção decorrente de requisitos técnicos cuja finalidade fosse a de preservar a qualidade do serviço que foi contratado. Parte dos comentários afirmou que essa exceção permitiria o *traffic shaping*. Um participante chegou a comentar sobre a não possibilidade do usuário comprovar uma ação desse tipo, o que inviabilizaria uma denúncia, cabendo, portanto, ao estado a fiscalização desse tipo de conduta.

Inúmeros comentários foram feitos à minuta de projeto de lei, que passou por consolidação semelhante à ocorrida na primeira fase do debate público. Como bem ressaltado por Almeida (2014), o processo do debate tem como escopo o auxílio na tomada de decisão do Presidente da República, não há a supressão da competência desse representante de encaminhar o projeto de lei ao congresso, muito menos de condicionar a deliberação do Presidente sobre os comentários feitos na consulta pública.

Após a consolidação desse material, submeteu-se a minuta à chancela dos Ministérios competentes sobre o tema, quais sejam, o do Planejamento, Orçamento e Gestão, o das Comunicações e o da Ciência e Tecnologia. Depois que todas essas chancelas com respectivos pareceres jurídicos foram recebidas, o texto foi encaminhado à Casa Civil da Presidência da República em 2010, no final do governo Lula, em um timing ingrato (PAPP, 2014).

Com as mudanças naturais de uma troca de governo, fez-se necessário recolher todas as chancelas obtidas nos órgãos governamentais em 2010. O

---

[25]Para a minuta completa do projeto de lei debatida na segunda fase da consulta, vide: http://culturadigital.br/marcocivil/debate/.

Projeto somente foi para apreciação da Presidenta Dilma Rousseff, em 2011, que, por sua vez, encaminhou o Projeto ao Congresso Nacional, tendo sido recebido na Câmara dos Deputados como Projeto de Lei 2.126, de 2011[26].

Na Câmara dos Deputados foi criada uma Comissão Especial para analisar o Projeto. O Deputado Alessandro Molon foi eleito o relator da proposição. O Projeto contou com a realização de audiências públicas e eventos para debater seu conteúdo em inúmeras cidades. Houve a manutenção do processo participativo que levou a apresentação do Projeto, por meio do portal e-Democracia, o que permitiu a mobilização social e comentários acerca do substitutivo apresentado pelo relator Molon.

Entre os pontos de destaque e mais polêmicos nesse processo, pode-se mencionar a neutralidade de rede, a responsabilidade civil a ser adotado para os provedores e a guarda de *logs*. Inúmeros projetos foram apensados ao Projeto 2.126, de 2011.

Em 12 de fevereiro de 2012, o relator propôs o substitutivo, que continha, dentro do Capítulo III sobre provisão de conexão e de aplicações de internet, a Seção I – Da Neutralidade de Rede:

> "Art. 9º O responsável pela transmissão, comutação ou roteamento tem o dever de tratar de forma isonômica quaisquer pacotes de dados, sem distinção por conteúdo, origem e destino, serviço, terminal ou aplicação.
>
> § 1º A discriminação ou degradação do tráfego será regulamentada por Decreto e somente poderá decorrer de:
>
> I – requisitos técnicos indispensáveis à prestação adequada dos serviços e aplicações; e
>
> II – priorização de serviços de emergência.
>
> § 2º Na hipótese de discriminação ou degradação do tráfego prevista no § 1º, o responsável mencionado no caput deve:
>
> I – abster-se de causar dano aos usuários, na forma do art. 927 do Código Civil;
>
> II – agir com proporcionalidade, transparência e isonomia;
>
> III – informar previamente de modo transparente, claro e suficientemente descritivo aos seus usuários sobre as práticas de gerenciamento e mitigação de tráfego adotadas, inclusive as relacionadas à segurança da rede; e
>
> IV – oferecer serviços em condições comerciais não discriminatórias e abster-se de praticar condutas anticoncorrenciais.

---

[26]Para melhor conhecer o trâmite do Projeto, vide: http://www.camara.gov.br/proposicoesWeb/fichadetramitacao?idProposicao=517255.

CINTRA, M. E. *Neutralidade de Rede: o caso Comcast v. Netflix e o Marco Civil da Internet*. **Revista de Direito, Estado e Telecomunicações**, Brasília, v. 7, n. 1, p. 145-170, maio 2015.

§ 3° Na provisão de conexão à internet, onerosa ou gratuita, bem como na transmissão, comutação ou roteamento, é vedado bloquear, monitorar, filtrar ou analisar o conteúdo dos pacotes de dados, respeitado o disposto neste artigo."

Antes de ser votado o relatório proposto, foi aprovado um Projeto de Lei n° 2.793, de 2011, que visava criminalizar condutas cibernéticas em razão da situação de exposição sofrida pela atriz Carolina Dieckmann, que teve seu computador pessoal invadido e fotos de sua intimidade divulgadas. A aprovação desse Projeto e a sanção da lei, conhecida popularmente como Carolina Dieckmann (Lei 12.737, de 2012), acabou por iniciar a regulação da internet por condutas criminosas e não por um marco civil regulatório que explicitasse direitos e deveres dos usuários.

Essa aprovação de uma lei que versava sobre cibercrimes esvaziou as forças que visavam aprovar o Projeto do Marco Civil, que dormitou sem acordo para realização da votação até meados de 2013. Somente com o surgimento da denúncia sobre os sistemas de vigilância global da Agência de Segurança Nacional (NSA) por Edward Snowden[27] houve uma alteração desse cenário. Em razão dessa denúncia de espionagem e com o surgimento de documentos comprovando que até a Presidenta Dilma Rousseff estaria sendo espionada, a Presidenta, em resposta à atitude do governo norte-americano, adiou a sua visita oficial que seria feita na segunda quinzena de outubro de 2013 ao País. A visita presidencial só ocorreria quando uma "solução satisfatória para o Brasil"[28] fosse alcançada.

Essa ação concreta da Presidenta projetou o Brasil como liderança global em torno às discussões sobre governança da internet (ALMEIDA, 2014). Além da decisão de realizar um evento focado em governança da internet, feito inédito, a Presidenta, ao proferir discurso[29], em setembro de 2013, na abertura do Debate Geral da 68ª Assembleia-Geral das Nações Unidas, em Nova Iorque, nos Estados Unidos, repudiou as ações de interceptação realizadas pelo governo americano, afirmou a importância de se regular o comportamento nesse mundo tecnológico para contribuir para a construção da democracia no mundo.

---

[27]Para melhor conhecimento do caso, vide: http://pt.wikipedia.org/wiki/Edward_Snowden e http://g1.globo.com/topico/edward-snowden. Acessado em: 20/12/2014.

[28]Afirmação feita pela Presidenta Dilma Rousseff em entrevista sobre o tema: http://noticias.uol.com.br/internacional/ultimas-noticias/2013/09/17/em-primeira-reacao-concreta-a-espionagem-dilma-adia-visita-oficial-aos-eua.htm. Acessado em: 20/12/2014.

[29]A íntegra do discurso pode ser lida em: http://www2.planalto.gov.br/acompanhe-o-planalto/discursos/discursos-da-presidenta/discurso-da-presidenta-da-republica-dilma-rousseff-na-abertura-do-debate-geral-da-68a-assembleia-geral-das-nacoes-unidas-nova-iorque-eua e visualizada em: https://www.youtube.com/watch?v=7TqNk5fMd_8. Acessado em: 20/12/2014.

Nesse discurso, ela afirmou que o Brasil apresentaria propostas para estabelecer "um marco civil multilateral para a governança e uso da internet e medidas que garantam uma efetiva proteção dos dados que por ela trafegam" (ROUSSEFF, 2013). Ressaltou que determinados princípios deveriam ser garantidos, tais como a liberdade de expressão, privacidade e respeito aos direitos humanos; a governança democrática, multilateral e aberta; a universalidade, a diversidade cultural e, finalmente, a neutralidade de rede, para tornar "inadmissível restrições por motivos políticos, comerciais, religiosos ou de qualquer outra natureza" (ROUSSEFF, 2013).

Ainda em setembro de 2013[30], dias antes de proferir o discurso na Assembleia da ONU o pedido de regime de urgência constitucional para o Projeto de Lei do Marco Civil foi publicado no Diário Oficial. Isso significava que o Câmara teria o prazo de 45 dias para apreciar o Projeto de Lei sob pena de sobrestar a pauta da casa após esse prazo.

Após muitas pressões e forte lobby para alterar determinados artigos do projeto, muitas entidades se manifestaram favoravelmente ao Marco Civil e demandaram que três princípios fundamentais não fossem alterados, o de neutralidade da rede, privacidade e liberdade de expressão. Molon afirmou que neutralidade era o "coração" do Marco Civil e que isso não iria ser alterado, mesmo que isso afetasse o lucro das operadoras de telecomunicações (PAPP, 2014).

Em 25 de março de 2014, após meses do Projeto trancar a pauta da Casa, ocorreu, finalmente, a votação da proposição no Plenário da Câmara. A redação final proposta que foi votada teve pequenas alterações de técnica legislativa, mas a principal mudança versou sobre a inserção sobre quem exerceria a competência de regulamentar o que é a discriminação ou degradação do tráfego para deixar claro que seria por meio de decreto presidencial com auxílio dos órgãos competentes, conforme redação abaixo:

> "§ 1º A discriminação ou degradação do tráfego será regulamentada nos termos das atribuições privativas do Presidente da República previstas no inciso IV do art. 84 da Constituição Federal, para a fiel execução desta Lei, ouvidos o Comitê Gestor da Internet e a Agência Nacional de Telecomunicações, e somente poderá decorrer de:
>
> (...)
>
> I – abster-se de causar dano aos usuários, na forma do art. 927 da Lei nº 10.406, de 10 de janeiro de 2002 – Código Civil;"

Após a aprovação na Câmara dos Deputados, a matéria foi encaminhada ao Senado Federal para apreciação. As discussões no Senado

---

[30]Mensagem presidencial solicitando o regime de urgência: http://www.camara.gov.br/proposicoesWeb/prop_mostrarintegra?codteor=1132586&filename=Tramitacao-PL+2126/2011.

foram muito mais breves do que as feitas na Câmara e o governo conseguiu impedir que qualquer alteração fosse feita no texto.

Em abril de 2014, ocorreu o evento NETMundial[31], que representou um processo de junção de variados atores dos mais distintos setores envolvidos sobre o tema em prol do debate sobre governança da internet no Brasil. Como havia a intenção de que o Marco Civil fosse sancionado no evento do NETMundial, o Projeto foi aprovado no Senado no dia 22 de abril e a Presidenta Dilma Rousseff sancionou a proposição durante a abertura do evento da NETMundial, no dia 23 de abril[32], um dia após a sua aprovação na Casa Revisora, para demonstrar para o mundo que o Brasil havia cumprido o compromisso firmado em 2013 diante da Assembleia Geral da ONU.

Como produto final do evento, uma carta, chamada de NETMundial Multistakeholder Statement[33] foi assinada por todos os atores e representantes de países presentes. Nela a neutralidade de rede foi apontada como um ponto que foi muito produtivo e rico em discussões, mas que como não houve um consenso entre as visões dos países acerca do tema – o Brasil figurou como principal defensor do tópico, que contou com a oposição forte dos Estados Unidos e da União Europeia –, não foi definida uma posição, mas foi firmado o compromisso de que a questão seria inserida entre os pontos que merecem futura discussão para além do NETMundial.

Assim o Brasil encerrou o mês de abril de 2014 com o protagonismo sobre a discussão de neutralidade e a necessidade de ações concretas por parte dos governos para que a internet permanecesse aberta e neutra.

6. Conclusão

Diante do apresentado, pode-se concluir que há, no Brasil, um grande esforço por parte do governo brasileiro, especialmente quando se observa o longo processo que ocorreu em prol da aprovação do Marco Civil, de assegurar a neutralidade de rede, de tentar regular práticas que preservem esse bem público.

O Marco Civil da Internet, espécie de Constituição da Internet, já que estabelece "princípios, garantias, direitos e deveres para o uso da Internet no Brasil", assegurou em seu artigo 3º a "preservação e garantia da neutralidade de rede", além de dispor, de maneira específica, no capítulo III do dispositivo legal,

---

[31]Todas as informações sobre o evento podem ser vistas em: http://netmundial.br.

[32]Sobre a sanção presidencial no evento: http://www.techtudo.com.br/noticias/noticia/2014/04/dilma-sanciona-marco-civil-da-internet-durante-o-net-mundial-em-sao-paulo.html. Acessado em: 28/12/2014.

[33]Para leitura completa do Statement, vide: http://netmundial.br/wp-content/uploads/2014/04/NETmundial-Multistakeholder-Document.pdf.

as únicas possibilidade em que a discriminação ou degradação de tráfego pode ocorrer.

Muito embora o Brasil esteja na vanguarda por ter assegurado esse princípio, ainda se faz necessário a regulamentação específica sobre o tema para elencar as exceções técnicas à neutralidade, cuja competência é privativa da Presidenta.

Os Estados Unidos, por sua vez, apesar de debater o tema há alguns anos e já ter tentado listar como princípios não vinculantes o bloqueio, a discriminação e a proibição de dispositivos em rede, nunca obteve êxito com o seu propósito, já que sempre foi questionado judicialmente. Somente no primeiro semestre de 2014 lançou uma consulta pública, por meio da FCC, para regulamentar o tema.

Apenas no final de fevereiro de 2015[34], a FCC estabeleceu o *Open Internet Order*[35] que implementa regras sobre neutralidade de rede, não sendo aceitável o bloqueio, a degradação de tráfego e a priorização paga de tráfego. Essas regras são um grande avanço e uma vitória para a neutralidade de rede nos Estados Unidos. Entretanto, vale notar que elas ainda são passíveis de questionamento judicial.

Quanto à regulamentação do Marco Civil brasileiro, a primeira fase da regulamentação foi lançada pelo Ministério da Justiça por meio de um debate público no dia 28 de janeiro de 2015[36]. Assim como na primeira fase do debate público implementado para o então anteprojeto de lei do Marco Civil, o debate foi dividido em eixos, quais sejam: neutralidade; privacidade na rede; registro de acesso; e outros temas e considerações.

O eixo sobre neutralidade é iniciado como a afirmação de que a neutralidade já está vigente no país. Ali apenas serão discutidas as exceções específicas que se limitam aos "requisitos técnicos indispensáveis para a prestação adequada de serviços e aplicações e priorização de serviços de emergência". O Decreto regulamentador poderá, caso haja necessidade, esclarecer definições elencadas na lei. Ademais, o eixo demanda "contribuições relativas à apuração de infrações e da fiscalização sobre o cumprimento das regras" que dizem respeito à neutralidade.

---

[34]A votação na Comissão sobre o tema foi apertada (3x2), mas o plano de uma internet aberta e a alteração sobre a classificação do tipo de serviço prestado pelas empresas de telecomunicações foram aprovadas: http://www.theverge.com/2015/2/26/8114265/fcc-ruling-net-neutrality-victory-internet-title-ii. Acessado em 26/02/2015. Entretanto, a as alterações realizadas pela FCC estão sendo questionadas.

[35]Para ver todos os pontos da regra sobre *Open Internet* aprovada pela FCC, vide: http://www.fcc.gov/document/fcc-adopts-strong-sustainable-rules-protect-open-internet. Acessado em 28/02/2015.

[36]O acompanhamento e a possibilidade de participação constam de: http://participacao.mj.gov.br/marcocivil/. Acessado em 8/02/2015.

Ainda não há uma definição sobre qual órgão será competente para realizar o *enforcement* das disposições presentes no Marco Civil. Quanto à neutralidade, a ANATEL, por meio da Resolução nº 614, de 28 de maio de 2013, resolução publicada um ano antes da aprovação da Lei, dispõe em seu art. 75, sobre a necessidade de respeito à neutralidade, atribuindo-se a competência de fiscalizar a neutralidade. Vale acompanhar como a questão será definida no decreto.

A despeito da competência para a regulamentação ser presidencial, o Comitê Gestor da Internet (CGI) e a Agência Nacional de Telecomunicações serão ouvidos nesse processo, que é de fundamental importância para assegurar que esse princípio da neutralidade seja assegurado em nosso país.

Ante a demora governamental em se iniciar um debate público sobre o tema, o CGI abriu, em 19 de dezembro de 2014, uma chamada para contribuições sobre os temas de regulamentação, convidando distintos setores para contribuir. A neutralidade de rede é uma dessas áreas temáticas, assim como as definições técnicas de termos relevantes, a proteção aos registros, dados pessoais e às comunicações privadas, guarda de registros de conexão e de acesso a aplicações de internet, entre outros aspectos. Tais contribuições estão em processo de coleta via formulário[37] do CGI.

Parte do desafio quanto à neutralidade foi vencido: as discriminações feitas pelas grandes provedoras americanas de rede não seriam admitidas no Brasil. Resta agora aguardar por uma regulamentação que defina as exceções e garanta o *enforcement* dos dispositivos previstos no Marco Civil da Internet, para que o Brasil continue na vanguarda da governança de internet mundial.

Referências Bibliográficas

ALMEIDA, Guilherme Alberto Almeida de. **Neutralidade de rede e o desenvolvimento: o caso brasileiro**. Diplo Foundation, 2007.

ALMEIDA, Guilherme Alberto Almeida de. **Marco Civil da Internet: antecedentes, formulação colaborativa e resultados alcançados**, 2014.

CROLEY, Steven P. *Regulation and Public Interests*. Princeton: Princeton University Press, 2008.

HORWITZ, Robert Britt. *The irony of regulatory reform: the deregulation of American telecommunications*. New York/Oxford: Oxford University Press, 1989.

---

[37]Formulário disponível em: http://marcocivil.cgi.br/formulario/. Acessado em 29/12/2014.

FEINTUCK, Mike. *Regulatory Rationales Beyond the Economic: In Search of the Public Interest.* In: BALDWIN, Robert; CAVE, Martin; LODGE, Martin (org.). *The Oxford Handbook of Regulation.* Oxford: Oxford University Press, 2010.

FERREIRA, J. N. Building the Marco Civil: A Brief Review of Brazil's Internet Regulation History. In: *Stakes are High: Essays on Brazil and the Future of the Global Internet.* 2014. Disponível em: http://globalnetpolicy.org/wpcontent/uploads/2014/04/StakesAreHigh_Br azilNETmundial_final.pdf#juliananolasco.

PAPP, Ana Carolina. **Em nome da internet: os bastidores da construção coletiva do Marco Civil**, 2014.

RAMOS, Marcelo de Matos. **Neutralidade de Redes: o futuro da Internet e o mix institucional**, 2006. Disponível em: http://www.seae.fazenda.gov.br/central-de-documentos/documentos-de-trabalho/documentos-de-trabalho-2006/DT_41.pdf. Acessado em 29 de dezembro de 2014.

STIGLITZ, Joseph E. *Government Failure vs. Market Failure: Principles of Regulation.* In: BALLEISEN, Edward; MOSS, David (ed.). **Government and Markets: Toward a New Theory of Regulation**. New York, NY: Cambridge University Press, 2009.

WILSON, Ernst J. *The Information Revolution and Developing Countries.* Cambridge, Massachusetts: The MIT Press, 2006.

WU, Tim. *Network Neutrality, Broadband Discrimination.* **Journal of Telecommunications and High Technology Law**, Vol. 2, p. 141-179, 2005. Disponível em SSRN: http://ssrn.com/abstract=388863 (Acessado em 05 de fevereiro de 2015)

YOO, C. and WU, T. *Keeping the Internet neutral? Christopher S. Yoo and Timothy Wu debate* [online]. Vanderbilt Public Law Research Paper. Disponível em: http://ssrn.com/abstract=953989 (Acessado em 17 de dezembro de 2014), 2006.

Regulação do Direito ao Esquecimento no Ciberespaço: Heterogeneidade de Lealdades no Espaço Público de Postulação de Interesses Legítimos
Regulating the Right to be Forgotten in Cyberspace: Heterogeneity of Loyalties within the Regulatory Environment

Submetido(*submitted*): 11/12/2014
Parecer(*revised*): 15/01/2015
Aceito(*accepted*): 27/01/2015

Jussara Costa Melo[*]

Resumo

Propósito – Este artigo tem por finalidade ampliar a compreensão da diversificação das responsabilidades públicas presente na intenção dos legisladores de regular o direito à privacidade e ao esquecimento no Projeto de Lei 7881/2014 e PLS 181/2014.

Metodologia/abordagem/design – O texto adota raciocínio dedutivo, metodologia descritiva combinada com análise de discurso e referencial teórico na Teoria Geral do Estado para explicar o percurso da intervenção que deságua no Estado Regulador.

Resultados – O estudo identifica a inspiração internacional e econômica das proposições legislativas que visam atender exigências da comunicação tecnológica em um novo mercado de apropriação de dados e informações pelas corporações.

Implicações práticas – O artigo fortalece a tese da diversificação das responsabilidades públicas e aponta dificuldades para a efetividade da regulação proposta em face da complexidade técnica e da assimetria entre usuários e provedores de pesquisa relativamente ao acesso e uso dos conteúdos armazenados no mundo virtual.

Originalidade/relevância do texto – O artigo aponta riscos contratuais do intenso fluxo de trocas na internet e alerta para a ausência de um Estado transnacional que faça a proteção global do direito à privacidade e ao esquecimento, frente ao poder das grandes corporações.

Palavras-chave: comunicação, privacidade, regulação, internet, tecnologia.

Abstract

Purpose *– This paper aims to enhance the comprehension of the diversification of public responsibility within the legislators' intention on regulating the right of privacy and also the right to be forgotten in the Congress Proposal no. 7,881/2014 and PLS 181/2014.*

Methodology/approach/design *– The paper is adopts deductive reasoning and descriptive methodology combined with discourse analysis. It employs the general theory*

---

[*]Mestre e Doutoranda em Comunicação e Sociedade. Especialista em Regulação de Telecomunicações e em Teoria da Constituição. Advogada com atuação em advocacia consultiva e contenciosa em direito público, direito das telecomunicações, direito da energia, direito regulatório, contratual e concorrencial. E-mail: jussaracmelo@gmail.com.

of the state as a framework to explain the state course of action towards the Regulatory State.

Findings *– The study identifies the international and economic motivation for legislative proposals designed to meet the technological communication requirements in a new market in which data and information are owned by corporations.*

Practical implications *– The paper strengthens the thesis of diversification of public responsibilities and points to difficulties for the effectiveness of the regulatory proposals considering technical complexity and asymmetry between users and providers of research mechanisms on access and use of the contents stored in the virtual world.*

Originality/value *– The article is not original in its contents. Nevertheless it points contractual risks in the intense flow of exchanges in the Internet and throws light on the absence of a transnational State that could embody the overall protection of privacy and right to be forgotten against the power of large corporations.*

Keywords: communication, law, privacy, regulation, Internet, technology.

Introdução

No ciberespaço, tudo aquilo que pode ser transformado em bits torna-se real e atual. O virtual torna-se real. O tempo não passa e a localização geográfica é irrelevante. Nessa interconexão de computadores com suas memórias, as informações armazenadas acerca de fatos pretéritos que dizem respeito a pessoas em tempo e espaço determinados são facilmente recuperáveis por qualquer indivíduo nos mecanismos de busca da internet.

Essa facilidade é atributo da tecnologia e um dado da modernidade. Porém, o uso que se faz das informações obtidas nos mecanismos de busca é complexo e diz respeito à esfera privada – intimidade, privacidade, imagem, personalidade – e à esfera pública – informação, transparência, interesse público.

A internet é um espaço de fluxo de informações, de uma comunicação tecnológica distinta da TV e do rádio. Esse espaço requer o estabelecimento de padrões como é o caso do marco civil (Lei nº 12.965, de 23/04/2014), mas essa necessidade de padrões não faz com que a internet concorra com outras normas que regulamentam a vida fora do ciberespaço, as quais, muitas vezes, já se aplicam a relações originadas na redet.

O que ocorre é que a informação é uma mercadoria em um mercado tecnológico que cria e recria novas formas de sociabilidade que, por sua vez, colocam direitos em disputa, como é o caso do direito à privacidade e à liberdade de expressão cuja regulação internacional reverberou no labor regulatório brasileiro. Ninguém é obrigado a conviver para sempre com o passado, segundo tese do direito ao esquecimento acatada pelo Superior Tribunal de Justiça (STJ) no Enunciado 531.

Esse direito não é doutrinariamente novo, mas o Projeto de Lei 7881/2014 de autoria do Deputado Eduardo Cunha inova ao propor a obrigatoriedade de remoção de links de busca da internet que façam referência a dados irrelevantes ou defasados por iniciativa de qualquer cidadão ou a pedido da pessoa envolvida. Também, no Senado Federal, o Projeto PLS 181/2014 de autoria do Senador Vital do Rego, no que concerne à privacidade, a coleta e o tratamento indiscriminado de dados pessoais, propõe o estabelecimento de proteção de uma esfera mínima de intimidade perante as novas tecnologias.

Privacidade é direito fundamental constitucional também previsto na legislação infraconstitucional (art. 11 da Lei 10.406/2002, Código Civil), portanto, o direito ao esquecimento já está regulado fora do ciberespaço. Os projetos de lei propostos sofreram o influxo da regra C-131/12 adotada pela Comissão Europeia[1] e de regras aprovadas por outros países, que instalam uma heterogeneidade de lealdades, pois a informação é uma mercadoria que pode gerar ideias úteis e bens de valor significativo.

Se não é novo o direito à privacidade e ao esquecimento e se os sistemas jurídico e legal já asseguram a sua proteção, o que há de novo nas propostas de no regime jurídico-regulatório do direito ao esquecimento e da privacidade?

Há a suspeita de que não seja tecnicamente possível cobrir todas as possibilidades de busca, recuperação e remoção de dados e links. As proposições legislativas podem não se efetivar na prática pela complexidade técnica e pela capacidade de uso dos mecanismos técnicos de proteção por parte dos usuários.

Este artigo analisa a intenção das proposições legislativas na perspectiva teórica da diversificação da responsabilidade pública (GONÇALVES, 2005). O artigo está dividido em três seções. A primeira seção faz um apanhado histórico da atuação do Estado, tomando a intervenção como ponto central e situando o tema da regulação pós-privatização. A segunda seção indica como o ordenamento jurídico vigente regula a privacidade e o direito ao esquecimento e explica a transformação da informação em mercadoria. A terceira descreve as proposições legislativas, enfocando as dificuldades do uso da internet e da efetivação dos comandos legais propostos.

Espiral da Intervenção

A regulação, como termo geral, é uma forma de atuação estatal que indica intenção de direcionamento de um setor de atividades (ARANHA, 2005).

---

[1]Disponível em http://ec.europa.eu/justice/data-protection/files/factsheets/factsheet_data_protection_en.pdf. Acesso em 21/01/2015.

Por essa razão, entender a racionalidade das proposições legislativas que incidem sobre direitos já positivados no ordenamento jurídico traz a necessidade de uma remissão à Teoria Geral do Estado, que significa e resignifica o Estado do ponto de vista da intervenção.

A intervenção do Estado é o ponto central de uma espiral evolutiva que deságua no Estado Regulador. A expressão espiral tem aqui inspiração na Teoria da Espiral do Silêncio (HOHFELDT, 2001, p. 220). A medida da intervenção é preocupação que historicamente opera na definição da forma de atuação do Estado. A ideia de uma intervenção mínima deu forma ao Estado liberal, mas com o fim da Primeira Guerra Mundial, o declínio do liberalismo lançou por terra o ideário burguês de valorização isolada da liberdade e do indivíduo que assegurava privilégios aos economicamente mais fortes. Esse ideário, que havia impedido a interferência do Estado no atendimento às demandas sociais, cedeu terreno para um Estado intervencionista do qual são exemplos o estado socialista russo, a política nacionalista do III Reich, a ênfase na questão social na Constituição de Weimar e do México e a política intervencionista do New Deal de Roosevelt (DALLARI, 1993, p. 235). Essas experiências causaram mudanças na concepção do Estado Liberal, tendo Dobrowolski afirmado que:

> "Enquanto o Estado Liberal é unidimensional, ao considerar os homens apenas naquilo que, por abstração, possuem em comum, a qualidade de cidadãos, o Estado Social acresce suas dimensões, ao se relacionar com as pessoas integradas em suas múltiplas formas de vida, no seu trabalho, em seu lugar no mundo, ou seja, ao lidar com homens concretos, com o homem situado, na expressão de Burdeau." (DOBROWOLSKI, 1985, p. 107)

A lei é o instrumento de ação do Estado Social, mas não a lei no sentido tradicional e sim a lei no sentido contemporâneo. No sentido tradicional, a lei é uma regra geral, abstrata, prospectiva, válida para um número indefinido de casos e para um tempo indeterminado, derivada das discussões no parlamento. Essa concepção, entretanto, é alterada. Nas palavras de Dobrowolski:

> "A idéia contemporânea de lei é diferente. É um plano de ação destinado a modificar a ordem social existente ou simplesmente a resolver um problema específico e concreto. Exprime, pois, uma vontade construtiva, e vem adequar-se à razão instrumental ou operacional do nosso tempo, que desconhece a ordem racional objetiva e admite somente racionalidades subjetivas, considerando racional o que serve para conseguir um objetivo, para resolver um problema. Constituindo um instrumento para a ação, envolve-se com valores diferentes dos jurídicos, como os de natureza técnica ou econômica, aos quais tem de ajustar-se." (DOBROWOLSKI, 1985, p. 111-112)

Ocorre que o Estado Social inviabilizou-se tanto por terem sido gerados resultados positivos – *e. g.*, o aumento da expectativa de vida –, como pelos efeitos colaterais – *e. g.*, elevação dos passivos governamentais, estrutura burocrática, ineficiência das empresas estatais, insatisfação com os serviços públicos da intervenção – que, somados ao desenvolvimento exacerbado da atividade privada, requereram medidas de correção da atuação do Estado.

As medidas de correção se concretizaram no final da década de setenta e início da década de oitenta e adentrando os anos noventa do século XX, com a retração do Estado, que como opção de política econômica, abriu vias para o Estado Regulador. É o que acentua Fiorati:

> "O Estado volta a retrair-se, transfere aos particulares as empresas e os interesses e serviços considerados "públicos", buscando com esses mecanismos a eficiência perdida, passando a se concentrar novamente naquelas atividades consideradas "essenciais", porém, com uma nova tendência, talvez resultante do embate capitalismo x socialismo: o Estado passa a ser regulador, fiscalizador, evitando-se assim, o Estado-Alheio do século XIX." (FIORATI, 2004, p. 119)

Justen Filho explica que o Estado Regulador é um novo paradigma político-organizacional que pode ser compreendido em face da evolução da União Europeia, que assumiu funções normativas vinculantes para os Estados nacionais associados em uma estrutura governativa dotada de competências regulatórias da qual deriva a concepção de um Estado que se faz presente em uma intervenção normativa e não na execução direta das atividades e serviços que possam ser organizados segundo padrões de estrita racionalidade econômica. (JUSTEN FILHO, 2002),

Marques Neto ocupa-se da questão da intervenção quando trata do Estado republicizado, que seria um radical interventor indireto e um subsidiário e excepcional interventor direto no jogo econômico. No intervencionismo indireto, o Estado deve deter o máximo de capacidade de regular, via regulamentação, fiscalização, monitoramento, aplicação de sanções nos diversos campos da atividade econômica e social, atuando sempre no sentido da proteção dos interesses hipossuficientes, não exercendo um intervencionismo direto, ou seja, abstendo-se de executar atividades que possam ser desenvolvidas por atores privados. (MARQUES NETO, 2002, p. 183).

Aranha (2015, p. 73) descreve que o Estado Regulador não é um estado intervencionista e também não é abstencionista, mas atua como regulador, facilitador ou financiador a fundo perdido do desenvolvimento econômico e social, um Estado que transcende a visão maniqueísta de oposição entre Estado e mercado ou entre Estado e sociedade, um Estado reconciliado com o mercado que se define pelo caráter gerencial da Administração Pública.

O Estado Regulador produz, como explica Justen Filho (2002, p. 23 e 30), uma redução de competências diretas do Estado. A contrapartida é uma modificação no instrumento de realização de certos valores, admitindo-se a privatização na medida em que os valores buscados anteriormente pelo Estado possam ser realizados pela atuação da iniciativa privada, incluindo-se aí, também os serviços públicos. Os valores a serem buscados pelos agentes econômicos são delimitados pelo Estado que devem, também, cumprir as formalidades destinadas a comprovar a correção de sua conduta, devendo se tornar mais transparente sua conduta na relação com o Estado e na relação com a comunidade.

Convertido em regulador, o Estado brasileiro conduzido pela posição liberal de seu governo à época consolidou o deslocamento da função regulamentar do centro para o tráfego plural de produção normativa (Neder, 2007).

O Espaço de Postulação de Interesses Legítimos

Em meados da década de 1990 do século XX, novas abordagens foram agregadas ao direito brasileiro, que passou a perseguir valores distintos dos valores da administração burocrática. De fato, nesse período, as relações do Estado com as organizações empresariais alteraram-se em diversos setores, caracterizando uma nova atitude estatal traduzida no gerencialismo, ideário dos governos de Thatcher e de Reagan. Apesar de ter se desenvolvido no contexto cultural da Inglaterra e dos Estados Unidos, o modelo de gestão administrativa gerencial se espalhou pela Europa e América Latina e, no Brasil, tornou-se referência para a gestão pública ao compor o Plano Diretor da Reforma do Estado (PAES DE PAULA, 2005). Os objetivos do Programa Nacional de Desestatização permitem verificar a presença na Administração Pública Brasileira do ideário do gerencialismo e a nova articulação entre Estado e mercado:

	Objetivos do Programa Nacional de Desestatização (Lei 9.491/97, Art.1º)
I	Reordenar a posição estratégica do Estado na economia, transferindo à iniciativa privada atividades indevidamente exploradas pelo setor público;
II	Contribuir para a reestruturação econômica do setor público, especialmente através da melhoria do perfil e da redução da dívida pública líquida;
III	Permitir a retomada de investimentos nas empresas e atividades que vierem a ser transferidas à iniciativa privada;
IV	Contribuir para a reestruturação econômica do setor privado, especialmente para a modernização da infraestrutura e do parque industrial do País, ampliando sua competitividade e

	reforçando a capacidade empresarial nos diversos setores da economia, inclusive através da concessão de crédito;
V	Permitir que a Administração Pública concentre seus esforços nas atividades em que a presença do Estado seja fundamental para a consecução das prioridades nacionais;
VI	Contribuir para o fortalecimento do mercado de capitais, através do acréscimo da oferta de valores mobiliários e da democratização da propriedade do capital das empresas que integrarem o Programa.

Tabela 1 - Programa Nacional de Desestatização

As agências reguladoras no Brasil são resultado desse movimento e foram criadas como instância de mediação do Estado com o mercado na condição de autarquias especiais e independentes, dotadas de poder normativo. A atividade normativa opera, na práxis, uma flexibilização do princípio da legalidade – a retirada pelo legislador de certas matérias do domínio legal. Esse movimento foi objeto de observação de Warat:

> "Ninguém mais acredita sinceramente na grande odisséia justiceira do direito que ajudou na constituição do Ocidente. Está como que esgotada a potência de um discurso jurídico com pontos de vista exaustivos e uniformizantes. Começa a instalar-se um certo desencanto com relação aos grandes princípios do direito que orientaram durante tanto tempo a legitimação do verdadeiro e do justo. Começa-se a conviver com a perda de todo um sistema de objetos de crenças que fizeram o elogio das certezas. Estamos entrando em um período marcado pela decadência de grande parte da mitologia jurídica, que fora força motriz da expansão do capitalismo e da limitação das irracionalidades das suas racionalizações. (WARAT, 1994)

No labor regulatório, as agências emitem regulamentos com normatização técnica para atingir o interesse público, configurando um campo de lutas entre o interesse público e as necessidades dos agentes privados delegados do Poder Concedente. Transcreve-se a seguinte elucidação:

> "Além da consagração e outras fontes normativas, consoante frisado, não oriundas necessariamente do parlamento, tem-se a abertura das próprias leis por meio da discricionariedade administrativa e de conceitos jurídicos indeterminados, que constituem formas específicas de aplicação do Direito, formas de regulamentação por lei, de certa matéria, em que se observa a atribuição, ainda que parcial, de poderes decisórios para a Administração." (SILVA, 2008, p. 66-67)

No Estado Regulador, instala-se o espaço de postulação de interesses legítimos em um fluxo e refluxo da sociedade para o Estado e do Estado para a sociedade, como assinalou Sousa Junior:

> "O paradigma do informal não se pode desligar do debate em torno do refluxo político e do refluxo jurídico; no âmbito político, assiste-se ao refluxo da política formal (do Estado, dos parlamentos, dos governos, das burocracias, das informações sociais regidificadas); no domínio jurídico, o espetáculo é o refluxo jurídico (deslocação da produção normativa do centro para a periferia, da lei para o contrato, do Estado para a sociedade)." (SOUSA JUNIOR, 2002, p. 30)

As proposições legislativas de proteção de dados pessoais e do direito ao esquecimento, nesse enfoque, não são oriundas de Agência Reguladora, mas tratam de questões afeitas ao mercado. Isto se dá pela mudança paradigmática, onde o ator privado age mais ou menos livremente sob a incidência de uma regulação pública limitada e genérica, que, na prática se limita a criar condições para o exercício dos direitos e das liberdades e a estabelecer restrições pontuais.

Direito e democracia são atores da regulação. A uma, porque a democracia favorece a diversidade de pontos de vista. A livre concorrência e expressão destes no interior da sociedade e sua negação conduziram o século XX a experiências nefastas e totalitárias de exercício do poder. Outra razão para compreensão do direito e democracia como atores da regulação está no fato de que uma regulação social não pode, com efeito, libertar-se das disposições jurídicas fundamentais que definem o caráter público da ação, a repartição dos papéis institucionais, a legalidade das ações, a legitimidade das autoridades de decisão e de controle (ARNAUD, 1999, p. 160).

A função do direito é problemática e complexa. De um lado, o direito serve à manutenção ou defesa dos interesses e valores dominantes enquanto, de outro lado, pode promover ou facilitar mudanças sociais, apoiar, animar e inclusive forçar hábitos e comportamentos sociais novos. O leque das funções do direito é aberto, englobando mais do que simplesmente proibir ou limitar. Há, também, a função promocional, com sanções positivas e de técnicas de estímulo e de remoção de obstáculos para a adoção de determinados comportamentos (CALERA, 2001).

As funções do direito são, então, o tema e o problema de quais são os fins que o direito persegue e logra ou que o direito deveria perseguir e lograr em sua percepção da realidade. No caso específico da proteção de dados pessoais e do direito ao esquecimento, o parlamento atua a partir de uma demanda oriunda da sociedade, da tecnologia e da realidade global internacional.

Privacidade, Intimidade e Direito ao Esquecimento

A privacidade é um direito já protegido no ordenamento jurídico brasileiro no rol dos direitos da personalidade, que integram o conjunto de direitos e garantias fundamentais (art. 5°, X, da Constituição Federal de 1988 e art. 11 a 21 da Lei 10.406/2002). Há quem defenda (BITTAR, 1978) que esses direitos existem antes e independentemente do direito positivo, como inerentes ao próprio homem, considerado em si e em suas manifestações.

O direito à privacidade é tomado pela doutrina constitucional como:

> "O conjunto de informação acerca do indivíduo que ele pode decidir manter sob seu exclusivo controle, ou comunicar, decidindo a quem, quando, onde e em que condições, sem a isso poder ser legalmente sujeito. Segundo Afonso da Silva, este direito foi identificado no ano de 1873 pelo Juiz americano Cooly como o direito de ser deixado tranquilo, em paz, de estar só: *right to be alone*. O *right of privacy*, segundo a Corte Suprema dos Estados Unidos da América, compreende o direito de toda pessoa tomar sozinha as decisões na esfera da sua vida privada." (SILVA, 2007, p. 206)

O direito ao esquecimento deriva, assim, dos direitos da personalidade: é o direito de não ser lembrado contra a vontade. A decisão é constitutiva do direito ao esquecimento. A pessoa pode decidir em dado momento manter sua privacidade sob seu exclusivo controle, ou comunicar, decidindo a quem, quando, onde e em que condições isso pode ocorrer. O foco é a capacidade decisória. (CHAVES, 1978)

Em uma sociedade complexa, em que múltiplos são os espaços de manifestação e exposição públicas, o direito ao esquecimento concorre com o direito de informar dos meios de comunicação. Jornais e meios de comunicação existem há muito tempo, mas a tecnologia reconfigurou os espaços de manifestação e expressão criando o ciberespaço, a internet, uma rua cibernética, parafraseando-se Lyra Filho.

A esfera pública atualmente é uma rua tecnológica e o povo, guardadas as devidas proporções relativamente às dificuldades de inclusão digital, interage na internet e nesta esfera pública se manifesta. Essa nova forma de interação e comunicação pode dar origem a novos direitos ou a novas formas de proteção de direitos já positivados no ordenamento jurídico, como autoriza o art. 5°, § 2°, da Constituição Federal brasileira de 1988.

A interação se dá com os meios tecnológicos e, por intermédio deles, tempo e temporalidade condensam-se no presente, o eterno presente. O futuro recai sobre o presente e o passado não passa mais. Tudo está no lugar e nada está no lugar. Uma sequência de bits, grosso modo, permite viver uma supermodernidade marcada pela existência do "não-lugar" – a medida de uma época que se caracteriza pelo excesso factual; pela superabundância espacial (AUGÉ, 2010).

Informação como Mercadoria

O governo brasileiro reconheceu a informação oficialmente como um recurso estratégico e propulsor do desenvolvimento no Programa Sociedade da Informação, que visa promover o uso das novas tecnologias de comunicação na esfera social, estatal e privada. (FERREIRA, 2003)

Na Sociedade da Informação, nem a subjetividade daquele que cria nem o mercado como agente de inovação tecnológica estão isolados. Spenillo assevera que a série de eventos tecnológicos e tecnologias, aliadas à velocidade do fluxo de informações tem fundamentado novas formas de organização e de produção em escala mundial:

> "Não é gratuito que a sociedade atual passa a receber diversas denominações, de acordo com o tipo de preocupação e paradigma teórico com a qual é analisada: 'sociedade da informação', 'sociedade global da informação', 'sociedade pós-industrial','sociedade em rede', entre outras, com a finalidade de designar a centralidade que a comunicação e a informação, baseadas no desenvolvimento tecnológico, assumem na vida cotidiana, tornando-se responsável por conectar e desconectar indivíduos, grupos, regiões e países em um fluxo contínuo de decisões estratégicas." (SPENILLO, 2008, p. 67)

Segundo Dantas (2003), para que ocorra informação, haverá sempre necessidade de interação ou comunicação entre um sujeito e um objeto, ou sujeito a sujeito. O sujeito extrai um sentido do objeto. Qualquer que seja a sua forma, ela sempre resulta de interação e somente se dá na interação. A informação não é imaterial. Não será nem atributo do objeto, nem do agente, mas será sempre uma relação entre ambos. No caso da apropriação da informação pelo capital, a aptidão do trabalhador para perceber e compreender os sinais e lhes conferir novos significados resulta em ações de transformação da matéria prima. Essa aptidão é justamente aquilo que Marx definia como o valor de uso do trabalho. No processo de trabalho, esta "subjetividade" é introduzida na matéria "morta", revolvendo-a, modificando-a, transformando-a em algo novo e necessário ao consumo ou usufruto humano. Por isso, essa "subjetividade", por si só, cria valor.

A internet é um produto da tecnologia apoiada no conhecimento do outro, o conhecimento sobre o outro, o conhecimento que é produzido pelo outro, a informação, o processo contínuo de fabricação, os seres humanos em constante formatação, os fluxos que se recombinam e operam uns sobre os outros, o *bit* como substrato básico de formação do mundo atual.

Segundo Carvalho (2005), o conhecimento da história de uma tecnologia é fator fundamental para o seu pleno domínio, porque uma tecnologia não pode ser pensada em termos estritamente técnicos. As redes, como a internet, não são apenas redes de computadores, mas são, também, redes sociotécnicas. (CARVALHO, 2005)

Os antigos objetos técnicos, ensina Marilena Chauí em palestra ministrada em 2010 no CPFL cultura, ampliavam a força física humana: a máquina a vapor. Os novos objetos técnicos ampliam as forças intelectuais e o conhecimento produzido passa a ser alvo da ação monopolística das grandes corporações.

Na filosofia da tecnologia, a essência de um artefato é convencional no sentido de que o significado dos artefatos é algo que se cria e não que se descobre. Salter (2004) relata que grande parte do discurso sobre o potencial democrático da internet tende a simplificar a questão da tecnologia. Os interesses democráticos são referidos como capazes de influenciar a internet e essa discussão encontra-se na base da proposta do filósofo da tecnologia, Andrew Feenberg, na medida em que o conceito de formas de uso se relaciona com a ideia de que as tecnologias são desenvolvidas para um propósito específico, mas frequentemente são, também, utilizadas por meio de formas não planejadas.

Feenberg traz uma abordagem importante da relação entre tecnologia e exclusão, retomando discussão que havia ficado estagnada nos anos 1970, reformulando Marcurse. Marcuse buscou a compreensão do problema da ilusão gerada pela tecnologia. Ele escreveu diversos artigos que abordam direta ou indiretamente as implicações sociais da tecnologia moderna, expondo a tese de que, por incorporarmos a tecnologia, como parte da nossa realidade, também poderemos viabilizar modos de liberar a razão instrumental para outros fins que alterem a repressão da sociedade de classes, baseada na indústria do consumo de massa. Feenberg busca reformular a racionalidade tecnológica defendida por Marcuse, propondo a reinserção dos valores humanos na tecnologia, na via do debate democrático como projeto concreto de resistência ao poder tecnocrático. (PISANI, 2010 e NEDER, 2013)

As alternativas modernas de debates sobre a tecnologia abrangem um eixo da tecnologia vista como encadeamento *lock-in* onde estão situadas as vertentes do instrumentalismo e do determinismo e outro eixo, que vê a tecnologia como portadora de valores no qual se situam as vertentes do substantivismo e da teoria crítica. Em síntese, o instrumentalismo vê a tecnologia como uma ferramenta para realização de necessidades; o determinismo entende que a tecnologia é a força motriz da história, ou seja, que o progresso técnico é unilinear; o substantivismo entende que os meios e fins são determinados pelo sistema e que a tecnologia não é instrumental, mas incorpora valor substantivo; e a teoria crítica da tecnologia, atuando sob o construtivismo sociológico, oscila entre o engajamento, ambivalência e resignação, mas vê graus de liberdade e põe foco na escolha dos valores que regem os sistemas. (NEDER, 2013, p. 8-11)

Como uma das alternativas modernas de debate, a teoria crítica da tecnologia busca conciliar pontos aparentemente conflitantes sobre a tecnologia e parte da visão de que, onde quer que as relações sociais sejam mediadas pela tecnologia moderna, seria possível introduzir controles mais democráticos e reformular a tecnologia. Feenberg acredita que a menos que a democracia possa ser estendida além de seus limites tradicionais para dentro dos domínios tecnicamente mediados da vida social, seu valor de uso continuará declinando, sua participação irá se esvanecer e as instituições que identificamos como sendo parte de uma sociedade livre desaparecerão gradualmente (ACHTERNHUIS, 2001).

Os domínios tecnicamente mediados da vida social trouxeram a questão da proteção dos dados pessoais e do direito ao esquecimento ao centro do debate e das iniciativas de regulação em nível nacional e internacional. Se por um lado, como referido por Salter, as tecnologias são desenvolvidas para um propósito específico, por outro lado, são também utilizadas por meio de formas não planejadas. *Big data* é o exemplo atual no qual se fixam os olhares.

Schonberger e Cukier (2013) definem *big data* como a capacidade de uma sociedade de obter informações de maneiras novas a fim de gerar ideias úteis e bens e serviços de valor significativo. Não apenas as tecnologias de armazenamento de dados evoluíram, mas a mentalidade sobre como os dados podem ser usados também mudou.

Big data é, então uma maneira de pensar em grande escala, de criar novas formas de uso das informações que alterem mercados. Trata-se de empregar a matemática para fazer previsões, para expandir, por exemplo, a capacidade de inovar. Há, também, os aspectos sombrios deste acúmulo deliberado de dados que diz respeito às pessoas e às limitações relativas ao uso das tecnologias e à difícil resposta acerca da preservação da privacidade e do direito de informar.

As Proposições Legislativas

Na realidade interativa do ciberespaço, a privacidade e o direito ao esquecimento adquiriram maior visibilidade e passaram a requerer proteção específica da qual é exemplo o Enunciado 531 do Superior Tribunal de Justiça, que estabelece que a tutela da dignidade humana na sociedade da informação inclui o direito ao esquecimento. Ao acolher, pela primeira vez, a tese do direito ao esquecimento, o Superior Tribunal de Justiça fixou posicionamento acerca da função do direito nessa relação em um mundo virtual de assincronia e de atopia, como se observa de trechos transcritos do inteiro teor do acórdão:

"Se o direito ao esquecimento beneficia os que já pagaram por crimes que de fato cometeram, com maior razão se deve observá-lo em favor dos inocentes, involuntariamente tragados por um furacão de eventos nefastos para sua vida pessoal, e que não se convém revolver depois que, com esforço, a vítima logra reconstruir sua vida. (...) 10. Cabe agora enfrentar a tese de aplicação do direito ao esquecimento no direito brasileiro. No ponto, ressalto que é pelo Direito que o homem, cravado no tempo presente, adquire a capacidade de retomada reflexiva do passado – estabilizando-o – e antecipação programada do futuro – ordenando-o e lhe conferindo previsibilidade. Caso contrário, o tempo, para o ser humano, seria mero "tempo cronológico, uma coleção de surpresas desestabilizadoras da vida" (FERRAZ JUNIOR, Tércio. *Segurança jurídica, coisa julgada e justiça*. In. Revista do Instituto de Hermenêutica Jurídica, vol. 1, n. 3. Porto Alegre: Instituto de Hermenêutica Jurídica, 2005, p. 265). (...) Em termos de instrumental jurídico, o direito estabiliza o passado e confere previsibilidade ao futuro por institutos bem conhecidos de todos: prescrição, decadência, perdão, anistia, irretroatividade da lei, respeito ao direito adquirido, ao ato jurídico perfeito e coisa julgada. (...) Especificamente no que concerne ao confronto entre o direito de informação e o direito ao esquecimento dos condenados e dos absolvidos em processo criminal, a doutrina não valina em dar prevalência, em regra, ao último, ressalvando-se – como aqui se ressalvou – a hipótese de crimes genuinamente históricos quando a narrativa desvinculada dos envolvidos se fizer impraticável. RECURSO ESPECIAL Nº 1.334.097 - RJ (2012/0144910-7). RECORRENTE: GLOBO COMUNICAÇÕES E PARTICIPAÇOES S/A. RECORRIDO: JURANDIR GOMES DE FRANÇA. RELATOR: MIN. LUIS FELIPE SALOMÃO.

Além disso, o Superior Tribunal de Justiça deu provimento a reclamação ajuizada pela Google acerca da remoção de conteúdo ilegal, decidindo que não se pode, sob o pretexto de dificultar a propagação de conteúdo ilícito ou ofensivo na web, reprimir o direito da coletividade à informação e que, considerando que a vítima identificara o autor do delito via URL, não haveria motivo para demandar contra aquele que apenas facilitou o acesso ao ato ilícito que, até então, se encontra publicamente disponível na rede para divulgação (Reclamação nº 5.072 – AC (2010/0218306-6). Rel. Min. Nancy Andrighi. DJe:04/06/2014).

A decisão revela já uma disparidade entre aquilo que se espera da regulação proposta e aquilo que é efetivamente possível realizar.

Projeto de Lei 7881/2014, do Deputado Eduardo Cunha

O Projeto de Lei 7881/2014, de autoria do Deputado Eduardo Cunha, é uma proposta de regulação do direito ao esquecimento que é feita na via da democracia representativa, pelo Poder Legislativo. O comando legal proposto obriga a remoção de links dos mecanismos de busca da internet que façam referência a dados irrelevantes ou defasados, por iniciativa de qualquer cidadão ou a pedido da pessoa envolvida. A proposta não prevê uma sanção pelo não cumprimento da obrigação. O autor do projeto de lei considera a proposta uma importante demanda social e invoca, como referência, a aprovação, na Europa, no mês de maio de 2014, da Lei do Direito de ser Esquecido. Destaca-se, da justificativa do Projeto de Lei, o impacto da lei na operação das corporações da internet:

> "Aprovada em maio, na Europa, a chamada "lei do direito de ser esquecido" permite que cidadãos do continente possam pedir a remoção de links dos mecanismos de busca da internet que façam referência a dados "irrelevantes" ou defasados sobre eles. Pois agora, de acordo com o site "The Observer", a Wikipédia teve o seu primeiro verbete removido devido à nova legislação. A informação foi passada pelo fundador da enciclopédia digital, Jimmy Wales, que se opõe à legislação. De acordo com Wales, a página, cujo conteúdo não foi revelado, continuará online, mas não aparecerá mais nos resultados de busca do Google. Controversa, a lei tem causado revolta dos veículos de imprensa europeus, que, após a aprovação da legislação pelo Tribunal de Justiça da União Europeia, começaram a receber notificações do Google sobre links que foram removidos dos resultados de busca a pedido de pessoas envolvidas no noticiário. De acordo com a gigante de buscas da internet, a empresa recebeu cerca de 90 mil pedidos de remoção de links dos seus resultados na Europa entre maio e o mês passado. Devido à grande quantidade de requisições, o Google conseguiu eliminar apenas 50% das páginas pedidas. Na frente dos países europeus que mais originaram demandas de remoção está a França com 17,5 mil pedidos para 58 mil links. A Alemanha vem em segundo, com 16,5 mil para 57 mil, seguida pelo Reino Unido (12 mil e 44 mil), pela Espanha (8 mil e 27 mil), pela Itália (7,5 mil e 28 mil) e pela Holanda (5,5 mil e 21 mil). Recentemente, a página "Hidden From Google" anunciou que começou a listar os links removidos pelo buscador, e diz já ter recebido dicas de centenas de colaboradores. Considero ser a proposta uma importante demanda social, pelo que solicito apoio dos meus pares para sua aprovação.

Vê-se que a proposta é claramente inspirada na Regra C-131/12 da Comissão Europeia, que estabelece que o indivíduo tem o direito, sob certas circunstâncias, de requerer dos mecanismos de busca a remoção dos links que contenham informação pessoal a seu respeito. É direito da pessoa obter do responsável ou de terceiros o apagamento dos dados pessoais que lhes dizem respeito e a abstenção de divulgação posterior desses dados, assim como sua cópia ou duplicação. O direito ao esquecimento não é absoluto e será sempre necessário exercer um juízo de ponderação entre este direito e outros direitos fundamentais como a liberdade de expressão. Esse juízo de ponderação, considerando o tipo de informação, induz a necessidade de uma avaliação caso a caso que deve abranger o papel que a pessoa exerce na vida pública.

A proposição, a Regra C-131/12 foi motivada por decisão da Corte de Justiça da União Europeia, quando solucionou questão apresentada pela Espanha, em 2010, acerca de reclamação de violação de privacidade feita por um cidadão ao deparar-se com informações defasadas a seu respeito nos resultados de busca no Google. Apoiada na Diretiva de 1995, o Tribunal decidiu que: (i) as regras da União Europeia são aplicáveis mesmo que o servidor da empresa que processa os dados esteja localizado fora da Europa, se a empresa possuir filial ou subsidiária em estado-membro que promova a venda de espaço de publicidade; (ii) o operador dos mecanismos de pesquisa que controla informações e empresas, como a Google, não podem eximir-se da responsabilidade perante a lei europeia quando lidam com dados pessoais; as regras sobre proteção de dados e o direito ao esquecimento são aplicáveis; e (iii) indivíduos têm o direito, sob certas condições, de requerer a remoção de links que contenham informações pessoais.

A avaliação caso a caso é que fará o equilíbrio entre o direito à privacidade e o direito de informar. Esse equilíbrio dependerá da natureza da informação em questão, de sua sensibilidade para a vida privada e do interesse público em ter a informação. Ele também dependerá da personalidade em questão, pois não se trata de reduzir a importância da figura pública ou de transformar ou de relativizar o juízo sobre a pessoa do criminoso. A regra dá poderes aos indivíduos para gerenciarem suas informações pessoais, protegendo, de igual modo, a liberdade de expressão. Para o Tribunal, entretanto, a violação do direito à proteção de dados não é justificável meramente pelo interesse econômico.

A ideia de que a Regra C-131/12 é conteúdo novo, portanto, não é correta pois o direito ao esquecimento faz parte do conjunto da regulação de proteção de dados já vigente na europa que abrange um variado número de outros direitos, como, por exemplo, a portabilidade de dados. Trata-se a Regra C-131/12 de uma modernização das regras de proteção de dados, que cria um mercado de dados na União Europeia e uma cooperação racional entre os estados-membros.

Projeto de Lei do Senado Federal PLS 181/2014 – Senador Vital do Rêgo

Concomitantemente ao Projeto de Lei 7881/2014, tramita no Congresso Nacional o PLS 181/2014, de autoria do Senador Vital do Rêgo. O objetivo deste PLS é estabelecer princípios, garantias, direitos e obrigações para a proteção de dados pessoais no Brasil, introduzindo detalhada disciplina de atividades de coleta, tratamento e transmissão de informações pessoais, orientada pelo ditame constitucional da dignidade da pessoa humana, em especial no que concerne à privacidade, liberdade e honra.

A justificativa do PLS faz alusão à tendência de elevação do grau de coleta e compartilhamento de dados decorrentes do rápido desenvolvimento tecnológico como motivadores da garantia de tratamento adequado aos dados pessoais, principalmente no que concerne aos dados sensíveis, definidos como aqueles que podem ensejar discriminação social, como os relativos à orientação religiosa, política ou sexual.

Diz Vital do Rêgo em sua justificativa ao PLS 181, que a relevância da proteção desses dados é evidente, sobretudo, no âmbito das relações de consumo. A falta de confiança dos consumidores na manutenção do sigilo de seus dados gera hesitação quando da aquisição de mercadorias e serviços, principalmente no ambiente on-line, comprometendo assim o o próprio desenvolvimento econômico do país.

O Parecer da CCJ, relatado pelo Senador Aníbal Diniz ressalta que a iniciativa é oportuna uma vez que o rápido desenvolvimento tecnológico tem elevado o grau de coleta e compartilhamento de dados pessoais, fato que colocaria em risco a sua proteção. Para reforçar o acerto do PLS 181/2014, o parecer da CCJ busca amparo nas seguintes iniciativas internacionais, considerando a revelação recente de graves violações cometidas tanto por entidades públicas quanto privadas por meio da coleta e do tratamento indiscriminado de informações pessoais: (i) a Assembleia Geral da ONU aprovou resolução intitulada "O direito à Privacidade na Era Digital", na qual recomenda que os Estados devam tomar medidas para proteger a esfera privada dos indivíduos contra a interceptação, a coleta e o tratamento massificado de dados; (ii) o Canadá regulamentou o tema em abril de 2000 no *"Personal Information Protection and Electronic Documents Act"*; (iii) a União Europeia, por sua vez, aprovou a Diretiva 95/46/EC, de outubro de 1995, a qual se encontra, atualmente, em revisão; (iv) no Brasil, embora o Marco Civil da Internet (Lei nº 12.965, de 23 de abril de 2014) regule questões específicas relativas ao tratamento de dados, inexiste regramento amplo e sistemático que confira segurança jurídica para as empresas que desenvolvem tal atividade e que garanta de forma sólida o direito fundamental dos indivíduos à intimidade e à privacidade.

O PLS nº 181, de 2014, representa uma resposta sensata e equilibrada aos diversos interesses envolvidos na proteção de dados e realiza a difícil tarefa de harmonizar, de forma balanceada, os interesses econômicos das empresas no tratamento de dados pessoais, que hoje constitui uma realidade clara em vários mercados, com a proteção adequada da esfera privada dos indivíduos, beneficiando o setor econômico, por meio da construção de um regramento sistemático, organizado e razoável para a atividade de tratamento de dados,

MELO, J. C. *Regulação do direito ao esquecimento no ciberespaço: heterogeneidade de lealdades no espaço público de postulação de interesses legítimos.* **Revista de Direito Setorial e Regulatório**, Brasília, v. 1, n. 1, p. 171-194, maio 2015.

como também a sociedade civil, por meio da previsão de uma série de garantias e direitos para os indivíduos afetados por tal atividade.

Heterogeneidade e Lealdades

O uso da internet apresenta ao indivíduo uma série de momentos de decisão nos quais um clique concretiza uma relação contratual de uso e consumo dos serviços prestados pela corporação detentora do portal que acessa. O ato de contratar é, também, um momento de decisão que pressupõe o exercício livre da vontade e o contrato é o espaço onde o usuário define como quer que aquilo que projeta no processo comunicacional na internet seja utilizado e/ou protegido pela corporação. Sobre a vulnerabilidade do consumidor no momento da contratação, assim se manifesta Marques:

> "A fragilidade do consumidor manifesta-se com maior destaque em três momentos principais de sua existência no mercado: antes, durante e após a contratação. É, portanto, com os olhos voltados para o *iter* contratual do consumidor que o legislador e os órgãos de implementação atuam. Em outras palavras: toda a vulnerabilidade do consumidor decorre direta ou indiretamente, do empreendimento contratual e toda a proteção é ofertada na direção do contrato. Daí a importância que assume a matéria contratual no amplo círculo de proteção do consumidor." (MARQUES, 1999, p. 10)

Se, por um lado, não há lacuna no direito na direção da proteção do direito ao esquecimento, por outro lado, há um descolamento entre as urgências e necessidades de acesso e uso da internet, a extensão dos compromissos decorrentes da adesão aos contratos de uso dos sites e portais públicos ou privados e a educação, formação ou conhecimento das pessoas para empregar ferramentas de proteção.

O uso indevido de informações privadas tem sido associado à discussão pública sobre o impacto cultural da tecnologia, uma vez que dados pessoais na sociedade capitalista são mercadoria. Somos seres temporais e espaciais, mas no mundo virtual essas categorias não existem e, se não temos a referência do espaço e do tempo, navegamos em uma rua cibernética onde opera a desorganização e o exercício do poder.

Ser deixado tranquilo e ter o exclusivo controle de sua privacidade nas trocas estabelecidas via internet acaba por se tornar uma empreitada para especialistas e não para o cidadão comum. O contrato, que deveria proteger o direito, transforma-se em um código técnico fechado de difícil articulação.

Os cidadãos são hipossuficientes no controle das informações sobre si mesmos. Dificilmente haveria um nível de conhecimento para o uso que permitisse a adoção de cláusulas contratuais mais equânimes para o usuário dos serviços da internet. O usuário precisaria aprender o que é a navegação segura e como pode empregar as ferramentas de proteção de sua privacidade. Ocorre que, ainda que soubesse disso, não teria poder para definir conteúdos de cláusulas contratuais ou mesmo de impedir que os detentores das redes armazenassem dados.

O que já era ameaçador, com as redes de rádio e televisão que ultrapassavam fronteiras nacionais, tornou-se exponencialmente mais intrusivo e de difícil controle para governos, com a informática, a internet e a convergência das mídias (SATHLER, 2005, p. 1).

No que concerne à privacidade nos contratos, a experiência brasileira mais presente na mente da maior parte dos cidadãos, conforme constatação de Rodríguez (2012) na elaboração e aprovação do primeiro contrato de tomada de assinatura no ambiente privatizado das telecomunicações no Brasil no ano de 1997, eram as disposições sobre sigilo das telecomunicações que lhes eram apresentadas nos contratos celebrados com as operadoras de serviços de telecomunicações, em um ambiente de estabilidade contratual no âmbito do Sistema Telebrás.

No ciberespaço, entretanto, a própria contratação ganhou uma fluidez perigosa. Contrata-se via web, recebe-se o contrato via web, mas, quando se busca a indenização ou a responsabilização por danos à privacidade, a fluidez desaparece e a relação contratual virtual adquire uma concretude, por assim dizer um aspecto analógico que requer a presença física em instâncias mediadoras judiciais ou extrajudiciais.

Raramente as soluções de controvérsias sobre privacidade são solucionadas nos serviços de atendimento ao cliente e raramente a reparação se dá com a fluidez com que a contratação ocorreu. Ao cidadão restaria não contratar, isto é, não utilizar os serviços, o que, na internet, se assemelha ao dilema do prisioneiro.

O dilema do prisioneiro tem a ver com comunicação e confiança, conforme expõe Epstein (2004). Trata-se de um jogo de soma diferente de zero. Se os dois jogadores escolhem suas estratégias ótimas, um deles ganha menos do que se ambos tivessem escolhido uma estratégia não-ótima. Estratégia ótima significa a maximização da utilidade por parte de cada participante. Quando a comunicação é impossível, a estrutura do jogo denominado dilema do prisioneiro conduz a um paradoxo, pois a racionalidade egoísta, quando exercida por cada um dos participantes, conduz a um desastre para ambos. Isto é, as estratégias cooperativas resultam em maior capacidade de sobrevivência do que as estratégias predatórias.

A garantia de que as informações individuais não serão utilizadas e nem armazenadas é relativa diante da velocidade com que as relações comerciais ocorrem. A questão do controle das informações pelos usuários é crucial porque a maioria não tem a capacidade para empregar as ferramentas e métodos de proteção de privacidade.

Fernback e Papacharissi (2007) abordaram a questão da crescente preocupação com a privacidade agravada pela difusão das tecnologias da informação e buscaram, em uma análise de discurso, determinar a eficácia das disposições contratuais sobre privacidade adotadas por grandes corporações. Em linhas gerais, a pesquisa detectou que: (i) as disposições dos sites sobre privacidade são, na verdade, salvaguardas para as empresas. Os sites normalmente informam como pretendem usar as informações dos usuários, mas a finalidade é isentar as empresas de responsabilidades na hipótese de reclamações de usuários; (ii) no que diz respeito ao controle do usuário sobre a informação que presta ou recebe, a pesquisa é reveladora das habilidades de uso das ferramentas de navegação pelos usuários. Apenas 10% dos usuários sabem modificar seus browsers para rejeitar cookies e apenas 5% empregam softwares de anonimato para proteger a identidade de seus computadores e ainda 24% fornecem informações pessoais falsas para evitar a revelação da informação; (iii) ao verificarem o nível de proteção, os pesquisadores identificaram que a linguagem adotada nas disposições contratuais sobre privacidade é codificada como retórica para estabelecer a relação de consumo. Para as empresas, a proteção à privacidade eliminaria negócios potenciais além da liberdade de prestar serviços de alta qualidade. Se por um lado as disposições contratuais sobre privacidade visam atrair o consumidor a efetuar transações on line reputando-as seguras, por outro lado, essa alegada segurança tem como destinatário os reguladores que acabam por serem convencidos de que não é necessária qualquer regulação e (iv) a previsão normativa e os termos de uso dos sites e portais acessados constantemente não são suficientes para tornar efetiva a proteção à privacidade porque a relação entre usuários e detentores dos portais e sites é uma relação de poder, de uma comunicação unilateral que esconde as motivações comerciais e ideológicas em parágrafos e textos escorregadios.

O desafio, no que diz respeito à proteção à privacidade, encontra-se em estabelecer comunicação e compromissos que tornem real a proteção assegurada na ordem jurídica e firmada via contrato. O que se dá no estabelecimento dessa relação contratual via web é que a corporação informa como protegerá a privacidade do usuário, mas essa informação ou esse contrato não se traduz, no limite, em livre escolha. Trata-se da exposição ao risco e a necessidade do risco que determina o clique contratual.

Gonçalves (2005) esclarece que a privatização iniciada nos últimos anos do século XX teve, como consequência, uma redução das reponsabilidades públicas e abriu a porta à entrada de atores privados na realização de interesses públicos, mas que a expressão que melhor traduz a reconfiguração do papel do Estado é a que assinala não tanto uma redução, mas, de modo mais exato, uma diversificação das responsabilidades de execução. Essa partilha de responsabilidades é uma marca da contemporaneidade.

As proposições legislativas analisadas exprimem uma regulação geral – *government by law* –, mas ao tratar daquilo que as empresas devem efetuar, penetram em espaço típico de uma regulação específica, de uma partilha de responsabilidades públicas. É importante ressaltar que em todas as proposições analisadas e, inclusive nas regras internacionais que refluíram no labor regulatório nacional, a preocupação não é propriamente com a privacidade, com o indivíduo, com a figura pública ou com a liberdade de expressão, mas com um mercado veloz de dados que se forma. Todas as justificativas mencionam o mercado, a rapidez do desenvolvimento tecnológico, a necessidade de colocar o País em paridade com esse desenvolvimento a fim de não ocorrer prejuízo econômico.

Emergem do Projeto de Lei 7881/2014, do PLS 181/2014 e da regra da União Europeia a questão da capacidade das operadoras dos mecanismos de busca de cumprirem com a determinação do comando legal proposto, isto é, de efetivamente removerem os links e o sentido real da regra que não obriga de fato a remoção, mas assegura apenas o direito de não ser indexado pelos mecanismos de busca. Como consequência, a informação permanece e o provedor de pesquisa fica apenas obrigado a não direcionar as pessoas para aquele site. A regulação da proteção de dados pessoais e do direito ao esquecimento não se efetivará, portanto, sem a participação dos atores privados prestadores de serviços de telecomunicações, detentores das redes, operadores dos sistemas provedores.

Outro aspecto importante encontra-se no fato de que os provedores de pesquisa terão o poder de decidir o que podemos ou não encontrar no mundo digital e, nesse sentido, estariam aceitando a enorme responsabilidade de atuarem como mecanismos de censura.

Conclusão

A privacidade e o direito ao esquecimento encontram-se já regulados no ordenamento jurídico brasileiro, mas as propostas legislativas PL 7881/2014 e PLS 181/2014 fazem a necessária adequação dos direitos já positivados à realidade de um mundo virtual, no qual informações e dados são mercadoria que criam valores e significados cuja utilidade é ainda um campo a ser explorado naquilo que tem sido denominado de *big data*.

As proposições legislativas têm fundamento jurídico em um ambiente regulatório de diversificação das responsabilidades públicas, de partilha com o ator privado de tarefas de execução. Essa relação, entretanto, instala o que denominou-se, no artigo, de heterogeneidade de lealdades. O ator privado tem interesse na informação e nos dados armazenados, mas é, também, o executor do interesse público quando vier a cumprir os comandos legais propostos. O tráfego, no ciberespaço, impõe riscos ao usuário. A rua cibernética é repleta de pontos de decisão nos quais o usuário tem colocado sua privacidade à disposição das grandes corporações. A preocupação com a massa de informações que tem sido armazenada está presente – a comunicação estocada é uma ameaça latente à privacidade. Trata-se não apenas das grandes figuras públicas, mas da formação e uso de uma massa de informações e de dados armazenados com autorização contratual das pessoas e que serve ou servirá a interesses políticos, ideológicos e comerciais.

Na prática, nada na internet é apagado, tudo lá permanece na dependência da capacidade de navegação, de uso de ferramentas de busca. Ser deixado tranquilo e ter o exclusivo controle de sua privacidade nas trocas estabelecidas via internet acaba por se tornar uma empreitada para especialistas e não para o cidadão comum, impondo um aprimoramento no nível do interacionismo sociotécnico. A regulação proposta estaria acentuando a diferença entre aqueles que sabem onde está a informação e podem procurá-la diretamente e aqueles que precisam de uma ferramenta de pesquisa. Por esta razão, há a suspeita de que não seja tecnicamente possível cobrir todas as possibilidades de busca, recuperação e remoção de dados e links.

O sistema é maior que a pessoa. Não há de um lado um grande Estado transnacional que faça a proteção global do direito à privacidade, mas há de outro lado grandes corporações globais que se apropriam da massa de informações e da subjetividade das pessoas, utilizando-se legalmente do consentimento das próprias pessoas via contratual.

O direito, por si só, não faz desaparecer as informações da internet. Na verdade, nada desaparece no mundo digital e há uma assimetria de informação entre aqueles que sabem pesquisar e aqueles que necessitam da ferramenta de pesquisa. A regulação do direito ao esquecimento não significa, portanto, esquecimento *per se*. Espera-se, assim que o direito cumpra a sua função de agente de estabilização do passado e de atribuição de previsibilidade ao futuro.

Referências Bibliográficas

ACHTERNHUIS, Hans. *Andrew Feenberg: Farewell to Dystopia*. **American Philosophy of Technology**. Bloomington e Indianápolis: Indiana University Press, 2001.

ARANHA, Márcio Iório. **Políticas públicas comparadas de telecomunicações (Brasil-EUA)**. Tese de Doutorado, Universidade de Brasília, 2005.

_____. **Manual de Direito Regulatório**. 3ª ed., Londres: Laccademia Publishing, 2015.

ARNAUD, André Jean. **O direito entre modernidade e globalização**. Rio de Janeiro: Renovar, 1999.

AUGÉ, Marc. **Não Lugares: Introdução a Uma Antropologia da Supermodernidade**. 8ª ed., Campinas: Papirus, 2010.

BITTAR, Carlos Alberto. *Os Direitos da Personalidade e o Projeto de Código Civil Brasileiro*. **Revista de Informação Legislativa**. Brasília. Ano 15, nº 60, p. 103-127, out/dez 1978.

CALERA, Nicolás López. *Funciones del derecho*. In: VALDÉS, Ernesto Garzon, LAPORTA, Francisco J. *El Derecho y la Justicia*. Madrid: Trotta, 2000.

CARVALHO, Marcelo Sávio Revoredo Menezes de. **A trajetória da Internet no Brasil: do surgimento das redes de computadores à instituição dos mecanismos de governança**. Dissertação de Mestrado, Universidade Federal do Rio de Janeiro. Setembro de 2006.

CHAVES, Antonio. *Direito à Própria Imagem*. **Revista de Informação Legislativa**, v. 9, nº 34, p. 23-42, abr/jun 1972.

_____. *Os direitos fundamentais da personalidade moral*. **Revista de Informação Legislativa**. Brasília. Ano 15, nº 58, p. 157-180, abr/jun 1978.

COMISSÃO EUROPEIA. Factsheet on "The Right to Be Forgotten" ruling C-131/12.

DANTAS, Marcos. **A Lógica do capital-informação. A Fragmentação dos monopólios e a monopolização dos fragmentos num mundo de comunicações globais**. Rio de Janeiro: Contraponto, 1996.

DALLARI. Dalmo de Abreu. **Elementos de Teoria Geral do Estado**. 17ª ed., São Paulo: Saraiva, 1993.

DI PIETRO, Maria Sylvia Zanella (org). **Direito Regulatório: Temas Polêmicos**. Belo Horizonte: Fórum. 2004.

DOBROWOLSKI, Sílvio. *A Expansão do Poder no Estado Social*. In: **Revista de Informação Legislativa**. Ano 22, nº 86, p. 105-124, abr/jun 1985.

EPSTEIN, Isaac. *O dilema do Prisioneiro e a Ética*. **Revista de Estudos Avançados**, vol. 9, nº 23, p. 149-163, 1995.

FERNBACK, Jan; PAPACHARISSI, Zizi. *Online privacy as legal safeguard: the relationship among consumer, online portal, and privacy policies.* **New Media & Society**, vol. 9, n° 5, p. 715–734, 2007.

FERREIRA, Rubens da Silva. *A sociedade da informação no Brasil: um ensaio sobre os desafios do Estado.* **Ci. Inf.**, vol. 32, n° 1, p. 36-41, 2003.

FIORATI, Jane Jete. **As telecomunicações nos direitos interno e internacional: o direito brasileiro e as regras da OMC**. Rio de Janeiro: Renovar, 2004.

GARCÍA, Miguel Ángel Sendín. **Regulación y servicios públicos.** Granada: Editorial Comares, 2003.

GONÇALVES, Pedro. **Entidades Privadas com Poderes Públicos**. Coimbra: Almedina, 2005.

HOHFELDT, Antonio; MARTINO, Luiz C.; FRANÇA, Vera Veiga (orgs). **Teorias da comunicação: conceitos, escolas e tendências.** Petrópolis: Vozes, 2001.

JUSTEN FILHO, Marçal. **O Direito das Agências Reguladoras Independentes**. São Paulo: Dialética, 2002.

MARQUES, Cláudia Lima. **Contratos no Código de Defesa do Consumidor.** 3ª ed., São Paulo: Editora Revista dos Tribunais, 1999.

MARQUES NETO, Floriano Peixoto de Azevedo. **Regulação Estatal e Interesses Públicos**. São Paulo: Malheiros, 2002.

NEDER, Ricardo T. **A teoria crítica de Andrew Feenberg: racionalização democrática, poder e tecnologia**. 2ª ed., Brasília: Observatório do Movimento pela Tecnologia Social na América Latina/CDS/UnB/Capes, 2013.

NEDER, Ricardo T. **Regimes contemporâneos de regulação pública e governança: uma visita ao território da escola regulacionista francesa**. Relatório de pesquisa. CNPq 402438/2006-0. São Paulo/UNESP, Laboratório de Desenvolvimento Territorial, 2007.

PAES DE PAULA, Ana Paula. *Administração Pública Brasileira. Entre o Gerencialismo e a Gestão Social.* **Revista de Administração de Empresas**, vol. 45, n° 1, p. 38-49, jan/mar 2005.

PISANI, Marilia Mello. *Tecnologia e Política em Marcuse.* **Revista Cult**, edição 127, 2010.

RODRÍGUEZ, Víctor Gabriel. **O ensaio como tese: estética e narrativa na composição do texto científico**. São Paulo: Martins Fontes, 2012.

SALTER, Lee. *Structure and Forms of Use: A contribution to understanding the 'effects' of the Internet on deliberative democracy information.* **Communication & Society**, vol. 7, n° 2, p. 185-206, junho de 2004.

SATHLER, Luciano. *Cúpula Mundial sobre a Sociedade da Informação WSIS: desafios da governança global para a sociedade civil.* **Metodista de Comunicação**. Ano 9, n° 9, p. 37-48, UMESP, 2005.

SCHONBERGER, Viktor Mayer & CUKIER, Kenneth. **Big Data**. Trad. Paulo Polzonoff Junior. Rio de Janeiro: Elsevier, 2013.

SILVA, Clarissa Sampaio. **Legalidade e Regulação**. Belo Horizonte: Fórum, 2008.

SILVA, José Afonso. **Curso de Direito Constitucional Positivo**. 31ª ed., São Paulo: Malheiros Editores, 2008.

SPENILLO, Giuseppa Maria Daniel. **Direito à comunicação: uma formulação contemporânea de exigências de mudanças nas estruturas coletivas de comunicação e informação: contribuições para uma análise sociogenesiológica e configuracional da articulação CRIS Brasil**. Tese de Doutorado, Universidade Federal Rural do Rio de Janeiro, 2008.

SOUSA JUNIOR, José Geraldo. **Sociologia Jurídica: Condições Sociais e Possibilidades Teóricas**. Porto Alegre: Sergio Antonio Fabris, 2002.

SQUELLA, Augustín. *Democracia y Derecho*. In: VALDÉS, Ernesto Garzon, LAPORTA, Francisco J. *El Derecho y la Justicia*. Madrid: Trotta, 2000.

WARAT, Luis Alberto. *A condição transmoderna: o desencanto na cultura jurídica*. **Revista Humanidades**, vol. 9, n° 2, p. 167-175, 1994.

ZIZEK, Slavoj. *A Liberdade da Internet é Falsa*. **Revista Época**, edição de 30 de maio de 2011, p. 166-167.

Regulação do Setor de Telecomunicações em 2014

2014 Statutes and Regulations of the Telecommunication Sector

Márcio Iorio Aranha

João Alberto de Oliveira Lima

Renata Tonicelli de Mello Quelho

Sumário

Lista de Abreviaturas e Siglas

1G	Primeira Geração de Tecnologia de Telefonia Móvel (analógico).
2.5G	Geração 2.5 de Tecnologia de Telefonia Móvel (GPRS).
2G	Segunda Geração de Tecnologia de Telefonia Móvel (digital para dados, 9.6-14.4Kbps).
3G	Terceira Geração de Tecnologia de Telefonia Móvel (digital para voz e dados, mínimo de 144Kbps).
3G HS	3G High Speed (Rede celular de Terceira geração de Alto Desempenho).
3GPP	3rd Generation Partnership Project.
4G	Quarta Geração de Tecnologia de Telefonia Móvel (requisitos da UIT IMT-Advanced).
8K	Tecnologia de Ultra High Definition Television.
AACD	Associação de Assistência à Criança Deficiente.
ABA	Associação Brasileira de Anunciantes.
ABAP	Associação Brasileira de Agências de Propaganda.
ABAR	Associação Brasileira de Agências de Regulação.
ABCiber	Associação Brasileira de Pesquisadores em Cibercultura.
ABEMTIC	Associação Brasileira de Entidades Municipais de Tecnologia da Informação e Comunicação.
ABEPEC	Associação Brasileira das Emissoras Públicas Educativas e Culturais.
ABEPEC	Associação Brasileira de Ensino e Pesquisa em Comunicação (inativa).
ABEPREST	Associação Brasileira de Empresas de Soluções de Telecomunicações e Informática.
ABERT	Associação Brasileira de Emissoras de Rádio e Televisão.
ABETS	Associação Brasileira das Empresas de Telecomunicações por Satélite.
ABIFUMO	Associação Brasileira da Indústria do Fumo.
ABINEE	Associação Brasileira da Indústria Elétrica e Eletrônica.
ABJC	Associação Brasileira de Jornalismo Científico.
ABNT	Associação Brasileira de Normas Técnicas.
ABPI-TV	Associação Brasileira de Produtores Independentes de Televisão.
ABPITV	Associação Brasileira das Empresas Produtoras Independentes de Televisão.
ABPTA	Associação Brasileira dos Programadores de TV por Assinatura.
ABR Telecom	Associação Brasileira de Recursos de Telecomunicações (Portabilidade Numérica).
ABRA	Associação Brasileira de Radiodifusores.
ABRACOM	Associação Brasileira de Antenas Comunitárias.
ABRADECEL	Associação Brasileira de Defesa dos Moradores e Usuários Intraquilos com Equipamentos de Telecomunicações Celular.
ABRAFIC	Associação Brasileira de Film Commissions (Brazilian Association of Film Commissions).
ABRAFIX	Associação Brasileira de Concessionárias de Serviço Telefônico Fixo Comutado.
ABRAMULTI	Associação Brasileira dos Operadores de Telecomunicações e Provedores de Internet.
ABRAPPIT	Associação Brasileira de Pequenos Provedores de Internet e Telecomunicações.

ABRATEL	Associação Brasileira de Radiodifusão, Tecnologia e Telecomunicações.
ABRATER	Associação Brasileira de Telecomunicações Rurais.
ABRINT	Associação Brasileira de Provedores de Internet e Telecomunicações.
ABRISAN	Associação Brasileira de Registro de Obras Audiovisuais.
ABTA	Associação Brasileira de TV por Assinatura.
ABTU	Associação Brasileira de TVs Universitárias.
Acel	Associação Nacional das Operadoras Celulares.
ACERP	Associação de Comunicação Educativa Roquette Pinto.
ACLR	Adjacent Channel Leakage Ratio.
AD	Adicional por Chamada (Serviço Móvel Pessoal).
ADGI	Gerência Geral de Gestão da Informação (ANATEL).
ADI	Ação Direta de Inconstitucionalidade (Jurisdição).
ADPF	Gerência Geral de Planejamento, Orçamento e Finanças (ANATEL).
ADSL	Asymmetric Digital Subscriber Line.
AEB	Agência Espacial Brasileira.
AET	Associação dos Engenheiros de Telecomunicações.
AFTN	Aeronautical Fixed Telecommunications Network (Rede Internacional Fixa de Telecomunicações Aeronáuticas).
AGVSEL	Agravo em Suspensão de Execução de Liminar.
Ah	Ampère-hora.
AHCIET	Asociación Iberoamericana de Centros de Investigación y Empresas de Telecomunicaciones.
AI	Acesso Instalado.
AI	Agravo de Instrumento (Jurisdição).
AI/E	Acesso Instalado da Estação de Comutação.
AICE	Acesso Individual Classe Especial.
AIE	Acesso Instalado Equivalente.
AIRR	Agravo de Instrumento em Recurso de Revista (Tribunal Superior do Trabalho).
ALAIC	Asociación Latinoamericana de Investigadores de la Comunicación.
ALCA	Área de Livre Comércio das Américas.
ALCAR	Associação Brasileira dos Pesquisadores de História da Mídia.
AM	Amplitude Modulation (Modulação em Amplitude).
AM-DSB-SC	Amplitude Modulation, Double-Sided Band, Suppressed Carrier (Modulação em Amplitude, em Faixa Lateral Dupla, com Portadora Suprimida).
AME	Valor de Ativo Moderno Equivalente (Separação e Alocação de Contas).
AMMB	Associação de Marketing Móvel do Brasil.
AMN	Artificial Mains Network (Rede Fictícia em V).
AMNT	Assembléia Mundial de Normalização das Telecomunicações.
AMPS	Advanced Mobile Phone System (Rede celular 1G).
AN	Área de Numeração.
AN	Área de Numeração (Serviço Telefônico Fixo Comutado).
ANACOM	Autoridade Nacional de Comunicações (de Portugal).
ANATEL	Agência Nacional de Telecomunicações.
ANCINE	Agência Nacional do Cinema.
ANEEL	Agência Nacional de Energia Elétrica.

ANER	Associação Nacional das Empresas de Revistas.
ANER	Associação Nacional dos Servidores Efetivos das Agências Reguladoras.
ANJ	Associação Nacional de Jornais.
ANOp	Auditoria de Natureza Operacional (Tribunal de Contas da União).
ANP	Agência Nacional do Petróleo.
ANSI	American National Standards Institute.
ANTT	Agência Nacional de Transportes Terrestres.
APEX-Brasil	Agência de Promoção de Exportações do Brasil.
APS	Área de Prestação do Serviço (Serviço de Acesso Condicionado).
Aptel	Associação de Empresas Proprietárias de Infra-Estrutura e de Sistemas Privados de Telecomunicações.
AR	Área de Registro.
AR	Área de Registro (Serviço Móvel Especializado).
AR	Área de Registro (Serviço Móvel Pessoal).
AR	Área de Registro (Serviço Telefônico Fixo Comutado).
ARCTEL	Associação de Reguladores das Comunicações e Telecomunicações da Comunidade de Países de Língua Portuguesa.
ARIB	Association of Radio Industries and Businesses (Japão).
ARICEA	Association of Regulators of Information and Communications for Eastern and Southern Africa.
ARM	Acordo de Reconhecimento Mútuo (Certificação e Homologação).
ART	Anotação de Responsabilidade Técnica.
ARTAC	Association des régulateurs de telecommunications de l'Afrique central – Telecommunication Regulators' Association of Central Africa.
ASTM	American Society for Testing and Materials.
AT	Área de Tarifação (Serviço Móvel Especializado).
AT	Área de Tarifação (Serviço Móvel Pessoal).
ATA	Analog Telephone Adaptor.
ATB	Área de Tarifa Básica.
ATB	Área de Tarifação Básica (Serviço Telefônico Fixo Comutado).
ATC	Ativos de Tecnologia Corrente (Separação e Alocação de Contas).
ATS	Ativos de Tecnologia Substituída (Separação e Alocação de Contas).
ATSC	Advanced Television Systems Committee (Padrão de TV Digital – Estados Unidos da América).
AVADAN	Avaliação de Danos - Formulário (Sistema Nacional de Defesa Civil).
BACEN	Banco Central do Brasil.
BAL	Balanceamento Longitudinal.
BB	Banda-Base.
BBC	British Broadcasting Corporation (Reino Unido).
BCB	Banco Central do Brasil.
BDO	Base de Dados Operacional (Portabilidade).
BDR	Base de Dados de Referência (Portabilidade).
BDR	Base de Dados Nacional de Referência da Portabilidade.
BDT	Bureau de Développement des Télécommunications (Escritório de Desenvolvimento das Telecomunicações da UIT).
BDTA	Banco de Dados Técnicos e Administrativos (Radiofreqüência).
BGAN	Broadband Global Area Network (INMARSAT).

BIA	Bens e Instalações em Andamento (Separação e Alocação de Contas).
BID	Banco Interamericano de Desenvolvimento.
BIRD	Banco Internacional para Reconstrução e Desenvolvimento (Banco Mundial).
BIS	Bens e Instalações em Serviço (Separação e Alocação de Contas).
Bn	Largura da Faixa Necessária (Certificação).
BNDES	Banco Nacional de Desenvolvimento Econômico e Social.
BPL	Broadband over Power Lines (Banda larga por meio de redes de energia elétrica).
BR	Bureau des Radiocommunications (Escritório de Radiocomunicações da UIT).
BRASSCOM	Associação Brasileira de Empresas de Tecnologia da Informação e Comunicação.
BS	Base Station (Estação Rádio Base).
BSR	Bloqueador de Sinais de Radiocomunicações.
BT	Linha de distribuição de Baixa Tensão.
BWA	Broadband Wireless Access (4G).
C-INI	Comitê sobre Infra-estrutura Nacional de Informações.
C0,25	Capacidade nominal para regime de alta intensidade de descarga (C0,25).
C10	Capacidade nominal para regime de média intensidade de descarga (C10).
C120	Capacidade nominal para regime de baixa intensidade de descarga (C120).
CA	Corrente Alternada.
CAACI	Conferência de Autoridades Audiovisuais e Cinematográficas Ibero-Americana.
CADE	Conselho Administrativo de Defesa Econômica.
CADIN	Cadastro Informativo de Créditos não Quitados do Setor Público Federal.
CAMR	Conferência Administrativa Mundial de Radiocomunicações.
CAPDA	Comitê das Atividades de Pesquisa e Desenvolvimento na Amazônia.
CAPT	Controle Automático da Potência Transmitida.
CARR	Conferência Administrativa Regional de Radiocomunicações.
CATIS	Centro de Acesso a Tecnologias para a Inclusão Social.
CBC	Comissão Brasileira de Comunicações.
CBC 1	Comissão Brasileira de Comunicações nº 1 – Redes de Dados e Características de Sistemas Telemáticos (extinta).
CBC 2	Comissão Brasileira de Comunicações nº 2 – Transmissão de Áudio e Vídeo e Sistemas Multimídia (extinta).
CBC 3	Comissão Brasileira de Comunicações nº 3 - Tarifas e Princípios Contábeis (extinta).
CBC 4	Comissão Brasileira de Comunicações nº 4 - Definição de Serviços, Planos Estruturais e Gerência de Redes (extinta).
CBC 5	Comissão Brasileira de Comunicações nº 5 - Sinalização, Comutação, Protocolos, Linguagens e Aspectos Gerais de Redes (extinta).
CBC 6	Comissão Brasileira de Comunicações nº 6 - Planta Externa e Compatibilidade Eletromagnética (extinta).
CBC 7	Comissão Brasileira de Comunicações nº 7 - Desenvolvimento das Telecomunicações (extinta).
CBC 8	Comissão Brasileira de Comunicações nº 8 - Serviços Móveis, de Radiodeterminação e de Radioamador (extinta).

CBC 9	Comissão Brasileira de Comunicações nº 9 - Serviços Fixos e Científicos (extinta).
CBC 1	Comissão Brasileira de Comunicações nº 1 - Governança e Regimes Internacionais.
CBC 10	Comissão Brasileira de Comunicações nº 10 - Administração do Espectro Radioelétrico e Propagação (extinta).
CBC 11	Comissão Brasileira de Comunicações nº 11 - Radiodifusão (extinta).
CBC 12	Comissão Brasileira de Comunicações nº 12 - Negociações Internacionais em Telecomunicações (extinta).
CBC 13	Comissão Brasileira de Comunicações nº 13 – Governança da Internet (extinta).
CBC 2	Comissão Brasileira de Comunicações nº 2 - Radiocomunicações.
CBC 3	Comissão Brasileira de Comunicações nº 3 - Normalização de Telecomunicações.
CBC 4	Comissão Brasileira de Comunicações nº 4 - Desenvolvimento das Telecomunicações.
CBC Temp.	Comissão Brasileira de Telecomunicações Temporária.
CBDT	Coleção Brasileira de Direito Regulatório das Telecomunicações.
CBF	Confederação Brasileira de Futebol.
CBLC	Comissão Brasileira de Liquidação e Custódia.
CBR	Comissão Brasileira de Radiocomunicações.
CBT	Código Brasileiro de Telecomunicações (Lei nº 4.117/62).
CBTTs	Comissões Brasileiras de Telecomunicações.
CC	Corrente Contínua.
CCA	Base de Custos Correntes.
CCC	Central de Comutação e Controle (Serviço Móvel Pessoal).
CCC	Central de Comutação e Controle (Sistemas de Acesso sem Fio do STFC).
CCC	Central de Controle e Comutação do SMC (Internacional).
CCIR	Comitê Consultivo Internacional das Radiocomunicações.
CCITT	Comitê Consultivo Internacional de Telegrafia e Telefonia.
CCJC	Comissão de Constituição e Justiça e de Cidadania.
CCOM	Centro de Políticas, Direito, Economia e Tecnologias das Comunicações da UnB.
CCOMGEX	Centro de Comunicações e Guerra Eletrônica do Exército.
CCP.I	Comitê Consultivo Permanente nº 1 da Comissão Interamericana de Telecomunicações.
CCP.II	Comitê Consultivo Permanente nº 2 da Comissão Interamericana de Telecomunicações.
CCP.III	Comitê Consultivo Permanente nº 3 da Comissão Interamericana de Telecomunicações.
CCPs-CITEL	Comitês Consultivos Permanentes da CITEL.
CCT	Cargo Comissionado Técnico (Agências Reguladoras).
CCT	Comissão de Ciência, Tecnologia, Inovação, Comunicação e Informática (Senado Federal).
CCT	Conselho Nacional de Ciência e Tecnologia.
CCTCI	Comissão de Ciência e Tecnologia, Comunicação e Informática (Câmara dos Deputados).
ccTLD	country code Top Level Domain (Domínio de Primeiro Nível) (INTERNET).

CDA	Certidão de Dívida Ativa.
CDC	Código de Defesa do Consumidor.
CDEIC	Comissão de Desenvolvimento Econômico, Indústria e Comércio (Câmara dos Deputados).
CDI	Comutação Digital Integrada.
CDMA	Code Division Multiple Access (Múltiplo Acesso por Divisão em Código).
CDMA 1xEV-DO	CDMA Evolution Data-Optimized (Rede celular 3G).
CDMA 1xEV-DV	CDMA Evolution, Data and Voice (Rede celular 3G).
CDUST	Comitê de Defesa dos Usuários de Serviços de Telecomunicações.
CEDEC	Coordenadoria Estadual de Defesa Civil (Sistema Nacional de Defesa Civil).
CEFET	Centro Federal de Educação Tecnológica.
CEITEC	Centro Nacional de Tecnologia Eletrônica Avançada S.A.
CENAD	Centro Nacional de Gerenciamento de Riscos e Desastres (Sistema Nacional de Defesa Civil).
CENELEC	European Commitee for Electrotechnical Standardization.
CEPED	Centro Universitário de Ensino e Pesquisa sobre Desastres (Sistema Nacional de Defesa Civil).
CERT.br	Centro de Estudos, Resposta e Tratamento de Incidentes de Segurança no Brasil (Comitê Gestor da Internet no Brasil).
CETIC.br	Centro de Estudos sobre as Tecnologias da Informação e da Comunicação (Comitê Gestor da Internet no Brasil).
CFM	Conselho Federal de Medicina.
CFTV	Serviço Especial de Circuito Fechado de Televisão com Utilização de Radioenlace.
CG-CBC	Grupo de Coordenação das Comissões Brasileiras de Comunicações.
CG-ProTIC	Comitê Gestor do Programa de Apoio à Pesquisa, Desenvolvimento e Inovação em Tecnologias Digitais de Informação e Comunicação.
CGCOB	Coordenação-Geral de Cobrança e Recuperação de Créditos.
CGIbr	Comitê Gestor da Internet no Brasil.
CGPD	Comitê Gestor de Políticas de Inclusão das Pessoas com Deficiência (Presidência da República).
CGPID	CGPID.
CGRBT	Comitê Gestor de Articulação Institucional da Rede Brasil de Tecnologia.
Cia C²	Companhia de Comando e Controle (Exército Brasileiro).
CIC	Central de Intermediação de Comunicação Telefônica.
CIDE	Contribuição de Intervenção no Domínio Econômico.
CIP	Câmara Interbancária de Pagamentos.
CIPA	Comissão Interna de Prevenção de Acidentes.
CISCOMIS	Comissão de Desenvolvimento do Projeto e da Implantação do Sistema de Comunicações Militares por Satélite.
CITEL	Comissão Interamericana de Telecomunicações.
CJF	Conselho da Justiça Federal.
CMDT	Conferência Mundial de Desenvolvimento das Telecomunicações.
CMGLO	Gerência de Engenharia, Planejamento e Controle de Licitações e Outorgas.
CMI	Cúpula Mundial da Informação.
CMPC	Custo Médio Ponderado de Capital.

CMPRL	Gerência de Autorização do Uso de Radiofrequências e Licenciamento de Estações (ANATEL).
CMR	Conferência Mundial de Radiocomunicações.
CMSI	Cúpula Mundial sobre a Sociedade da Informação (World Summit on the Information Society – WSIS).
CN	Código Nacional.
CNAL	Cadastro Nacional de Áreas Locais.
CNC	Conselho Nacional de Comunicações.
CNDI	Conselho Nacional de Desenvolvimento Industrial.
CNI	Confederação Nacional da Indústria.
CNPq	Conselho Nacional de Desenvolvimento Científico e Tecnológico.
CNPq-MCT	Centro Nacional de Pesquisa do Ministério da Ciência e Tecnologia.
COE	Coeficiente de Onda Estacionária.
COE	Coeficiente de Reflexão.
COER	Certificado de Operador de Estação de Radioamador.
COFDM	Coded Orthogonal Frequency Division Multiplexing.
COFINS	Contribuição para o Financiamento da Seguridade Social.
COG	Cabo Óptico Geral.
COGEF	Comissão de Gerência do Espectro de Radiofreqüência de Interesse do Ministério da Defesa.
COL	Copa do Mundo FIFA 2014 - Comitê Organizador Brasileiro Ltda.
COMDEC	Coordenadoria Municipal de Defesa Civil (Sistema Nacional de Defesa Civil).
COMESA	Common Market for Eastern and Southern Africa.
COMPÓS	Associação Nacional das Pós-Graduações em Comunicação.
CONANDA	Conselho Nacional dos Direitos da Criança e do Adolescente.
Conapsi	Conselho Nacional dos Provedores de Serviço de Internet.
CONAR	Conselho Nacional de Auto-Regulamentação Publicitária.
CONARQ	Conselho Nacional de Arquivos.
CONCAR	Comissão Nacional de Cartografia.
CONDEC	Conselho Nacional de Defesa Civil (Sistema Nacional de Defesa Civil).
CONDECINE	Contribuição para o Desenvolvimento da Indústria Cinematográfica Nacional.
CONFAZ	Conselho Nacional de Política Fazendária.
CONFECOM	Conferência Nacional de Comunicação.
CONTCOP	Confederação Nacional dos Trabalhadores em Comunicações e Publicidade (Representação profissional).
CONTEL	Conselho Nacional de Telecomunicações (Extinto em 25/02/1967).
COP	Cabo Óptico "Plenum".
CoPol	Copolar (Antena).
COR	Cabo Óptico "Riser".
CORDE	Coordenadoria Nacional para Integração da Pessoa Portadora de Deficiência.
CORDEC	Coordenadoria Regional de Defesa Civil (Sistema Nacional de Defesa Civil).
CP	Código Penal.
CP	Consulta Pública.

CPADS	Comissão Permanente de Avaliação de Documentos Sigilosos.
CPC	Código de Processo Civil.
CPCT	Central Privada de Comutação Telefônica.
CPCT	Central Privativa de Comutação Telefônica (Serviço Telefônico Fixo Comutado).
CPGF	Cartão de Pagamento do Governo Federal.
CPI	Comissão Parlamentar de Inquérito.
CPLP	Comunidade de Países de Língua Portuguesa.
CPP	Código de Processo Penal.
CPP	Contribuição Patronal Previdenciária (Seguridade Social).
CPqD	CPqD.
CPqD	Fundação CPqD Centro de Pesquisa e Desenvolvimento em Telecomunicações.
Cr0,25	Capacidade real em regime nominal para alta intensidade de descarga (Cr0,25).
Cr10	Capacidade real em regime nominal para média intensidade de descarga (Cr10).
Cr120	Capacidade real em regime nominal para baixa intensidade de descarga (Cr120).
CRASA	Communications Regulators' Association of Southern Africa.
CRE	Contrato de Receita Extraordinária (Concessionária de Rodovia).
CREA	Conselho Regional de Engenharia e Arquitetura.
CRS	Sistemas de Rádios Cognitivos.
CSLL	Contribuição Social sobre o Lucro Líquido.
CSP	Código de Seleção de Prestadora.
CTBC	Companhia de Telecomunicações do Brasil Central.
CTs-SGT.1-MERCOSUL	Comissões Temáticas do Subgrupo de Trabalho de Comunicações do MERCOSUL.
CVM	Comissão de Valores Mobiliários.
CVR	Relações Custo-Volume (Separação e Alocação de Contas).
C^3I	Command, Control, Communications and Intelligence (Doutrina Militar).
D-AMPS	Digital Advanced Mobile Phone System.
DAC	Departamento de Aviação Civil.
DAS	Direção e Assessoramento Superiores.
dB	Decibel.
dB SPL	Decibel relativo a 20 µPa.
dB SPL(A)	Decibel relativo a 20 µPa medido com ponderação A (IEC 60651).
dB V	Decibel Relativo a 1 V.
DBDG	Diretório Brasileiro de Dados Geoespaciais (DBDG).
dBk	Potência, em dB, relativa a 1 kW.
dBmp	Decibel medido com ponderação psofométrica (Rec. O.41 da ITU-T).
dBPa	Decibel Relativo a 1 Pascal.
dBPa(A)	Decibel relativo a 1 Pa medido com ponderação A (IEC 60651).
dBµ	Decibel Relativo a 1 mW.
dBµ	Intensidade de campo, em dB, relativa a 1µV/m.
DCOR	Diretoria de Concessões e Operações Rodoviárias.
DCS	Digital Cellular Network.

DDG	Discagem Direta Gratuita.
DDI	Discagem Direta Internacional.
DDoS	Distributed Denial-of-Service (Ataque de Negação de Serviço na Internet).
DDR	Discagem Direta a Ramal.
DEA	Data Envelopment Analysis.
DECEA	Departamento de Controle do Espaço Aéreo.
DECT	Digital European Cordless Telephone.
DEICT	Departamento de Indústria, Ciência e Tecnologia, da Secretaria de Telecomunicações (Ministério das Comunicações).
DEINT	Departamento de Negociações Internacionais da Secretaria de Comércio Exterior do Ministério da Indústria, do Comércio e do Turismo.
DEJUS	Departamento de Justiça, Classificação, Títulos e Qualificação (Ministério da Justiça, Secretaria Nacional de Justiça).
DENTEL	Departamento Nacional de Telecomunicações (Extinto em 15/03/1990).
DEPEN	Departamento Penitenciário Nacional.
DEPV	Diretoria de Eletrônica e Proteção ao Vôo (Min. Aeronáutica), substituída pelo DECEA.
DETRAF	Documento de Declaração de Tráfego e de Prestação de Serviços.
DG	Distribuidor Geral (Serviço Telefônico Fixo Comutado).
DIC	Discagem Interurbana a Cobrar.
DISTV	Serviço de Distribuição de Sinais de TV por Meios Físicos.
DJ	Diário da Justiça (Imprensa Nacional).
DJe	Diário da Justiça eletrônico.
DLC	Discagem Local a Cobrar.
DNER	Departamento Nacional de Estradas de Rodagem.
DNS	Domain Name System.
DOP	Documento Operacional de Prazos da Portabilidade.
DoS	Denial-of-Service (Internet).
DPDC	Departamento de Proteção e Defesa do Consumidor.
DRM	Digital Radio Mondiale (padrão europeu de rádio digital).
DS-CDMA	Múltiplo Acesso por Divisão em Código com Seqüência Direta.
DSAC	Documento de Separação e Alocação de Contas.
DSB	Double Side Band 'Modulation' (Modulação em Faixa Lateral Dupla).
DSC	Documento Sigiloso Controlado.
DSL	Digital Subscriber Line.
DTH	Direct-to-Home (Serviço de Distribuição de Sinais de Televisão e de Áudio por Assinatura Via Satélite).
DTMF	Dual Tone Multi-Frequency.
DVB	Digital Video Broadcasting (Padrão de TV Digital – União Européia).
DVB-H	Digital Video Broadcasting Handheld.
e-DJF1	Diário da Justiça Federal da Primeira Região eletrônico (TRF 1ª Região).
e-SIC	Sistema Eletrônico do Serviço de Informação ao Cidadão (ANATEL).
e.i.r.p.	Potência Equivalente Isotropicamente Radiada.
e.r.p.	Potência Efetiva Radiada (Campo Eletromagnético).
e.r.p.	Potência Efetivamente Irradiada.
EACO	East African Communications Organisation.
EARPTO	East Africa Regulatory, Postal and Telecommunications Organization.

EB	Estação Base.
EBC	Empresa Brasil de Comunicação.
EBITDA	Earning Before Interest, Tax, Depreciation and Amortization.
EC	Estação de Controle.
Ec / ec	Campo Característico, respectivamente em dBμ e mV/m.
ECA	Estatuto da Criança e do Adolescente.
ECAD	Escritório Central de Arrecadação e Distribuição.
ECD	Equipamento de Comunicação de Dados.
ECT	Empresa Brasileira de Correios e Telégrafos.
EDGE	Enhanced Data Rates for Global Evolution (Rede celular 2.5G).
EEII	Empresa Exploradora de Troncos Interestaduais e Internacionais.
EESPT	Entidade Exploradora de Serviços Públicos de Telecomunicações (em desuso).
EHF	Extremely High Frequency.
EILD	Exploração Industrial de Linha Dedicada.
ELI	Estágio de Linha Integrado.
ELR	Estágio de Linha Remoto.
EM	Estação Móvel.
ENISA	European Union Agency for Network and Information Security.
Enom / enom	Intensidade de campo nominal utilizável, respectivamente em dBμ e mV/m.
ENUM	Telephony Numbering Mapping (Protocolo desenvolvido pela IETF).
EPMU	Equal Proporcionate Mark Up (Alocação Proporcional e Eqüitativa – Separação e Alocação de Contas).
EPON	Ethernet Passive Optical Network.
ER	Estação Repetidora.
ER	Estágio Remoto (Serviço Telefônico Fixo Comutado).
ERB	Estação Rádio Base.
ERC	Estação Radioelétrica Central.
ERG	European Regulators Group.
ERP	Potência Efetivamente Radiada.
ERUE	Eficiência Relativa de Uso do Espectro (ERUE).
ESC	Equipamento a Ser Certificado.
ESV	Earth Station on Board Vessel.
ESV	Estação Terrena a Bordo de Embarcação.
ET	Estação Terminal.
ETA	Estação Terminal de Acesso.
ETD	Equipamento Terminal de Dados.
ETIR	Equipe de Tratamento e Resposta a Incidentes de Segurança da Informação (ANATEL).
ETSI	European Telecommunications Standards Institute.
Eu / eu	Intensidade de campo utilizável, respectivamente em dBμ e mV/m.
EUE	Eficiência de Uso do Espectro (EUE).
FA	Fator de Amortecimento.
FAC	Fully Allocated Costs (Custos Totalmente Alocados).
FCC	Federal Communications Commission (United States of America).

FCM	Financial Capital Maintenance.
FCPT	Fórum de Certificação de Produtos para Telecomunicações.
FCT	Função Comissionada Técnica.
FCT	Funções Comissionadas de Telecomunicações.
FDD	Frequency Division Duplexing (Duplexação por Divisão na Frequência).
FDMA	Frequency Division Multiple Access (Múltiplo Acesso por Divisão em Frequência).
FEBRAPEL	Federação Brasileira de Telecomunicações (Representação empresarial).
FEC	Código de Correção de Erro.
FENAJ	Federação Nacional dos Jornalistas.
FGP	Fundo Garantidor de Parcerias Público-Privadas.
FGTS	Fundo de Garantia por Tempo de Serviço.
FH-CDMA	Múltiplo Acesso por Divisão em Código com Saltos de Freqüência.
FI	Frequência Intermediária.
FIFA	Fédération Internationale de Football Association.
FINEP	Financiadora de Estudos e Projetos.
FINSOCIAL	Fundo de Investimento Social.
FISTEL	Fundo de Fiscalização das Telecomunicações.
FITTEL	Federação Interestadual dos Trabalhadores em Telecomunicações.
FM	Frequência Modulada.
FMCA	Fixed-Mobile Convergence Alliance.
FME	Frequência Modulada com Fins Exclusivamente Educativos.
FNC	Fundo Nacional da Cultura.
FNDCT	Fundo Nacional de Desenvolvimento Científico e Tecnológico.
FNPJ	Fórum Nacional de Professores de Jornalismo.
FNT	Fundo Nacional de Telecomunicações.
Fonacate	Fórum Nacional Permanente de Carreiras Típicas de Estado.
FORCINE	Fórum Brasileiro de Ensino de Cinema e Audiovisual.
FS	Fornecedora de Sinal.
FTTB	Fiber to the Building.
FTTC	Fiber to the Curb.
FTTH	Fiber to the Home.
FTTN	Fiber to the Node.
FUNCAP	Fundo Especial para Calamidades Públicas (Sistema Nacional de Defesa Civil).
Fundomic	Fundo de Universalização do Acesso a Serviços de Telecomunicação (Minas Gerais).
Funtec	Fundo Tecnológico (BNDES).
FUNTTEL	Fundo para o Desenvolvimento Tecnológico das Telecomunicações.
FUST	Fundo de Universalização dos Serviços de Telecomunicações.
FWA	Fixed Wireless Access.
GCOM	Grupo Interdisciplinar de Políticas, Direito, Economia e Tecnologias das Comunicações (UnB).
GESAC	Governo Eletrônico – Serviço de Atendimento ao Cidadão.
GETEL	Grupo de Estudos em Direito das Telecomunicações (UnB).
GGSN	Gateway GPRS Support Node.

GIP	Grupo de Implantação da Portabilidade.
GIP	Grupo de Implementação da Portabilidade.
GIPAQ	Grupo de Implantação de Processos de Aferição da Qualidade.
GMC	Grupo Mercado Comum.
GMDSS	Sistema Global Marítimo de Socorro e Segurança.
GNR	Guia Nacional de Recolhimento de Tributos Estaduais.
GPON	Gigabit Passive Optical Network.
GPRS	General Packet Radio Service (Rede celular 2.5G).
GPS	Global Positioning System (Sistema de Posicionamento Global).
GSM	Global System Mobile -Global System for Mobile Communications (Originariamente Groupe Spécial Mobile).
GTI	Grupo de Trabalho Interministerial.
HCA	Base de Custos Históricos (Separação e Alocação de Contas).
HCA	Historical Cost Accounting (Base de Custos Históricos na Separação e Alocação de Contas).
HCI	Altura do Centro de Fase do Sistema Irradiante.
HF	High Frequency (Alta Freqüência).
HFBC	Conferência Administrativa Mundial de Radiocomunicações para o planejamento das faixas de ondas decamétricas atribuídas ao serviço de radiodifusão, realizada em 1987.
HMM	Hora de Maior Movimento.
HNMT	Altura da Antena sobre o Nível Médio do Terreno.
HNMT	Altura do Sistema Irradiante em Relação ao Nível Médio do Terreno (Radiodifusão).
HSDPA	High Speed Downlink Packet Access (Rede celular 3G).
HSPA	High-Speed Packet Access (tipo de padrão de telefonia móvel por dados) (Rede celular 3G).
HSUPA	High Speed Uplink Packet Access (Rede celular 3G).
IAF	International Accreditation Forum (Certificação e Homologação).
IAMCR	International Association for Media and Communication Research.
IAP	Índice de Atendimento Pessoal.
IAP	Interamerican Proposal.
IARP	International Amateur Radio Permission (Permissão Internacional de Radioamador).
IARU	União Internacional de Radioamadores (International Amateur Radio Union).
IBGE	Instituto Brasileiro de Geografia e Estatística.
IBICT	Instituto Brasileiro de Informação em Ciência e Tecnologia.
IBOC	In-Band On-Channel (padrão norte-americano de rádio digital).
ICANN	Internet Corporation for Assigned Names and Numbers (Corporação da Internet para a Atribuição de Nomes e Números).
ICAO	Organização Internacional de Aviação Civil.
ICC	Índice de Chamadas Completadas.
ICCo	Índice de Cessação de Cobrança.
ICMS	Imposto sobre Operações Relativas à Circulação de Mercadorias e Sobre Prestações de Serviços de Transporte Interestadual, Intermunicipal e de Comunicações.

ICNIRP	International Commission on Non Ionizing Radiation Protection (Comissão Internacional de Proteção Contra Radiações Não Ionizantes).
ICP-Brasil	Infraestrutura de Chaves Públicas Brasileira.
ICR	Índice de Correspondências Respondidas.
ICT	Instituição Científica e Tecnológica.
ICT4D	Information and Communication Technologies for Development.
IDA	Índice de Desempenho no Atendimento (aplicado ao STFC).
IDDF	Informações de Demanda e Dados Físicos (Separação e Alocação de Contas).
IDEC	Instituto de Defesa do Consumidor.
IDH	Índice de Desenvolvimento Humano.
IDQ	Índice de Desempenho de Qualidade (aplicado ao STFC).
IEC	International Electrotechnical Commission.
IEEE	Institute of Electrical and Electronics Engineers.
IETF	Internet Engineering Task Force (Força Tarefa de Engenharia da Internet).
IFCA	International Federation of Mass Communication Associations.
Ifd	Fator de Degradação.
IFRB	Junta Internacional de Registro de Frequências.
IFS	Serviço Franqueado Internacional.
IGF	Internet Governance Fórum (Fórum de Governança da Internet vinculado à ONU).
IGP-DI	Índice Geral de Preços - Disponibilidade Interna.
IGP-M	Índice Geral de Preços - Mercado.
IGQO	Índice Geral de Qualidade Operacional (aplicado ao STFC).
IGQP	Índice Geral de Qualidade Percebida (aplicado ao STFC).
II	Imposto de Importação.
IIS	Índice de Instalação do Serviço.
IITS	Índice de Interrupções Solucionadas.
ILA	Índice de Ligações Atendidas.
ILAC	International Laboratories Accreditation Cooperation (Certificação e Homologação).
IME	Índice Mínimo de EUE (IME).
IMEI	International Mobile Station Equipment Identity.
IMO	Organização Marítima Internacional.
IMSI	International Mobile Subscriber Identity (Identificação Internacional de Acesso Móvel).
IMT-2000	International Mobile Telecommunications-2000.
IMT-Advanced	International Mobile Telecommunication Advanced (requisitos UIT).
INDE	Infraestrutura Nacional de Dados Espaciais (INDE).
INFRAERO	Empresa Brasileira de Infra-estrutura Aeroportuária.
INI	Infraestrutura Nacional de Informações.
INMARSAT	Organização Internacional de Telecomunicações Marítimas por Satélite.
INMETRO	Instituto Nacional de Metrologia, Normalização e Qualidade Industrial.
INTELSAT	International Telecommunications Satellite Consortium (Organização Internacional de Telecomunicações por Satélite).
Intercom	Sociedade Brasileira de Estudos Interdisciplinares da Comunicação.
IP	Índice de Preços.

IP	Internet Protocol (Protocolo de Internet).
IPAOG/FGV	Índice de Preços por Atacado - Oferta Global.
IPCA/IBGE	Índice de Preços ao Consumidor Amplo.
IPI	Imposto sobre Produtos Industrializados.
IPTF DEA	Índice de Produtividade Total de Fatores DEA.
IPTF F	Índice de Produtividade Total de Fatores Fisher.
IPTV	Internet Protocol TV.
IQF	Índice de Quantidade dos Fatores de Produção (Reajuste Tarifário do STFC).
IQP	Índice de Fator de Produção.
IQP	Índice de Quantidade dos Produtos (Reajuste Tarifário do STFC).
IR	Imposto de Renda.
IREDC	Índice de Reclamação por Erro em Documento de Cobrança.
IRPJ	Imposto sobre a Renda da Pessoa Jurídica.
IRS	Índice de Reclamação do Serviço.
ISAN	International Standard Audiovisual Number.
ISDB	Integrated Services Digital Broadcasting.
ISDB-C	Integrated Services Digital Broadcasting Cable.
ISDB-S	Integrated Services Digital Broadcasting Satellite Television.
ISDB-T	Integrated Services Digital Broadcasting Terrestrial (Serviços Integrados de Radiodifusão Digital Terrestre).
ISDTV	International System for Digital TV (novo nome do SBTVD).
ISM	Aplicações Industriais, Científicas e Médicas.
ISO	International Standards Organisation.
ISP	Internet Service Provider (vide PSCI).
ISRA	Índice de Solicitações de Reparos Atendidas.
ISS	Imposto sobre Serviços de Qualquer Natureza.
IST	Índice de Serviços de Telecomunicações.
ISYDS	Integrated System for Decision Support (vide SIAD).
ITE	Índice Temporal de EUE.
ITI	Instituto Nacional de Tecnologia da Informação (Autarquia vinculada à Casa Civil da Presidência da República).
ITU	International Telecommunication Union (União Internacional de Telecomunicações).
l	Comprimento de Onda.
LABRE	Liga de Amadores Brasileiros de Rádio Emissão.
LAN	Local Area Network.
LaPCom	Laboratório de Políticas de Comunicação da UnB.
LBS	Location Based Services.
LDI	Longa Distância Internacional.
LDN	Longa Distância Nacional.
LED	Light Emitting Diode (Diodo Emissor de Luz).
LEP	Lei de Execuções Penais.
LF	Low Frequency.
LGT	Lei Geral de Telecomunicações.
LIBRAS	Língua Brasileira de Sinais.

LLU	Local Loop Unbundling.
LMDS	Local Point-Multipoint Distribution Service.
LPFM	Low-Power FM stations (Rádios Comunitárias).
LRGP	Loudness Rating Guard-Ring Position.
LRIC	Long Run Incremental Costs (Custos Incrementais de Longo Prazo) (Serviço Telefônico Fixo Comutado).
LSI	Laboratório de Sistemas Integráveis da USP.
LSZH	"Low Smoke and Zero Halogen".
LTE	Long Term Evolution.
LTOG	Lista Telefônica Obrigatória e Gratuita.
LUSOCOM	Federação Lusófona de Ciências da Comunicação.
M2M	Machine to Machine (comunicação entre máquinas).
MAN	Metropolitan Area Network.
MdE	Memorando de Entendimento - MdE.
MDGs	Millenium Development Goals (UN Millenium Summit 2000).
MEF	Mobile Entertainment Forum.
MERCOSUL	Mercado Comum do Sul.
MF	Medium Frequency (Média Freqüência).
MICS	Sistemas de Comunicações de Implantes Médicos.
MIFR	Master International Frequency Register (Registro Mestre da UIT).
MIN	Valor do Minuto de Tarifação (Serviço Telefônico Fixo Comutado).
MINFRA	Ministério da Infraestrutura (Extinto pela Lei 8.422, de 13/05/1992).
MMDS	Multichannel Multipoint Distribution Service (Serviço de Distribuição de Sinais Multiponto Multicanal).
MMS	Multimedia Message.
MNO	Mobile Network Operator (Operador de Rede Móvel).
MOB	Conferência Administrativa Mundial de Radiocomunicações para os serviços móveis.
MOB-87	Conferência Administrativa Mundial de Radiocomunicações para os Serviços Móveis, realizada em 1987.
MOS	Mean Opinion Score (Pontuação Média de Opinião).
MSCID	Mobile Switching Center Identification.
MT	Linha de distribuição de Média Tensão.
MVNO	Mobile Virtual Network Operator (Operador de Rede Virtual Móvel).
MVPD	Multichannel Video Programming Distributors.
NBM	Nomenclatura Brasileira de Mercadorias.
NC	Noise Criteria.
NCL	Nested Context Language (Interatividade do ISDB-T: linguagem do ambiente Ginga-NCL).
NCM	Nomenclatura Comum do Mercosul.
NFC	Near Field Communications.
NFST	Nota Fiscal de Serviço de Telecomunicações.
NGN	Next Generation Network.
NGT	Norma Geral de Telecomunicações (Ministério das Comunicações).
NOPRED	Notificação Preliminar de Desastres - Formulário (Sistema Nacional de Defesa Civil).
NPOESS	National Polar-Orbiting Environmental Satellite System.

NRA	National Regulatory Authorities (União Européia).
NSR	Nível do Sinal Recebido.
NUDEC	Núcleo Comunitário de Defesa Civil (Sistema Nacional de Defesa Civil).
NWA	Nomadic Wireless Access (Aplicação Nomádica).
NWICO	New World Information and Communication Order.
OCC	Organismo de Certificação Credenciado.
OCD	Organismo de Certificação Designado.
OCDE	Organização para Cooperação e Desenvolvimento Econômico.
OECD	Organisation for Economic Co-operation and Development (Organização para Cooperação e Desenvolvimento Econômico).
OFDM	Orthogonal Frequency Division Multiplexing (Multiplexação Ortogonal por Divisão de Freqüência).
OFDMA	Orthogonal Frequency-Division Multiple Access.
OIT	Oxidative Induction Time (Tempo de Indução Oxidativa).
OL	Oscilador Local.
OM	Onda Média.
OMC	Organização Mundial do Comércio.
OPGW	Optical Ground Wire (Cabos Pára-raios com Fibras Ópticas).
OPI	Oferta Pública de Interconexão.
ORB-85	Conferência Administrativa Mundial de Radiocomunicações para uso da Órbita de Satélites Geoestacionários e o Planejamento dos Serviços Espaciais que a Utilizam, realizada em 1985.
OSA	Opportunistic Spectrum Access.
OSCIP	Organização da Sociedade Civil de Interesse Público.
OT	Onda Tropical.
OTI	Organización de Televisión Iberoamericana.
P&D	Pesquisa e Desenvolvimento.
PAC	Plano Anual de Capacitação (Capacitação Profissional nas Agências Reguladoras).
PAC	Programa de Aceleração do Crescimento (Programa de Governo de Janeiro de 2007).
PADIS	Programa de Apoio ao Desenvolvimento Tecnológico da Indústria de Semicondutores (PADIS).
PADO	Procedimento Administrativo para Apuração de Descumprimento de Obrigações (Agência Nacional de Telecomunicações).
PAF	Processo Administrativo Fiscal (ANATEL).
PAR	Plano de Aplicação de Recursos (FUNTTEL).
PAR-C	Plano de Atendimento Rural Complementar (STFC).
PAR-F	Plano de Atendimento Rural Facultativo (STFC).
PAR-S	Plano de Atendimento Rural Suplementar (STFC).
PASEP	Programa de Formação do Patrimônio do Servidor Público.
PASI	Provedor de Acesso a Serviços de Internet.
PASOO	Plano Alternativo de Serviço de Oferta Obrigatória.
PAT	Parcela Adicional de Transição.
PATVD	Programa de Apoio ao Desenvolvimento Tecnológico da Indústria de Equipamentos para a TV Digital.
PATVD	Programa de Incentivos ao Setor da TV Digital (Integrante do PAC).

PBFM	Plano Básico de Distribuição de Canais de Radiodifusão Sonora em Freqüência Modulada.
PBOC	Plano Básico de Distribuição de Canais de Radiodifusão Sonora em Onda Curta.
PBOM	Plano Básico de Distribuição de Canais de Radiodifusão Sonora em Onda Média.
PBOT	Plano Básico de Distribuição de Canais de Radiodifusão Sonora em Onda Tropical.
PBRTV	Plano Básico de Distribuição de Canais de Retransmissão de Televisão em VHF e UHF.
PBTV	Plano Básico de Distribuição de Canais de Televisão em VHF e UHF.
PBTVA	Plano Básico de Distribuição de Canais de Televisão por Assinatura.
PBTVD	Plano Básico de Distribuição de Canais de Televisão Digital.
PBX	Private Branch Exchange.
PCNR	Parcela de Custo Não Recuperável pela Exploração Eficiente do Serviço (Fundo de Universalização dos Serviços de Telecomunicações).
PCS	Personal Communication Service.
PDE	Plano de Desenvolvimento da Educação.
PDG	Programa de Dispêndios Globais (Empresas Estatais Federais).
PDP	Plasma Display Pannel (Painel Mostrador de Plasma).
PDRTVD	Plano de Designação de Canais de Retransmissão de Televisão Digital.
PDTVD	Plano de Designação de Canais de Televisão Digital.
PEP	Peak Envelope Power (Potência de Pico da Envoltória).
PF	Procuradoria Federal no Estado.
PGA	Plano Geral de Autorizações.
PGA-SME	Plano Geral de Autorizações do Serviço Móvel Especializado.
PGA-SMP	Plano Geral de Autorizações do Serviço Móvel Pessoal.
PGCN	Plano Geral de Códigos Nacionais.
PGMC	Plano Geral de Metas de Competição.
PGMQ	Plano Geral de Metas de Qualidade.
PGMQ-2006	Plano Geral de Metas de Qualidade do STFC para a Renovação dos Contratos de Concessão.
PGMQ-SMP	Plano Geral de Metas de Qualidade para o Serviço Móvel Pessoal.
PGMU	Plano Geral de Metas de Universalização.
PGMU-2006	Plano Geral de Metas para Universalização do STFC no Regime Público para a Renovação dos Contratos de Concessão.
PGO	Plano Geral de Outorgas.
PGR	Plano Geral de Atualização da Regulamentação das Telecomunicações no Brasil.
PICT	Projeto de Proteção da Infraestrutura Crítica de Telecomunicações (Anatel e CPqD).
PIS	Programa de Integração Social.
PISP	Plano de Indenização por Serviços Prestados (Telebras).
PLC	Power Line Communications.
PMD	Polarization Mode Dispersion (Modo de Polarização por Dispersão) (Cabo de Fibra Óptica).
PMM	Período de Maior Movimento (Televisão por Assinatura (Gênero)).
PMM1	Período de Maior Movimento diurno, das 9h às 11h (STFC).

PMM2	Período de Maior Movimento noturno, das 20h às 22h (STFC).
PMS	Poder de Mercado Significativo.
PMT	Período de Maior Tráfego (PMT).
PNBL	Programa Nacional de Banda Larga.
POI	Ponto de Interconexão.
POP	Post Office Protocol (INTERNET).
POSIC/Anatel	Política de Segurança da Informação e Comunicações da ANATEL.
PP	Conferência de Plenipotenciários da UIT.
PPA	Plano Plurianual.
PPB	Processo Produtivo Básico.
PPDESS	Preço Público pelo Direito de Exploração de Serviços de Telecomunicações e pelo Direito de Exploração de Satélite.
PPDF	Previsão de Demanda e Dados Físicos (Separação e Alocação de Contas).
PPDUR	Preço Público pelo Direito de Uso de Radiofreqüencias.
ppm	partes por milhão.
PPP	Parceria Público-Privada.
PR	Perda de Retorno.
PRB	Ponto de Referência da Boca.
PRF	Procuradoria Regional Federal.
PRO-REG	Programa de Fortalecimento da Capacidade Institucional para Gestão em Regulação.
PROCON	Promotoria de Defesa do Consumidor.
PRODIST	PRODIST – Procedimentos de Distribuição (Energia Elétrica).
PROINFO	Programa Nacional de Informática na Educação.
PROM	Plano Regional de Distribuição de Canais de Radiodifusão Sonora em Onda Média ou Plano do Rio de Janeiro (Radiodifusão Sonora).
PROTESTE	Associação Brasileira de Defesa do Consumidor.
ProTIC	Programa de Apoio à Pesquisa, Desenvolvimento e Inovação em Tecnologias Digitais de Informação e Comunicação.
PROUCA	Programa Um Computador por Aluno.
PRRadCom	Plano de Referência para Distribuição de Canais do Serviço de Radiodifusão Comunitária.
PSCI	Provedor de Serviço de Conexão à INTERNET.
PSM	Posto de Multifacilidades.
PSM	Posto de Serviço Multifacilidades.
PSO	Procedimento Simplificado de Outorga.
PSP	Potência de Saída da Portadora.
PST	Posto de Serviço de Telecomunicações.
PTR	Ponto de Terminação de Rede.
PTT	Ponto de Troca de Tráfego (Internet).
PUC	Prestação, Utilidade ou Comodidade (Serviço Telefônico Fixo Comutado).
PVCP	Gerência Geral de Comunicações Pessoais Terrestres (ANATEL).
PVR	Personal Video Recorder.
QuISI	Índice Qualcomm da Sociedade da Inovação.
RadCom	Serviço de Radiodifusão Comunitária.
RBR	Relação de Bens Reversíveis.
RBT	Rede Brasil de Tecnologia.

RBT	Rede de distribuição de Baixa Tensão.
RCBR	Regulamento de Controle de Bens Reversíveis.
RDSI	Rede Digital de Serviços Integrados.
RDSI-FE	Rede Digital de Serviços Integrados - Faixa Estreita.
RDSI-FL	Rede Digital de Serviços Integrados - Faixa Larga.
RE	Recurso Extraordinário.
RECAP	Regime Especial de Aquisição de Bens de Capital para Empresas Exportadoras.
RECOMPE	Regime Especial de Aquisição de Computadores para Uso Educacional.
REDEC	Regional Estadual de Defesa Civil (Sistema Nacional de Defesa Civil).
REGISTRO.br	Registro de Domínios para a Internet no Brasil (Comitê Gestor da Internet no Brasil).
REGULATEL	Foro Latino-Americano de Autoridades Reguladoras das Telecomunicações.
REICOMP	Regime Especial de Incentivo a Computadores para Uso Educacional.
RENEC	Rede Nacional de Estações Costeiras.
REPES	Regime Especial de Tributação para a Plataforma de Exportação de Serviços de Tecnologia da Informação.
REPNBL-Redes	Regime Especial de Tributação do Programa Nacional de Banda Larga para Implantação de Redes de Telecomunicações.
REsp	Recurso Especial.
RF	Radiofrequência.
RF	Radiofrequência (Campo Eletromagnético).
RFID	Radio Frequency Identification Device (Sistema de Identificação por Radiofreqüência).
RGC	Regulamento Geral de Direitos do Consumidor de Serviços de Telecomunicações.
RGP	Regulamento Geral de Portabilidade.
RGQ-SCM	Regulamento de Gestão da Qualidade do Serviço de Comunicação Multimídia.
RGQ-SMP	Regulamento de Gestão da Qualidade da Prestação do Serviço Móvel Pessoal.
RIQ	Regulamento de Indicadores de Qualidade do Serviço Telefônico Fixo Comutado.
RITU	Rede de Intercâmbio de Televisão Universitária.
RLL	Radio in the Local Loop.
RMT	Rede de distribuição de Média Tensão.
RNI	Radiação Não Ionizante (Campo Eletromagnético).
RNP	Rede Nacional de Pesquisa.
RNR	Rede Nacional de Radiovideometria.
ROL	Receita Operacional Líquida.
RPF	Request for Proposal.
RpTV	Serviço de Repetição de Televisão.
RR	Regulamento de Radiocomunicações da UIT.
RRD	Restricted Radiation Device.
RRV-SMP	SMP por meio de Rede Virtual.
RSAC	Regulamento de Separação e Alocação de Contas.
RSQ	Raiz quadrada da soma dos quadrados.

RTFM	Regulamento Técnico para Emissoras de Radiodifusão Sonora em Frequência Modulada.
RTV	Serviço de Retransmissão de Televisão.
RTVC	Serviço de RTV Comercial.
RTVE	Serviço de RTV Educativo.
RTVI	Serviço de RTV Institucional.
RUER	Regulamento de Uso do Espectro de Radiofrequências.
RVU-M	Valor de Referência de VU-M.
SA	Specific Absorption (Absorção Específica).
SAC	Serviço de Atendimento ao Consumidor.
SAC	Stand Alone Cost (Custo Total Individual – Separação e Alocação de Contas).
SACP	Sistema de Acompanhamento de Consulta Pública.
SAM	Serviço Avançado de Mensagens.
SAMU	Serviço de Atendimento Móvel de Urgência.
SAP	Secondary Audio Programming (Programa Secundário de Áudio).
SAPN	Sistema de Administração dos Recursos de Numeração.
SAR	Specific Absorption Rate (Taxa de Absorção Específica).
SARC	Serviço Auxiliar de Radiodifusão e Correlatos.
SART	Transponder de busca e salvamento.
SATVA	Sistema de Acompanhamento das Obrigações das Prestadoras de TV por Assinatura.
SBC	Sistema Brasileiro de Certificação.
SBPJOR	Sociedade Brasileira de Pesquisadores em Jornalismo.
SBRD	Sistema Brasileiro de Rádio Digital.
SBTVD	Sistema Brasileiro de Televisão Digital.
SBTVD-T	Sistema Brasileiro de Televisão Digital Terrestre.
SCI	Serviço de Conexão à INTERNET.
SCM	Serviço de Comunicação Multimídia.
SCMa	Serviço de Comunicação de Massa por assinatura.
SCR	Serviço de Comunicações de Interesse Restrito.
SDE	Secretaria de Direito Econômico (Ministério da Justiça).
SDK	Software Development Kit.
SDN	Software Defined Networking.
SDR	Rádios Definidos por Software.
SeAC	Serviço de Acesso Condicionado.
SEAE	Secretaria de Acompanhamento Econômico (Ministério da Fazenda).
SECEX	Secretaria de Controle Externo (Tribunal de Contas da União).
SEDH	Secretaria Especial de Direitos Humanos da Presidência da República.
SEFID	Secretaria de Fiscalização de Desestatização (Tribunal de Contas da União).
SEI	Sistema Eletrônico de Informações.
SELIC	Sistema Especial de Liquidação e Custódia.
SER	Serviço Especial de Radiochamada, Regime Regulatório.
SERDS	Serviço Especial de Radiodeterminação por Satélite.
SET	Sociedade Brasileira de Engenharia de Televisão.

SETA	Sindicato Nacional das Empresas Operadoras de Sistemas de Televisão por Assinatura (Representação empresarial).
SFS	Serviço Fixo por Satélite.
SGAL	Sistema de Gerenciamento de Áreas Locais.
SGB	Sistema Geodésico Brasileiro.
SGB	Sistema Geoestacionário Brasileiro.
SGDC	Satélite Geoestacionário de Defesa e Comunicações Estratégicas.
SGIQ	Sistema de Gerenciamento de Indicadores de Qualidade.
SGME	Sistema de Gestão e Monitoragem do Espectro.
SGT.1	Subgrupo de Trabalho n° 1 – Comunicações do Mercosul.
SHF	Super High Frequency.
SI	Sociedade da Informação.
SIAD	Sistema Integrado de Apoio à Decisão (Programa para obtenção dos Valores de Eficiência DEA).
SIAFI	Sistema Integrado de Administração Financeira do Governo Federal.
SIC	Segurança da Informação e Comunicações (ANATEL).
SICAP	Sistema de Controle de Rastreamento de Documentos e Processos.
SICI	Sistema de Coleta de Informação.
SICOM	Sistema de Comunicação de Governo do Poder Executivo (Publicidade da Administração Pública Federal).
SIGAnatel	Sistema de Informações Geográficas do Brasil.
SIGEC	Sistema Integrado de Gestão de Créditos da ANATEL.
SINAMOB	Sistema Nacional de Mobilização.
SINAPI/IBGE	Sistema Nacional de Pesquisa de Custos e Índices da Construção Civil.
SINAR	Sistema Nacional de Arquivos.
SINCAB	Sindicato Nacional dos Trabalhadores em Sistemas de TV por Assinatura e Serviços Especiais de Telecomunicações (Representação profissional).
SINDEC	Sistema Nacional de Defesa Civil.
SINDEC	Sistema Nacional de Defesa do Consumidor.
SINDER	Sindicato Nacional das Empresas de Radiocomunicações (Representação empresarial).
SINDESB	Sistema de Informações sobre Desastres no Brasil (Sistema Nacional de Defesa Civil).
SINDISAT	Sindicato Nacional das Empresas de Telecomunicações por Satélite (Representação empresarial).
SINDITELEBRASIL	Sindicato Nacional das Empresas Operadoras de Serviços de Telecomunicações (Representação empresarial).
SINSTAL	Sindicato Nacional das Empresas Instaladoras de Sistemas e Redes de TV por Assinatura e Telecomunicações (Representação empresarial).
SINTEIS	Sindicatos Estaduais dos Trabalhadores em Telecomunicações (Representação profissional).
SIPAM	Sistema de Proteção da Amazônia.
SIT	Sistema com Transponder Interrogador.
SITARWEB	Sistema de Informações Técnicas para Administração das Radiocomunicações WEB.
SLD	Serviço por Linha Dedicada.
SLDA	Serviço por Linha Dedicada para Sinais Analógicos.
SLDD	Serviço por Linha Dedicada para Sinais Digitais.

SLDT	Serviço por Linha Dedicada para Sinais Telegráficos.
SLE	Serviço Limitado Especializado.
SLMP	Serviço Limitado Móvel Privativo.
SLP	Serviço Limitado Privado.
SLPR	Serviço Limitado Privado de Radiochamada.
SMA	Serviço Móvel Aeronáutico.
SMC	Serviço Móvel Celular.
SMD	Surface Mounted Device.
SME	Serviço Móvel Especializado.
SMGS	Serviço Móvel Global por Satélite.
SMM	Serviço Móvel Marítimo.
SMP	Serviço Móvel Pessoal.
SMS	Serviço Móvel por Satélite.
SMS	Short Message Service.
SMT	Surface Mounted Technology.
SNC	Secretaria Nacional de Comunicações (MINFRA).
SNOA	Sistema de Negociação das Ofertas de Atacado (PGMC).
Socicom	Federação Brasileira das Associações Científicas e Acadêmicas de Comunicação.
SOCINE	Sociedade Brasileira de Estudos de Cinema.
SOR	Superintendência de Outorga e Recursos à Prestação (ANATEL).
SORM	System of Operative-Investigative Measures (sistema russo de interceptação legal de comunicações eletrônicas).
SPV	Superintendência de Serviços Privados.
SRA	Serviço de Radiocomunicação Aeronáutica Público-Restrito.
SRC	Superintendência de Relações com Consumidores.
SRD	Short Range Device.
SRD	Sistema de Controle de Radiodifusão.
SRE	Serviço de Radiotáxi Especializado, Regime Regulatório.
SRS	Serviço de Pesquisa Espacial.
SRT	Serviço de Radiotáxi.
SRTT	Serviço de Rede de Transporte de Telecomunicações.
SSB	Single Side Band 'Modulation' (Modulação em Faixa Lateral Simples).
STE	Secretaria de Telecomunicações (Ministério das Comunicações).
STEL	Sistema de Serviços de Telecomunicações.
STF	Supremo Tribunal Federal.
STFC	Serviço Telefônico Fixo Comutado Destinado ao Uso do Público em Geral.
STJ	Superior Tribunal de Justiça.
STM	Superior Tribunal Militar.
STP	Serviço Telefônico Público (em desuso).
STS	Serviço de Transporte de Sinais de Telecomunicações por Satélite.
SUDAM	Superintendencia de Desenvolvimento da Amazônia.
SUDECO	Superintendência de Desenvolvimento do Centro-Oeste.
SUFRAMA	Superintendência da Zona Franca de Manaus.
SVA	Serviço de Valor Adicionado.

TAB	Tarifa Aduaneira do Brasil.
TAC	Termo de Compromisso de Ajustamento de Conduta.
TAP	Television Association of Programmers (Estados Unidos da América).
TAP	Terminal de Acesso Público.
TAP	Terminal de Acesso Público (Serviço Telefônico Fixo Comutado).
TBSMC	Tarifa Básica do Serviço Móvel Celular.
TCD	Termo de Compromisso de Desempenho.
TCP	Transport Control Protocol (INTERNET).
TCU	Tribunal de Contas da União.
TDD	Time Division Duplexing (Duplexação por Divisão no Tempo).
TDMA	Time Division Multiple Access (Múltiplo Acesso por Divisão em Tempo).
TEB	Taxa de Erro de Bits.
TEC	Tarifa Externa Comum.
TelComp	Associação Brasileira das Prestadoras de Serviços de Telecomunicações Competitivas.
TELEBRAS	Telecomunicações Brasileiras S.A..
TELEBRASIL	Associação Brasileira de Telecomunicações.
TELEX	Comutação Telegráfica.
TFEL	Thin-Film Electroluminescent (Displays Eletroluminescentes a Filme Fino).
TFF	Taxa de Fiscalização do Funcionamento.
TFI	Taxa de Fiscalização da Instalação.
THD	Distorção harmônica total.
TIC	Information and Communication Technology.
TIPI	Tabela de Incidência do Imposto sobre Produtos Industrializados.
TISA	Traveller Information Services Association.
TMC	Traffic Message Channel (Canal de Mensagem de Trânsito).
TME	Tarifa de Mudança de Endereço (Serviço Telefônico Fixo Comutado).
TMN	Telecommunications Management Network.
TOE	Taxa de Onda.
TR	Taxa Referencial.
TRASA	Telecommunications Regulators' Association of Southern Africa.
TRD	Taxa Referencial Diária.
TRF	Tribunal Regional Federal.
TRF1	Tribunal Regional Federal da 1ª Região.
TRI	Termo de Responsabilidade de Instalação.
TRX	Transceptor.
TSC	Terminal Móvel de Acesso a Ser Certificado.
TSC	Terminal Portátil a Ser Certificado.
TSE	Tribunal Superior Eleitoral.
TST	Tribunal Superior do Trabalho.
TT	Tronco/Canal Telefônico de Entrada.
TU	Tarifa de Uso (Serviço Telefônico Fixo Comutado).
TU-COM	Tarifa de Uso de Comutação (Serviço Telefônico Fixo Comutado).
TU-M	Tarifa de Uso Móvel.
TU-RIU	Tarifa de Uso de Rede Interurbana.

TU-RIU1	Tarifa de Uso de Rede Interurbana Nível 1 (Serviço Telefônico Fixo Comutado).
TU-RIU2	Tarifa de Uso de Rede Interurbana Nível 2.
TU-RL	Tarifa de Uso de Rede Local.
TUP	Telefone de Uso Público.
TUP	Telefone de Uso Público (Serviço Telefônico Fixo Comutado).
TVA	Serviço Especial de Televisão por Assinatura.
TVA	Televisão por Assinatura (Espécie de Serviço Especial).
TVC	TV a Cabo.
TVRO	Television Receive Only (TV aberta recebida por satélite, via antena parabólica).
UAC	Unidade de Atendimento de Cooperativa.
UCS	Unidade de Controle do Sistema (Sistemas de Acesso sem Fio do STFC).
UHDTV	Ultra High Definition Television (Radiodifusão 8K).
UHF	Ultra High Frequency (Freqüência Ultra Alta).
UIT	União Internacional de Telecomunicações (Union Internationale des Télécommunications / Unión Internacional de Telecommunicaciones).
UIT-R	Setor de Radiocomunicações da União Internacional de Telecomunicações.
UIT-R-SA	Recomendações da UIT sobre Aplicações Espaciais e Meteorologia.
ULEPICC	Unión Latina de Economía Política de la Información, la Comunicación y la Cultura.
UMB	Ultra Mobile Broadband.
UMTS	Universal Mobile Telecommunications Service (Rede celular 3G).
UNE-P	Desagregação de Plataforma.
UNICEF	United Nations Children's Fund (Fundo das Nações Unidas para a Infância).
UO	Unidade Operacional.
UPS	Uninterruptable Power Supply.
UR	Unidade Retificadora.
URA	Unidade de Resposta Audível (SMP – Gestão da Qualidade).
URA	Unidade de Resposta Automática.
URA	Unidade Remota de Assinante.
URD	Unidade Receptora Decodificadora (Serviço de Acesso Condicionado).
URV	Unidade Real de Valor.
USG	Unidade de Supervisão e Gerência (Sistemas de Acesso sem Fio do STFC).
USSD	Unstructured Supplementary Service Data (Redes Móveis).
UTP	Unidade de Tarifação para TUP e TAP (Serviço Telefônico Fixo Comutado).
UTRAN	Universal Terrestrial Radio Access Network.
UWB	Ultrawideband.
UWIA	Ubiquitous Wireless Internet Access.
VBI	Vertical Blanking Interval (Intervalo de Apagamento Vertical).
VC	Valor de Comunicação (Serviço Telefônico Fixo Comutado).
VC-1	Valor de Comunicação 1.
VC-2	Valor de Comunicação 2.
VC-3	Valor de Comunicação 3.
VC-T	Valor de Comunicação (Serviço Móvel Especializado).

VC-VST-R	Valor de Comunicação do Visitante em Roaming.
VC1	Valor de Comunicação 1 (Serviço Móvel Pessoal).
VCA	Valor de Chamada Atendida (Serviço Telefônico Fixo Comutado).
VELOX	Serviço de acesso à internet de banda larga comercializado pela empresa Oi.
VHF	Very High Frequency (Freqüência Muito Alta).
VIGP	Variação do Índice Geral de Preços - Disponibilidade Interna.
VLF	Very Low Frequency.
VM	Valor da Multa (Radiodifusão – Regulamento de Sanções Administrativas).
VMA	Valor de Uso de Meio Adicional (STFC fora da Área de Tarifa Básica).
VMA	Valor de Utilização de Meios Adicionais.
VPA	Valor Patrimonial da Ação.
Vpe	Volt por elemento.
VR	Valor de Referência (Radiodifusão – Regulamento de Sanções Administrativas).
VSAT	Estação Terrena de Pequeno Porte.
VSAT	Very Small Aperture Terminal (Certificação).
VSWR	Relação de Onda Estacionária.
VTP	Valor da Unidade de Tarifação para TUP e TAP (Serviço Telefônico Fixo Comutado).
VU-M	Valor de Remuneração de Uso de Rede do SMP.
VU-M	Valor de Uso de Rede Móvel.
VU-T	Valor de Remuneração de Uso de Rede do SME.
WACC	Weighted Average Cost of Capital (Custo Médio Ponderado de Capital na Separação e Alocação de Contas).
WAN	Wide Area Network.
WAP	Wireless Application Protocol.
WATRA	West Africa Telecommunications Regulators Assembly.
WCDMA	Wideband CDMA (CDMA de banda larga).
WDM	Wavelength Division Multiplexing (Multiplexação por Divisão de Comprimento de Onda).
WDMA	Wavelegth Division Multiple Access (Acesso Múltiplo por Divisão de Comprimento de Onda).
Wi-Fi	Wireless Fidelity (padrão IEEE 802.11).
WIMAX	Worldwide Interoperability for Microwave Access.
WiMesh	WiMesh – Wireless Mesh.
WISP	Wireless Internet Service Provider.
WLAN	Wireless Local Area Network.
WLL	Wireless Local Loop (Rede Local sem Fio).
WMAN	Wireless Metropolitan Area Network.
WP5D	Working Party 5D (Grupo de trabalho da UIT-R responsável pelo IMT).
WSIS	World Summit on the Information Society (Cúpula Mundial sobre a Sociedade da Informação – CMSI).
WTPF-09	Fórum Mundial sobre Políticas de Telecomunicações.
WTPF-09	World Telecommunication Policy Forum.
xDSL	x Digital Subscriber Line.

XPD	Cross Polarization Discrimination.
XPOL	Polarização Cruzada.
θ ini	Ângulo Teta Inicial.

Normas e Atos de 2014

Fundamentos

Aspectos Históricos

 Atos

Relatório Anual da ANATEL 2013 - Edição do Relatório Anual da ANATEL correspondente ao exercício de 2013.

Conceitos Fundamentais

Era da Informação

 Normatização

Decreto nº 8.184, de 17 de janeiro de 2014 - Estabelece a aplicação de margem de preferência em licitações realizadas no âmbito da administração pública federal para aquisição de equipamentos de tecnologia da informação e comunicação, para fins do disposto no art. 3º da Lei nº 8.666, de 21 de junho de 1993.

➡ **Anexo 2** - Fórmula

➡ **Anexo 1** - Computadores pessoais de mesa e computadores pessoais portáteis

Decreto nº 8.194, de 12 de fevereiro de 2014 - Estabelece a aplicação de margem de preferência em licitações realizadas no âmbito da administração pública federal para aquisição de equipamentos de tecnologia da informação e comunicação, para fins do disposto no art. 3º da Lei nº 8.666, de 21 de junho de 1993.

➡ **Anexo 1** - Produtos

➡ **Anexo 2** - Fórmula

Liberdade de Participação

 Normatização

Resolução da ANATEL nº 636, de 11 de junho de 2014 - Altera o Regimento Interno da Anatel para incluir participação presencial e a possibilidade de manifestação oral durante a deliberação de matérias nas Reuniões do Conselho Diretor da Anatel.

 Atos

Portaria ANATEL nº 465, de 11 de junho de 2014 - Dispõe sobre o prazo de antecedência para apresentação do pedido de manifestação oral à Secretaria do Conselho Diretor da ANATEL.

Liberdade de Expressão

 Normatização

Lei nº 12.965, de 23 de abril de 2014 - Estabelece princípios, garantias, direitos e deveres para o uso da Internet no Brasil.

Portaria MJ n° 368, de 11 de fevereiro de 2014 - Regulamenta as disposições da Lei n° 8.069, de 13 de julho de 1990, da Lei n° 10.359, de 27 de dezembro de 2001, e da Lei n° 12.485 de 12 de setembro de 2011, relativas ao processo de classificação indicativa.

 Atos

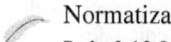 **Portaria ANATEL n° 788, de 26 de agosto de 2014** - Dispõe sobre a metodologia de cálculo do valor base das sanções de multa relativa à execução sem outorga de serviço de telecomunicações ou pelo uso não autorizado do espectro de radiofrequências.

➡ **Anexo** - Manual de aplicação da metodologia de cálculo do valor base das sanções de multa relativa à execução sem outorga de serviço de telecomunicações ou pelo uso não autorizado do espectro de radiofrequências.

Direito à Privacidade

Tema Conexo: Políticas de Telecomunicações : Sigilo em Telecomunicações.

Normatização

Lei n° 12.953, de 5 de fevereiro de 2014 - Altera o Anexo I à Lei n° 12.593, de 18 de janeiro de 2012, que institui o Plano Plurianual da União para o período de 2012 a 2015.

➡ **Anexo**

✔ Alteração do Enunciado do Objetivo 0521, do Programa 2058 - Política Nacional de Defesa, para "Desenvolver tecnologias da informação e comunicações no Exército, visando assegurar a capacidade da defesa cibernética no campo militar e contribuir com a segurança cibernética no campo militar e contribuir com a segurança cibernética nos campos civil e industrial".

Lei n° 12.965, de 23 de abril de 2014 - Estabelece princípios, garantias, direitos e deveres para o uso da Internet no Brasil.

Infraestrutura e Recursos do Setor de Telecomunicações

Infraestrutura de Telecomunicações

Compartilhamento de Infraestrutura

Normatização

Resolução da ANATEL n° 639, de 1° de julho de 2014 - Aprova a Norma para fixação dos valores máximos das tarifas de uso de rede fixa do Serviço Telefônico Fixo Comutado (STFC), dos valores de referência de uso de rede móvel do Serviço Móvel Pessoal (SMP) e de Exploração Industrial de Linha Dedicada (EILD), com base em Modelos de Custos.

➡ **Anexo** - Norma para fixação dos valores máximos das tarifas de uso de rede fixa do Serviço Telefônico Fixo Comutado (STFC), dos valores de referência de uso de rede móvel do Serviço Móvel Pessoal (SMP) e de Exploração Industrial de Linha Dedicada (EILD), com base em Modelos de Custos.

Redes de Telecomunicações

Remuneração de Redes

Normatização

Resolução da ANATEL nº 639, de 1º de julho de 2014 - Aprova a Norma para fixação dos valores máximos das tarifas de uso de rede fixa do Serviço Telefônico Fixo Comutado (STFC), dos valores de referência de uso de rede móvel do Serviço Móvel Pessoal (SMP) e de Exploração Industrial de Linha Dedicada (EILD), com base em Modelos de Custos.

➡ **Anexo** - Norma para fixação dos valores máximos das tarifas de uso de rede fixa do Serviço Telefônico Fixo Comutado (STFC), dos valores de referência de uso de rede móvel do Serviço Móvel Pessoal (SMP) e de Exploração Industrial de Linha Dedicada (EILD), com base em Modelos de Custos.

Interconexão

Normatização

Resolução da ANATEL nº 639, de 1º de julho de 2014 - Aprova a Norma para fixação dos valores máximos das tarifas de uso de rede fixa do Serviço Telefônico Fixo Comutado (STFC), dos valores de referência de uso de rede móvel do Serviço Móvel Pessoal (SMP) e de Exploração Industrial de Linha Dedicada (EILD), com base em Modelos de Custos.

➡ **Anexo** - Norma para fixação dos valores máximos das tarifas de uso de rede fixa do Serviço Telefônico Fixo Comutado (STFC), dos valores de referência de uso de rede móvel do Serviço Móvel Pessoal (SMP) e de Exploração Industrial de Linha Dedicada (EILD), com base em Modelos de Custos.

Atos

Acórdão do Conselho Diretor da ANATEL, de 16 de dezembro de 2014 (Ref. nº 403/2014) - ARBITRAGEM EM INTERCONEXÃO. STFC e SMP. DECISÃO DA CAI. RECURSO ADMINISTRATIVO. PELO CONHECIMENTO E PARCIAL PROVIMENTO. 1. Solicitação de arbitragem em interconexão realizada pela Tim em face da Sercomtel em função de desacordo entre as empresas sobre os valores de VUM a serem praticados pela Tim. 2. Decisão de mérito da CAI, consubstanciada no Despacho nº 7.373/2011-CAI, de 8 de setembro de 2011, que definiu valores pela remuneração de uso de rede. 3. Irresignada com a deliberação da Comissão, a SERCOMTEL apresentou Recurso Administrativo cumulado com pedido de Efeito Suspensivo. 4. A TIM protocolou Contrarrazões ao Recurso Administrativo. 6. Pelo conhecimento do Recurso Administrativo para, no mérito, dar-lhe parcial provimento.

✔ Valor de VU-M (Valor de Uso de Rede Móvel) fixado para as partes em Processo de Arbitragem - propriamente arbitramento administrativo - em Interconexão somente tem efeito a partir da data de protocolo do correspondente processo.

Numeração dos Serviços

Atos

Portaria ANATEL nº 407, de 16 de maio de 2014 - Delega a competência para aprovar os valores mínimos relativos ao preço público pela outorga e expedição de concessão, permissão e autorização para exploração de serviços de telecomunicações, pela autorização de uso de radiofrequência, pela autorização de uso de numeração e pelo direito de exploração de satélite.

Neutralidade de Rede

 Normatização

Lei nº 12.965, de 23 de abril de 2014 - Estabelece princípios, garantias, direitos e deveres para o uso da Internet no Brasil.

Equipamentos de Telecomunicações

 Normatização

Decreto nº 8.184, de 17 de janeiro de 2014 - Estabelece a aplicação de margem de preferência em licitações realizadas no âmbito da administração pública federal para aquisição de equipamentos de tecnologia da informação e comunicação, para fins do disposto no art. 3º da Lei nº 8.666, de 21 de junho de 1993.
➡ **Anexo 2** - Fórmula

➡ **Anexo 1** - Computadores pessoais de mesa e computadores pessoais portáteis

Decreto nº 8.194, de 12 de fevereiro de 2014 - Estabelece a aplicação de margem de preferência em licitações realizadas no âmbito da administração pública federal para aquisição de equipamentos de tecnologia da informação e comunicação, para fins do disposto no art. 3º da Lei nº 8.666, de 21 de junho de 1993.
➡ **Anexo 1** - Produtos

➡ **Anexo 2** - Fórmula

Antenas

 Atos

Portaria ANATEL nº 790, de 26 de agosto de 2014 - Dispõe sobre a metodologia de cálculo do valor base das sanções de multa relativa ao licenciamento irregular de estações de telecomunicações.
➡ **Anexo** - Manual de aplicação da metodologia de cálculo do valor base das sanções de multa relativa ao licenciamento irregular de estações de telecomunicações.

Estações de Telecomunicações

 Normatização

Resolução da ANATEL nº 635, de 9 de maio de 2014 - Aprova o Regulamento sobre Autorização de Uso Temporário de Radiofrequências.
➡ **Anexo** - Regulamento sobre Autorização de Uso Temporário de Radiofrequências

 Atos
 Ato da ANATEL/SORP nº 5.095, de 9 de maio de 2014 - Dispensa, de forma precária e temporária, os dispositivos do tipo "Disparadores Automáticos para Câmara Fotográficas", operando nas faixas de frequência de 340 MHz a 354 MHz

e 433,44 MHz a 434,42 MHz, da necessidade de obtenção de autorização de uso temporário do espectro para utilização durante a Copa do Mundo de 2014.

Ato do Conselho Diretor da ANATEL nº 139, de 10 de janeiro de 2014 [Ineficaz] - Disciplina procedimento especial para processamento de solicitações de uso temporário de radiofrequências em atividades relacionadas à Copa do Mundo de 2014.

✔ O Ato do Conselho Diretor da Anatel nº 139, de 10 de janeiro de 2014, excepcionalmente, estabelece a possibilidade de se autorizar o uso temporário de radiofrequências para operação de estação terrena transmissora de radiocomunicação associada a satélite cujo direito de exploração não tem sido conferido pela Agência.

Portaria ANATEL nº 790, de 26 de agosto de 2014 - Dispõe sobre a metodologia de cálculo do valor base das sanções de multa relativa ao licenciamento irregular de estações de telecomunicações.

➡ **Anexo** - Manual de aplicação da metodologia de cálculo do valor base das sanções de multa relativa ao licenciamento irregular de estações de telecomunicações.

Terminais

Normatização

Lei nº 13.023, de 8 de agosto de 2014 - Altera as Leis nos 8.248, de 23 de outubro de 1991, e 8.387, de 30 de dezembro de 1991, e revoga dispositivo da Lei no 10.176, de 11 de janeiro de 2001, para dispor sobre a prorrogação de prazo dos benefícios fiscais para a capacitação do setor de tecnologia da informação.

Resolução da ANATEL nº 638, de 26 de junho de 2014 - Aprova o Regulamento do Telefone de Uso Público do Serviço Telefônico Fixo Comutado - STFC,

➡ **Anexo 1** - Regulamento do Telefone de Uso Público do Serviço Telefônico Fixo Comutado – STFC

➡ **Anexo 2** - Revogações e Alterações

Certificação / Homologação

Atos

Portaria ANATEL nº 789, de 26 de agosto de 2014 - Dispõe sobre a metodologia de cálculo do valor base das sanções de multa relativa à utilização de produtos não homologados/certificados; do uso incorreto ou alteração de características técnicas em produtos homologados; da fabricação de produto em desacordo com a certificação/homologação; da utilização indevida do selo; do descumprimento dos compromissos que ensejaram a homologação (ausência de selo) e da comercialização de equipamento não homologado.

➡ **Anexo** - Manual de aplicação da metodologia de cálculo do valor base das sanções de multa relativa à utilização de produtos não homologados/certificados; do uso incorreto ou alteração de características técnicas em produtos homologados; da fabricação de produto em desacordo com a certificação/homologação; da utilização indevida do selo; do descumprimento dos compromissos que ensejaram a homologação (ausência de selo) e da comercialização de equipamento não homologado.

Espectro de Radiofrequência

 Atos

Acórdão do Conselho Diretor da ANATEL, de 18 de fevereiro de 2014 (Ref. nº 79/2014) - SUPERINTENDÊNCIA DE OUTORGA E RECURSOS À PRESTAÇÃO. RECURSO ADMINISTRATIVO. DIREITO DE USO DE RADIOFREQUÊNCIA. SERVIÇO MÓVEL PESSOAL. LICITAÇÃO Nº 002/2007/SPV-ANATEL. PROPOSTA DE SUBSTITUIÇÃO PARCIAL DO BEM. IMPOSSIBILIDADE JURÍDICA. NECESSIDADE DE SUBMISSÃO ÀS REGRAS DO PROCEDIMENTO LICITATÓRIO. SPECTRUM CAP E DESTINAÇÃO DE FAIXA OU CANAL DA RADIOFREQUÊNCIA EM CARÁTER PRIMÁRIO. INEXISTÊNCIA DE ÓBICE À OUTORGA EM CARÁTER SECUNDÁRIO. DEFERIMENTO DO PEDIDO DE OUTORGA, EM CARÁTER PRECÁRIO E TRANSITÓRIO. DETERMINAÇÃO DE INÍCIO IMEDIATO DE CERTAME LICITATÓRIO PARA O PROVIMENTO DE FAIXAS E CANAIS DESOCUPADOS. ORIENTAÇÕES PARA OS ESTUDOS TÉCNICOS PRÉVIOS. 1. Impossibilidade de conferir, em substituição de parte da subfaixa adquirida por meio da Licitação nº 002/2007/SPV-Anatel, o Direito de Uso de Radiofrequência de outras faixas destinadas ao mesmo serviço em caráter primário. A outorga de uma nova faixa em caráter primário demanda a realização de procedimento licitatório, já que não se amolda às hipóteses legais de inexigibilidade de licitação. 2. As autorizações de uso de radiofrequência em caráter secundário não se submetem aos limites de quantidade de espectro a um mesmo grupo econômico - ou spectrum cap -, previstos na regulamentação. 3. Não é necessário que uma faixa esteja expressamente destinada a um determinado serviço em caráter secundário se ela já estiver destinada a esse mesmo serviço em caráter primário. 4. A Prestadora logrou demonstrar a importância de ser adotada, até com certa urgência, solução excepcional e provisória. 5. Provimento parcial ao Recurso Administrativo no sentido de outorgar o direito de uso de subfaixa de radiofrequência na Região da Grande São Paulo, em caráter secundário e precário, pelo prazo de 18 (dezoito) meses. 6. Determinação à Superintendência competente para que adote imediatamente as medidas necessárias para a deflagração de um procedimento licitatório com o fim de disponibilizar as faixas e canais de radiofrequência destinadas ao SMP que se encontrem desocupados. 7. Recomendação à Superintendência, em atenção ao princípio da atualidade, que considere, nos estudos que antecedem o procedimento, a possibilidade de revisão do spectrum cap e a migração das tecnologias mais antigas para as mais recentes.

Atribuição, Destinação e Distribuição de Radiofrequência

Normatização

Portaria MC nº 4.123, de 30 de dezembro de 2014 - Altera a Portaria nº 126, de 12 de março de 2014, que dispõe sobre a implantação e o funcionamento do processo eletrônico no âmbito do Ministério das Comunicações; e a Portaria nº 14, de 6 de fevereiro de 2013, que estabelece diretrizes para a aceleração do acesso ao Sistema Brasileiro de Televisão Digital Terrestre - SBTVD-T e para a ampliação da disponibilidade de espectro de radiofrequência para atendimento dos objetivos do Programa Nacional de Banda Larga - PNBL.

Resolução da ANATEL nº 642, de 3 de outubro de 2014 - Aprova o Regulamento sobre Condições de Uso de Radiofrequências nas faixas de 71 GHz a 76 GHz e de 81 GHz a 86 GHz.

➡ **Anexo** - Regulamento sobre Condições de Uso de Radiofrequências nas faixas de 71 GHz a 76 GHz e de 81 GHz a 86 GHz

✔ Data de publicação no DOU.

Resolução da ANATEL nº 645, de 16 de dezembro de 2014 - Aprova o Regimento Interno do Comitê de Uso do Espectro e de Órbita.

➡ **Anexo** - Regimento Interno do Comitê de Uso do Espectro e de Órbita

 Atos

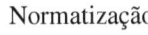 **Ato do Conselho Diretor da ANATEL nº 6.363, de 8 de julho de 2014** - Aprova a Edição 2014 do Plano de Atribuição, Destinação e Distribuição de Faixas de Frequências no Brasil.

➡ **Anexo**

Condições de Uso de Radiofrequência e Canalização (Distribuição de Canais)

 Normatização

Resolução da ANATEL nº 633, de 14 de março de 2014 - Atribui a faixa de radiofrequências de 4.910 MHz a 4.940 MHz também ao Serviço Móvel, em caráter primário, mantém a atribuição da faixa de radiofrequências de 4.940 MHz a 4.990 MHz aos Serviços Fixo e Móvel, em caráter primário, destina a faixa de radiofrequências de 4.910 MHz a 4.990 MHz ao Serviço Limitado Privado (SLP), em aplicações de Segurança Pública e Defesa Civil, e aprova o respectivo Regulamento sobre Canalização e Condições de Uso da faixa de radiofrequências.

➡ **Anexo** - Regulamento sobre Canalização e Condições de Uso da Faixa de Radiofrequências de 4.910 MHz a 4.990 MHz

Resolução da ANATEL nº 642, de 3 de outubro de 2014 - Aprova o Regulamento sobre Condições de Uso de Radiofrequências nas faixas de 71 GHz a 76 GHz e de 81 GHz a 86 GHz.

➡ **Anexo** - Regulamento sobre Condições de Uso de Radiofrequências nas faixas de 71 GHz a 76 GHz e de 81 GHz a 86 GHz

✔ Data de publicação no DOU.

Fins Exclusivamente Militares

 Normatização

Resolução da ANATEL nº 646, de 22 de dezembro de 2014 - Destina canais de radiofrequências para Fins Exclusivamente Militares.

Direito de Uso de Radiofrequência

 Atos

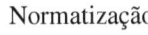 **Ato do Conselho Diretor da ANATEL nº 139, de 10 de janeiro de 2014** [Ineficaz] - Disciplina procedimento especial para processamento de solicitações de uso temporário de radiofrequências em atividades relacionadas à Copa do Mundo de 2014.

Portaria ANATEL nº 786, de 26 de agosto de 2014 - Dispõe sobre a metodologia de cálculo do valor base das sanções de multa relativa ao uso irregular do espectro de radiofrequências na execução de serviços de radiodifusão.

➡ **Anexo** - Manual de aplicação da metodologia de cálculo do valor base das sanções de multa relativa ao uso irregular do espectro de radiofrequências na execução de serviços de radiodifusão.

Portaria ANATEL nº 787, de 26 de agosto de 2014 - Dispõe sobre a metodologia de cálculo do valor base das sanções de multa relativa ao uso irregular do espectro de radiofrequências na execução de serviços de telecomunicações.

➡ **Anexo** - Manual de aplicação da metodologia de cálculo do valor base das sanções de multa relativa ao uso irregular do espectro de radiofrequências na execução de serviços de telecomunicações.

Portaria ANATEL nº 788, de 26 de agosto de 2014 - Dispõe sobre a metodologia de cálculo do valor base das sanções de multa relativa à execução sem outorga de serviço de telecomunicações ou pelo uso não autorizado do espectro de radiofrequências.

➡ **Anexo** - Manual de aplicação da metodologia de cálculo do valor base das sanções de multa relativa à execução sem outorga de serviço de telecomunicações ou pelo uso não autorizado do espectro de radiofrequências.

Controle sobre o Uso do Espectro (Eficiência, Interferência Prejudicial e Coordenação de Frequências)

 Normatização

Resolução da ANATEL nº 640, de 11 de julho de 2014 - Aprova o Regulamento sobre Condições de Convivência entre os Serviços de Radiodifusão de Sons e Imagens e de Retransmissão de Televisão do SBTVD e os Serviços de Radiocomunicação Operando na Faixa de 698 MHz a 806 MHz.

➡ **Anexo** - Regulamento sobre Condições de Convivência entre os Serviços de Radiodifusão de Sons e Imagens e de Retransmissão de Televisão do SBTVD e os Serviços de Radiocomunicação Operando na Faixa de 698 MHz a 806 MHz

 Atos

Portaria ANATEL nº 786, de 26 de agosto de 2014 - Dispõe sobre a metodologia de cálculo do valor base das sanções de multa relativa ao uso irregular do espectro de radiofrequências na execução de serviços de radiodifusão.

➡ **Anexo** - Manual de aplicação da metodologia de cálculo do valor base das sanções de multa relativa ao uso irregular do espectro de radiofrequências na execução de serviços de radiodifusão.

Portaria ANATEL nº 787, de 26 de agosto de 2014 - Dispõe sobre a metodologia de cálculo do valor base das sanções de multa relativa ao uso irregular do espectro de radiofrequências na execução de serviços de telecomunicações.

➡ **Anexo** - Manual de aplicação da metodologia de cálculo do valor base das sanções de multa relativa ao uso irregular do espectro de radiofrequências na execução de serviços de telecomunicações.

Portaria ANATEL nº 788, de 26 de agosto de 2014 - Dispõe sobre a metodologia de cálculo do valor base das sanções de multa relativa à execução sem outorga de serviço de telecomunicações ou pelo uso não autorizado do espectro de radiofrequências.

➡ **Anexo** - Manual de aplicação da metodologia de cálculo do valor base das sanções de multa relativa à execução sem outorga de serviço de telecomunicações ou pelo uso não autorizado do espectro de radiofrequências.

Órbita e Satélite

Normatização

Resolução da ANATEL n° 645, de 16 de dezembro de 2014 - Aprova o Regimento Interno do Comitê de Uso do Espectro e de Órbita.

➡ **Anexo** - Regimento Interno do Comitê de Uso do Espectro e de Órbita

 Atos

Portaria ANATEL n° 407, de 16 de maio de 2014 - Delega a competência para aprovar os valores mínimos relativos ao preço público pela outorga e expedição de concessão, permissão e autorização para exploração de serviços de telecomunicações, pela autorização de uso de radiofrequência, pela autorização de uso de numeração e pelo direito de exploração de satélite.

Administração do Setor de Telecomunicações

Fiscalização das Telecomunicações

Jurisprudência

Superior Tribunal de Justiça - Recurso Especial n° 1141985 (STJ – RESP 1141985 / PR – Paraná) - Quarta Turma do STJ - Unânime - j. 11-02-2014 - Diário da Justiça, 07-04-2014. [Catalogação de Márcio Iório Aranha]

Normatização

Lei n° 12.953, de 5 de fevereiro de 2014 - Altera o Anexo I à Lei n° 12.593, de 18 de janeiro de 2012, que institui o Plano Plurianual da União para o período de 2012 a 2015.

➡ **Anexo**

✔ Alteração do Enunciado do Objetivo 0521, do Programa 2058 - Política Nacional de Defesa, para "Desenvolver tecnologias da informação e comunicações no Exército, visando assegurar a capacidade da defesa cibernética no campo militar e contribuir com a segurança cibernética no campo militar e contribuir com a segurança cibernética nos campos civil e industrial".

Decreto n° 8.234, de 2 de maio de 2014 - Regulamenta o art. 38 da Lei n° 12.715, de 17 de setembro de 2012.

✔ Define sistemas de comunicação máquina a máquina.

Resolução da ANATEL n° 632, de 10 de março de 2014 - Aprova o Regulamento Geral de Direitos do Consumidor de Serviços de Telecomunicações - RGC.

➡ **Anexo I** - Regulamento Geral de Direitos do Consumidor de Serviços de Telecomunicações

➡ **Anexo II** - Revogações e Alterações

Resolução da ANATEL n° 636, de 11 de junho de 2014 - Altera o Regimento Interno da Anatel para incluir participação presencial e a possibilidade de manifestação oral durante a deliberação de matérias nas Reuniões do Conselho Diretor da Anatel.

Resolução da ANATEL n° 637, 24 de junho de 2014 - Aprova o Regulamento de Parcelamento de Créditos Não Tributários Administrados pela Agência Nacional de Telecomunicações – ANATEL.

➡ **Anexo** - Regulamento de Parcelamento de Créditos Não Tributários Administrados pela Agência Nacional de Telecomunicações – ANATEL

 **Atos**

Acórdão do Conselho Diretor da ANATEL, de 19 de novembro de 2013 (Ref. nº 578/2013) - PADO. RECURSO ADMINISTRATIVO. INFRAÇÃO TÉCNICA. SERVIÇO DE RADIODIFUSÃO. REPRISE DE ALEGAÇÕES. DIVISÃO DE COMPETÊNCIAS ANATEL E MINICOM. RECURSO CONHECIDO E NÃO PROVIDO. 1. O Gerente do Escritório Regional da Anatel penalizou a Prestadora com multa em virtude de infração a disposição contida no Regulamento Técnico para a Prestação do Serviço de Radiodifusão de Sons e Imagens e do Serviço de Retransmissão de Televisão. 2. A TV LAGES reafirma as mesmas alegações já apresentadas anteriormente, em sede de defesa e recurso. 3. A instrução dos processos administrativos de caráter sancionador e a aplicação de sanção às entidades outorgadas para os serviços de radiodifusão é objeto de divisão de competência entre a Agência Nacional de Telecomunicações e o Ministério das Comunicações. 4. As irregularidades definidas como sendo de competência da Anatel são aquelas relacionadas aos aspectos técnicos do uso do espetro, à certificação dos equipamentos e à segurança. Infrações relacionadas à programação, ao conteúdo, à licença ou a outros deveres provenientes de determinações do Ministério das Comunicações não são de competência da Anatel. 5. A correção da situação que ensejou a autuação não tem o condão de afastar a natureza ilícita da conduta perpetrada, mas apenas evita que o infrator permaneça irregular. 6. Recurso conhecido e não provido.

Portaria ANATEL nº 465, de 11 de junho de 2014 - Dispõe sobre o prazo de antecedência para apresentação do pedido de manifestação oral à Secretaria do Conselho Diretor da ANATEL.

Portaria ANATEL nº 784, de 26 de agosto de 2014 - Dispõe sobre a metodologia de cálculo do valor base das sanções de multa relativa a descumprimentos às metas de qualidade e dos procedimentos de coleta, cálculo e consolidação dos indicadores de qualidade previstos na regulamentação.

➡ **Anexo** - Manual de aplicação da metodologia de cálculo do valor base das sanções de multa relativa a descumprimentos às metas de qualidade e dos procedimentos de coleta, cálculo e consolidação dos indicadores de qualidade previstos na regulamentação.

Portaria ANATEL nº 786, de 26 de agosto de 2014 - Dispõe sobre a metodologia de cálculo do valor base das sanções de multa relativa ao uso irregular do espectro de radiofrequências na execução de serviços de radiodifusão.

➡ **Anexo** - Manual de aplicação da metodologia de cálculo do valor base das sanções de multa relativa ao uso irregular do espectro de radiofrequências na execução de serviços de radiodifusão.

Portaria ANATEL nº 787, de 26 de agosto de 2014 - Dispõe sobre a metodologia de cálculo do valor base das sanções de multa relativa ao uso irregular do espectro de radiofrequências na execução de serviços de telecomunicações.

➡ **Anexo** - Manual de aplicação da metodologia de cálculo do valor base das sanções de multa relativa ao uso irregular do espectro de radiofrequências na execução de serviços de telecomunicações.

Portaria ANATEL nº 788, de 26 de agosto de 2014 - Dispõe sobre a metodologia de cálculo do valor base das sanções de multa relativa à execução sem outorga de serviço de telecomunicações ou pelo uso não autorizado do espectro de radiofrequências.

➡ **Anexo** - Manual de aplicação da metodologia de cálculo do valor base das sanções de multa relativa à execução sem outorga de serviço de telecomunicações ou pelo uso não autorizado do espectro de radiofrequências.

Portaria ANATEL nº 789, de 26 de agosto de 2014 - Dispõe sobre a metodologia de cálculo do valor base das sanções de multa relativa à utilização de produtos não homologados/certificados; do uso incorreto ou alteração de características técnicas em produtos homologados; da fabricação de produto em desacordo com a certificação/homologação; da utilização indevida do selo; do descumprimento dos compromissos que ensejaram a homologação (ausência de selo) e da comercialização de equipamento não homologado.

➡ **Anexo** - Manual de aplicação da metodologia de cálculo do valor base das sanções de multa relativa à utilização de produtos não homologados/certificados; do uso incorreto ou alteração de características técnicas em produtos homologados; da fabricação de produto em desacordo com a certificação/homologação; da utilização indevida do selo; do descumprimento dos compromissos que ensejaram a homologação (ausência de selo) e da comercialização de equipamento não homologado.

Portaria ANATEL nº 790, de 26 de agosto de 2014 - Dispõe sobre a metodologia de cálculo do valor base das sanções de multa relativa ao licenciamento irregular de estações de telecomunicações.

➡ **Anexo** - Manual de aplicação da metodologia de cálculo do valor base das sanções de multa relativa ao licenciamento irregular de estações de telecomunicações.

Portaria ANATEL nº 791, de 26 de agosto de 2014 - Dispõe sobre a metodologia de cálculo do valor base das sanções de multa relativa a descumprimentos a direito dos Usuários previstas na regulamentação.

➡ **Anexo** - Manual de aplicação da metodologia de cálculo do valor base das sanções de multa relativa a descumprimentos a direito dos Usuários previstas na regulamentação.

Súmula da ANATEL nº 16, de 22 de setembro de 2014 - A competência para a revisão de processo prevista no art. 90 do Regimento Interno cabe à autoridade que proferiu a última decisão no correspondente Pado.

Súmula da ANATEL nº 17, de 13 de novembro de 2014 - No exercício do juízo de retratação, não será cabível novo recurso administrativo caso a autoridade recorrida profira decisão acolhendo parcialmente o pedido recursal, devendo o recurso administrativo já interposto ser encaminhado à autoridade hierarquicamente superior, notificando-se o interessado da decisão meramente para fins de ciência.

Súmula da ANATEL nº 18, de 24 de dezembro de 2014 - Os pedidos de anuência prévia para transferência de controle poderão ser apresentados à Agência pelo grupo econômico em requerimento único, desde que contenham a representação legal e as informações necessárias de todas as empresas afetadas direta ou indiretamente pela transferência de controle que possuam outorga perante a Anatel e que sejam exigidas pela respectiva regulamentação.

Tributação no Setor de Telecomunicações

 Atos

Portaria ANATEL nº 1.125, de 24 de outubro de 2014 - Estabelece a competência e os limites para regularização de indébitos e para autorização dos procedimentos de restituição e compensação.

Prestação de Serviços

Espécies de Outorga

Concessão (regras aplicáveis)

 Jurisprudência

Supremo Tribunal Federal - Ação Direta de Inconstitucionalidade nº 4.369 (STF – ADI 4.369 / SP – São Paulo) - Relator: Min. Marco Aurélio - Plenário do STF - Unânime - j. 15-10-2014 - Diário da Justiça, 03-11-2014. [Catalogação de Márcio Iório Aranha]

 Normatização

Resolução da ANATEL nº 638, de 26 de junho de 2014 - Aprova o Regulamento do Telefone de Uso Público do Serviço Telefônico Fixo Comutado - STFC,
➥ **Anexo 1** - Regulamento do Telefone de Uso Público do Serviço Telefônico Fixo Comutado – STFC

➥ **Anexo 2** - Revogações e Alterações

Resolução da ANATEL nº 643, de 2 de dezembro de 2014 - Proposta de alteração do Anexo I do Regulamento de Tarifação do Serviço Telefônico Fixo Comutado Destinado ao Uso do Público em Geral - STFC Prestado no Regime Público, aprovado pela Resolução nº 424, de 6 de dezembro de 2005, e do Plano Geral de Códigos Nacionais - PGCN, Anexo II à Resolução nº 263, de 8 de junho de 2001, para mudar os municípios de Belo Oriente e Ipaba, no estado de Minas Gerais, da Área de Tarifação 333 (Caratinga) para a Área de Tarifação 316 (Coronel Fabriciano) e do Código Nacional 33 para o Código Nacional 31.
➥ **Anexo 1** - Regulamento de Tarifação do Serviço Telefônico Fixo Comutado Destinado ao Uso do Público em Geral - STFC Prestado no Regime Público, aprovado pela Resolução nº 424, de 6 de dezembro de 2005

➥ **Anexo 2** - Anexo II à Resolução nº 263, de 8 de junho de 2001 - Plano Geral de Códigos Nacionais, Anexo ao Regulamento de Numeração do STFC, aprovado pela Resolução nº 86, de 30 de dezembro de 1998

Resolução da ANATEL nº 644, de 2 de dezembro de 2014 - Alteração do Anexo I do Regulamento de Tarifação do Serviço Telefônico Fixo Comutado Destinado ao Uso do Público em Geral - STFC Prestado no Regime Público, aprovado pela Resolução nº 424, de 6 de dezembro de 2005, e do Plano Geral de Códigos Nacionais - PGCN, Anexo II à Resolução nº 263, de 8 de junho de 2001, para mudar o município de Porto União, no estado de Santa Catarina, da Área de Tarifação 495 (Joaçaba) para a Área de Tarifação 425 (União da Vitória), e do Código Nacional 49 para o Código Nacional 42; e, alteração do art. 6º do Regulamento Sobre Áreas de Tarifação para Serviços de Telecomunicações, aprovado pela Resolução nº 262, de 31 de maio de 2001.

 Atos

Portaria ANATEL n° 407, de 16 de maio de 2014 - Delega a competência para aprovar os valores mínimos relativos ao preço público pela outorga e expedição de concessão, permissão e autorização para exploração de serviços de telecomunicações, pela autorização de uso de radiofrequência, pela autorização de uso de numeração e pelo direito de exploração de satélite.

Permissão (regras aplicáveis)

 Atos

Portaria ANATEL n° 407, de 16 de maio de 2014 - Delega a competência para aprovar os valores mínimos relativos ao preço público pela outorga e expedição de concessão, permissão e autorização para exploração de serviços de telecomunicações, pela autorização de uso de radiofrequência, pela autorização de uso de numeração e pelo direito de exploração de satélite.

Autorização (regras aplicáveis)

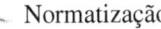 Normatização

Resolução da ANATEL n° 635, de 9 de maio de 2014 - Aprova o Regulamento sobre Autorização de Uso Temporário de Radiofrequências.

➡ **Anexo** - Regulamento sobre Autorização de Uso Temporário de Radiofrequências

 Atos

Acórdão do Conselho Diretor da ANATEL, de 18 de fevereiro de 2014 (Ref. n° 79/2014) - SUPERINTENDÊNCIA DE OUTORGA E RECURSOS À PRESTAÇÃO. RECURSO ADMINISTRATIVO. DIREITO DE USO DE RADIOFREQUÊNCIA. SERVIÇO MÓVEL PESSOAL. LICITAÇÃO N° 002/2007/SPV-ANATEL. PROPOSTA DE SUBSTITUIÇÃO PARCIAL DO BEM. IMPOSSIBILIDADE JURÍDICA. NECESSIDADE DE SUBMISSÃO ÀS REGRAS DO PROCEDIMENTO LICITATÓRIO. SPECTRUM CAP E DESTINAÇÃO DE FAIXA OU CANAL DA RADIOFREQUÊNCIA EM CARÁTER PRIMÁRIO. INEXISTÊNCIA DE ÓBICE À OUTORGA EM CARÁTER SECUNDÁRIO. DEFERIMENTO DO PEDIDO DE OUTORGA, EM CARÁTER PRECÁRIO E TRANSITÓRIO. DETERMINAÇÃO DE INÍCIO IMEDIATO DE CERTAME LICITATÓRIO PARA O PROVIMENTO DE FAIXAS E CANAIS DESOCUPADOS. ORIENTAÇÕES PARA OS ESTUDOS TÉCNICOS PRÉVIOS. 1. Impossibilidade de conferir, em substituição de parte da subfaixa adquirida por meio da Licitação n° 002/2007/SPV-Anatel, o Direito de Uso de Radiofrequência de outras faixas destinadas ao mesmo serviço em caráter primário. A outorga de uma nova faixa em caráter primário demanda a realização de procedimento licitatório, já que não se amolda às hipóteses legais de inexigibilidade de licitação. 2. As autorizações de uso de radiofrequência em caráter secundário não se submetem aos limites de quantidade de espectro a um mesmo grupo econômico - ou spectrum cap -, previstos na regulamentação. 3. Não é necessário que uma faixa esteja expressamente destinada a um determinado serviço em caráter secundário se ela já estiver destinada a esse mesmo serviço em caráter primário. 4. A Prestadora logrou demonstrar a importância de ser adotada, até com certa urgência, solução excepcional e provisória. 5. Provimento parcial ao Recurso Administrativo no sentido de outorgar o direito de uso de subfaixa de radiofrequência na Região da Grande São Paulo, em caráter secundário e precário, pelo prazo de 18 (dezoito) meses. 6. Determinação à Superintendência competente para que adote imediatamente as medidas necessárias para a deflagração de um procedimento licitatório com o fim de disponibilizar as faixas e canais de radiofrequência destinadas ao SMP que se encontrem desocupados. 7. Recomendação à Superintendência, em atenção ao princípio da atualidade, que considere, nos estudos que antecedem o procedimento, a possibilidade de revisão do spectrum cap e a migração das tecnologias mais antigas para as mais recentes.

Ato da ANATEL/SORP nº 5.095, de 9 de maio de 2014 - Dispensa, de forma precária e temporária, os dispositivos do tipo "Disparadores Automáticos para Câmara Fotográficas", operando nas faixas de frequência de 340 MHz a 354 MHz e 433,44 MHz a 434,42 MHz, da necessidade de obtenção de autorização de uso temporário do espectro para utilização durante a Copa do Mundo de 2014.

Ato do Conselho Diretor da ANATEL nº 139, de 10 de janeiro de 2014 [Ineficaz] - Disciplina procedimento especial para processamento de solicitações de uso temporário de radiofrequências em atividades relacionadas à Copa do Mundo de 2014.

Portaria ANATEL nº 407, de 16 de maio de 2014 - Delega a competência para aprovar os valores mínimos relativos ao preço público pela outorga e expedição de concessão, permissão e autorização para exploração de serviços de telecomunicações, pela autorização de uso de radiofrequência, pela autorização de uso de numeração e pelo direito de exploração de satélite.

Preço Público e Preço Privado

Normatização

Resolução da ANATEL nº 643, de 2 de dezembro de 2014 - Proposta de alteração do Anexo I do Regulamento de Tarifação do Serviço Telefônico Fixo Comutado Destinado ao Uso do Público em Geral - STFC Prestado no Regime Público, aprovado pela Resolução nº 424, de 6 de dezembro de 2005, e do Plano Geral de Códigos Nacionais - PGCN, Anexo II à Resolução nº 263, de 8 de junho de 2001, para mudar os municípios de Belo Oriente e Ipaba, no estado de Minas Gerais, da Área de Tarifação 333 (Caratinga) para a Área de Tarifação 316 (Coronel Fabriciano) e do Código Nacional 33 para o Código Nacional 31.

➡ Anexo 1 - Regulamento de Tarifação do Serviço Telefônico Fixo Comutado Destinado ao Uso do Público em Geral - STFC Prestado no Regime Público, aprovado pela Resolução nº 424, de 6 de dezembro de 2005

➡ Anexo 2 - Anexo II à Resolução nº 263, de 8 de junho de 2001 - Plano Geral de Códigos Nacionais, Anexo ao Regulamento de Numeração do STFC, aprovado pela Resolução nº 86, de 30 de dezembro de 1998

Resolução da ANATEL nº 644, de 2 de dezembro de 2014 - Alteração do Anexo I do Regulamento de Tarifação do Serviço Telefônico Fixo Comutado Destinado ao Uso do Público em Geral - STFC Prestado no Regime Público, aprovado pela Resolução nº 424, de 6 de dezembro de 2005, e do Plano Geral de Códigos Nacionais - PGCN, Anexo II à Resolução nº 263, de 8 de junho de 2001, para mudar o município de Porto União, no estado de Santa Catarina, da Área de Tarifação 495 (Joaçaba) para a Área de Tarifação 425 (União da Vitória), e do Código Nacional 49 para o Código Nacional 42; e, alteração do art. 6º do Regulamento Sobre Áreas de Tarifação para Serviços de Telecomunicações, aprovado pela Resolução nº 262, de 31 de maio de 2001.

 Atos

Acórdão do Conselho Diretor da ANATEL, de 16 de dezembro de 2014 (Ref. nº 403/2014) - ARBITRAGEM EM INTERCONEXÃO. STFC e SMP. DECISÃO DA CAI. RECURSO ADMINISTRATIVO. PELO CONHECIMENTO E PARCIAL PROVIMENTO. 1. Solicitação de arbitragem em interconexão realizada pela Tim em face da Sercomtel em função de desacordo entre as empresas sobre os valores de VUM a serem praticados pela Tim. 2. Decisão de mérito da CAI, consubstanciada no Despacho nº 7.373/2011-CAI, de 8 de setembro de 2011, que definiu valores pela remuneração de uso de rede. 3. Irresignada com a deliberação da Comissão, a SERCOMTEL apresentou Recurso Administrativo cumulado com pedido de Efeito Suspensivo. 4. A TIM protocolou Contrarrazões ao Recurso Administrativo. 6. Pelo conhecimento do Recurso Administrativo para, no mérito, dar-lhe parcial provimento.

✔ Valor de VU-M (Valor de Uso de Rede Móvel) fixado para as partes em Processo de Arbitragem - propriamente arbitramento administrativo - em Interconexão somente tem efeito a partir da data de protocolo do correspondente processo.

Portaria ANATEL nº 1.125, de 24 de outubro de 2014 - Estabelece a competência e os limites para regularização de indébitos e para autorização dos procedimentos de restituição e compensação.

Portaria ANATEL nº 407, de 16 de maio de 2014 - Delega a competência para aprovar os valores mínimos relativos ao preço público pela outorga e expedição de concessão, permissão e autorização para exploração de serviços de telecomunicações, pela autorização de uso de radiofrequência, pela autorização de uso de numeração e pelo direito de exploração de satélite.

Políticas de Telecomunicações

Política Tarifária

 Normatização

Decreto nº 8.234, de 2 de maio de 2014 - Regulamenta o art. 38 da Lei nº 12.715, de 17 de setembro de 2012.

✔ Define sistemas de comunicação máquina a máquina.

Resolução da ANATEL nº 631, de 11 de fevereiro de 2014 - Aprova alteração do Anexo I do Regulamento de Tarifação do Serviço Telefônico Fixo Comutado Destinado ao Uso do Público em Geral - STFC Prestado no Regime Público, aprovado pela Resolução nº 424, de 6 de dezembro de 2005, e do Plano Geral de Códigos Nacionais - PGCN, Anexo II à Resolução nº 263, de 8 de junho de 2001, para mudar: a) o município de São José do Rio Claro, no estado do Mato Grosso, da Área de Tarifação 657A (Brasnorte) para a Área de Tarifação 653G (Nova Mutum), e do Código Nacional 66 para o Código Nacional 65; b) o município de Morada Nova de Minas, no estado de Minas Gerais, da Área de Tarifação 391 (Três Marias) para a Área de Tarifação 371 (Abaeté), e do Código Nacional 38 para o Código Nacional 37; e, c) o município de Itaguara, no estado de Minas Gerais, da Área de Tarifação 373 (Oliveira) para a Área de Tarifação 312 (Belo Horizonte), e do Código Nacional 37 para o Código Nacional 31.

➡ **Anexo 1** - Alterações ao Regulamento de Tarifação do STFC sobre áreas de tarifação do STFC, aprovado pela Resolução nº 424, de 6 de dezembro de 2005

➡ **Anexo 2** - Alterações ao Plano Geral de Códigos Nacionais (PGCN), anexo à Resolução nº 263, de 8 de junho de 2001.

Resolução da ANATEL n° 643, de 2 de dezembro de 2014 - Proposta de alteração do Anexo I do Regulamento de Tarifação do Serviço Telefônico Fixo Comutado Destinado ao Uso do Público em Geral - STFC Prestado no Regime Público, aprovado pela Resolução n° 424, de 6 de dezembro de 2005, e do Plano Geral de Códigos Nacionais - PGCN, Anexo II à Resolução n° 263, de 8 de junho de 2001, para mudar os municípios de Belo Oriente e Ipaba, no estado de Minas Gerais, da Área de Tarifação 333 (Caratinga) para a Área de Tarifação 316 (Coronel Fabriciano) e do Código Nacional 33 para o Código Nacional 31.

➦ **Anexo 1** - Regulamento de Tarifação do Serviço Telefônico Fixo Comutado Destinado ao Uso do Público em Geral - STFC Prestado no Regime Público, aprovado pela Resolução n° 424, de 6 de dezembro de 2005

➦ **Anexo 2** - Anexo II à Resolução n° 263, de 8 de junho de 2001 - Plano Geral de Códigos Nacionais, Anexo ao Regulamento de Numeração do STFC, aprovado pela Resolução n° 86, de 30 de dezembro de 1998

Resolução da ANATEL n° 644, de 2 de dezembro de 2014 - Alteração do Anexo I do Regulamento de Tarifação do Serviço Telefônico Fixo Comutado Destinado ao Uso do Público em Geral - STFC Prestado no Regime Público, aprovado pela Resolução n° 424, de 6 de dezembro de 2005, e do Plano Geral de Códigos Nacionais - PGCN, Anexo II à Resolução n° 263, de 8 de junho de 2001, para mudar o município de Porto União, no estado de Santa Catarina, da Área de Tarifação 495 (Joaçaba) para a Área de Tarifação 425 (União da Vitória), e do Código Nacional 49 para o Código Nacional 42; e, alteração do art. 6° do Regulamento Sobre Áreas de Tarifação para Serviços de Telecomunicações, aprovado pela Resolução n° 262, de 31 de maio de 2001.

Política Industrial

Normatização

Lei n° 13.023, de 8 de agosto de 2014 - Altera as Leis nos 8.248, de 23 de outubro de 1991, e 8.387, de 30 de dezembro de 1991, e revoga dispositivo da Lei no 10.176, de 11 de janeiro de 2001, para dispor sobre a prorrogação de prazo dos benefícios fiscais para a capacitação do setor de tecnologia da informação.

Decreto n° 8.184, de 17 de janeiro de 2014 - Estabelece a aplicação de margem de preferência em licitações realizadas no âmbito da administração pública federal para aquisição de equipamentos de tecnologia da informação e comunicação, para fins do disposto no art. 3° da Lei n° 8.666, de 21 de junho de 1993.

➦ **Anexo 2** - Fórmula

➦ **Anexo 1** - Computadores pessoais de mesa e computadores pessoais portáteis

Decreto n° 8.194, de 12 de fevereiro de 2014 - Estabelece a aplicação de margem de preferência em licitações realizadas no âmbito da administração pública federal para aquisição de equipamentos de tecnologia da informação e comunicação, para fins do disposto no art. 3° da Lei n° 8.666, de 21 de junho de 1993.

➦ **Anexo 1** - Produtos

➦ **Anexo 2** - Fórmula

Concorrência no Setor de Telecomunicações

Concorrência no Setor de Telecomunicações

O Serviço de Comunicação Multimídia apresenta-se como serviço convergente com pretensão de introduzir utilidades concorrentes às fornecidas por serviços tradicionais do setor.

Normatização

Resolução da ANATEL nº 639, de 1º de julho de 2014 - Aprova a Norma para fixação dos valores máximos das tarifas de uso de rede fixa do Serviço Telefônico Fixo Comutado (STFC), dos valores de referência de uso de rede móvel do Serviço Móvel Pessoal (SMP) e de Exploração Industrial de Linha Dedicada (EILD), com base em Modelos de Custos.

➡ **Anexo** - Norma para fixação dos valores máximos das tarifas de uso de rede fixa do Serviço Telefônico Fixo Comutado (STFC), dos valores de referência de uso de rede móvel do Serviço Móvel Pessoal (SMP) e de Exploração Industrial de Linha Dedicada (EILD), com base em Modelos de Custos.

 Atos

Acórdão do Conselho Diretor da ANATEL, de 18 de fevereiro de 2014 (Ref. nº 79/2014) - SUPERINTENDÊNCIA DE OUTORGA E RECURSOS À PRESTAÇÃO. RECURSO ADMINISTRATIVO. DIREITO DE USO DE RADIOFREQUÊNCIA. SERVIÇO MÓVEL PESSOAL. LICITAÇÃO Nº 002/2007/SPV-ANATEL. PROPOSTA DE SUBSTITUIÇÃO PARCIAL DO BEM. IMPOSSIBILIDADE JURÍDICA. NECESSIDADE DE SUBMISSÃO ÀS REGRAS DO PROCEDIMENTO LICITATÓRIO. SPECTRUM CAP E DESTINAÇÃO DE FAIXA OU CANAL DA RADIOFREQUÊNCIA EM CARÁTER PRIMÁRIO. INEXISTÊNCIA DE ÓBICE À OUTORGA EM CARÁTER SECUNDÁRIO. DEFERIMENTO DO PEDIDO DE OUTORGA, EM CARÁTER PRECÁRIO E TRANSITÓRIO. DETERMINAÇÃO DE INÍCIO IMEDIATO DE CERTAME LICITATÓRIO PARA O PROVIMENTO DE FAIXAS E CANAIS DESOCUPADOS. ORIENTAÇÕES PARA OS ESTUDOS TÉCNICOS PRÉVIOS. 1. Impossibilidade de conferir, em substituição de parte da subfaixa adquirida por meio da Licitação nº 002/2007/SPV-Anatel, o Direito de Uso de Radiofrequência de outras faixas destinadas ao mesmo serviço em caráter primário. A outorga de uma nova faixa em caráter primário demanda a realização de procedimento licitatório, já que não se amolda às hipóteses legais de inexigibilidade de licitação. 2. As autorizações de uso de radiofrequência em caráter secundário não se submetem aos limites de quantidade de espectro a um mesmo grupo econômico - ou spectrum cap -, previstos na regulamentação. 3. Não é necessário que uma faixa esteja expressamente destinada a um determinado serviço em caráter secundário se ela já estiver destinada a esse mesmo serviço em caráter primário. 4. A Prestadora logrou demonstrar a importância de ser adotada, até com certa urgência, solução excepcional e provisória. 5. Provimento parcial ao Recurso Administrativo no sentido de outorgar o direito de uso de subfaixa de radiofrequência na Região da Grande São Paulo, em caráter secundário e precário, pelo prazo de 18 (dezoito) meses. 6. Determinação à Superintendência competente para que adote imediatamente as medidas necessárias para a deflagração de um procedimento licitatório com o fim de disponibilizar as faixas e canais de radiofrequência destinadas ao SMP que se encontrem desocupados. 7.

Recomendação à Superintendência, em atenção ao princípio da atualidade, que considere, nos estudos que antecedem o procedimento, a possibilidade de revisão do spectrum cap e a migração das tecnologias mais antigas para as mais recentes.

Súmula da ANATEL nº 18, de 24 de dezembro de 2014 - Os pedidos de anuência prévia para transferência de controle poderão ser apresentados à Agência pelo grupo econômico em requerimento único, desde que contenham a representação legal e as informações necessárias de todas as empresas afetadas direta ou indiretamente pela transferência de controle que possuam outorga perante a Anatel e que sejam exigidas pela respectiva regulamentação.

Universalização e Massificação

Acesso às Telecomunicações

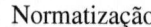 Normatização

Lei nº 12.965, de 23 de abril de 2014 - Estabelece princípios, garantias, direitos e deveres para o uso da Internet no Brasil.

Portaria MC nº 2.662, de 13 de novembro de 2014 - Aprova a Norma Geral do Programa GESAC.

Resolução da ANATEL nº 638, de 26 de junho de 2014 - Aprova o Regulamento do Telefone de Uso Público do Serviço Telefônico Fixo Comutado - STFC,

➥ **Anexo 1** - Regulamento do Telefone de Uso Público do Serviço Telefônico Fixo Comutado – STFC

➥ **Anexo 2** - Revogações e Alterações

Educação e Pesquisa

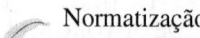 Normatização

Portaria MC nº 2.662, de 13 de novembro de 2014 - Aprova a Norma Geral do Programa GESAC.

Juridicamente Pobre

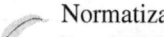 Normatização

Portaria MC nº 481, de 9 de julho de 2014 - Disciplina as condições de cobertura para desligamento da transmissão analógica dos serviços de radiodifusão de sons e imagens e de retransmissão de televisão e o papel da Anatel no processo de desligamento.

➥ **Anexo 1** - Requisitos Mínimos para Recepção do Sinal Digital

➥ **Anexo 2** - Relação de Municípios Afetados

✔ Competência da Anatel para distribuição de sex-top-box para recepção da televisão digital terrestre às famílias cadastradas no Programa Bolsa Família do governo federal.

Saúde

Normatização

Portaria MC n° 2.662, de 13 de novembro de 2014 - Aprova a Norma Geral do Programa GESAC.

Telecentro Comunitário

Normatização

Portaria MC n° 2.662, de 13 de novembro de 2014 - Aprova a Norma Geral do Programa GESAC.

Metas de Universalização

Atos

Súmula da ANATEL n° 15, de 26 de maio de 2014 - As metas estabelecidas nos arts. 5°, 6°, 7° e 8° do Plano Geral de Metas para a Universalização do Serviço Telefônico Fixo Comutado Prestado no Regime Público - PGMU, aprovado pelo Decreto n° 2.592, de 15 de maio de 1998, e nos arts. 5°, 6°, 7°, 8° e 19 do Plano Geral de Metas para a Universalização do Serviço Telefônico Fixo Comutado Prestado no Regime Público - PGMU, aprovado pelo Decreto n° 4.769, de 27 de junho de 2003, vinculadas à implementação do STFC com acesso individual, somente são exigíveis em localidades que possuam o quantitativo populacional fixado para o cumprimento da obrigação prevista, respectivamente, no art. 4°, inciso II, alíneas "a" a "c", do PGMU/1998, e no art. 4°, inciso I, do PGMU/2003.

Pesquisa & Desenvolvimento

Normatização

Lei n° 13.023, de 8 de agosto de 2014 - Altera as Leis nos 8.248, de 23 de outubro de 1991, e 8.387, de 30 de dezembro de 1991, e revoga dispositivo da Lei no 10.176, de 11 de janeiro de 2001, para dispor sobre a prorrogação de prazo dos benefícios fiscais para a capacitação do setor de tecnologia da informação.

Portaria MC n° 1.420, de 8 de outubro de 2014 - Cria a Câmara de Gestão e Acompanhamento do Desenvolvimento de Sistemas de Comunicação Máquina a Máquina.

Qualidade do Serviço

Normatização

Resolução da ANATEL n° 632, de 10 de março de 2014 - Aprova o Regulamento Geral de Direitos do Consumidor de Serviços de Telecomunicações - RGC.

➡ **Anexo I** - Regulamento Geral de Direitos do Consumidor de Serviços de Telecomunicações

➡ **Anexo II** - Revogações e Alterações

Atos

Portaria ANATEL n° 784, de 26 de agosto de 2014 - Dispõe sobre a metodologia de cálculo do valor base das sanções de multa relativa a descumprimentos às metas de qualidade e dos procedimentos de coleta, cálculo e consolidação dos indicadores de qualidade previstos na regulamentação.

➥ **Anexo** - Manual de aplicação da metodologia de cálculo do valor base das sanções de multa relativa a descumprimentos às metas de qualidade e dos procedimentos de coleta, cálculo e consolidação dos indicadores de qualidade previstos na regulamentação.

Regulação de Conteúdo

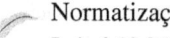 Normatização

Lei nº 12.965, de 23 de abril de 2014 - Estabelece princípios, garantias, direitos e deveres para o uso da Internet no Brasil.

Portaria MJ nº 368, de 11 de fevereiro de 2014 - Regulamenta as disposições da Lei nº 8.069, de 13 de julho de 1990, da Lei nº 10.359, de 27 de dezembro de 2001, e da Lei nº 12.485 de 12 de setembro de 2011, relativas ao processo de classificação indicativa.

Controle Social, Hierárquico e Interorgânico

 Atos

Relatório Anual da ANATEL 2013 - Edição do Relatório Anual da ANATEL correspondente ao exercício de 2013.

Súmula da ANATEL nº 16, de 22 de setembro de 2014 - A competência para a revisão de processo prevista no art. 90 do Regimento Interno cabe à autoridade que proferiu a última decisão no correspondente Pado.

Súmula da ANATEL nº 17, de 13 de novembro de 2014 - No exercício do juízo de retratação, não será cabível novo recurso administrativo caso a autoridade recorrida profira decisão acolhendo parcialmente o pedido recursal, devendo o recurso administrativo já interposto ser encaminhado à autoridade hierarquicamente superior, notificando-se o interessado da decisão meramente para fins de ciência.

Sigilo em Telecomunicações

Tema Conexo: Fundamentos : Conceitos Fundamentais : Direito à Privacidade.

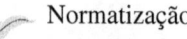 Normatização

Lei nº 12.953, de 5 de fevereiro de 2014 - Altera o Anexo I à Lei nº 12.593, de 18 de janeiro de 2012, que institui o Plano Plurianual da União para o período de 2012 a 2015.

➥ **Anexo**

✔ Alteração do Enunciado do Objetivo 0521, do Programa 2058 - Política Nacional de Defesa, para "Desenvolver tecnologias da informação e comunicações no Exército, visando assegurar a capacidade da defesa cibernética no campo militar e contribuir com a segurança cibernética no campo militar e contribuir com a segurança cibernética nos campos civil e industrial".

Convergência

 Normatização

Portaria MC nº 1.420, de 8 de outubro de 2014 - Cria a Câmara de Gestão e Acompanhamento do Desenvolvimento de Sistemas de Comunicação Máquina a Máquina.

Serviço de Radiodifusão

Tema Conexo: Serviços no Setor de Telecomunicações : Radiodifusão.

Serviços no Setor de Telecomunicações

Internet

 Normatização

Lei nº 12.953, de 5 de fevereiro de 2014 - Altera o Anexo I à Lei nº 12.593, de 18 de janeiro de 2012, que institui o Plano Plurianual da União para o período de 2012 a 2015.

➡ **Anexo**

✔ Alteração do Enunciado do Objetivo 0521, do Programa 2058 - Política Nacional de Defesa, para "Desenvolver tecnologias da informação e comunicações no Exército, visando assegurar a capacidade da defesa cibernética no campo militar e contribuir com a segurança cibernética no campo militar e contribuir com a segurança cibernética nos campos civil e industrial".

Lei nº 12.965, de 23 de abril de 2014 - Estabelece princípios, garantias, direitos e deveres para o uso da Internet no Brasil.

Decreto nº 8.234, de 2 de maio de 2014 - Regulamenta o art. 38 da Lei nº 12.715, de 17 de setembro de 2012.

✔ Define sistemas de comunicação máquina a máquina.

Portaria MC nº 41, de 19 de fevereiro de 2014 - Altera a Portaria nº 55, de 12 de março de 2013, do Ministério das Comunicações, que regulamenta os procedimentos para submissão, análise, aprovação, acompanhamento e fiscalização dos projetos apresentados ao Ministério das Comunicações referentes ao Regime Especial de Tributação do Programa Nacional de Banda Larga para Implantação de Redes de Telecomunicações - REPNBL-Redes.

Portaria MC nº 1.420, de 8 de outubro de 2014 - Cria a Câmara de Gestão e Acompanhamento do Desenvolvimento de Sistemas de Comunicação Máquina a Máquina.

Radiodifusão

Temas Conexos: Classificações de Serviços no Setor de Telecomunicações : Quanto ao Gênero : Serviço de Radiodifusão e Atores no Setor de Telecomunicações : Poder Executivo : Ministério das Comunicações.

Competência da Presidência da República para outorgar, por meio de concessão, a exploração dos serviços de radiodifusão de sons e imagens, e do Ministério das Comunicações para outorgar, por meio de concessão, permissão ou autorização, a exploração dos serviços de radiodifusão sonora.

Normatização

Portaria MC n° 4, de 17 de janeiro de 2014 - Disciplina o procedimento de consignação e requisitos de operação das emissoras de radiodifusão de sons e de sons e imagens e retransmissoras de televisão dos Poderes e órgãos da União, e equipara a Empresa Brasil de Comunicação (EBC).

Portaria MJ n° 368, de 11 de fevereiro de 2014 - Regulamenta as disposições da Lei n° 8.069, de 13 de julho de 1990, da Lei n° 10.359, de 27 de dezembro de 2001, e da Lei n° 12.485 de 12 de setembro de 2011, relativas ao processo de classificação indicativa.

Portaria MC n° 127, de 12 de março de 2014 - Disciplina o procedimento a ser adotado para as solicitações de adaptação de outorga do serviço de radiodifusão sonora em ondas médias para o serviço de radiodifusão sonora em frequência modulada, nos termos do Decreto n° 8.139, de 7 de novembro de 2013.

➡ **Anexo 1** - Formulário Padronizado para Solicitação de Adaptação de OM para FM

➡ **Anexo 2** - Formulário Padronizado para Solicitação de Aumento de Potência de OM Local para OM Regional

Portaria MC n° 477, de 20 de junho de 2014 - Estabelece o cronograma de transição da transmissão analógica dos serviços de radiodifusão de sons e imagens e de retransmissão de televisão para o SBTVD-T.

 Atos

Acórdão do Conselho Diretor da ANATEL, de 19 de novembro de 2013 (Ref. n° 578/2013) - PADO. RECURSO ADMINISTRATIVO. INFRAÇÃO TÉCNICA. SERVIÇO DE RADIODIFUSÃO. REPRISE DE ALEGAÇÕES. DIVISÃO DE COMPETÊNCIAS ANATEL E MINICOM. RECURSO CONHECIDO E NÃO PROVIDO. 1. O Gerente do Escritório Regional da Anatel penalizou a Prestadora com multa em virtude de infração a disposição contida no Regulamento Técnico para a Prestação do Serviço de Radiodifusão de Sons e Imagens e do Serviço de Retransmissão de Televisão. 2. A TV LAGES reafirma as mesmas alegações já apresentadas anteriormente, em sede de defesa e recurso. 3. A instrução dos processos administrativos de caráter sancionador e a aplicação de sanção às entidades outorgadas para os serviços de radiodifusão é objeto de divisão de competência entre a Agência Nacional de Telecomunicações e o Ministério das Comunicações. 4. As irregularidades definidas como sendo de competência da Anatel são aquelas relacionadas aos aspectos técnicos do uso do espetro, à certificação dos equipamentos e à segurança. Infrações relacionadas à programação, ao conteúdo, à licença ou a outros deveres provenientes de determinações do Ministério das Comunicações não são de competência da Anatel. 5. A correção da situação que ensejou a autuação não tem o condão de afastar a natureza ilícita da conduta perpetrada, mas apenas evita que o infrator permaneça irregular. 6. Recurso conhecido e não provido.

Portaria ANATEL n° 786, de 26 de agosto de 2014 - Dispõe sobre a metodologia de cálculo do valor base das sanções de multa relativa ao uso irregular do espectro de radiofrequências na execução de serviços de radiodifusão.

➡ **Anexo** - Manual de aplicação da metodologia de cálculo do valor base das sanções de multa relativa ao uso irregular do espectro de radiofrequências na execução de serviços de radiodifusão.

Serviço de Repetição de Televisão (RpTV)

 Normatização

Portaria MC n° 932, de 22 de Agosto de 2014 - Dispõe sobre Normas Complementares dos Serviços de RTV e de RpTV.

Serviço de Retransmissão de Televisão (RTV)

 Normatização

Portaria MC n° 481, de 9 de julho de 2014 - Disciplina as condições de cobertura para desligamento da transmissão analógica dos serviços de radiodifusão de sons e imagens e de retransmissão de televisão e o papel da Anatel no processo de desligamento.

➡ **Anexo 1** - Requisitos Mínimos para Recepção do Sinal Digital

➡ **Anexo 2** - Relação de Municípios Afetados

Portaria MC n° 932, de 22 de Agosto de 2014 - Dispõe sobre Normas Complementares dos Serviços de RTV e de RpTV.

Televisão Aberta

TV Digital

 Normatização

Portaria MC n° 481, de 9 de julho de 2014 - Disciplina as condições de cobertura para desligamento da transmissão analógica dos serviços de radiodifusão de sons e imagens e de retransmissão de televisão e o papel da Anatel no processo de desligamento.

➡ **Anexo 1** - Requisitos Mínimos para Recepção do Sinal Digital

➡ **Anexo 2** - Relação de Municípios Afetados

Portaria MC n° 925, de 22 de agosto de 2014 - Regulamenta os Requisitos Técnicos dos Serviços abrangidos pelo Sistema Brasileiro de TV Digital Terrestre.

➡ **Anexo 1** - Das Definições e dos Símbolos

➡ **Anexo 2** - Tabelas e Curvas para Determinação da Intensidade de Campo

➡ **Anexo 3** - Formulários de Informações Técnicas

Portaria MC n° 4.123, de 30 de dezembro de 2014 - Altera a Portaria n° 126, de 12 de março de 2014, que dispõe sobre a implantação e o funcionamento do processo eletrônico no âmbito do Ministério das Comunicações; e a Portaria n° 14, de 6 de fevereiro de 2013, que estabelece diretrizes para a aceleração do acesso ao Sistema Brasileiro de Televisão Digital Terrestre - SBTVD-T e para a ampliação da disponibilidade de espectro de radiofrequência para atendimento dos objetivos do Programa Nacional de Banda Larga - PNBL.

Resolução da ANATEL n° 640, de 11 de julho de 2014 - Aprova o Regulamento sobre Condições de Convivência entre os Serviços de Radiodifusão de Sons e Imagens e de Retransmissão de Televisão do SBTVD e os Serviços de Radiocomunicação Operando na Faixa de 698 MHz a 806 MHz.

➡ **Anexo** - Regulamento sobre Condições de Convivência entre os Serviços de Radiodifusão de Sons e Imagens e de Retransmissão de Televisão do SBTVD e os Serviços de Radiocomunicação Operando na Faixa de 698 MHz a 806 MHz

Serviço Especial de Radiochamada (SER) - ou Serviço Móvel Especial de Radiochamada

 Atos

Portaria ANATEL n° 787, de 26 de agosto de 2014 - Dispõe sobre a metodologia de cálculo do valor base das sanções de multa relativa ao uso irregular do espectro de radiofrequências na execução de serviços de telecomunicações.

➡ **Anexo** - Manual de aplicação da metodologia de cálculo do valor base das sanções de multa relativa ao uso irregular do espectro de radiofrequências na execução de serviços de telecomunicações.

Serviço Limitado Privado

 Normatização

Resolução da ANATEL n° 633, de 14 de março de 2014 - Atribui a faixa de radiofrequências de 4.910 MHz a 4.940 MHz também ao Serviço Móvel, em caráter primário, mantém a atribuição da faixa de radiofrequências de 4.940 MHz a 4.990 MHz aos Serviços Fixo e Móvel, em caráter primário, destina a faixa de radiofrequências de 4.910 MHz a 4.990 MHz ao Serviço Limitado Privado (SLP), em aplicações de Segurança Pública e Defesa Civil, e aprova o respectivo Regulamento sobre Canalização e Condições de Uso da faixa de radiofrequências.

➡ **Anexo** - Regulamento sobre Canalização e Condições de Uso da Faixa de Radiofrequências de 4.910 MHz a 4.990 MHz

Serviço Móvel Especializado ou Trunking ou Trunk ou Sistema Troncalizado

 Atos

Portaria ANATEL n° 787, de 26 de agosto de 2014 - Dispõe sobre a metodologia de cálculo do valor base das sanções de multa relativa ao uso irregular do espectro de radiofrequências na execução de serviços de telecomunicações.

➡ **Anexo** - Manual de aplicação da metodologia de cálculo do valor base das sanções de multa relativa ao uso irregular do espectro de radiofrequências na execução de serviços de telecomunicações.

Serviço Móvel Pessoal (SMP)

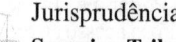 Jurisprudência

Superior Tribunal de Justiça - Recurso Especial n° 1141985 (STJ – RESP 1141985 / PR – Paraná) - Quarta Turma do STJ - Unânime - j. 11-02-2014 - Diário da Justiça, 07-04-2014. [Catalogação de Márcio Iório Aranha]

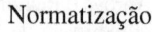 Normatização

Lei n° 13.023, de 8 de agosto de 2014 - Altera as Leis nos 8.248, de 23 de outubro de 1991, e 8.387, de 30 de dezembro de 1991, e revoga dispositivo da Lei no 10.176, de 11 de janeiro de 2001, para dispor sobre a prorrogação de prazo dos benefícios fiscais para a capacitação do setor de tecnologia da informação.

Portaria MC nº 416, de 6 de maio de 2014 - Dispõe sobre a exploração do Serviço Móvel Pessoal - SMP, por meio de Rede Virtual (RRV-SMP), pela Empresa Brasileira de Correios e Telégrafos - ECT.

Portaria MC nº 4.123, de 30 de dezembro de 2014 - Altera a Portaria nº 126, de 12 de março de 2014, que dispõe sobre a implantação e o funcionamento do processo eletrônico no âmbito do Ministério das Comunicações; e a Portaria nº 14, de 6 de fevereiro de 2013, que estabelece diretrizes para a aceleração do acesso ao Sistema Brasileiro de Televisão Digital Terrestre - SBTVD-T e para a ampliação da disponibilidade de espectro de radiofrequência para atendimento dos objetivos do Programa Nacional de Banda Larga - PNBL.

Resolução da ANATEL nº 630, de 10 de fevereiro de 2014 - Regulamento da Metodologia de Estimativa do Custo Médio Ponderado de Capital - CMPC.

➡ **Anexo** - Regulamento da Metodologia de Estimativa do Custo Médio Ponderado de Capital

Resolução da ANATEL nº 639, de 1º de julho de 2014 - Aprova a Norma para fixação dos valores máximos das tarifas de uso de rede fixa do Serviço Telefônico Fixo Comutado (STFC), dos valores de referência de uso de rede móvel do Serviço Móvel Pessoal (SMP) e de Exploração Industrial de Linha Dedicada (EILD), com base em Modelos de Custos.

➡ **Anexo** - Norma para fixação dos valores máximos das tarifas de uso de rede fixa do Serviço Telefônico Fixo Comutado (STFC), dos valores de referência de uso de rede móvel do Serviço Móvel Pessoal (SMP) e de Exploração Industrial de Linha Dedicada (EILD), com base em Modelos de Custos.

 Atos

Acórdão do Conselho Diretor da ANATEL, de 16 de dezembro de 2014 (Ref. nº 403/2014) - ARBITRAGEM EM INTERCONEXÃO. STFC e SMP. DECISÃO DA CAI. RECURSO ADMINISTRATIVO. PELO CONHECIMENTO E PARCIAL PROVIMENTO. 1. Solicitação de arbitragem em interconexão realizada pela Tim em face da Sercomtel em função de desacordo entre as empresas sobre os valores de VUM a serem praticados pela Tim. 2. Decisão de mérito da CAI, consubstanciada no Despacho nº 7.373/2011-CAI, de 8 de setembro de 2011, que definiu valores pela remuneração de uso de rede. 3. Irresignada com a deliberação da Comissão, a SERCOMTEL apresentou Recurso Administrativo cumulado com pedido de Efeito Suspensivo. 4. A TIM protocolou Contrarrazões ao Recurso Administrativo. 6. Pelo conhecimento do Recurso Administrativo para, no mérito, dar-lhe parcial provimento.

> ✔ Valor de VU-M (Valor de Uso de Rede Móvel) fixado para as partes em Processo de Arbitragem - propriamente arbitramento administrativo - em Interconexão somente tem efeito a partir da data de protocolo do correspondente processo.

Acórdão do Conselho Diretor da ANATEL, de 18 de fevereiro de 2014 (Ref. nº 79/2014) - SUPERINTENDÊNCIA DE OUTORGA E RECURSOS À PRESTAÇÃO. RECURSO ADMINISTRATIVO. DIREITO DE USO DE RADIOFREQUÊNCIA. SERVIÇO MÓVEL PESSOAL. LICITAÇÃO Nº 002/2007/SPV-ANATEL. PROPOSTA DE SUBSTITUIÇÃO PARCIAL DO BEM. IMPOSSIBILIDADE JURÍDICA. NECESSIDADE DE SUBMISSÃO ÀS REGRAS DO PROCEDIMENTO LICITATÓRIO. SPECTRUM CAP E DESTINAÇÃO DE FAIXA OU CANAL DA RADIOFREQUÊNCIA EM CARÁTER PRIMÁRIO. INEXISTÊNCIA DE ÓBICE À OUTORGA EM CARÁTER SECUNDÁRIO. DEFERIMENTO DO PEDIDO DE OUTORGA, EM

CARÁTER PRECÁRIO E TRANSITÓRIO. DETERMINAÇÃO DE INÍCIO IMEDIATO DE CERTAME LICITATÓRIO PARA O PROVIMENTO DE FAIXAS E CANAIS DESOCUPADOS. ORIENTAÇÕES PARA OS ESTUDOS TÉCNICOS PRÉVIOS. 1. Impossibilidade de conferir, em substituição de parte da subfaixa adquirida por meio da Licitação n° 002/2007/SPV-Anatel, o Direito de Uso de Radiofrequência de outras faixas destinadas ao mesmo serviço em caráter primário. A outorga de uma nova faixa em caráter primário demanda a realização de procedimento licitatório, já que não se amolda às hipóteses legais de inexigibilidade de licitação. 2. As autorizações de uso de radiofrequência em caráter secundário não se submetem aos limites de quantidade de espectro a um mesmo grupo econômico - ou spectrum cap -, previstos na regulamentação. 3. Não é necessário que uma faixa esteja expressamente destinada a um determinado serviço em caráter secundário se ela já estiver destinada a esse mesmo serviço em caráter primário. 4. A Prestadora logrou demonstrar a importância de ser adotada, até com certa urgência, solução excepcional e provisória. 5. Provimento parcial ao Recurso Administrativo no sentido de outorgar o direito de uso de subfaixa de radiofrequência na Região da Grande São Paulo, em caráter secundário e precário, pelo prazo de 18 (dezoito) meses. 6. Determinação à Superintendência competente para que adote imediatamente as medidas necessárias para a deflagração de um procedimento licitatório com o fim de disponibilizar as faixas e canais de radiofrequência destinados ao SMP que se encontrem desocupados. 7. Recomendação à Superintendência, em atenção ao princípio da atualidade, que considere, nos estudos que antecedem o procedimento, a possibilidade de revisão do spectrum cap e a migração das tecnologias mais antigas para as mais recentes.

Portaria ANATEL n° 784, de 26 de agosto de 2014 - Dispõe sobre a metodologia de cálculo do valor base das sanções de multa relativa a descumprimentos às metas de qualidade e dos procedimentos de coleta, cálculo e consolidação dos indicadores de qualidade previstos na regulamentação.

➥ **Anexo** - Manual de aplicação da metodologia de cálculo do valor base das sanções de multa relativa a descumprimentos às metas de qualidade e dos procedimentos de coleta, cálculo e consolidação dos indicadores de qualidade previstos na regulamentação.

Portaria ANATEL n° 787, de 26 de agosto de 2014 - Dispõe sobre a metodologia de cálculo do valor base das sanções de multa relativa ao uso irregular do espectro de radiofrequências na execução de serviços de telecomunicações.

➥ **Anexo** - Manual de aplicação da metodologia de cálculo do valor base das sanções de multa relativa ao uso irregular do espectro de radiofrequências na execução de serviços de telecomunicações.

Portaria ANATEL n° 791, de 26 de agosto de 2014 - Dispõe sobre a metodologia de cálculo do valor base das sanções de multa relativa a descumprimentos a direito dos Usuários previstas na regulamentação.

➥ **Anexo** - Manual de aplicação da metodologia de cálculo do valor base das sanções de multa relativa a descumprimentos a direito dos Usuários previstas na regulamentação.

Serviço Telefônico Fixo Comutado (STFC)

 Jurisprudência

Supremo Tribunal Federal - Ação Direta de Inconstitucionalidade n° 4.369 (STF – ADI 4.369 / SP – São Paulo) - Relator: Min. Marco Aurélio - Plenário do

STF - Unânime - j. 15-10-2014 - Diário da Justiça, 03-11-2014. [Catalogação de Márcio Iório Aranha]

Superior Tribunal de Justiça - Recurso Especial nº 1141985 (STJ – RESP 1141985 / PR – Paraná) - Quarta Turma do STJ - Unânime - j. 11-02-2014 - Diário da Justiça, 07-04-2014. [Catalogação de Márcio Iório Aranha]

Normatização

Resolução da ANATEL nº 630, de 10 de fevereiro de 2014 - Regulamento da Metodologia de Estimativa do Custo Médio Ponderado de Capital - CMPC.

➡ **Anexo** - Regulamento da Metodologia de Estimativa do Custo Médio Ponderado de Capital

Resolução da ANATEL nº 631, de 11 de fevereiro de 2014 - Aprova alteração do Anexo I do Regulamento de Tarifação do Serviço Telefônico Fixo Comutado Destinado ao Uso do Público em Geral - STFC Prestado no Regime Público, aprovado pela Resolução nº 424, de 6 de dezembro de 2005, e do Plano Geral de Códigos Nacionais - PGCN, Anexo II à Resolução nº 263, de 8 de junho de 2001, para mudar: a) o município de São José do Rio Claro, no estado do Mato Grosso, da Área de Tarifação 657A (Brasnorte) para a Área de Tarifação 653G (Nova Mutum), e do Código Nacional 66 para o Código Nacional 65; b) o município de Morada Nova de Minas, no estado de Minas Gerais, da Área de Tarifação 391 (Três Marias) para a Área de Tarifação 371 (Abaeté), e do Código Nacional 38 para o Código Nacional 37; e, c) o município de Itaguara, no estado de Minas Gerais, da Área de Tarifação 373 (Oliveira) para a Área de Tarifação 312 (Belo Horizonte), e do Código Nacional 37 para o Código Nacional 31.

➡ **Anexo 1** - Alterações ao Regulamento de Tarifação do STFC sobre áreas de tarifação do STFC, aprovado pela Resolução nº 424, de 6 de dezembro de 2005

➡ **Anexo 2** - Alterações ao Plano Geral de Códigos Nacionais (PGCN), anexo à Resolução nº 263, de 8 de junho de 2001.

Resolução da ANATEL nº 634, de 28 de março de 2014 - Aprova a alteração da Cláusula 3.2, § 1, inciso I, do Contrato de Concessão para a exploração do Serviço Telefônico Fixo Comutado - STFC, nas modalidades de serviço Local, Longa Distância Nacional - LDN e Longa Distância Internacional - LDI, para ampliar prazo para submissão a Consulta Pública de propostas de alterações para o período de 2016 a 2020.

Resolução da ANATEL nº 638, de 26 de junho de 2014 - Aprova o Regulamento do Telefone de Uso Público do Serviço Telefônico Fixo Comutado - STFC,

➡ **Anexo 1** - Regulamento do Telefone de Uso Público do Serviço Telefônico Fixo Comutado – STFC

➡ **Anexo 2** - Revogações e Alterações

Resolução da ANATEL nº 639, de 1º de julho de 2014 - Aprova a Norma para fixação dos valores máximos das tarifas de uso de rede fixa do Serviço Telefônico Fixo Comutado (STFC), dos valores de referência de uso de rede móvel do Serviço Móvel Pessoal (SMP) e de Exploração Industrial de Linha Dedicada (EILD), com base em Modelos de Custos.

➡ **Anexo** - Norma para fixação dos valores máximos das tarifas de uso de rede fixa do Serviço Telefônico Fixo Comutado (STFC), dos valores de referência de uso de rede móvel do Serviço Móvel Pessoal (SMP) e de Exploração Industrial de Linha Dedicada (EILD), com base em Modelos de Custos.

Resolução da ANATEL nº 641, de 28 de julho de 2014 - Altera os Anexos I e II do Regulamento sobre Áreas Locais para o Serviço Telefônico Fixo Comutado Destinado ao Uso do Público em Geral - STFC.

➥ **Anexo 1** - Inclusão da Área Local de Cidreira-RS

➥ **Anexo 2** - Inclusão de Nova Situação de Tratamento Local no RS

Resolução da ANATEL nº 643, de 2 de dezembro de 2014 - Proposta de alteração do Anexo I do Regulamento de Tarifação do Serviço Telefônico Fixo Comutado Destinado ao Uso do Público em Geral - STFC Prestado no Regime Público, aprovado pela Resolução nº 424, de 6 de dezembro de 2005, e do Plano Geral de Códigos Nacionais - PGCN, Anexo II à Resolução nº 263, de 8 de junho de 2001, para mudar os municípios de Belo Oriente e Ipaba, no estado de Minas Gerais, da Área de Tarifação 333 (Caratinga) para a Área de Tarifação 316 (Coronel Fabriciano) e do Código Nacional 33 para o Código Nacional 31.

➥ **Anexo 1** - Regulamento de Tarifação do Serviço Telefônico Fixo Comutado Destinado ao Uso do Público em Geral - STFC Prestado no Regime Público, aprovado pela Resolução nº 424, de 6 de dezembro de 2005

➥ **Anexo 2** - Anexo II à Resolução nº 263, de 8 de junho de 2001 - Plano Geral de Códigos Nacionais, Anexo ao Regulamento de Numeração do STFC, aprovado pela Resolução nº 86, de 30 de dezembro de 1998

Resolução da ANATEL nº 644, de 2 de dezembro de 2014 - Alteração do Anexo I do Regulamento de Tarifação do Serviço Telefônico Fixo Comutado Destinado ao Uso do Público em Geral - STFC Prestado no Regime Público, aprovado pela Resolução nº 424, de 6 de dezembro de 2005, e do Plano Geral de Códigos Nacionais - PGCN, Anexo II à Resolução nº 263, de 8 de junho de 2001, para mudar o município de Porto União, no estado de Santa Catarina, da Área de Tarifação 495 (Joaçaba) para a Área de Tarifação 425 (União da Vitória), e do Código Nacional 49 para o Código Nacional 42; e, alteração do art. 6º do Regulamento Sobre Áreas de Tarifação para Serviços de Telecomunicações, aprovado pela Resolução nº 262, de 31 de maio de 2001.

 Atos

Portaria ANATEL nº 784, de 26 de agosto de 2014 - Dispõe sobre a metodologia de cálculo do valor base das sanções de multa relativa a descumprimentos às metas de qualidade e dos procedimentos de coleta, cálculo e consolidação dos indicadores de qualidade previstos na regulamentação.

➥ **Anexo** - Manual de aplicação da metodologia de cálculo do valor base das sanções de multa relativa a descumprimentos às metas de qualidade e dos procedimentos de coleta, cálculo e consolidação dos indicadores de qualidade previstos na regulamentação.

Portaria ANATEL nº 787, de 26 de agosto de 2014 - Dispõe sobre a metodologia de cálculo do valor base das sanções de multa relativa ao uso irregular do espectro de radiofrequências na execução de serviços de telecomunicações.

➥ **Anexo** - Manual de aplicação da metodologia de cálculo do valor base das sanções de multa relativa ao uso irregular do espectro de radiofrequências na execução de serviços de telecomunicações.

Portaria ANATEL nº 791, de 26 de agosto de 2014 - Dispõe sobre a metodologia de cálculo do valor base das sanções de multa relativa a descumprimentos a direito dos Usuários previstas na regulamentação.

➡ **Anexo** - Manual de aplicação da metodologia de cálculo do valor base das sanções de multa relativa a descumprimentos a direito dos Usuários previstas na regulamentação.

Serviço de Acesso Condicionado (SeAC)

 Normatização

Portaria MJ nº 368, de 11 de fevereiro de 2014 - Regulamenta as disposições da Lei nº 8.069, de 13 de julho de 1990, da Lei nº 10.359, de 27 de dezembro de 2001, e da Lei nº 12.485 de 12 de setembro de 2011, relativas ao processo de classificação indicativa.

 Atos

Portaria ANATEL nº 784, de 26 de agosto de 2014 - Dispõe sobre a metodologia de cálculo do valor base das sanções de multa relativa a descumprimentos às metas de qualidade e dos procedimentos de coleta, cálculo e consolidação dos indicadores de qualidade previstos na regulamentação.

➡ **Anexo** - Manual de aplicação da metodologia de cálculo do valor base das sanções de multa relativa a descumprimentos às metas de qualidade e dos procedimentos de coleta, cálculo e consolidação dos indicadores de qualidade previstos na regulamentação.

Portaria ANATEL nº 787, de 26 de agosto de 2014 - Dispõe sobre a metodologia de cálculo do valor base das sanções de multa relativa ao uso irregular do espectro de radiofrequências na execução de serviços de telecomunicações.

➡ **Anexo** - Manual de aplicação da metodologia de cálculo do valor base das sanções de multa relativa ao uso irregular do espectro de radiofrequências na execução de serviços de telecomunicações.

Portaria ANATEL nº 791, de 26 de agosto de 2014 - Dispõe sobre a metodologia de cálculo do valor base das sanções de multa relativa a descumprimentos a direito dos Usuários previstas na regulamentação.

➡ **Anexo** - Manual de aplicação da metodologia de cálculo do valor base das sanções de multa relativa a descumprimentos a direito dos Usuários previstas na regulamentação.

Serviço de Comunicação Multimída (SCM)

 Atos

Portaria ANATEL nº 784, de 26 de agosto de 2014 - Dispõe sobre a metodologia de cálculo do valor base das sanções de multa relativa a descumprimentos às metas de qualidade e dos procedimentos de coleta, cálculo e consolidação dos indicadores de qualidade previstos na regulamentação.

➡ **Anexo** - Manual de aplicação da metodologia de cálculo do valor base das sanções de multa relativa a descumprimentos às metas de qualidade e dos procedimentos de coleta, cálculo e consolidação dos indicadores de qualidade previstos na regulamentação.

Portaria ANATEL nº 787, de 26 de agosto de 2014 - Dispõe sobre a metodologia de cálculo do valor base das sanções de multa relativa ao uso irregular do espectro de radiofrequências na execução de serviços de telecomunicações.

➡ **Anexo** - Manual de aplicação da metodologia de cálculo do valor base das sanções de multa relativa ao uso irregular do espectro de radiofrequências na execução de serviços de telecomunicações.

Portaria ANATEL nº 791, de 26 de agosto de 2014 - Dispõe sobre a metodologia de cálculo do valor base das sanções de multa relativa a descumprimentos a direito dos Usuários previstas na regulamentação.

➡ **Anexo** - Manual de aplicação da metodologia de cálculo do valor base das sanções de multa relativa a descumprimentos a direito dos Usuários previstas na regulamentação.

Serviço de Radiotáxi

 Atos

 Portaria ANATEL nº 787, de 26 de agosto de 2014 - Dispõe sobre a metodologia de cálculo do valor base das sanções de multa relativa ao uso irregular do espectro de radiofrequências na execução de serviços de telecomunicações.

➡ **Anexo** - Manual de aplicação da metodologia de cálculo do valor base das sanções de multa relativa ao uso irregular do espectro de radiofrequências na execução de serviços de telecomunicações.

Ramos Jurídicos Afins

Direito do Consumidor

 Direito do Consumidor

O art.3º do Regulamento de Aplicação de Sanções Administrativas prevê que as sanções nele dispostas são aplicáveis sem prejuízo das medidas previstas na legislação consumerista e das sanções de natureza civil e penal, inclusive a prevista pelo art.183 da Lei nº 9.472/1997.

Normatização

Resolução da ANATEL nº 632, de 10 de março de 2014 - Aprova o Regulamento Geral de Direitos do Consumidor de Serviços de Telecomunicações - RGC.

➡ **Anexo I** - Regulamento Geral de Direitos do Consumidor de Serviços de Telecomunicações

➡ **Anexo II** - Revogações e Alterações

Direito Constitucional

Normatização

Lei nº 12.953, de 5 de fevereiro de 2014 - Altera o Anexo I à Lei nº 12.593, de 18 de janeiro de 2012, que institui o Plano Plurianual da União para o período de 2012 a 2015.

➡ **Anexo**

✔ Alteração do Enunciado do Objetivo 0521, do Programa 2058 - Política Nacional de Defesa, para "Desenvolver tecnologias da informação e comunicações no Exército, visando assegurar a capacidade da defesa cibernética no campo militar e contribuir com a segurança cibernética no campo militar e contribuir com a segurança cibernética nos campos civil e industrial".

Aplicações de Telecomunicações

Internet

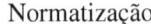 Normatização

Lei n° 12.953, de 5 de fevereiro de 2014 - Altera o Anexo I à Lei n° 12.593, de 18 de janeiro de 2012, que institui o Plano Plurianual da União para o período de 2012 a 2015.

➡ **Anexo**

✔ Alteração do Enunciado do Objetivo 0521, do Programa 2058 - Política Nacional de Defesa, para "Desenvolver tecnologias da informação e comunicações no Exército, visando assegurar a capacidade da defesa cibernética no campo militar e contribuir com a segurança cibernética no campo militar e contribuir com a segurança cibernética nos campos civil e industrial".

Lei n° 12.965, de 23 de abril de 2014 - Estabelece princípios, garantias, direitos e deveres para o uso da Internet no Brasil.

Decreto n° 8.234, de 2 de maio de 2014 - Regulamenta o art. 38 da Lei n° 12.715, de 17 de setembro de 2012.

✔ Define sistemas de comunicação máquina a máquina.

Portaria MC n° 41, de 19 de fevereiro de 2014 - Altera a Portaria n° 55, de 12 de março de 2013, do Ministério das Comunicações, que regulamenta os procedimentos para submissão, análise, aprovação, acompanhamento e fiscalização dos projetos apresentados ao Ministério das Comunicações referentes ao Regime Especial de Tributação do Programa Nacional de Banda Larga para Implantação de Redes de Telecomunicações - REPNBL-Redes.

Portaria MC n° 1.420, de 8 de outubro de 2014 - Cria a Câmara de Gestão e Acompanhamento do Desenvolvimento de Sistemas de Comunicação Máquina a Máquina.

Cinema

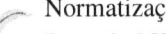 Normatização

Portaria MJ n° 368, de 11 de fevereiro de 2014 - Regulamenta as disposições da Lei n° 8.069, de 13 de julho de 1990, da Lei n° 10.359, de 27 de dezembro de 2001, e da Lei n° 12.485 de 12 de setembro de 2011, relativas ao processo de classificação indicativa.

Banda Larga

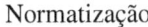 Normatização

Lei n° 12.953, de 5 de fevereiro de 2014 - Altera o Anexo I à Lei n° 12.593, de 18 de janeiro de 2012, que institui o Plano Plurianual da União para o período de 2012 a 2015.

➡ **Anexo**

✔ Alteração do Enunciado do Objetivo 0521, do Programa 2058 - Política Nacional de Defesa, para "Desenvolver tecnologias da informação e comunicações no Exército, visando assegurar a capacidade da defesa cibernética no campo militar e contribuir com a segurança cibernética no campo militar e contribuir com a segurança cibernética nos campos civil e industrial".

Lei nº 12.965, de 23 de abril de 2014 - Estabelece princípios, garantias, direitos e deveres para o uso da Internet no Brasil.

Decreto nº 8.234, de 2 de maio de 2014 - Regulamenta o art. 38 da Lei nº 12.715, de 17 de setembro de 2012.

✔ Define sistemas de comunicação máquina a máquina.

Portaria MC nº 41, de 19 de fevereiro de 2014 - Altera a Portaria nº 55, de 12 de março de 2013, do Ministério das Comunicações, que regulamenta os procedimentos para submissão, análise, aprovação, acompanhamento e fiscalização dos projetos apresentados ao Ministério das Comunicações referentes ao Regime Especial de Tributação do Programa Nacional de Banda Larga para Implantação de Redes de Telecomunicações - REPNBL-Redes.

Portaria MC nº 1.420, de 8 de outubro de 2014 - Cria a Câmara de Gestão e Acompanhamento do Desenvolvimento de Sistemas de Comunicação Máquina a Máquina.

Portaria MC nº 2.662, de 13 de novembro de 2014 - Aprova a Norma Geral do Programa GESAC.

Portaria MC nº 4.123, de 30 de dezembro de 2014 - Altera a Portaria nº 126, de 12 de março de 2014, que dispõe sobre a implantação e o funcionamento do processo eletrônico no âmbito do Ministério das Comunicações; e a Portaria nº 14, de 6 de fevereiro de 2013, que estabelece diretrizes para a aceleração do acesso ao Sistema Brasileiro de Televisão Digital Terrestre - SBTVD-T e para a ampliação da disponibilidade de espectro de radiofrequência para atendimento dos objetivos do Programa Nacional de Banda Larga - PNBL.

Eventos Desportivos

 Normatização

Resolução da ANATEL nº 635, de 9 de maio de 2014 - Aprova o Regulamento sobre Autorização de Uso Temporário de Radiofrequências.

➡ **Anexo** - Regulamento sobre Autorização de Uso Temporário de Radiofrequências

 Atos

Ato da ANATEL/SORP nº 5.095, de 9 de maio de 2014 - Dispensa, de forma precária e temporária, os dispositivos do tipo "Disparadores Automáticos para Câmara Fotográficas", operando nas faixas de frequência de 340 MHz a 354 MHz e 433,44 MHz a 434,42 MHz, da necessidade de obtenção de autorização de uso temporário do espectro para utilização durante a Copa do Mundo de 2014.

Atores no Setor de Telecomunicações

ANATEL

Normatização

Portaria MJ n° 368, de 11 de fevereiro de 2014 - Regulamenta as disposições da Lei n° 8.069, de 13 de julho de 1990, da Lei n° 10.359, de 27 de dezembro de 2001, e da Lei n° 12.485 de 12 de setembro de 2011, relativas ao processo de classificação indicativa.

Resolução da ANATEL n° 636, de 11 de junho de 2014 - Altera o Regimento Interno da Anatel para incluir participação presencial e a possibilidade de manifestação oral durante a deliberação de matérias nas Reuniões do Conselho Diretor da Anatel.

Resolução da ANATEL n° 637, 24 de junho de 2014 - Aprova o Regulamento de Parcelamento de Créditos Não Tributários Administrados pela Agência Nacional de Telecomunicações – ANATEL.

➥ **Anexo** - Regulamento de Parcelamento de Créditos Não Tributários Administrados pela Agência Nacional de Telecomunicações – ANATEL

Resolução da ANATEL n° 645, de 16 de dezembro de 2014 - Aprova o Regimento Interno do Comitê de Uso do Espectro e de Órbita.

➥ **Anexo** - Regimento Interno do Comitê de Uso do Espectro e de Órbita

 Atos

Acórdão do Conselho Diretor da ANATEL, de 18 de fevereiro de 2014 (Ref. n° 79/2014) - SUPERINTENDÊNCIA DE OUTORGA E RECURSOS À PRESTAÇÃO. RECURSO ADMINISTRATIVO. DIREITO DE USO DE RADIOFREQUÊNCIA. SERVIÇO MÓVEL PESSOAL. LICITAÇÃO N° 002/2007/SPV-ANATEL. PROPOSTA DE SUBSTITUIÇÃO PARCIAL DO BEM. IMPOSSIBILIDADE JURÍDICA. NECESSIDADE DE SUBMISSÃO ÀS REGRAS DO PROCEDIMENTO LICITATÓRIO. SPECTRUM CAP E DESTINAÇÃO DE FAIXA OU CANAL DA RADIOFREQUÊNCIA EM CARÁTER PRIMÁRIO. INEXISTÊNCIA DE ÓBICE À OUTORGA EM CARÁTER SECUNDÁRIO. DEFERIMENTO DO PEDIDO DE OUTORGA, EM CARÁTER PRECÁRIO E TRANSITÓRIO. DETERMINAÇÃO DE INÍCIO IMEDIATO DE CERTAME LICITATÓRIO PARA O PROVIMENTO DE FAIXAS E CANAIS DESOCUPADOS. ORIENTAÇÕES PARA OS ESTUDOS TÉCNICOS PRÉVIOS. 1. Impossibilidade de conferir, em substituição de parte da subfaixa adquirida por meio da Licitação n° 002/2007/SPV-Anatel, o Direito de Uso de Radiofrequência de outras faixas destinadas ao mesmo serviço em caráter primário. A outorga de uma nova faixa em caráter primário demanda a realização de procedimento licitatório, já que não se amolda às hipóteses legais de inexigibilidade de licitação. 2. As autorizações de uso de radiofrequência em caráter secundário não se submetem aos limites de quantidade de espectro a um mesmo grupo econômico - ou spectrum cap -, previstos na regulamentação. 3. Não é necessário que uma faixa esteja expressamente destinada a um determinado serviço em caráter secundário se ela já estiver destinada a esse mesmo serviço em caráter primário. 4. A Prestadora logrou demonstrar a importância de ser adotada, até com certa urgência, solução excepcional e provisória. 5. Provimento parcial ao Recurso Administrativo no sentido de outorgar o direito de uso de subfaixa de radiofrequência na Região da Grande São Paulo, em caráter secundário e precário, pelo prazo de 18 (dezoito) meses. 6. Determinação à Superintendência competente para que adote imediatamente as medidas necessárias para a deflagração de um procedimento licitatório com o fim de disponibilizar as faixas e canais de radiofrequência destinadas ao SMP que se encontrem desocupados. 7. Recomendação à Superintendência, em atenção ao princípio da atualidade, que considere, nos estudos que antecedem o procedimento, a possibilidade de revisão do spectrum cap e a migração das tecnologias mais antigas para as mais recentes.

Acórdão do Conselho Diretor da ANATEL, de 19 de novembro de 2013 (Ref. nº 578/2013) - PADO. RECURSO ADMINISTRATIVO. INFRAÇÃO TÉCNICA. SERVIÇO DE RADIODIFUSÃO. REPRISE DE ALEGAÇÕES. DIVISÃO DE COMPETÊNCIAS ANATEL E MINICOM. RECURSO CONHECIDO E NÃO PROVIDO. 1. O Gerente do Escritório Regional da Anatel penalizou a Prestadora com multa em virtude de infração a disposição contida no Regulamento Técnico para a Prestação do Serviço de Radiodifusão de Sons e Imagens e do Serviço de Retransmissão de Televisão. 2. A TV LAGES reafirma as mesmas alegações já apresentadas anteriormente, em sede de defesa e recurso. 3. A instrução dos processos administrativos de caráter sancionador e a aplicação de sanção às entidades outorgadas para os serviços de radiodifusão é objeto de divisão de competência entre a Agência Nacional de Telecomunicações e o Ministério das Comunicações. 4. As irregularidades definidas como sendo de competência da Anatel são aquelas relacionadas aos aspectos técnicos do uso do espetro, à certificação dos equipamentos e à segurança. Infrações relacionadas à programação, ao conteúdo, à licença ou a outros deveres provenientes de determinações do Ministério das Comunicações não são de competência da Anatel. 5. A correção da situação que ensejou a autuação não tem o condão de afastar a natureza ilícita da conduta perpetrada, mas apenas evita que o infrator permaneça irregular. 6. Recurso conhecido e não provido.

Portaria ANATEL nº 1.125, de 24 de outubro de 2014 - Estabelece a competência e os limites para regularização de indébitos e para autorização dos procedimentos de restituição e compensação.

Portaria ANATEL nº 465, de 11 de junho de 2014 - Dispõe sobre o prazo de antecedência para apresentação do pedido de manifestação oral à Secretaria do Conselho Diretor da ANATEL.

Relatório Anual da ANATEL 2013 - Edição do Relatório Anual da ANATEL correspondente ao exercício de 2013.

Súmula da ANATEL nº 16, de 22 de setembro de 2014 - A competência para a revisão de processo prevista no art. 90 do Regimento Interno cabe à autoridade que proferiu a última decisão no correspondente Pado.

Súmula da ANATEL nº 17, de 13 de novembro de 2014 - No exercício do juízo de retratação, não será cabível novo recurso administrativo caso a autoridade recorrida profira decisão acolhendo parcialmente o pedido recursal, devendo o recurso administrativo já interposto ser encaminhado à autoridade hierarquicamente superior, notificando-se o interessado da decisão meramente para fins de ciência.

Súmula da ANATEL nº 18, de 24 de dezembro de 2014 - Os pedidos de anuência prévia para transferência de controle poderão ser apresentados à Agência pelo grupo econômico em requerimento único, desde que contenham a representação legal e as informações necessárias de todas as empresas afetadas direta ou indiretamente pela transferência de controle que possuam outorga perante a Anatel e que sejam exigidas pela respectiva regulamentação.

Poder Executivo

Ministério da Defesa

 Normatização

Lei nº 12.953, de 5 de fevereiro de 2014 - Altera o Anexo I à Lei nº 12.593, de 18 de janeiro de 2012, que institui o Plano Plurianual da União para o período de 2012 a 2015.

➥ **Anexo**

✔ Alteração do Enunciado do Objetivo 0521, do Programa 2058 - Política Nacional de Defesa, para "Desenvolver tecnologias da informação e comunicações no Exército, visando assegurar a capacidade da defesa cibernética no campo militar e contribuir com a segurança cibernética no campo militar e contribuir com a segurança cibernética nos campos civil e industrial".

Resolução da ANATEL nº 646, de 22 de dezembro de 2014 - Destina canais de radiofrequências para Fins Exclusivamente Militares.

Ministério das Comunicações

Tema Conexo: Serviços no Setor de Telecomunicações : Radiodifusão.

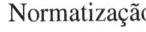 Normatização

Portaria MC nº 126, de 12 de março de 2014 [①] - Dispõe sobre a implantação e o funcionamento do processo eletrônico no âmbito do Ministério das Comunicações.

➥ **Anexo 1** [Revogado por: Portaria MC nº 4.123, de 30 de dezembro de 2014] - Credenciamento Pessoa Física

➥ **Anexo 2** [Revogado por: Portaria MC nº 4.123, de 30 de dezembro de 2014] - Credenciamento Pessoa Jurídica

Portaria MC nº 477, de 20 de junho de 2014 - Estabelece o cronograma de transição da transmissão analógica dos serviços de radiodifusão de sons e imagens e de retransmissão de televisão para o SBTVD-T.

 Atos

Acórdão do Conselho Diretor da ANATEL, de 19 de novembro de 2013 (Ref. nº 578/2013) - PADO. RECURSO ADMINISTRATIVO. INFRAÇÃO TÉCNICA. SERVIÇO DE RADIODIFUSÃO. REPRISE DE ALEGAÇÕES. DIVISÃO DE COMPETÊNCIAS ANATEL E MINICOM. RECURSO CONHECIDO E NÃO PROVIDO. 1. O Gerente do Escritório Regional da Anatel penalizou a Prestadora com multa em virtude de infração a disposição contida no Regulamento Técnico para a Prestação do Serviço de Radiodifusão de Sons e Imagens e do Serviço de Retransmissão de Televisão. 2. A TV LAGES reafirma as mesmas alegações já apresentadas anteriormente, em sede de defesa e recurso. 3. A instrução dos processos administrativos de caráter sancionador e a aplicação de sanção às entidades outorgadas para os serviços de radiodifusão é objeto de divisão de competência entre a Agência Nacional de Telecomunicações e o Ministério das Comunicações. 4. As irregularidades definidas como sendo de competência da Anatel são aquelas relacionadas aos aspectos técnicos do uso do espetro, à certificação dos equipamentos e à segurança. Infrações relacionadas à programação, ao conteúdo, à licença ou a outros deveres provenientes de determinações do

Ministério das Comunicações não são de competência da Anatel. 5. A correção da situação que ensejou a autuação não tem o condão de afastar a natureza ilícita da conduta perpetrada, mas apenas evita que o infrator permaneça irregular. 6. Recurso conhecido e não provido.

Poder Judiciário

STF

 Jurisprudência

Supremo Tribunal Federal - Ação Direta de Inconstitucionalidade n° 4.369 (STF – ADI 4.369 / SP – São Paulo) - Relator: Min. Marco Aurélio - Plenário do STF - Unânime - j. 15-10-2014 - Diário da Justiça, 03-11-2014. [Catalogação de Márcio Iório Aranha]

STJ

 Jurisprudência

Superior Tribunal de Justiça - Recurso Especial n° 1141985 (STJ – RESP 1141985 / PR – Paraná) - Quarta Turma do STJ - Unânime - j. 11-02-2014 - Diário da Justiça, 07-04-2014. [Catalogação de Márcio Iório Aranha]

Prestadora / Operadora

 Jurisprudência

Supremo Tribunal Federal - Ação Direta de Inconstitucionalidade n° 4.369 (STF – ADI 4.369 / SP – São Paulo) - Relator: Min. Marco Aurélio - Plenário do STF - Unânime - j. 15-10-2014 - Diário da Justiça, 03-11-2014. [Catalogação de Márcio Iório Aranha]

Superior Tribunal de Justiça - Recurso Especial n° 1141985 (STJ – RESP 1141985 / PR – Paraná) - Quarta Turma do STJ - Unânime - j. 11-02-2014 - Diário da Justiça, 07-04-2014. [Catalogação de Márcio Iório Aranha]

 Normatização

Resolução da ANATEL n° 630, de 10 de fevereiro de 2014 - Regulamento da Metodologia de Estimativa do Custo Médio Ponderado de Capital - CMPC.
➥ **Anexo** - Regulamento da Metodologia de Estimativa do Custo Médio Ponderado de Capital

Resolução da ANATEL n° 632, de 10 de março de 2014 - Aprova o Regulamento Geral de Direitos do Consumidor de Serviços de Telecomunicações - RGC.
➥ **Anexo I** - Regulamento Geral de Direitos do Consumidor de Serviços de Telecomunicações

➥ **Anexo II** - Revogações e Alterações

Resolução da ANATEL n° 637, 24 de junho de 2014 - Aprova o Regulamento de Parcelamento de Créditos Não Tributários Administrados pela Agência Nacional de Telecomunicações – ANATEL.
➥ **Anexo** - Regulamento de Parcelamento de Créditos Não Tributários Administrados pela Agência Nacional de Telecomunicações – ANATEL

Resolução da ANATEL nº 639, de 1º de julho de 2014 - Aprova a Norma para fixação dos valores máximos das tarifas de uso de rede fixa do Serviço Telefônico Fixo Comutado (STFC), dos valores de referência de uso de rede móvel do Serviço Móvel Pessoal (SMP) e de Exploração Industrial de Linha Dedicada (EILD), com base em Modelos de Custos.

➡ **Anexo** - Norma para fixação dos valores máximos das tarifas de uso de rede fixa do Serviço Telefônico Fixo Comutado (STFC), dos valores de referência de uso de rede móvel do Serviço Móvel Pessoal (SMP) e de Exploração Industrial de Linha Dedicada (EILD), com base em Modelos de Custos.

 Atos

Acórdão do Conselho Diretor da ANATEL, de 16 de dezembro de 2014 (Ref. nº 403/2014) - ARBITRAGEM EM INTERCONEXÃO. STFC e SMP. DECISÃO DA CAI. RECURSO ADMINISTRATIVO. PELO CONHECIMENTO E PARCIAL PROVIMENTO. 1. Solicitação de arbitragem em interconexão realizada pela Tim em face da Sercomtel em função de desacordo entre as empresas sobre os valores de VUM a serem praticados pela Tim. 2. Decisão de mérito da CAI, consubstanciada no Despacho nº 7.373/2011-CAI, de 8 de setembro de 2011, que definiu valores pela remuneração de uso de rede. 3. Irresignada com a deliberação da Comissão, a SERCOMTEL apresentou Recurso Administrativo cumulado com pedido de Efeito Suspensivo. 4. A TIM protocolou Contrarrazões ao Recurso Administrativo. 6. Pelo conhecimento do Recurso Administrativo para, no mérito, dar-lhe parcial provimento.

✔ Valor de VU-M (Valor de Uso de Rede Móvel) fixado para as partes em Processo de Arbitragem - propriamente arbitramento administrativo - em Interconexão somente tem efeito a partir da data de protocolo do correspondente processo.

Portaria ANATEL nº 1.125, de 24 de outubro de 2014 - Estabelece a competência e os limites para regularização de indébitos e para autorização dos procedimentos de restituição e compensação.

Portaria ANATEL nº 784, de 26 de agosto de 2014 - Dispõe sobre a metodologia de cálculo do valor base das sanções de multa relativa a descumprimentos às metas de qualidade e dos procedimentos de coleta, cálculo e consolidação dos indicadores de qualidade previstos na regulamentação.

➡ **Anexo** - Manual de aplicação da metodologia de cálculo do valor base das sanções de multa relativa a descumprimentos às metas de qualidade e dos procedimentos de coleta, cálculo e consolidação dos indicadores de qualidade previstos na regulamentação.

Portaria ANATEL nº 786, de 26 de agosto de 2014 - Dispõe sobre a metodologia de cálculo do valor base das sanções de multa relativa ao uso irregular do espectro de radiofrequências na execução de serviços de radiodifusão.

➡ **Anexo** - Manual de aplicação da metodologia de cálculo do valor base das sanções de multa relativa ao uso irregular do espectro de radiofrequências na execução de serviços de radiodifusão.

Portaria ANATEL nº 787, de 26 de agosto de 2014 - Dispõe sobre a metodologia de cálculo do valor base das sanções de multa relativa ao uso irregular do espectro de radiofrequências na execução de serviços de telecomunicações.

➡ **Anexo** - Manual de aplicação da metodologia de cálculo do valor base das sanções de multa relativa ao uso irregular do espectro de radiofrequências na execução de serviços de telecomunicações.

Súmula da ANATEL nº 18, de 24 de dezembro de 2014 - Os pedidos de anuência prévia para transferência de controle poderão ser apresentados à Agência pelo grupo econômico em requerimento único, desde que contenham a representação legal e as informações necessárias de todas as empresas afetadas direta ou indiretamente pela transferência de controle que possuam outorga perante a Anatel e que sejam exigidas pela respectiva regulamentação.

Usuário / Consumidor

 Normatização

Resolução da ANATEL nº 632, de 10 de março de 2014 - Aprova o Regulamento Geral de Direitos do Consumidor de Serviços de Telecomunicações - RGC.
➡ **Anexo I** - Regulamento Geral de Direitos do Consumidor de Serviços de Telecomunicações
➡ **Anexo II** - Revogações e Alterações

 Atos

Portaria ANATEL nº 791, de 26 de agosto de 2014 - Dispõe sobre a metodologia de cálculo do valor base das sanções de multa relativa a descumprimentos a direito dos Usuários previstas na regulamentação.
➡ **Anexo** - Manual de aplicação da metodologia de cálculo do valor base das sanções de multa relativa a descumprimentos a direito dos Usuários previstas na regulamentação.

ANCINE

 Normatização

Portaria MJ nº 368, de 11 de fevereiro de 2014 - Regulamenta as disposições da Lei nº 8.069, de 13 de julho de 1990, da Lei nº 10.359, de 27 de dezembro de 2001, e da Lei nº 12.485 de 12 de setembro de 2011, relativas ao processo de classificação indicativa.

Empresa Brasil de Comunicação (EBC)

 Normatização

Portaria MC nº 4, de 17 de janeiro de 2014 - Disciplina o procedimento de consignação e requisitos de operação das emissoras de radiodifusão de sons e de sons e imagens e retransmissoras de televisão dos Poderes e órgãos da União, e equipara a Empresa Brasil de Comunicação (EBC).

Normas Referenciadas

Lei Ordinária

Lei nº 12.953, de 5 de fevereiro de 2014 - Altera o Anexo I à Lei nº 12.593, de 18 de janeiro de 2012, que institui o Plano Plurianual da União para o período de 2012 a 2015.	
Nota Vigência	Data de publicação no DOU.
Anexos	Anexo

Dispositivos	CF, Art 5°, inciso X; CF, Art. 5°, inciso X; LGT, Art. 2°, inciso I; LGT, Art. 2°, inciso IV; LGT, Art. 3°, inciso V; LGT, Art. 4°, inciso I.
Altera	Anexo I – Programas Temáticos - Programas Temáticos
Regulamenta	Constituição da República Federativa do Brasil de 1988
Publicação	Diário Oficial da União, Seção 1, 01-02-2014, pág. p.1
Temas	Temas : Administração do Setor de Telecomunicações : Fiscalização das Telecomunicações
	Temas : Aplicações de Telecomunicações : Banda Larga
	Temas : Aplicações de Telecomunicações : Internet
	Temas : Atores no Setor de Telecomunicações : Poder Executivo : Ministério da Defesa
	Temas : Fundamentos : Conceitos Fundamentais : Direito à Privacidade
	Temas : Políticas de Telecomunicações : Sigilo em Telecomunicações
	Temas : Ramos Jurídicos Afins : Direito Constitucional
	Temas : Serviços no Setor de Telecomunicações : Internet

Lei n° 12.965, de 23 de abril de 2014 - Estabelece princípios, garantias, direitos e deveres para o uso da Internet no Brasil.

Nota Vigência	60 dias após a publicação oficial.
Dispositivos	CF, Art. 5°, inciso IV; CF, Art. 5°, inciso V; CF, Art. 5°, inciso IX; CF, Art 5°, inciso X; CF, Art. 5°, inciso X; LGT, Art. 61, § 1°.
Regulamenta	Constituição da República Federativa do Brasil de 1988
Publicação	Diário Oficial da União, Seção 1, 24-04-2014, pág. p.1
Temas	Temas : Aplicações de Telecomunicações : Banda Larga
	Temas : Aplicações de Telecomunicações : Internet
	Temas : Fundamentos : Conceitos Fundamentais : Direito à Privacidade
	Temas : Fundamentos : Conceitos Fundamentais : Liberdade de Expressão
	Temas : Infraestrutura e Recursos do Setor de Telecomunicações : Redes de Telecomunicações : Neutralidade de Rede
	Temas : Políticas de Telecomunicações : Regulação de Conteúdo
	Temas : Políticas de Telecomunicações : Universalização : Acesso às Telecomunicações
	Temas : Serviços no Setor de Telecomunicações : Internet

Lei n° 13.023, de 8 de agosto de 2014 - Altera as Leis nos 8.248, de 23 de outubro de 1991, e 8.387, de 30 de dezembro de 1991, e revoga dispositivo da Lei no 10.176, de 11 de janeiro de 2001, para dispor sobre a prorrogação de prazo dos benefícios fiscais para a capacitação do setor de tecnologia da informação.

Nota Vigência	Data de publicação no DOU.
Dispositivos	CF, Art. 145, inciso I; LGT, Art. 76, caput.
Altera	Lei n° 8.248/1991 - Dispõe sobre a capacitação e competitividade do setor de informática e automação, e dá outras providências.
	Lei n° 8.387/1991
	Lei n° 10.176/2001 - Altera a Lei n° 8.248, de 23 de outubro de 1991, a Lei n° 8.387, de 30 de dezembro de 1991, e o Decreto-Lei n° 288, de 28 de fevereiro de 1967, dispondo sobre a capacitação e competitividade do setor de tecnologia da informação.
Publicação	Diário Oficial da União, Edição Extra, 11-08-2014, pág. p. 3
Temas	Temas : Infraestrutura e Recursos do Setor de Telecomunicações : Equipamentos de Telecomunicações : Terminais
	Temas : Políticas de Telecomunicações : Pesquisa & Desenvolvimento
	Temas : Políticas de Telecomunicações : Política Industrial
	Temas : Serviços no Setor de Telecomunicações : Serviço Móvel Pessoal (SMP)

Decreto

Decreto n° 8.184, de 17 de janeiro de 2014 - Estabelece a aplicação de margem de preferência em licitações realizadas no âmbito da administração pública federal para aquisição de equipamentos de tecnologia da informação e comunicação, para fins do disposto no art. 3° da Lei n° 8.666, de 21 de junho de 1993.	
Nota Vigência	Data de publicação no DOU.
Nota Eficácia	As margens de preferência do art.1° serão aplicadas até 31 de dezembro de 2015.
Anexos	Anexo 2 - Fórmula
	Anexo 1 - Computadores pessoais de mesa e computadores pessoais portáteis
Dispositivos	CF, Art. 218, caput; LGT, Art. 76, caput.
Correlata	Lei Complementar n° 123/2006
	Lei n° 8.248/1991 - Dispõe sobre a capacitação e competitividade do setor de informática e automação, e dá outras providências.
	Decreto-Lei n° 288/1967 - Altera as disposições da Lei número 3.173 de 6 de junho de 1957 e regula a Zona Franca de Manaus.
	Decreto n° 5.450/2005 - Regulamenta o pregão, na forma eletrônica, para aquisição de bens e serviços comuns, e dá outras providências.
	Decreto 7.174, de 12 de maio de 2010
Regulamenta	Lei n° 8.666/93 - Regulamenta o artigo 37, inciso XXI, da Constituição Federal, institui normas para licitações e contratos da Administração Pública e dá outras providências.
Publicação	Diário Oficial da União, Seção 1, 20-01-2014, pág. p.8
Temas	Temas : Fundamentos : Conceitos Fundamentais : Era da Informação
	Temas : Infraestrutura e Recursos do Setor de Telecomunicações : Equipamentos de Telecomunicações
	Temas : Políticas de Telecomunicações : Política Industrial

Decreto n° 8.194, de 12 de fevereiro de 2014 - Estabelece a aplicação de margem de preferência em licitações realizadas no âmbito da administração pública federal para aquisição de equipamentos de tecnologia da informação e comunicação, para fins do disposto no art. 3° da Lei n° 8.666, de 21 de junho de 1993.	
Nota Vigência	Data de publicação no DOU.
Nota Eficácia	As margens de preferência do art.1° serão aplicadas até 31 de dezembro de 2015.
Anexos	Anexo 1 - Produtos
	Anexo 2 - Fórmula
Dispositivos	CF, Art. 218, caput; LGT, Art. 76, caput.
Correlata	Lei Complementar n° 123/2006
	Lei n° 8.248/1991 - Dispõe sobre a capacitação e competitividade do setor de informática e automação, e dá outras providências.
	Decreto-Lei n° 288/1967 - Altera as disposições da Lei número 3.173 de 6 de junho de 1957 e regula a Zona Franca de Manaus.
	Decreto n° 5.450/2005 - Regulamenta o pregão, na forma eletrônica, para aquisição de bens e serviços comuns, e dá outras providências.
	Decreto 7.174, de 12 de maio de 2010
Regulamenta	Lei n° 8.666/93 - Regulamenta o artigo 37, inciso XXI, da Constituição Federal, institui normas para licitações e contratos da Administração Pública e dá outras providências.
Publicação	Diário Oficial da União, Seção 1, 13-02-2014, pág. p.1
Temas	Temas : Fundamentos : Conceitos Fundamentais : Era da Informação
	Temas : Infraestrutura e Recursos do Setor de Telecomunicações : Equipamentos de Telecomunicações

	Temas : Políticas de Telecomunicações : Política Industrial

Decreto nº 8.234, de 2 de maio de 2014 - Regulamenta o art. 38 da Lei nº 12.715, de 17 de setembro de 2012.	
Nota Vigência	Data de publicação no DOU.
Dispositivos	LGT, Art. 2º, inciso I; LGT, Art. 52, caput.
Correlata	Portaria MC nº 1.420, de 8 de outubro de 2014 - Cria a Câmara de Gestão e Acompanhamento do Desenvolvimento de Sistemas de Comunicação Máquina a Máquina.
Regulamenta	Lei nº 12.715/2012 - Altera a alíquota das contribuições previdenciárias sobre a folha de salários devidas pelas empresas que especifica; institui o Programa de Incentivo à Inovação Tecnológica e Adensamento da Cadeia Produtiva de Veículos Automotores, o Regime Especial de Tributação do Programa Nacional de Banda Larga para Implantação de Redes de Telecomunicações, o Regime Especial de Incentivo a Computadores para Uso Educacional, o Programa Nacional de Apoio à Atenção Oncológica e o Programa Nacional de Apoio à Atenção da Saúde da Pessoa com Deficiência; restabelece o Programa Um Computador por Aluno; altera o Programa de Apoio ao Desenvolvimento Tecnológico da Indústria de Semicondutores, instituído pela Lei no 11.484, de 31 de maio de 2007; altera as Leis nos 9.250, de 26 de dezembro de 1995, 11.033, de 21 de dezembro de 2004, 9.430, de 27 de dezembro de 1996, 10.865, de 30 de abril de 2004, 11.774, de 17 de setembro de 2008, 12.546, de 14 de dezembro de 2011, 11.484, de 31 de maio de 2007, 10.637, de 30 de dezembro de 2002, 11.196, de 21 de novembro de 2005, 10.406, de 10 de janeiro de 2002, 9.532, de 10 de dezembro de 1997, 12.431, de 24 de junho de 2011, 12.414, de 9 de junho de 2011, 8.666, de 21 de junho de 1993, 10.925, de 23 de julho de 2004, os Decretos-Leis nos 1.455, de 7 de abril de 1976, 1.593, de 21 de dezembro de 1977, e a Medida Provisória no 2.199-14, de 24 de agosto de 2001; e dá outras providências.
Publicação	Diário Oficial da União, Seção 1, 05-05-2014, pág. p.1
Temas	Temas : Administração do Setor de Telecomunicações : Fiscalização das Telecomunicações
	Temas : Aplicações de Telecomunicações : Banda Larga
	Temas : Aplicações de Telecomunicações : Internet
	Temas : Políticas de Telecomunicações : Política Tarifária
	Temas : Serviços no Setor de Telecomunicações : Internet

Decreto nº 8.383, de 29 de dezembro de 2014 - Aprova o Programa de Dispêndios Globais - PDG para 2015 das empresas estatais federais, e dá outras providências.	
Início Vigência	30/12/2014
Anexos	Anexo 1
	Anexo 2
Dispositivos	LGT, Art. 186, caput.
Publicação	Diário Oficial da União, Seção 1, 30-12-2014, págs. p. 13-24

Portaria Ministerial

Portaria MC nº 4, de 17 de janeiro de 2014 - Disciplina o procedimento de consignação e requisitos de operação das emissoras de radiodifusão de sons e de sons e imagens e retransmissoras de televisão dos Poderes e órgãos da União, e equipara a Empresa Brasil de Comunicação (EBC).	
Órgão Emissor	Ministério das Comunicações - Gabinete do Ministro.
Nota Vigência	Data de publicação no DOU.
Dispositivos	CF, Art. 21, inciso XII, alínea a; LGT, Art. 211, caput.
Altera	Anexo à Portaria MC nº 24, de 11 de fevereiro de 2009 - Norma nº 01/2009 – Norma Geral para Execução dos Serviços de Televisão Pública Digital.

	Anexo à Portaria nº 489 de 18 de dezembro de 2012 - Norma Regulamentar do Canal da Cidadania.
Correlata	Anexo à Portaria MC nº 24, de 11 de fevereiro de 2009 - Norma nº 01/2009 – Norma Geral para Execução dos Serviços de Televisão Pública Digital.
	Portaria MC nº 106, de 2 de março de 2012 - Estabelece normas para utilização de multiprogramação e para a operação compartilhada com entes públicos nos canais consignados a órgãos dos Poderes da União.
	Portaria MC nº 159/2013 - Autoriza o funcionamento, em caráter provisório, de entidades prestadoras de serviços de radiodifusão e seus ancilares previamente outorgadas via decreto legislativo ou ato de outorga, detenham contrato de concessão ou permissão celebrado com o Ministério das Comunicações e tenham protocolizado requerimento de aprovação dos locais de instalação e uso de equipamentos.
Regulamenta	Lei nº 11.652/2008 - Institui os princípios e objetivos dos serviços de radiodifusão pública explorados pelo Poder Executivo ou outorgados a entidades de sua administração indireta; autoriza o Poder Executivo a constituir a Empresa Brasil de Comunicação – EBC; altera a Lei nº 5.070, de 7 de julho de 1966; e dá outras providências [Conversão da Medida Provisória nº 398, de 10 de outubro de 2007].
	Decreto nº 5.820/2006 - Dispõe sobre a implantação do SBTVD-T, estabelece diretrizes para a transição do sistema de transmissão analógica para o sistema de transmissão digital do serviço de radiodifusão de sons e imagens e do serviço de retransmissão de televisão, e dá outras providências.
Publicação	Diário Oficial da União, Seção 1, 20-01-2014, pág. p.58
Temas	Temas : Atores no Setor de Telecomunicações : Empresa Brasil de Comunicação (EBC)
	Temas : Serviços no Setor de Telecomunicações : Radiodifusão

Portaria MJ nº 368, de 11 de fevereiro de 2014 - Regulamenta as disposições da Lei nº 8.069, de 13 de julho de 1990, da Lei nº 10.359, de 27 de dezembro de 2001, e da Lei nº 12.485 de 12 de setembro de 2011, relativas ao processo de classificação indicativa.	
Órgão Emissor	Ministério da Justiça - Gabinete do Ministro.
Nota Vigência	30 dias após a publicação.
Dispositivos	CF, Art. 5º, inciso IX; CF, Art. 21, inciso XVI; CF, Art. 220, § 3º, inciso II; CF, Art. 221, inciso IV; LGT, Art. 211, caput.
Revoga	Portaria MJ nº 1.100/2006 - Regulamenta o exercício da Classificação Indicativa de diversões públicas, especialmente obras audiovisuais destinadas a cinema, vídeo, dvd, jogos eletrônicos, jogos de interpretação (RPG) e congêneres.
	Portaria MJ nº 1.220/2007 - Regulamenta as disposições da Lei nº 8.069, de 13 de julho de 1990 (Estatuto da Criança e do Adolescente - ECA), da Lei nº 10.359, de 27 de dezembro de 2001, e do Decreto nº 6.061, de 15 de março de 2007, relativas ao processo de classificação indicativa de obras audiovisuais destinadas à televisão e congêneres.
	Portaria nº 3.203, de 8 de outubro de 2010, do Ministério da Justiça
	Portaria MJ nº 1.642, de 3 de agosto de 2012 - Regulamenta as disposições da Lei nº 8.069, de 13 de julho de 1990, da Lei nº 10.359, de 27 de dezembro de 2001, do Decreto nº 6.061, de 15 de março de 2007, e da Lei nº 12.485 de 12 de setembro de 2011, relativas ao processo de classificação indicativa para serviço audiovisual de acesso condicionado.
	Portaria nº 1.643 de agosto de 2012, do Ministério da Justiça
Correlata	Lei nº 10.406/2002
	Resolução nº 113, de 19 de abril de 2006, do Conselho Nacional dos Direitos da Criança e do Adolescente
Regulamenta	Lei nº 8.069/1990 - Dispõe sobre o Estatuto da Criança e do Adolescente e dá outras providências.
	Lei nº 10.359/2001 - Dispõe sobre a obrigatoriedade de os novos aparelhos de televisão conterem dispositivo que possibilite o bloqueio temporário da recepção de programação inadequada.

	Lei nº 12.485/2011 - Dispõe sobre a comunicação audiovisual de acesso condicionado; altera a Medida Provisória no 2.228-1, de 6 de setembro de 2001, e as Leis nºs 11.437, de 28 de dezembro de 2006, 5.070, de 7 de julho de 1966, 8.977, de 6 de janeiro de 1995, e 9.472, de 16 de julho de 1997; e dá outras providências.
Publicação	Diário Oficial da União, Seção 1, 12-02-2014, págs. p. 38-40
Temas	Temas : Aplicações de Telecomunicações : Cinema
	Temas : Atores no Setor de Telecomunicações : ANATEL
	Temas : Atores no Setor de Telecomunicações : ANCINE
	Temas : Fundamentos : Conceitos Fundamentais : Liberdade de Expressão
	Temas : Políticas de Telecomunicações : Regulação de Conteúdo
	Temas : Serviços no Setor de Telecomunicações : Radiodifusão
	Temas : Serviços no Setor de Telecomunicações : Serviço de Acesso Condicionado (SeAC)

Portaria MC nº 41, de 19 de fevereiro de 2014 - Altera a Portaria nº 55, de 12 de março de 2013, do Ministério das Comunicações, que regulamenta os procedimentos para submissão, análise, aprovação, acompanhamento e fiscalização dos projetos apresentados ao Ministério das Comunicações referentes ao Regime Especial de Tributação do Programa Nacional de Banda Larga para Implantação de Redes de Telecomunicações - REPNBL-Redes.	
Órgão Emissor	Ministério das Comunicações - Gabinete do Ministro.
Nota Vigência	Data de publicação no DOU.
Dispositivos	LGT, Art. 2º, inciso I; LGT, Art. 2º, inciso II; LGT, Art. 3º, inciso I.
Regulamenta	Lei nº 12.715/2012 - Altera a alíquota das contribuições previdenciárias sobre a folha de salários devidas pelas empresas que especifica; institui o Programa de Incentivo à Inovação Tecnológica e Adensamento da Cadeia Produtiva de Veículos Automotores, o Regime Especial de Tributação do Programa Nacional de Banda Larga para Implantação de Redes de Telecomunicações, o Regime Especial de Incentivo a Computadores para Uso Educacional, o Programa Nacional de Apoio à Atenção Oncológica e o Programa Nacional de Apoio à Atenção da Saúde da Pessoa com Deficiência; restabelece o Programa Um Computador por Aluno; altera o Programa de Apoio ao Desenvolvimento Tecnológico da Indústria de Semicondutores, instituído pela Lei no 11.484, de 31 de maio de 2007; altera as Leis nos 9.250, de 26 de dezembro de 1995, 11.033, de 21 de dezembro de 2004, 9.430, de 27 de dezembro de 1996, 10.865, de 30 de abril de 2004, 11.774, de 17 de setembro de 2008, 12.546, de 14 de dezembro de 2011, 11.484, de 31 de maio de 2007, 10.637, de 30 de dezembro de 2002, 11.196, de 21 de novembro de 2005, 10.406, de 10 de janeiro de 2002, 9.532, de 10 de dezembro de 1997, 12.431, de 24 de junho de 2011, 12.414, de 9 de junho de 2011, 8.666, de 21 de junho de 1993, 10.925, de 23 de julho de 2004, os Decretos-Leis nos 1.455, de 7 de abril de 1976, 1.593, de 21 de dezembro de 1977, e a Medida Provisória no 2.199-14, de 24 de agosto de 2001; e dá outras providências.
	Decreto nº 7.921, de 15 de fevereiro de 2013 - Regulamenta a aplicação do Regime Especial de Tributação do Programa Nacional de Banda Larga para Implantação de Redes de Telecomunicações - REPNBL-Redes, de que trata a Lei nº 12.715, de 17 de setembro de 2012.
Publicação	Diário Oficial da União, Seção 1, 21-02-2014, pág. p.75
Temas	Temas : Aplicações de Telecomunicações : Banda Larga
	Temas : Aplicações de Telecomunicações : Internet
	Temas : Serviços no Setor de Telecomunicações : Internet

Portaria MC nº 126, de 12 de março de 2014 - Dispõe sobre a implantação e o funcionamento do processo eletrônico no âmbito do Ministério das Comunicações.	
Órgão Emissor	Ministério das Comunicações - Gabinete do Ministro.
Nota Vigência	Data de publicação no DOU.

Anexos	Anexo 1 - Credenciamento Pessoa Física [Revogado pela Portaria MC n° 4.123, de 30 de dezembro de 2014] Anexo 2 - Credenciamento Pessoa Jurídica [Revogado pela Portaria MC n° 4.123, de 30 de dezembro de 2014]
Dispositivos	CF, Art.5°, inciso LIV; CF, Art.5°, inciso LV.
Alterada por	Portaria MC n° 4.123, de 30 de dezembro de 2014 - Altera a Portaria n° 126, de 12 de março de 2014, que dispõe sobre a implantação e o funcionamento do processo eletrônico no âmbito do Ministério das Comunicações; e a Portaria n° 14, de 6 de fevereiro de 2013, que estabelece diretrizes para a aceleração do acesso ao Sistema Brasileiro de Televisão Digital Terrestre - SBTVD-T e para a ampliação da disponibilidade de espectro de radiofrequência para atendimento dos objetivos do Programa Nacional de Banda Larga - PNBL.
Regulamenta	Constituição da República Federativa do Brasil de 1988
Publicação	Diário Oficial da União, Seção 1, 13-03-2014, pág. p.74
Temas	Temas : Atores no Setor de Telecomunicações : Poder Executivo : Ministério das Comunicações

Portaria MC n° 127, de 12 de março de 2014 - Disciplina o procedimento a ser adotado para as solicitações de adaptação de outorga do serviço de radiodifusão sonora em ondas médias para o serviço de radiodifusão sonora em frequência modulada, nos termos do Decreto n° 8.139, de 7 de novembro de 2013.

Órgão Emissor	Ministério das Comunicações.
Nota Vigência	Data de publicação no DOU.
Anexos	Anexo 1 - Formulário Padronizado para Solicitação de Adaptação de OM para FM Anexo 2 - Formulário Padronizado para Solicitação de Aumento de Potência de OM Local para OM Regional
Dispositivos	CF, Art. 21, inciso XII, alínea a; LGT, Art. 211, caput.
Regulamenta	Decreto n° 8139/2013 - Dispõe sobre as condições para extinção do serviço de radiodifusão sonora em ondas médias de caráter local, sobre a adaptação das outorgas vigentes para execução deste serviço e dá outras providências.
Publicação	Diário Oficial da União, Seção 1, 13-03-2014, págs. p.74-75
Temas	Temas : Serviços no Setor de Telecomunicações : Radiodifusão

Portaria MC n° 416, de 6 de maio de 2014 - Dispõe sobre a exploração do Serviço Móvel Pessoal - SMP, por meio de Rede Virtual (RRV-SMP), pela Empresa Brasileira de Correios e Telégrafos - ECT.

Órgão Emissor	Ministério das Comunicações - Gabinete do Ministro.
Dispositivos	LGT, Art. 126, caput.
Regulamenta	Lei n° 6.538/1978 Decreto-lei n° 509, de 20 de março de 1969
Publicação	Diário Oficial da União, Seção 1, 08-05-2014, pág. p.61
Temas	Temas : Serviços no Setor de Telecomunicações : Serviço Móvel Pessoal (SMP)

Portaria MC n° 477, de 20 de junho de 2014 - Estabelece o cronograma de transição da transmissão analógica dos serviços de radiodifusão de sons e imagens e de retransmissão de televisão para o SBTVD-T.

Órgão Emissor	Ministério das Comunicações - Gabinete do Ministro.
Nota Vigência	Data de publicação no DOU.
Dispositivos	CF, Art. 21, inciso XII, alínea a (em 15/08/1995); LGT, Art. 211, caput.
Correlata	Portaria n° 481/2014 - Disciplina as condições de cobertura para desligamento da transmissão analógica dos serviços de radiodifusão de sons e imagens e de retransmissão de televisão e o papel da Anatel no processo de desligamento.

Regulamenta	Decreto n° 5.820/2006 - Dispõe sobre a implantação do SBTVD-T, estabelece diretrizes para a transição do sistema de transmissão analógica para o sistema de transmissão digital do serviço de radiodifusão de sons e imagens e do serviço de retransmissão de televisão, e dá outras providências.
	Decreto n° 8.061, de 29 de julho de 2013 - Altera o Decreto n° 5.820, de 29 de junho de 2006, o Regulamento dos Serviços de Radiodifusão, aprovado pelo Decreto n° 52.795, de 31 de outubro de 1963, e dá outras providências.
Publicação	Diário Oficial da União, Seção 1, 23-06-2014, pág. p. 42
Temas	Temas : Atores no Setor de Telecomunicações : Poder Executivo : Ministério das Comunicações
	Temas : Serviços no Setor de Telecomunicações : Radiodifusão

Portaria MC n° 481, de 9 de julho de 2014 - Disciplina as condições de cobertura para desligamento da transmissão analógica dos serviços de radiodifusão de sons e imagens e de retransmissão de televisão e o papel da Anatel no processo de desligamento.

Órgão Emissor	Ministério das Comunicações - Gabinete do Ministro.
Nota Vigência	Data de publicação no DOU.
Anexos	Anexo 1 - Requisitos Mínimos para Recepção do Sinal Digital
	Anexo 2 - Relação de Municípios Afetados
Dispositivos	CF, Art. 21, inciso XII, alínea a (em 15/08/1995); LGT, Art. 211, caput.
Correlata	Portaria MC n° 477, de 20 de junho de 2014 - Estabelece o cronograma de transição da transmissão analógica dos serviços de radiodifusão de sons e imagens e de retransmissão de televisão para o SBTVD-T.
Regulamenta	Decreto n° 5.820/2006 - Dispõe sobre a implantação do SBTVD-T, estabelece diretrizes para a transição do sistema de transmissão analógica para o sistema de transmissão digital do serviço de radiodifusão de sons e imagens e do serviço de retransmissão de televisão, e dá outras providências.
Publicação	Diário Oficial da União, Seção 1, 10-07-2014, págs. p. 64-67
	Diário Oficial da União, Seção 1, 11-07-2014, pág. p. 51 [Retificação]
Temas	Temas : Políticas de Telecomunicações : Universalização : Acesso às Telecomunicações : Juridicamente Pobre
	Temas : Serviços no Setor de Telecomunicações : Radiodifusão : Serviço de Retransmissão de Televisão (RTV)
	Temas : Serviços no Setor de Telecomunicações : Radiodifusão : Televisão Aberta : TV Digital

Portaria MC n° 925, de 22 de agosto de 2014 - Regulamenta os Requisitos Técnicos dos Serviços abrangidos pelo Sistema Brasileiro de TV Digital Terrestre.

Órgão Emissor	Ministério das Comunicações - Gabinete do Ministro.
Nota Vigência	Data de publicação no DOU.
Anexos	Anexo 1 - Das Definições e dos Símbolos
	Anexo 2 - Tabelas e Curvas para Determinação da Intensidade de Campo
	Anexo 3 - Formulários de Informações Técnicas
Dispositivos	CF, Art. 21, inciso XII, alínea a (em 15/08/1995); LGT, Art. 211, caput.
Revoga	Portaria MC n° 276/2010 - Aprova a Norma n° 01/2010 – Norma Técnica para Execução dos Serviços de Radiodifusão de Sons e Imagens e de Retransmissão de Televisão com utilização da tecnologia digital.
Regulamenta	Decreto n° 5.820/2006 - Dispõe sobre a implantação do SBTVD-T, estabelece diretrizes para a transição do sistema de transmissão analógica para o sistema de transmissão digital do serviço de radiodifusão de sons e imagens e do serviço de retransmissão de televisão, e dá outras providências.

Publicação	Diário Oficial da União, Seção 1, 27-08-2014, págs. p. 93-104
Temas	Temas : Serviços no Setor de Telecomunicações : Radiodifusão : Televisão Aberta : TV Digital

Portaria MC nº 932, de 22 de Agosto de 2014 - Dispõe sobre Normas Complementares dos Serviços de RTV e de RpTV.

Órgão Emissor	Ministério das Comunicações - Gabinete do Ministro.
Nota Vigência	Data de publicação no DOU.
Dispositivos	CF, Art. 21, inciso XII, alínea a (em 15/08/1995); LGT, Art. 211, caput.
Altera	Portaria MC nº 366, de 14 de agosto de 2012 - Dispõe sobre os procedimentos de autorização para a execução dos serviços de retransmissão e repetição de televisão.
Regulamenta	Decreto nº 5.371/2005 - Aprova o Regulamento do Serviço de Retransmissão de Televisão e do Serviço de Repetição de Televisão, ancilares ao Serviço de Radiodifusão de Sons e Imagens.
Publicação	Diário Oficial da União, Seção 1, 26-08-2014, pág. p. 62
Temas	Temas : Serviços no Setor de Telecomunicações : Radiodifusão : Serviço Especial de Repetição de Televisão (RpTV)
	Temas : Serviços no Setor de Telecomunicações : Radiodifusão : Serviço de Retransmissão de Televisão (RTV)

Portaria MC nº 1.420, de 8 de outubro de 2014 - Cria a Câmara de Gestão e Acompanhamento do Desenvolvimento de Sistemas de Comunicação Máquina a Máquina.

Órgão Emissor	Ministério das Comunicações - Gabinete do Ministro.
Nota Vigência	Data de publicação no DOU.
Dispositivos	LGT, Art. 2º, inciso II; LGT, Art. 61, caput.
Correlata	Decreto 8234/2014 - Regulamenta o art. 38 da Lei nº 12.715, de 17 de setembro de 2012.
Regulamenta	Lei nº 12.715/2012 - Altera a alíquota das contribuições previdenciárias sobre a folha de salários devidas pelas empresas que especifica; institui o Programa de Incentivo à Inovação Tecnológica e Adensamento da Cadeia Produtiva de Veículos Automotores, o Regime Especial de Tributação do Programa Nacional de Banda Larga para Implantação de Redes de Telecomunicações, o Regime Especial de Incentivo a Computadores para Uso Educacional, o Programa Nacional de Apoio à Atenção Oncológica e o Programa Nacional de Apoio à Atenção da Saúde da Pessoa com Deficiência; restabelece o Programa Um Computador por Aluno; altera o Programa de Apoio ao Desenvolvimento Tecnológico da Indústria de Semicondutores, instituído pela Lei no 11.484, de 31 de maio de 2007; altera as Leis nos 9.250, de 26 de dezembro de 1995, 11.033, de 21 de dezembro de 2004, 9.430, de 27 de dezembro de 1996, 10.865, de 30 de abril de 2004, 11.774, de 17 de setembro de 2008, 12.546, de 14 de dezembro de 2011, 11.484, de 31 de maio de 2007, 10.637, de 30 de dezembro de 2002, 11.196, de 21 de novembro de 2005, 10.406, de 10 de janeiro de 2002, 9.532, de 10 de dezembro de 1997, 12.431, de 24 de junho de 2011, 12.414, de 9 de junho de 2011, 8.666, de 21 de junho de 1993, 10.925, de 23 de julho de 2004, os Decretos-Leis nos 1.455, de 7 de abril de 1976, 1.593, de 21 de dezembro de 1977, e a Medida Provisória no 2.199-14, de 24 de agosto de 2001; e dá outras providências.
Publicação	Diário Oficial da União, Seção 1, 09-10-2014, pág. p. 55
Temas	Temas : Aplicações de Telecomunicações : Banda Larga
	Temas : Aplicações de Telecomunicações : Internet
	Temas : Políticas de Telecomunicações : Convergência
	Temas : Políticas de Telecomunicações : Pesquisa & Desenvolvimento
	Temas : Serviços no Setor de Telecomunicações : Internet

Portaria MC nº 2.662, de 13 de novembro de 2014 - Aprova a Norma Geral do Programa GESAC.

Órgão Emissor	Ministério das Comunicações - Gabinete do Ministro.
Nota Vigência	Data de publicação no DOU.
Dispositivos	LGT, Art. 2°, inciso I.
Revoga	Portaria n° 520, de 27 de dezembro de 2012
Correlata	Lei n° 13.019, de 31 de julho de 2014 Decreto n° 4.733/2003 - Dispõe sobre políticas públicas de telecomunicações, e dá outras providências. Decreto n° 6.040, de 7 de fevereiro de 2007 Decreto n° 7.462, de 19 de abril de 2011
Publicação	Diário Oficial da União, Seção 1, 19-11-2014, págs. p. 49-50
Temas	Temas : Aplicações de Telecomunicações : Banda Larga Temas : Políticas de Telecomunicações : Universalização : Acesso à Telecomunicações : Educação e Pesquisa Temas : Políticas de Telecomunicações : Universalização : Acesso às Telecomunicações Temas : Políticas de Telecomunicações : Universalização : Acesso às Telecomunicações: Biblioteca Temas : Políticas de Telecomunicações : Universalização : Acesso às Telecomunicações: Saúde Temas : Políticas de Telecomunicações : Universalização : Acesso às Telecomunicações: Telecentro Comunitário

Portaria MC n° 4.123, de 30 de dezembro de 2014 - Altera a Portaria n° 126, de 12 de março de 2014, que dispõe sobre a implantação e o funcionamento do processo eletrônico no âmbito do Ministério das Comunicações; e a Portaria n° 14, de 6 de fevereiro de 2013, que estabelece diretrizes para a aceleração do acesso ao Sistema Brasileiro de Televisão Digital Terrestre - SBTVD-T e para a ampliação da disponibilidade de espectro de radiofrequência para atendimento dos objetivos do Programa Nacional de Banda Larga - PNBL.

Órgão Emissor	Ministério das Comunicações - Gabinete do Ministro.
Nota Vigência	Data de publicação no DOU.
Dispositivos	LGT, Art. 2°, inciso I; LGT, Art. 19, inciso VIII; LGT, Art. 160, caput; LGT, Art. 161, caput.
Altera	Portaria MC n° 14, de 6 de fevereiro de 2013 - Estabelece diretrizes para a aceleração do acesso ao Sistema Brasileiro de Televisão Digital Terrestre - SBTVD-T e para a ampliação da disponibilidade de espectro de radiofrequência para atendimento dos objetivos do Programa Nacional de Banda Larga – PNBL. Portaria n° 126/2014 - Dispõe sobre a implantação e o funcionamento do processo eletrônico no âmbito do Ministério das Comunicações.
Revoga	Anexo I – Credenciamento Pessoa Física - Credenciamento Pessoa Física Anexo II – Credenciamento Pessoa Jurídica - Credenciamento Pessoa Jurídica
Correlata	Resolução da ANATEL n° 640, de 11 de julho de 2014 - Aprova o Regulamento sobre Condições de Convivência entre os Serviços de Radiodifusão de Sons e Imagens e de Retransmissão de Televisão do SBTVD e os Serviços de Radiocomunicação Operando na Faixa de 698 MHz a 806 MHz.
Publicação	Diário Oficial da União, Seção 1, 31-12-2014, pág. p. 135
Temas	Temas : Aplicações de Telecomunicações : Banda Larga Temas : Infra-estrutura e Recursos do Setor de Telecomunicações : Espectro de Radiofrequência : Atribuição, Destinação e Distribuição de Radiofrequência Temas : Serviços no Setor de Telecomunicações : Radiodifusão : Televisão Aberta : TV Digital Temas : Serviços no Setor de Telecomunicações : Serviço Móvel Pessoal (SMP)

Resolução

Resolução da ANATEL n° 630, de 10 de fevereiro de 2014 - Regulamento da Metodologia de Estimativa do Custo Médio Ponderado de Capital - CMPC.	
Órgão Emissor	ANATEL - Conselho Diretor.
Nota Vigência	Data de publicação no DOU.
Anexos	Anexo - Regulamento da Metodologia de Estimativa do Custo Médio Ponderado de Capital
Dispositivos	LGT, Art. 64, Parágrafo Único; LGT, Art. 104, § 2°; LGT, Art. 127, inciso V.
Correlata	Resolução da ANATEL n°535/2009 - Aprova a Norma da Metodologia de Estimativa do Custo Médio Ponderado de Capital – CMPC - Anexo - Norma da Metodologia de Estimativa do Custo Médio Ponderado de Capital - CMPC.
Regulamenta	Lei n° 9.472/1997 - Dispõe sobre a organização dos serviços de telecomunicações, a criação e funcionamento de um órgão regulador e outros aspectos institucionais, nos termos da Emenda Constitucional n° 8, de 1995.
Publicação	Diário Oficial da União, Seção 1, 13-02-2014, págs. p.82-84
Temas	Temas : Atores no Setor de Telecomunicações : Prestadora / Operadora Temas : Serviços no Setor de Telecomunicações : Serviço Móvel Pessoal (SMP) Temas : Serviços no Setor de Telecomunicações : Serviço Telefônico Fixo Comutado (STFC)

Resolução da ANATEL n° 631, de 11 de fevereiro de 2014 - Aprova alteração do Anexo I do Regulamento de Tarifação do Serviço Telefônico Fixo Comutado Destinado ao Uso do Público em Geral - STFC Prestado no Regime Público, aprovado pela Resolução n° 424, de 6 de dezembro de 2005, e do Plano Geral de Códigos Nacionais - PGCN, Anexo II à Resolução n° 263, de 8 de junho de 2001, para mudar: a) o município de São José do Rio Claro, no estado do Mato Grosso, da Área de Tarifação 657A (Brasnorte) para a Área de Tarifação 653G (Nova Mutum), e do Código Nacional 66 para o Código Nacional 65; b) o município de Morada Nova de Minas, no estado de Minas Gerais, da Área de Tarifação 391 (Três Marias) para a Área de Tarifação 371 (Abaeté), e do Código Nacional 38 para o Código Nacional 37; e, c) o município de Itaguara, no estado de Minas Gerais, da Área de Tarifação 373 (Oliveira) para a Área de Tarifação 312 (Belo Horizonte), e do Código Nacional 37 para o Código Nacional 31.	
Órgão Emissor	ANATEL - Conselho Diretor.
Nota Vigência	180 dias após a data da sua publicação.
Anexos	Anexo 1 - Alterações ao Regulamento de Tarifação do STFC sobre áreas de tarifação do STFC, aprovado pela Resolução n° 424, de 6 de dezembro de 2005 Anexo 2 - Alterações ao Plano Geral de Códigos Nacionais (PGCN), anexo à Resolução n° 263, de 8 de junho de 2001.
Dispositivos	LGT, Art. 19, inciso IV; LGT, Art. 64, Parágrafo Único; LGT, Art. 103, caput.
Altera	Anexo à Resolução da ANATEL n° 263, de 8 de junho de 2001 - Plano Geral de Códigos Nacionais – PGCN. Anexo à Resolução da ANATEL n° 424, de 6 de dezembro de 2005 - Regulamento de Tarifação do Serviço Telefônico Fixo Comutado Destinado ou Uso do Público em Geral – STFC Prestado no Regime Público.
Regulamenta	Lei n° 9.472/1997 - Dispõe sobre a organização dos serviços de telecomunicações, a criação e funcionamento de um órgão regulador e outros aspectos institucionais, nos termos da Emenda Constitucional n° 8, de 1995.
Publicação	Diário Oficial da União, Seção 1, 12-02-2014, págs. p.68-69
Temas	Temas : Políticas de Telecomunicações : Política Tarifária

	Temas : Serviços no Setor de Telecomunicações : Serviço Telefônico Fixo Comutado (STFC)

Resolução da ANATEL nº 632, de 10 de março de 2014 - Aprova o Regulamento Geral de Direitos do Consumidor de Serviços de Telecomunicações - RGC.	
Órgão Emissor	ANATEL - Conselho Diretor.
Nota Vigência	Data de publicação no DOU. O Regulamento anexo à Resolução nº 632 tem vigência diferida para 120 dias após a sua publicação no DOU, à exceção do Título VI do Regulamento, que entrou em vigor na data da publicação. O Anexo II à Resolução nº 632 - revogações e alterações - tem vigência diferida para 24 meses após sua publicação no DOU.
Nota Eficácia	As obrigações constantes do Título III (art. 10), Título VI (art. 48) tem eficácia diferida para 8 meses de sua publicação no DOU. As obrigações constantes do Título III (arts. 21, 22 e 26), Título IV (art. 44) e Título V (arts. 62 e 74, *caput*, incisos I, II, III, IV, V, VI e VII) têm eficácia diferida para 12 meses de sua publicação no DOU. As obrigações constantes no Título III (arts. 12, 34, 38, 39 e 40) e Título V (art. 80) tem eficácia diferida para 18 meses de sua publicação no DOU.
Anexos	Anexo I - Regulamento Geral de Direitos do Consumidor de Serviços de Telecomunicações Anexo II - Revogações e Alterações
Dispositivos	CF, Art 5º, inciso X; CF, Art. 5º, inciso X; CF, Art. 5º, inciso XXXII; LGT, Art. 2º, inciso I; LGT, Art. 2º, inciso III; LGT, Art. 3º, caput; LGT, Art. 4º, caput; LGT, Art. 19, inciso XVIII; LGT, Art. 93, inciso IX; LGT, Art. 96, inciso V; LGT, Art. 127, inciso III.
Altera	Anexo à Resolução da ANATEL nº 321, de 27 de setembro de 2002 - Plano Geral de Autorizações do Serviço Móvel Pessoal – PGA-SMP. Anexo à Resolução da ANATEL nº 426, de 9 de dezembro de 2005 - Regulamento do Serviço Telefônico Fixo Comutado. Anexo à Resolução da ANATEL nº 477, de 7 de agosto de 2007 - Regulamento do Serviço Móvel Pessoal – SMP. Anexo à Resolução da ANATEL nº 488, de 3 de dezembro de 2007 - Regulamento de Proteção e Defesa dos Direitos dos Assinantes dos Serviços de Televisão por Assinatura. Anexo à Resolução da ANATEL nº 550, de 22 de novembro de 2010 - Regulamento sobre Exploração de Serviço Móvel Pessoal – SMP por meio de Rede Virtual (RRV-SMP). Regulamento de Gestão da Qualidade da Prestação do Serviço Móvel Pessoal - RGQ-SMP - Regulamento de Gestão da Qualidade da Prestação do Serviço Móvel Pessoal - RGQ-SMP. Regulamento do Serviço de Acesso Condicionado (SeAC) - Regulamento do Serviço de Acesso Condicionado (SeAC). Anexo - Regulamento de Gestão de Qualidade da Prestação do Serviço Telefônico Fixo Comutado - RGQ-STFC - Regulamento de Gestão de Qualidade da Prestação do Serviço Telefônico Fixo Comutado - RGQ-STFC. Anexo – Regulamento do Serviço de Comunicação Multimídia - Regulamento do Serviço de Comunicação Multimídia. Anexo - Regulamento sobre a Prestação do Serviço Telefônico Fixo Comutado Destinado ao Público em Geral (STFC) Fora da Área de Tarifa Básica (ATB) - Regulamento sobre a Prestação do Serviço Telefônico Fixo Comutado Destinado ao Público em Geral (STFC) Fora da Área de Tarifa Básica (ATB).
Regulamenta	Lei nº 9.472/1997 - Dispõe sobre a organização dos serviços de telecomunicações, a criação e funcionamento de um órgão regulador e outros aspectos institucionais, nos termos da Emenda Constitucional nº 8, de 1995.
Publicação	Diário Oficial da União, Seção 1, 10-03-2014, págs. p.45-50 Diário Oficial da União, Seção 1, 07-07-2014, pág. p. 33 [Retificação]
Temas	Temas : Administração do Setor de Telecomunicações : Fiscalização das Telecomunicações

	Temas : Atores no Setor de Telecomunicações : Prestadora / Operadora Temas : Atores no Setor de Telecomunicações : Usuário / Consumidor Temas : Políticas de Telecomunicações : Qualidade do Serviço Temas : Ramos Jurídicos Afins : Direito do Consumidor

Resolução da ANATEL n° 633, de 14 de março de 2014 - Atribui a faixa de radiofrequências de 4.910 MHz a 4.940 MHz também ao Serviço Móvel, em caráter primário, mantém a atribuição da faixa de radiofrequências de 4.940 MHz a 4.990 MHz aos Serviços Fixo e Móvel, em caráter primário, destina a faixa de radiofrequências de 4.910 MHz a 4.990 MHz ao Serviço Limitado Privado (SLP), em aplicações de Segurança Pública e Defesa Civil, e aprova o respectivo Regulamento sobre Canalização e Condições de Uso da faixa de radiofrequências.

Órgão Emissor	ANATEL - Conselho Diretor.
Nota Vigência	Data de publicação no DOU.
Anexos	Anexo - Regulamento sobre Canalização e Condições de Uso da Faixa de Radiofrequências de 4.910 MHz a 4.990 MHz
Dispositivos	LGT, Art. 19, inciso VIII; LGT, Art. 161, caput.
Altera	Resolução da ANATEL n° 495/2008 - Aprova o Regulamento sobre Canalização e Condições de Uso da Faixa de Radiofreqüências de 5 GHz. - Anexo - Regulamento sobre Canalização e Condições de Uso da Faixa de Radiofreqüências de 5 GHz.
Revoga	Resolução da ANATEL n° 469/2007 - Atribui a faixa de radiofreqüências de 4.940 MHz a 4.990 MHz, ao serviço móvel, em caráter primário. Resolução da ANATEL n° 494/2008 - Aprova o Regulamento sobre Canalização e Condições de Uso de Radiofreqüências na Faixa de 4,9 GHz. - Anexo - Regulamento sobre Canalização e Condições de Uso de Radiofreqüências na Faixa de 4,9 GHz.
Correlata	Resolução da ANATEL n° 469/2007 - Atribui a faixa de radiofreqüências de 4.940 MHz a 4.990 MHz, ao serviço móvel, em caráter primário.
Regulamenta	Lei n° 9.472/1997 - Dispõe sobre a organização dos serviços de telecomunicações, a criação e funcionamento de um órgão regulador e outros aspectos institucionais, nos termos da Emenda Constitucional n° 8, de 1995.
Publicação	Diário Oficial da União, Seção 1, 17-03-2014, págs. p.76-77
Temas	Temas : Infraestrutura e Recursos do Setor de Telecomunicações : Espectro de Radiofrequência : Condições de Uso de Radiofrequência e Canalização (Distribuição de Canais) Temas : Serviços no Setor de Telecomunicações : Serviço Limitado Privado

Resolução da ANATEL n° 634, de 28 de março de 2014 - Aprova a alteração da Cláusula 3.2, § 1, inciso I, do Contrato de Concessão para a exploração do Serviço Telefônico Fixo Comutado - STFC, nas modalidades de serviço Local, Longa Distância Nacional - LDN e Longa Distância Internacional - LDI, para ampliar prazo para submissão a Consulta Pública de propostas de alterações para o período de 2016 a 2020.

Órgão Emissor	ANATEL - Conselho Diretor.
Nota Vigência	Data de publicação no DOU.
Altera	Anexo 1 - Modelo de Contrato de Concessão para a Prestação de Serviço Telefônico Fixo Comutado na Modalidade Local - 2011 - Anexo 1 - Modelo de Contrato de Concessão para a Prestação de Serviço Telefônico Fixo Comutado na Modalidade Local - 2011. Anexo 2 - Modelo de Contrato de Concessão para a Prestação de Serviço Telefônico Fixo Comutado na Modalidade Longa Distância Nacional (Regiões I, II e III) - 2011 - Modelo de Contrato de Concessão para a Prestação de Serviço Telefônico Fixo Comutado na Modalidade Longa Distância Nacional (Regiões I, II e III) - 2011. Anexo 3 - Modelo de Contrato de Concessão para a Prestação de Serviço Telefônico Fixo Comutado na Modalidade Longa Distância Nacional (Regiaõ IV) - 2011 - Modelo de

	Contrato de Concessão para a Prestação de Serviço Telefônico Fixo Comutado na Modalidade Longa Distância Nacional (Regiaõ IV) - 2011. Anexo 4 - Modelo de Contrato de Concessão para a Prestação de Serviço Telefônico Fixo Comutado na Modalidade Longa Distância Internacional – 2011 - Modelo de Contrato de Concessão para a Prestação de Serviço Telefônico Fixo Comutado na Modalidade Longa Distância Internacional – 2011.
Regulamenta	Lei nº 9.472/1997 - Dispõe sobre a organização dos serviços de telecomunicações, a criação e funcionamento de um órgão regulador e outros aspectos institucionais, nos termos da Emenda Constitucional nº 8, de 1995.
Publicação	Diário Oficial da União, Seção 1, 31-03-2014, pág. p.71
Temas	Temas : Serviços no Setor de Telecomunicações : Serviço Telefônico Fixo Comutado (STFC)

Resolução da ANATEL nº 635, de 9 de maio de 2014 - Aprova o Regulamento sobre Autorização de Uso Temporário de Radiofrequências.

Órgão Emissor	ANATEL - Conselho Diretor.
Nota Vigência	Data de publicação no DOU.
Anexos	Anexo - Regulamento sobre Autorização de Uso Temporário de Radiofrequências
Dispositivos	LGT, Art. 19, inciso VIII; LGT, Art. 163, caput; LGT, Art. 173, caput.
Revoga	Resolução da ANATEL nº 457/2007 - Aprova o Regulamento sobre Autorização de Uso Temporário de Radiofreqüências. - Anexo - Regulamento sobre Autorização de Uso Temporário de Radiofreqüências.
Correlata	Resolução da ANATEL nº 259/2001 - Aprova o Regulamento de Uso do Espectro de Radiofreqüências.
Regulamenta	Lei nº 9.472/1997 - Dispõe sobre a organização dos serviços de telecomunicações, a criação e funcionamento de um órgão regulador e outros aspectos institucionais, nos termos da Emenda Constitucional nº 8, de 1995.
Publicação	Diário Oficial da União, Seção 1, 12-05-2014, págs. 60-61
Temas	Temas : Administração do Setor de Telecomunicações : Outorgas : Autorização (regras aplicáveis) Temas : Aplicações de Telecomunicações : Eventos Desportivos Temas : Infraestrutura e Recursos do Setor de Telecomunicações : Equipamentos de Telecomunicações : Estações de Telecomunicações

Resolução da ANATEL nº 636, de 11 de junho de 2014 - Altera o Regimento Interno da Anatel para incluir participação presencial e a possibilidade de manifestação oral durante a deliberação de matérias nas Reuniões do Conselho Diretor da Anatel.

Órgão Emissor	ANATEL - Conselho Diretor.
Nota Vigência	Data de publicação no DOU.
Dispositivos	CF, Art.5º, inciso LIV; CF, Art.5º, inciso LV; LGT, Art. 19, inciso VI; LGT, Art. 93, inciso XIV; LGT, Art. 137, caput; LGT, Art. 173, caput; LGT, Art. 177, caput.
Altera	Anexo - Regimento Interno da Agência Nacional de Telecomunicações - ANATEL - Regimento Interno da Agência Nacional de Telecomunicações - ANATEL.
Regulamenta	Lei nº 9.472/1997 - Dispõe sobre a organização dos serviços de telecomunicações, a criação e funcionamento de um órgão regulador e outros aspectos institucionais, nos termos da Emenda Constitucional nº 8, de 1995.
Publicação	Diário Oficial da União, Seção 1, 12-06-2014, pág. p. 65 Diário Oficial da União, Seção 1, 13-06-2014, pág. p. 46 [Republicação]
Temas	Temas : Administração do Setor de Telecomunicações : Fiscalização das Telecomunicações Temas : Atores no Setor de Telecomunicações : ANATEL

	Temas : Fundamentos : Conceitos Fundamentais : Liberdade de Participação

Resolução da ANATEL nº 637, 24 de junho de 2014 - Aprova o Regulamento de Parcelamento de Créditos Não Tributários Administrados pela Agência Nacional de Telecomunicações – ANATEL.	
Órgão Emissor	ANATEL - Conselho Diretor.
Nota Vigência	Data de publicação no DOU.
	O Regulamento de Parcelamento de Créditos Não Tributários Administrados pela Anatel publicado, por ter sido omitido na publicação original no DOU, Seção 1, de 3 de julho de 2014, p. 80.
	O Regulamento de Parcelamento de Créditos Não Tributários Administrados pela Anatel teve sua vigência postergada para 90 dias de sua publicação, conforme retificação publicada no DOU, Seção 1, de 3 de julho de 2014, p. 82.
Anexos	Anexo - Regulamento de Parcelamento de Créditos Não Tributários Administrados pela Agência Nacional de Telecomunicações – ANATEL
Dispositivos	LGT, Art. 48, caput.
Regulamenta	Lei nº 9.472/1997 - Dispõe sobre a organização dos serviços de telecomunicações, a criação e funcionamento de um órgão regulador e outros aspectos institucionais, nos termos da Emenda Constitucional nº 8, de 1995.
Publicação	Diário Oficial da União, Seção 1, 25-06-2014, págs. p. 57-58
	Diário Oficial da União, Seção 1, 03-07-2014, pág. p. 80
Temas	Temas : Administração do Setor de Telecomunicações : Fiscalização das Telecomunicações
	Temas : Atores no Setor de Telecomunicações : ANATEL
	Temas : Atores no Setor de Telecomunicações : Prestadora / Operadora

Resolução da ANATEL nº 638, de 26 de junho de 2014 - Aprova o Regulamento do Telefone de Uso Público do Serviço Telefônico Fixo Comutado - STFC,	
Órgão Emissor	ANATEL - Conselho Diretor.
Nota Vigência	Data de publicação no DOU.
Anexos	Anexo 1 - Regulamento do Telefone de Uso Público do Serviço Telefônico Fixo Comutado – STFC
	Anexo 2 - Revogações e Alterações
Dispositivos	LGT, Art. 64, Parágrafo Único.
Altera	Anexo à Resolução da ANATEL nº 424, de 6 de dezembro de 2005 - Regulamento de Tarifação do Serviço Telefônico Fixo Comutado Destinado ou Uso do Público em Geral – STFC Prestado no Regime Público.
	Anexo à Resolução da ANATEL nº 426, de 9 de dezembro de 2005 - Regulamento do Serviço Telefônico Fixo Comutado.
Correlata	Anexo à Resolução da ANATEL nº 334, de 16 de abril de 2003 - Regulamento para Utilização do Cartão Indutivo em Telefone de Uso Público do STFC.
	Anexo à Resolução da ANATEL nº 459, de 5 de março de 2007
	Anexo à Resolução da ANATEL nº 465, de 8 de maio de 2007 - Anexo à Resolução nº 465, de 8 de maio de 2007.
Regulamenta	Lei nº 9.472/1997 - Dispõe sobre a organização dos serviços de telecomunicações, a criação e funcionamento de um órgão regulador e outros aspectos institucionais, nos termos da Emenda Constitucional nº 8, de 1995.
Publicação	Diário Oficial da União, Seção 1, 30-06-2014, págs. p. 100-102
	Diário Oficial da União, Seção 1, 25-09-2014, pág. p. 82 [Retificação]
Temas	Temas : Administração do Setor de Telecomunicações : Outorgas : Concessão (regras aplicáveis)

	Temas : Infraestrutura e Recursos do Setor de Telecomunicações : Equipamentos de Telecomunicações : Terminais
	Temas : Políticas de Telecomunicações : Universalização : Acesso às Telecomunicações
	Temas : Serviços no Setor de Telecomunicações : Serviço Telefônico Fixo Comutado (STFC)

Resolução da ANATEL n° 639, de 1° de julho de 2014 - Aprova a Norma para fixação dos valores máximos das tarifas de uso de rede fixa do Serviço Telefônico Fixo Comutado (STFC), dos valores de referência de uso de rede móvel do Serviço Móvel Pessoal (SMP) e de Exploração Industrial de Linha Dedicada (EILD), com base em Modelos de Custos.

Órgão Emissor	ANATEL - Conselho Diretor.
Nota Vigência	Data de publicação no DOU.
Anexos	Anexo - Norma para fixação dos valores máximos das tarifas de uso de rede fixa do Serviço Telefônico Fixo Comutado (STFC), dos valores de referência de uso de rede móvel do Serviço Móvel Pessoal (SMP) e de Exploração Industrial de Linha Dedicada (EILD), com base em Modelos de Custos.
Dispositivos	CF, Art. 175, § único, inciso III; LGT, Art. 19, inciso XIV; LGT, Art. 152, caput; LGT, Art. 155, caput.
Altera	Resolução da ANATEL n° 396/2005 - Aprova o Regulamento de Separação e Alocação de Contas.
	Anexo à Resolução da ANATEL n° 438, de 10 de julho de 2006 - Regulamento de Remuneração pelo Uso de Redes de Prestadoras do Serviço Móvel Pessoal – SMP.
	Regulamento de Remuneração pelo Uso de Redes de Prestadoras do Serviço Telefônico Fixo Comutado - STFC - Regulamento de Remuneração pelo Uso de Redes de Prestadoras do Serviço Telefônico Fixo Comutado - STFC.
	Anexo - Regulamento de Exploração Industrial de Linha Dedicada - Regulamento de Exploração Industrial de Linha Dedicada.
Correlata	Decreto n° 4.733/2003 - Dispõe sobre políticas públicas de telecomunicações, e dá outras providências.
	Resolução da ANATEL n° 438/2006 - Aprova o Regulamento de Remuneração pelo Uso de Redes de Prestadoras do Serviço Móvel Pessoal – SMP.
	Resolução n° 588/2012 - Aprova o Regulamento de Remuneração pelo Uso de Redes de Prestadoras do Serviço Telefônico Fixo Comutado - STFC.
	Resolução n° 590/2012 - Aprova o Regulamento de Exploração Industrial de Linha Dedicada – EILD.
	Resolução n° 600/2012 - Aprova o Plano Geral de Metas de Competição (PGMC).
Regulamenta	Lei n° 9.472/1997 - Dispõe sobre a organização dos serviços de telecomunicações, a criação e funcionamento de um órgão regulador e outros aspectos institucionais, nos termos da Emenda Constitucional n° 8, de 1995.
Publicação	Diário Oficial da União, Seção 1, 04-07-2014, págs. p. 142-143
Temas	Temas : Atores no Setor de Telecomunicações : Prestadora / Operadora
	Temas : Infra-estrutura e Recursos do Setor de Telecomunicações : Redes de Telecomunicações : Interconexão
	Temas : Infraestrutura e Recursos do Setor de Telecomunicações : Infra-estrutura de Telecomunicações : Compartilhamento de Infraestrutura
	Temas : Infraestrutura e Recursos do Setor de Telecomunicações : Redes de Telecomunicações : Remuneração de Redes
	Temas : Políticas de Telecomunicações : Concorrência no Setor de Telecomunicações
	Temas : Serviços no Setor de Telecomunicações : Serviço Móvel Pessoal (SMP)

	Temas : Serviços no Setor de Telecomunicações : Serviço Telefônico Fixo Comutado (STFC)

Resolução da ANATEL nº 640, de 11 de julho de 2014 - Aprova o Regulamento sobre Condições de Convivência entre os Serviços de Radiodifusão de Sons e Imagens e de Retransmissão de Televisão do SBTVD e os Serviços de Radiocomunicação Operando na Faixa de 698 MHz a 806 MHz.	
Órgão Emissor	ANATEL - Conselho Diretor.
Nota Vigência	Data de publicação no DOU.
Anexos	Anexo - Regulamento sobre Condições de Convivência entre os Serviços de Radiodifusão de Sons e Imagens e de Retransmissão de Televisão do SBTVD e os Serviços de Radiocomunicação Operando na Faixa de 698 MHz a 806 MHz
Dispositivos	LGT, Art. 19, inciso VIII; LGT, Art. 157, caput.
Correlata	Decreto nº 5.820/2006 - Dispõe sobre a implantação do SBTVD-T, estabelece diretrizes para a transição do sistema de transmissão analógica para o sistema de transmissão digital do serviço de radiodifusão de sons e imagens e do serviço de retransmissão de televisão, e dá outras providências.
	Portaria MC nº 14, de 6 de fevereiro de 2013 - Estabelece diretrizes para a aceleração do acesso ao Sistema Brasileiro de Televisão Digital Terrestre - SBTVD-T e para a ampliação da disponibilidade de espectro de radiofrequência para atendimento dos objetivos do Programa Nacional de Banda Larga – PNBL.
	Portaria MC nº 4.123, de 30 de dezembro de 2014 - Altera a Portaria nº 126, de 12 de março de 2014, que dispõe sobre a implantação e o funcionamento do processo eletrônico no âmbito do Ministério das Comunicações; e a Portaria nº 14, de 6 de fevereiro de 2013, que estabelece diretrizes para a aceleração do acesso ao Sistema Brasileiro de Televisão Digital Terrestre - SBTVD-T e para a ampliação da disponibilidade de espectro de radiofrequência para atendimento dos objetivos do Programa Nacional de Banda Larga - PNBL.
	Anexo à Resolução da ANATEL nº 259, de 19 de abril de 2001 - Regulamento de Uso do Espectro de Radiofreqüências.
	Resolução da ANATEL nº 498/2008 - Norma para Certificação e Homologação de Transmissores e Retransmissores para o Sistema Brasileiro de Televisão Digital Terrestre. - Anexo - Norma para Certificação e Homologação de Transmissores e Retransmissores para o Sistema Brasileiro de Televisão Digital Terrestre.
	Resolução nº 625/2013 - Aprova a Atribuição, a Destinação e o Regulamento sobre Condições de Uso de Radiofrequências na Faixa de 698 MHz a 806 MHz.
Regulamenta	Lei nº 9.472/1997 - Dispõe sobre a organização dos serviços de telecomunicações, a criação e funcionamento de um órgão regulador e outros aspectos institucionais, nos termos da Emenda Constitucional nº 8, de 1995.
Publicação	Diário Oficial da União, Seção 1, 14-07-2014, págs. p. 75-78
	Diário Oficial da União, Seção 1, 24-07-2014, págs. p. 428-429 [Retificação]
Temas	Temas : Infraestrutura e Recursos do Setor de Telecomunicações : Espectro de Radiofrequência : Controle sobre o Uso do Espectro (Eficiência, Interferência Prejudicial e Coordenação de Frequências)
	Temas : Serviços no Setor de Telecomunicações : Radiodifusão : Televisão Aberta : TV Digital

Resolução da ANATEL nº 641, de 28 de julho de 2014 - Altera os Anexos I e II do Regulamento sobre Áreas Locais para o Serviço Telefônico Fixo Comutado Destinado ao Uso do Público em Geral - STFC.	
Órgão Emissor	ANATEL - Conselho Diretor.
Nota Vigência	Data de publicação no DOU.
Anexos	Anexo 1 - Inclusão da Área Local de Cidreira-RS
	Anexo 2 - Inclusão de Nova Situação de Tratamento Local no RS
Dispositivos	LGT, Art. 64, Parágrafo Único.

Altera	Anexo à Resolução da ANATEL n° 560, de 21 de janeiro de 2011 - Regulamento sobre Áreas Locais para o Serviço Telefônico Fixo Comutado Destinado ao Uso do Público em Geral – STFC.
Regulamenta	Lei n° 9.472/1997 - Dispõe sobre a organização dos serviços de telecomunicações, a criação e funcionamento de um órgão regulador e outros aspectos institucionais, nos termos da Emenda Constitucional n° 8, de 1995.
Publicação	Diário Oficial da União, Seção 1, 30-06-2014, págs. p. 59-60
	Diário Oficial da União, Seção 1, 06-08-2014, pág. p. 47 [Retificação]
Temas	Temas : Serviços no Setor de Telecomunicações : Serviço Telefônico Fixo Comutado (STFC)

Resolução da ANATEL n° 642, de 3 de outubro de 2014 - Aprova o Regulamento sobre Condições de Uso de Radiofrequências nas faixas de 71 GHz a 76 GHz e de 81 GHz a 86 GHz.

Órgão Emissor	ANATEL - Conselho Diretor.
Nota Vigência	Data da publicação no DOU.
Anexos	Anexo - Regulamento sobre Condições de Uso de Radiofrequências nas faixas de 71 GHz a 76 GHz e de 81 GHz a 86 GHz
Dispositivos	LGT, Art. 19, inciso XVIII; LGT, Art. 159, caput; LGT, Art. 161, caput.
Regulamenta	Lei n° 9.472/1997 - Dispõe sobre a organização dos serviços de telecomunicações, a criação e funcionamento de um órgão regulador e outros aspectos institucionais, nos termos da Emenda Constitucional n° 8, de 1995.
Publicação	Diário Oficial da União, Seção 1, 07-10-2014, págs. p. 61-62
Temas	Temas : Infra-estrutura e Recursos do Setor de Telecomunicações : Espectro de Radiofrequência : Atribuição, Destinação e Distribuição de Radiofrequência
	Temas : Infraestrutura e Recursos do Setor de Telecomunicações : Espectro de Radiofrequência : Condições de Uso de Radiofrequência e Canalização (Distribuição de Canais)

Resolução da ANATEL n° 643, de 2 de dezembro de 2014 - Proposta de alteração do Anexo I do Regulamento de Tarifação do Serviço Telefônico Fixo Comutado Destinado ao Uso do Público em Geral - STFC Prestado no Regime Público, aprovado pela Resolução n° 424, de 6 de dezembro de 2005, e do Plano Geral de Códigos Nacionais - PGCN, Anexo II à Resolução n° 263, de 8 de junho de 2001, para mudar os municípios de Belo Oriente e Ipaba, no estado de Minas Gerais, da Área de Tarifação 333 (Caratinga) para a Área de Tarifação 316 (Coronel Fabriciano) e do Código Nacional 33 para o Código Nacional 31.

Órgão Emissor	ANATEL - Conselho Diretor.
Nota Vigência	Data de publicação no DOU.
Anexos	Anexo 1 - Regulamento de Tarifação do Serviço Telefônico Fixo Comutado Destinado ao Uso do Público em Geral - STFC Prestado no Regime Público, aprovado pela Resolução n° 424, de 6 de dezembro de 2005
	Anexo 2 - Anexo II à Resolução n° 263, de 8 de junho de 2001 - Plano Geral de Códigos Nacionais, Anexo ao Regulamento de Numeração do STFC, aprovado pela Resolução n° 86, de 30 de dezembro de 1998
Dispositivos	LGT, Art. 19, inciso IV; LGT, Art. 64, Parágrafo Único; LGT, Art. 103, caput.
Altera	Anexo à Resolução da ANATEL n° 263, de 8 de junho de 2001 - Plano Geral de Códigos Nacionais – PGCN.
	Anexo à Resolução da ANATEL n° 424, de 6 de dezembro de 2005 - Regulamento de Tarifação do Serviço Telefônico Fixo Comutado Destinado ou Uso do Público em Geral – STFC Prestado no Regime Público.
Regulamenta	Lei n° 9.472/1997 - Dispõe sobre a organização dos serviços de telecomunicações, a criação e funcionamento de um órgão regulador e outros aspectos institucionais, nos termos da Emenda Constitucional n° 8, de 1995.

Publicação	Diário Oficial da União, Seção 1, 03-12-2014, pág. p. 62
Temas	Temas : Administração do Setor de Telecomunicações : Outorgas : Concessão (regras aplicáveis)
	Temas : Administração do Setor de Telecomunicações : Outorgas : Preço Público e Preço Privado
	Temas : Políticas de Telecomunicações : Política Tarifária
	Temas : Serviços no Setor de Telecomunicações : Serviço Telefônico Fixo Comutado (STFC)

Resolução da ANATEL n° 644, de 2 de dezembro de 2014 - Alteração do Anexo I do Regulamento de Tarifação do Serviço Telefônico Fixo Comutado Destinado ao Uso do Público em Geral - STFC Prestado no Regime Público, aprovado pela Resolução n° 424, de 6 de dezembro de 2005, e do Plano Geral de Códigos Nacionais - PGCN, Anexo II à Resolução n° 263, de 8 de junho de 2001, para mudar o município de Porto União, no estado de Santa Catarina, da Área de Tarifação 495 (Joaçaba) para a Área de Tarifação 425 (União da Vitória), e do Código Nacional 49 para o Código Nacional 42; e, alteração do art. 6° do Regulamento Sobre Áreas de Tarifação para Serviços de Telecomunicações, aprovado pela Resolução n° 262, de 31 de maio de 2001.

Órgão Emissor	ANATEL - Conselho Diretor.
Nota Vigência	Data de publicação no DOU.
Dispositivos	LGT, Art. 19, inciso IV; LGT, Art. 63, caput; LGT, Art. 64, Parágrafo Único.
Altera	Anexo à Resolução da ANATEL n° 262, de 31 de maio de 2001 - Regulamento sobre Áreas de Tarifação para Serviços de Telecomunicações.
	Anexo à Resolução da ANATEL n° 263, de 8 de junho de 2001 - Plano Geral de Códigos Nacionais – PGCN.
	Anexo à Resolução da ANATEL n° 424, de 6 de dezembro de 2005 - Regulamento de Tarifação do Serviço Telefônico Fixo Comutado Destinado ou Uso do Público em Geral – STFC Prestado no Regime Público.
Regulamenta	Lei n° 9.472/1997 - Dispõe sobre a organização dos serviços de telecomunicações, a criação e funcionamento de um órgão regulador e outros aspectos institucionais, nos termos da Emenda Constitucional n° 8, de 1995.
Publicação	Diário Oficial da União, Seção 1, 03-12-2014, págs. p. 62-63
	Diário Oficial da União, Seção 1, 05-12-2014, pág. p. 92 [Retificação]
Temas	Temas : Administração do Setor de Telecomunicações : Outorgas : Concessão (regras aplicáveis)
	Temas : Administração do Setor de Telecomunicações : Outorgas : Preço Público e Preço Privado
	Temas : Políticas de Telecomunicações : Política Tarifária
	Temas : Serviços no Setor de Telecomunicações : Serviço Telefônico Fixo Comutado (STFC)

Resolução da ANATEL n° 645, de 16 de dezembro de 2014 - Aprova o Regimento Interno do Comitê de Uso do Espectro e de Órbita.

Órgão Emissor	ANATEL - Conselho Diretor.
Nota Vigência	Data de publicação no DOU.
Anexos	Anexo - Regimento Interno do Comitê de Uso do Espectro e de Órbita
Dispositivos	LGT, Art. 158, caput; LGT, Art. 170, caput.
Revoga	Resolução da ANATEL n° 61/1998 - Aprova a criação do Comitê de Uso do Espectro e de Órbita. - Anexo - Regimento Interno do Comitê de Uso do Espectro e de Órbita.
	Resolução da ANATEL n° 293/2002 - Aprova alteração no Regimento do Comitê de Uso do Espectro e de Órbita.
Correlata	Resolução n° 612/2013 - Aprova o Regimento Interno da ANATEL.

Regulamenta	Lei n° 9.472/1997 - Dispõe sobre a organização dos serviços de telecomunicações, a criação e funcionamento de um órgão regulador e outros aspectos institucionais, nos termos da Emenda Constitucional n° 8, de 1995.
Publicação	Diário Oficial da União, Seção 1, 18-12-2014
Temas	Temas : Atores no Setor de Telecomunicações : ANATEL
	Temas : Infra-estrutura e Recursos do Setor de Telecomunicações : Espectro de Radiofrequência : Atribuição, Destinação e Distribuição de Radiofrequência
	Temas : Infraestrutura e Recursos do Setor de Telecomunicações : Órbita e Satélite

Resolução da ANATEL n° 646, de 22 de dezembro de 2014 - Destina canais de radiofrequências para Fins Exclusivamente Militares.	
Órgão Emissor	ANATEL - Conselho Diretor.
Nota Vigência	Data de publicação no DOU.
Dispositivos	LGT, Art. 39, caput; LGT, Art. 158, § 1°, inciso I.
Regulamenta	Lei n° 9.472/1997 - Dispõe sobre a organização dos serviços de telecomunicações, a criação e funcionamento de um órgão regulador e outros aspectos institucionais, nos termos da Emenda Constitucional n° 8, de 1995.
Publicação	Diário Oficial da União, Seção 1, 24-12-2014, pág. p. 79
Temas	Temas : Atores no Setor de Telecomunicações : Poder Executivo : Ministério da Defesa
	Temas : Infraestrutura e Recursos do Setor de Telecomunicações : Espectro de Radiofrequência : Fins Exclusivamente Militares

Julgados Referenciados

Acórdãos

Supremo Tribunal Federal (STF)

Ação Direta de Inconstitucionalidade n° 4.369 (STF – ADI 4.369 / SP – São Paulo)	
Relator	Min. Marco Aurélio
Órgão Julgador	Plenário do STF
Votação	Unânime
Julgamento	15-10-2014
Dispositivos	CF, Art. 21, inciso XI (em 15/08/1995); LGT, Art. 64, Parágrafo Único.
Correlata	ADI 3.847/SC
	ADI 4.478/AP
Publicação	Diário da Justiça, 03-11-2014
Descrição do Caso	
Reafirmando jurisprudência pacífica do Supremo Tribunal Federal em casos semelhantes, o plenário declarou a inconstitucionalidade da Lei n° 13.854, de 7 de dezembro de 2009, do Estado de São Paulo, que dispunha sobre a impossibilidade de cobrança de assinatura básica mensal pelas concessionárias de serviços de telecomunicações.	
Temas	Temas : Administração do Setor de Telecomunicações : Outorgas : Concessão (regras aplicáveis)
	Temas : Atores no Setor de Telecomunicações : Poder Judiciário : STF
	Temas : Atores no Setor de Telecomunicações : Prestadora / Operadora
	Temas : Serviços no Setor de Telecomunicações : Serviço Telefônico Fixo Comutado (STFC)

Catalogador	Márcio Iório Aranha

Superior Tribunal de Justiça (STJ)

Recurso Especial nº 1141985 (STJ – RESP 1141985 / PR – Paraná)	
Órgão Julgador	Quarta Turma do STJ
Votação	Unânime
Julgamento	11-02-2014
Dispositivos	LGT, Art. 64, Parágrafo Único.
Correlata	RESP 626.774/CE
Publicação	Diário da Justiça, 07-04-2014
Descrição do Caso	
Cabe ação cautelar de exibição e consequente busca e apreensão de documentação pertinente a relação concertada entre a empresa de telefonia e terceiro prestador de serviço específico, in casu, o "Disk Amizade". A coligação econômica entre ambas resulta da disponibilização e cobrança dos serviços com entrelaçamento de suas relações jurídicas em típicos contratos coligados. O elo existente entre obrigação principal e acessório previsto no art. 184 do Código Civil de 2002 também atinge os contratos coligados, de modo que o destino do contrato principal do serviço de telefonia pode influenciar o contrato do Disk Amizade. Assim, a empresa de telefonia tem o dever de exibição dos contratos coligados, pode sofrer busca e apreensão de documentação pertinente a ação de responsabilidade por crime de desobediência.	
Temas	Temas : Administração do Setor de Telecomunicações : Fiscalização das Telecomunicações
	Temas : Atores no Setor de Telecomunicações : Poder Judiciário : STJ
	Temas : Atores no Setor de Telecomunicações : Prestadora / Operadora
	Temas : Serviços no Setor de Telecomunicações : Serviço Móvel Pessoal (SMP)
	Temas : Serviços no Setor de Telecomunicações : Serviço Telefônico Fixo Comutado (STFC)
Catalogador	Márcio Iório Aranha

Atos Referenciados

Ato Administrativo

Ato

Ato do Conselho Diretor da ANATEL nº 139, de 10 de janeiro de 2014	
Ementa	Disciplina procedimento especial para processamento de solicitações de uso temporário de radiofrequências em atividades relacionadas à Copa do Mundo de 2014.
Órgão Emissor	ANATEL - Conselho Diretor.
Situação	Ineficaz
Início Vigência	16/01/2014
Nota Eficácia	Aplicável a solicitações de uso temporário de radiofrequências em atividades relacionadas à Copa do Mundo, no período compreendido entre 1º de fevereiro de 2014 e 31 de julho de 2014.
Dispositivos	LGT, Art. 19, inciso VIII; LGT, Art. 163, caput.
Regulamenta	Lei nº 9.472/1997 - Dispõe sobre a organização dos serviços de telecomunicações, a criação e funcionamento de um órgão regulador e outros aspectos institucionais, nos termos da Emenda Constitucional nº 8, de 1995.
Publicação	Diário Oficial da União, Seção 1, 16-01-2014, págs. p.70-71

| Temas | Temas : Administração do Setor de Telecomunicações : Outorgas : Autorização (regras aplicáveis)
Temas : Infraestrutura e Recursos do Setor de Telecomunicações : Equipamentos de Telecomunicações : Estações de Telecomunicações
Temas : Infraestrutura e Recursos do Setor de Telecomunicações : Espectro de Radiofrequência : Direito de Uso de Radiofrequência |

Ato da ANATEL/SORP nº 5.095, de 9 de maio de 2014

Ementa	Dispensa, de forma precária e temporária, os dispositivos do tipo "Disparadores Automáticos para Câmara Fotográficas", operando nas faixas de frequência de 340 MHz a 354 MHz e 433,44 MHz a 434,42 MHz, da necessidade de obtenção de autorização de uso temporário do espectro para utilização durante a Copa do Mundo de 2014.
Órgão Emissor	ANATEL – Superintendência de Outorga e Recursos à Prestação.
Início Vigência	12/05/2014
Dispositivos	LGT, Art. 19, inciso VIII; LGT, Art. 163, caput.
Regulamenta	Lei nº 9.472/1997 - Dispõe sobre a organização dos serviços de telecomunicações, a criação e funcionamento de um órgão regulador e outros aspectos institucionais, nos termos da Emenda Constitucional nº 8, de 1995.
Publicação	Diário Oficial da União, Seção 1, 12-05-2014, pág. p.64
Temas	Temas : Administração do Setor de Telecomunicações : Outorgas : Autorização (regras aplicáveis) Temas : Aplicações de Telecomunicações : Eventos Desportivos Temas : Infraestrutura e Recursos do Setor de Telecomunicações : Equipamentos de Telecomunicações : Estações de Telecomunicações

Ato do Conselho Diretor da ANATEL nº 6.363, de 8 de julho de 2014

Ementa	Aprova a Edição 2014 do Plano de Atribuição, Destinação e Distribuição de Faixas de Frequências no Brasil.
Órgão Emissor	ANATEL - Conselho Diretor.
Início Vigência	11/07/2014
Anexos	Anexo
Dispositivos	LGT, Art. 19, inciso VIII; LGT, Art. 22, inciso VIII; LGT, Art. 158, caput; LGT, Art. 158, § 1º, inciso III.
Regulamenta	Lei nº 9.472/1997 - Dispõe sobre a organização dos serviços de telecomunicações, a criação e funcionamento de um órgão regulador e outros aspectos institucionais, nos termos da Emenda Constitucional nº 8, de 1995.
Publicação	Diário Oficial da União, Seção 1, 11-07-2014, pág. p. 51
Temas	Temas : Infra-estrutura e Recursos do Setor de Telecomunicações : Espectro de Radiofrequência : Atribuição, Destinação e Distribuição de Radiofrequência

Decisão

Acórdão do Conselho Diretor da ANATEL, de 19 de novembro de 2013 (Ref. nº 578/2013)

Ementa	PADO. RECURSO ADMINISTRATIVO. INFRAÇÃO TÉCNICA. SERVIÇO DE RADIODIFUSÃO. REPRISE DE ALEGAÇÕES. DIVISÃO DE COMPETÊNCIAS ANATEL E MINICOM. RECURSO CONHECIDO E NÃO PROVIDO. 1. O Gerente do Escritório Regional da Anatel penalizou a Prestadora com multa em virtude de infração a disposição contida no Regulamento Técnico para a Prestação do Serviço de Radiodifusão de Sons e Imagens e do Serviço de Retransmissão de Televisão. 2. A TV LAGES reafirma as mesmas alegações já apresentadas anteriormente, em sede de defesa e recurso. 3. A instrução dos processos administrativos de caráter sancionador e a aplicação de sanção

	às entidades outorgadas para os serviços de radiodifusão é objeto de divisão de competência entre a Agência Nacional de Telecomunicações e o Ministério das Comunicações. 4. As irregularidades definidas como sendo de competência da Anatel são aquelas relacionadas aos aspectos técnicos do uso do espetro, à certificação dos equipamentos e à segurança. Infrações relacionadas à programação, ao conteúdo, à licença ou a outros deveres provenientes de determinações do Ministério das Comunicações não são de competência da Anatel. 5. A correção da situação que ensejou a autuação não tem o condão de afastar a natureza ilícita da conduta perpetrada, mas apenas evita que o infrator permaneça irregular. 6. Recurso conhecido e não provido.
Órgão Emissor	ANATEL - Conselho Diretor.
Início Vigência	30/04/2014
Dispositivos	CF, Art. 21, inciso XII, alínea a (em 15/08/1995); LGT, Art. 19, inciso XXV; LGT, Art. 20, Parágrafo Único.
Publicação	Diário Oficial da União, Seção 1, 30-04-2014, pág. p. 112
Temas	Temas : Administração do Setor de Telecomunicações : Fiscalização das Telecomunicações
	Temas : Atores no Setor de Telecomunicações : ANATEL
	Temas : Atores no Setor de Telecomunicações : Poder Executivo : Ministério das Comunicações
	Temas : Serviços no Setor de Telecomunicações : Radiodifusão

Acórdão do Conselho Diretor da ANATEL, de 18 de fevereiro de 2014 (Ref. nº 79/2014)

Ementa	SUPERINTENDÊNCIA DE OUTORGA E RECURSOS À PRESTAÇÃO. RECURSO ADMINISTRATIVO. DIREITO DE USO DE RADIOFREQUÊNCIA. SERVIÇO MÓVEL PESSOAL. LICITAÇÃO Nº 002/2007/SPV-ANATEL. PROPOSTA DE SUBSTITUIÇÃO PARCIAL DO BEM. IMPOSSIBILIDADE JURÍDICA. NECESSIDADE DE SUBMISSÃO ÀS REGRAS DO PROCEDIMENTO LICITATÓRIO. SPECTRUM CAP E DESTINAÇÃO DE FAIXA OU CANAL DA RADIOFREQUÊNCIA EM CARÁTER PRIMÁRIO. INEXISTÊNCIA DE ÓBICE À OUTORGA EM CARÁTER SECUNDÁRIO. DEFERIMENTO DO PEDIDO DE OUTORGA, EM CARÁTER PRECÁRIO E TRANSITÓRIO. DETERMINAÇÃO DE INÍCIO IMEDIATO DE CERTAME LICITATÓRIO PARA O PROVIMENTO DE FAIXAS E CANAIS DESOCUPADOS. ORIENTAÇÕES PARA OS ESTUDOS TÉCNICOS PRÉVIOS. 1. Impossibilidade de conferir, em substituição de parte da subfaixa adquirida por meio da Licitação nº 002/2007/SPV-Anatel, o Direito de Uso de Radiofrequência de outras faixas destinadas ao mesmo serviço em caráter primário. A outorga de uma nova faixa em caráter primário demanda a realização de procedimento licitatório, já que não se amolda às hipóteses legais de inexigibilidade de licitação. 2. As autorizações de uso de radiofrequência em caráter secundário não se submetem aos limites de quantidade de espectro a um mesmo grupo econômico - ou spectrum cap -, previstos na regulamentação. 3. Não é necessário que uma faixa esteja expressamente destinada a um determinado serviço em caráter secundário se ela já estiver destinada a esse mesmo serviço em caráter primário. 4. A Prestadora logrou demonstrar a importância de ser adotada, até com certa urgência, solução excepcional e provisória. 5. Provimento parcial ao Recurso Administrativo no sentido de outorgar o direito de uso de subfaixa de radiofrequência na Região da Grande São Paulo, em caráter secundário e precário, pelo prazo de 18 (dezoito) meses. 6. Determinação à Superintendência competente para que adote imediatamente as medidas necessárias para a deflagração de um procedimento licitatório com o fim de disponibilizar as faixas e canais de radiofrequência destinadas ao SMP que se encontrem desocupados. 7. Recomendação à Superintendência, em atenção ao princípio da atualidade, que considere, nos estudos que antecedem o procedimento, a possibilidade de revisão do spectrum cap e a migração das tecnologias mais antigas para as mais recentes.
Órgão Emissor	ANATEL - Conselho Diretor.
Início Vigência	28/02/2014
Dispositivos	LGT, Art. 19, inciso XXV; LGT, Art. 20, Parágrafo Único; LGT, Art. 163, caput; LGT, Art. 164, inciso I; LGT, Art. 165, caput.
Termos	Spectrum Cap.

Publicação	Diário Oficial da União, Seção 1, 28-02-2014, pág. p. 104
Temas	Temas : Administração do Setor de Telecomunicações : Outorgas : Autorização (regras aplicáveis) Temas : Atores no Setor de Telecomunicações : ANATEL Temas : Infraestrutura e Recursos do Setor de Telecomunicações : Espectro de Radiofrequência Temas : Políticas de Telecomunicações : Concorrência no Setor de Telecomunicações Temas : Serviços no Setor de Telecomunicações : Serviço Móvel Pessoal (SMP)

Acórdão do Conselho Diretor da ANATEL, de 16 de dezembro de 2014 (Ref. nº 403/2014)	
Ementa	ARBITRAGEM EM INTERCONEXÃO. STFC e SMP. DECISÃO DA CAI. RECURSO ADMINISTRATIVO. PELO CONHECIMENTO E PARCIAL PROVIMENTO. 1. Solicitação de arbitragem em interconexão realizada pela Tim em face da Sercomtel em função de desacordo entre as empresas sobre os valores de VUM a serem praticados pela Tim. 2. Decisão de mérito da CAI, consubstanciada no Despacho nº 7.373/2011-CAI, de 8 de setembro de 2011, que definiu valores pela remuneração de uso de rede. 3. Irresignada com a deliberação da Comissão, a SERCOMTEL apresentou Recurso Administrativo cumulado com pedido de Efeito Suspensivo. 4. A TIM protocolou Contrarrazões ao Recurso Administrativo. 6. Pelo conhecimento do Recurso Administrativo para, no mérito, dar-lhe parcial provimento.
Órgão Emissor	ANATEL - Conselho Diretor.
Início Vigência	31/12/2014
Publicação	Diário Oficial da União, Seção 1, 31-12-2014, pág. p. 136
Temas	Temas : Administração do Setor de Telecomunicações : Outorgas : Preço Público e Preço Privado Temas : Atores no Setor de Telecomunicações : Prestadora / Operadora Temas : Infra-estrutura e Recursos do Setor de Telecomunicações : Redes de Telecomunicações : Interconexão Temas : Serviços no Setor de Telecomunicações : Serviço Móvel Pessoal (SMP)

Portaria

Portaria ANATEL nº 407, de 16 de maio de 2014	
Ementa	Delega a competência para aprovar os valores mínimos relativos ao preço público pela outorga e expedição de concessão, permissão e autorização para exploração de serviços de telecomunicações, pela autorização de uso de radiofrequência, pela autorização de uso de numeração e pelo direito de exploração de satélite.
Órgão Emissor	ANATEL - Conselho Diretor.
Início Vigência	20/05/2014
Dispositivos	CF, Art. 21, inciso XI (em 15/08/1995); CF, Art. 48, caput; LGT, Art. 83, Parágrafo Único; LGT, Art. 164, inciso I.
Regulamenta	Lei nº 9.472/1997 - Dispõe sobre a organização dos serviços de telecomunicações, a criação e funcionamento de um órgão regulador e outros aspectos institucionais, nos termos da Emenda Constitucional nº 8, de 1995.
Publicação	Diário Oficial da União, Seção 1, 20-05-2014, pág. p.37
Temas	Temas : Administração do Setor de Telecomunicações : Outorgas : Autorização (regras aplicáveis) Temas : Administração do Setor de Telecomunicações : Outorgas : Concessão (regras aplicáveis) Temas : Administração do Setor de Telecomunicações : Outorgas : Permissão (regras aplicáveis)

	Temas : Administração do Setor de Telecomunicações : Outorgas : Preço Público e Preço Privado
	Temas : Infraestrutura e Recursos do Setor de Telecomunicações : Redes de Telecomunicações : Numeração dos Serviços
	Temas : Infraestrutura e Recursos do Setor de Telecomunicações : Órbita e Satélite

Portaria ANATEL nº 465, de 11 de junho de 2014

Ementa	Dispõe sobre o prazo de antecedência para apresentação do pedido de manifestação oral à Secretaria do Conselho Diretor da ANATEL.
Órgão Emissor	ANATEL - Conselho Diretor.
Início Vigência	12/06/2014
Dispositivos	CF, Art.5º, inciso LIV; CF, Art.5º, inciso LV; LGT, Art. 19, inciso VI; LGT, Art. 93, inciso XIV; LGT, Art. 137, caput; LGT, Art. 173, caput; LGT, Art. 177, caput.
Regulamenta	Anexo - Regimento Interno da Agência Nacional de Telecomunicações - ANATEL - Regimento Interno da Agência Nacional de Telecomunicações - ANATEL.
	Resolução da ANATEL nº 636, de 11 de junho de 2014 - Altera o Regimento Interno da Anatel para incluir participação presencial e a possibilidade de manifestação oral durante a deliberação de matérias nas Reuniões do Conselho Diretor da Anatel.
Publicação	Diário Oficial da União, Seção 1, 12-06-2014, págs. p. 65-66
Temas	Temas : Administração do Setor de Telecomunicações : Fiscalização das Telecomunicações
	Temas : Atores no Setor de Telecomunicações : ANATEL
	Temas : Fundamentos : Conceitos Fundamentais : Liberdade de Participação

Portaria ANATEL nº 784, de 26 de agosto de 2014

Ementa	Dispõe sobre a metodologia de cálculo do valor base das sanções de multa relativa a descumprimentos às metas de qualidade e dos procedimentos de coleta, cálculo e consolidação dos indicadores de qualidade previstos na regulamentação.
Órgão Emissor	ANATEL - Conselho Diretor.
Início Vigência	03/09/2014
Anexos	Anexo - Manual de aplicação da metodologia de cálculo do valor base das sanções de multa relativa a descumprimentos às metas de qualidade e dos procedimentos de coleta, cálculo e consolidação dos indicadores de qualidade previstos na regulamentação.
Dispositivos	CF, Art.5º, inciso LIV; CF, Art.5º, inciso LV; LGT, Art. 19, inciso VI; LGT, Art. 93, inciso XIV; LGT, Art. 137, caput; LGT, Art. 173, inciso II.
Termos	Acessos da Prestadora; Gradação da Infração; Período de Análise; Ponderação de Gravidade da Infração.
Regulamenta	Lei nº 9.472/1997 - Dispõe sobre a organização dos serviços de telecomunicações, a criação e funcionamento de um órgão regulador e outros aspectos institucionais, nos termos da Emenda Constitucional nº 8, de 1995.
Publicação	Diário Oficial da União, Seção 1, 03-09-2014, págs. p. 62-65
Temas	Temas : Administração do Setor de Telecomunicações : Fiscalização das Telecomunicações
	Temas : Atores no Setor de Telecomunicações : Prestadora / Operadora
	Temas : Políticas de Telecomunicações : Qualidade do Serviço
	Temas : Serviços no Setor de Telecomunicações : Serviço Móvel Pessoal (SMP)
	Temas : Serviços no Setor de Telecomunicações : Serviço Telefônico Fixo Comutado (STFC)
	Temas : Serviços no Setor de Telecomunicações : Serviço de Acesso Condicionado (SeAC)

	Temas : Serviços no Setor de Telecomunicações : Serviço de Comunicação Multimídia (SCM)

Portaria ANATEL nº 786, de 26 de agosto de 2014	
Ementa	Dispõe sobre a metodologia de cálculo do valor base das sanções de multa relativa ao uso irregular do espectro de radiofrequências na execução de serviços de radiodifusão.
Órgão Emissor	ANATEL - Conselho Diretor.
Início Vigência	03/09/2014
Anexos	Anexo - Manual de aplicação da metodologia de cálculo do valor base das sanções de multa relativa ao uso irregular do espectro de radiofrequências na execução de serviços de radiodifusão.
Dispositivos	CF, Art.5º, inciso LIV; CF, Art.5º, inciso LV; LGT, Art. 19, inciso VIII; LGT, Art. 19, inciso IX; LGT, Art. 173, inciso II; LGT, Art. 211, caput.
Correlata	Resolução da ANATEL nº 387/2004 - Aprova a Alteração do Regulamento de Cobrança de Preço Público pelo Direito de Uso de Radiofreqüências. - Anexo - Regulamento de Cobrança de Preço Público pelo Direito de Uso de Radiofreqüências.
	Resolução nº 612/2013 - Aprova o Regimento Interno da ANATEL.
Regulamenta	Lei nº 9.472/1997 - Dispõe sobre a organização dos serviços de telecomunicações, a criação e funcionamento de um órgão regulador e outros aspectos institucionais, nos termos da Emenda Constitucional nº 8, de 1995.
Publicação	Diário Oficial da União, Seção 1, 03-09-2014, págs. p. 65-66
Temas	Temas : Administração do Setor de Telecomunicações : Fiscalização das Telecomunicações
	Temas : Atores no Setor de Telecomunicações : Prestadora / Operadora
	Temas : Infraestrutura e Recursos do Setor de Telecomunicações : Espectro de Radiofrequência : Controle sobre o Uso do Espectro (Eficiência, Interferência Prejudicial e Coordenação de Frequências)
	Temas : Infraestrutura e Recursos do Setor de Telecomunicações : Espectro de Radiofrequência : Direito de Uso de Radiofrequência
	Temas : Serviços no Setor de Telecomunicações : Radiodifusão

Portaria ANATEL nº 787, de 26 de agosto de 2014	
Ementa	Dispõe sobre a metodologia de cálculo do valor base das sanções de multa relativa ao uso irregular do espectro de radiofrequências na execução de serviços de telecomunicações.
Órgão Emissor	ANATEL - Conselho Diretor.
Início Vigência	03/09/2014
Anexos	Anexo - Manual de aplicação da metodologia de cálculo do valor base das sanções de multa relativa ao uso irregular do espectro de radiofrequências na execução de serviços de telecomunicações.
Dispositivos	CF, Art.5º, inciso LIV; CF, Art.5º, inciso LV; LGT, Art. 19, inciso VI; LGT, Art. 19, inciso VIII; LGT, Art. 19, inciso IX; LGT, Art. 93, inciso XV; LGT, Art. 137, caput; LGT, Art. 173, inciso II.
Correlata	Resolução nº 612/2013 - Aprova o Regimento Interno da ANATEL.
Regulamenta	Lei nº 9.472/1997 - Dispõe sobre a organização dos serviços de telecomunicações, a criação e funcionamento de um órgão regulador e outros aspectos institucionais, nos termos da Emenda Constitucional nº 8, de 1995.
Publicação	Diário Oficial da União, Seção 1, 03-09-2014, págs. p. 65-66
Temas	Temas : Administração do Setor de Telecomunicações : Fiscalização das Telecomunicações
	Temas : Atores no Setor de Telecomunicações : Prestadora / Operadora

Temas : Infraestrutura e Recursos do Setor de Telecomunicações : Espectro de Radiofrequência : Controle sobre o Uso do Espectro (Eficiência, Interferência Prejudicial e Coordenação de Frequências)
Temas : Infraestrutura e Recursos do Setor de Telecomunicações : Espectro de Radiofrequência : Direito de Uso de Radiofrequência
Temas : Serviços no Setor de Telecomunicações : Serviço Especial de Radiochamada (SER) - ou Serviço Móvel Especial de Radiochamada
Temas : Serviços no Setor de Telecomunicações : Serviço Móvel Especializado ou Trunking ou Trunk ou Sistema Troncalizado
Temas : Serviços no Setor de Telecomunicações : Serviço Móvel Pessoal (SMP)
Temas : Serviços no Setor de Telecomunicações : Serviço Telefônico Fixo Comutado (STFC)
Temas : Serviços no Setor de Telecomunicações : Serviço de Acesso Condicionado (SeAC)
Temas : Serviços no Setor de Telecomunicações : Serviço de Comunicação Multimídia (SCM)
Temas : Serviços no Setor de Telecomunicações : Serviço de Radiotáxi

Portaria ANATEL nº 788, de 26 de agosto de 2014

Ementa	Dispõe sobre a metodologia de cálculo do valor base das sanções de multa relativa à execução sem outorga de serviço de telecomunicações ou pelo uso não autorizado do espectro de radiofrequências.
Órgão Emissor	ANATEL - Conselho Diretor.
Início Vigência	03/09/2014
Anexos	Anexo - Manual de aplicação da metodologia de cálculo do valor base das sanções de multa relativa à execução sem outorga de serviço de telecomunicações ou pelo uso não autorizado do espectro de radiofrequências.
Dispositivos	CF, Art.5º, inciso LIV; CF, Art.5º, inciso LV; LGT, Art. 19, inciso V; LGT, Art. 19, inciso VIII; LGT, Art. 19, inciso IX; LGT, Art. 173, inciso II.
Correlata	Resolução nº 612/2013 - Aprova o Regimento Interno da ANATEL.
Regulamenta	Lei nº 9.472/1997 - Dispõe sobre a organização dos serviços de telecomunicações, a criação e funcionamento de um órgão regulador e outros aspectos institucionais, nos termos da Emenda Constitucional nº 8, de 1995.
Publicação	Diário Oficial da União, Seção 1, 03-09-2014, págs. p. 67-68
Temas	Temas : Administração do Setor de Telecomunicações : Fiscalização das Telecomunicações
	Temas : Fundamentos : Conceitos Fundamentais : Liberdade de Expressão
	Temas : Infraestrutura e Recursos do Setor de Telecomunicações : Espectro de Radiofrequência : Controle sobre o Uso do Espectro (Eficiência, Interferência Prejudicial e Coordenação de Frequências)
	Temas : Infraestrutura e Recursos do Setor de Telecomunicações : Espectro de Radiofrequência : Direito de Uso de Radiofrequência

Portaria ANATEL nº 789, de 26 de agosto de 2014

Ementa	Dispõe sobre a metodologia de cálculo do valor base das sanções de multa relativa à utilização de produtos não homologados/certificados; do uso incorreto ou alteração de características técnicas em produtos homologados; da fabricação de produto em desacordo com a certificação/homologação; da utilização indevida do selo; do descumprimento dos compromissos que ensejaram a homologação (ausência de selo) e da comercialização de equipamento não homologado.
Órgão Emissor	ANATEL - Conselho Diretor.
Início Vigência	03/09/2014

Anexos	Anexo - Manual de aplicação da metodologia de cálculo do valor base das sanções de multa relativa à utilização de produtos não homologados/certificados; do uso incorreto ou alteração de características técnicas em produtos homologados; da fabricação de produto em desacordo com a certificação/homologação; da utilização indevida do selo; do descumprimento dos compromissos que ensejaram a homologação (ausência de selo) e da comercialização de equipamento não homologado.
Dispositivos	CF, Art.5º, inciso LIV; CF, Art.5º, inciso LV; LGT, Art. 19, inciso XIII; LGT, Art. 173, inciso II.
Regulamenta	Lei nº 9.472/1997 - Dispõe sobre a organização dos serviços de telecomunicações, a criação e funcionamento de um órgão regulador e outros aspectos institucionais, nos termos da Emenda Constitucional nº 8, de 1995.
Publicação	Diário Oficial da União, Seção 1, 03-09-2014, págs. p. 68-69
Temas	Temas : Administração do Setor de Telecomunicações : Fiscalização das Telecomunicações Temas : Infraestrutura e Recursos do Setor de Telecomunicações : Equipamentos de Telecomunicações : Certificação / Homologação

Portaria ANATEL nº 790, de 26 de agosto de 2014

Ementa	Dispõe sobre a metodologia de cálculo do valor base das sanções de multa relativa ao licenciamento irregular de estações de telecomunicações.
Órgão Emissor	ANATEL - Conselho Diretor.
Início Vigência	03/09/2014
Anexos	Anexo - Manual de aplicação da metodologia de cálculo do valor base das sanções de multa relativa ao licenciamento irregular de estações de telecomunicações.
Dispositivos	CF, Art.5º, inciso LIV; CF, Art.5º, inciso LV; LGT, Art. 51; LGT, Art. 162, caput; LGT, Art. 173, inciso II.
Termos	Infração.
Regulamenta	Lei nº 9.472/1997 - Dispõe sobre a organização dos serviços de telecomunicações, a criação e funcionamento de um órgão regulador e outros aspectos institucionais, nos termos da Emenda Constitucional nº 8, de 1995.
Publicação	Diário Oficial da União, Seção 1, 03-09-2014, págs. p. 69-70
Temas	Temas : Administração do Setor de Telecomunicações : Fiscalização das Telecomunicações Temas : Infraestrutura e Recursos do Setor de Telecomunicações : Equipamentos de Telecomunicações : Antenas Temas : Infraestrutura e Recursos do Setor de Telecomunicações : Equipamentos de Telecomunicações : Estações de Telecomunicações

Portaria ANATEL nº 791, de 26 de agosto de 2014

Ementa	Dispõe sobre a metodologia de cálculo do valor base das sanções de multa relativa a descumprimentos a direito dos Usuários previstas na regulamentação.
Órgão Emissor	ANATEL - Conselho Diretor.
Início Vigência	03/09/2014
Anexos	Anexo - Manual de aplicação da metodologia de cálculo do valor base das sanções de multa relativa a descumprimentos a direito dos Usuários previstas na regulamentação.
Dispositivos	CF, Art.5º, inciso LIV; CF, Art.5º, inciso LV; LGT, Art. 3º, caput; LGT, Art. 19, inciso XVIII; LGT, Art. 72, § 2º; LGT, Art. 79, § 2º; LGT, Art. 93, inciso IX; LGT, Art. 94, § 1º; LGT, Art. 127, inciso III; LGT, Art. 173, inciso II; LGT, Art. 176, caput.
Termos	Acessos da Prestadora; Gradação da Infração; Ponderação de Gravidade da Infração.
Regulamenta	Lei nº 9.472/1997 - Dispõe sobre a organização dos serviços de telecomunicações, a criação e funcionamento de um órgão regulador e outros aspectos institucionais, nos termos da Emenda Constitucional nº 8, de 1995.

Publicação	Diário Oficial da União, Seção 1, 03-09-2014, págs. p. 70-71
Temas	Temas : Administração do Setor de Telecomunicações : Fiscalização das Telecomunicações
	Temas : Atores no Setor de Telecomunicações : Usuário / Consumidor
	Temas : Serviços no Setor de Telecomunicações : Serviço Móvel Pessoal (SMP)
	Temas : Serviços no Setor de Telecomunicações : Serviço Telefônico Fixo Comutado (STFC)
	Temas : Serviços no Setor de Telecomunicações : Serviço de Acesso Condicionado (SeAC)
	Temas : Serviços no Setor de Telecomunicações : Serviço de Comunicação Multimídia (SCM)

Portaria ANATEL nº 1.125, de 24 de outubro de 2014	
Ementa	Estabelece a competência e os limites para regularização de indébitos e para autorização dos procedimentos de restituição e compensação.
Órgão Emissor	ANATEL - Conselho Diretor.
Início Vigência	28/10/2014
Dispositivos	LGT, Art. 50, caput.
Termos	Compensação; Indébitos; Regularização de Indébitos; Unidade administrativa competente pela geração do crédito.
Regulamenta	Lei nº 9.472/1997 - Dispõe sobre a organização dos serviços de telecomunicações, a criação e funcionamento de um órgão regulador e outros aspectos institucionais, nos termos da Emenda Constitucional nº 8, de 1995.
Publicação	Diário Oficial da União, Seção 1, 28-10-2014, págs. p. 19-20
Temas	Temas : Administração do Setor de Telecomunicações : Outorgas : Preço Público e Preço Privado
	Temas : Administração do Setor de Telecomunicações : Tributação no Setor de Telecomunicações
	Temas : Atores no Setor de Telecomunicações : ANATEL
	Temas : Atores no Setor de Telecomunicações : Prestadora / Operadora

Relatório Anual da ANATEL

Relatório Anual da ANATEL 2013	
Ementa	Edição do Relatório Anual da ANATEL correspondente ao exercício de 2013.
Órgão Emissor	ANATEL - Conselho Diretor.
Dispositivos	LGT, Art. 19, inciso XXVIII.
Regulamenta	Lei nº 9.472/1997 - Dispõe sobre a organização dos serviços de telecomunicações, a criação e funcionamento de um órgão regulador e outros aspectos institucionais, nos termos da Emenda Constitucional nº 8, de 1995.
Temas	Temas : Atores no Setor de Telecomunicações : ANATEL
	Temas : Fundamentos : Aspectos Históricos
	Temas : Políticas de Telecomunicações : Controle Social, Hierárquico e Interorgânico

Súmula

Súmula da ANATEL nº 15, de 26 de maio de 2014	
Ementa	As metas estabelecidas nos arts. 5º, 6º, 7º e 8º do Plano Geral de Metas para a Universalização do Serviço Telefônico Fixo Comutado Prestado no Regime Público - PGMU, aprovado pelo Decreto nº 2.592, de 15 de maio de 1998, e nos arts. 5º, 6º, 7º, 8º e 19 do Plano Geral de Metas para a Universalização do Serviço Telefônico Fixo Comutado

	Prestado no Regime Público - PGMU, aprovado pelo Decreto n° 4.769, de 27 de junho de 2003, vinculadas à implementação do STFC com acesso individual, somente são exigíveis em localidades que possuam o quantitativo populacional fixado para o cumprimento da obrigação prevista, respectivamente, no art. 4°, inciso II, alíneas "a" a "c", do PGMU/1998, e no art. 4°, inciso I, do PGMU/2003.
Órgão Emissor	ANATEL - Conselho Diretor.
Início Vigência	27/05/2014
Dispositivos	LGT, Art. 19, inciso XVI; LGT, Art. 64, Parágrafo Único.
Regulamenta	Lei n° 9.472/1997 - Dispõe sobre a organização dos serviços de telecomunicações, a criação e funcionamento de um órgão regulador e outros aspectos institucionais, nos termos da Emenda Constitucional n° 8, de 1995.
Publicação	Diário Oficial da União, Seção 1, 27-05-2014, pág. p. 50
Temas	Temas : Políticas de Telecomunicações : Universalização : Metas de Universalização

Súmula da ANATEL n° 16, de 22 de setembro de 2014

Ementa	A competência para a revisão de processo prevista no art. 90 do Regimento Interno cabe à autoridade que proferiu a última decisão no correspondente Pado.
Órgão Emissor	ANATEL - Conselho Diretor.
Início Vigência	23/09/2014
Dispositivos	LGT, Art. 19, inciso XVI; LGT, Art. 19, inciso XXV; LGT, Art. 175, Parágrafo Único.
Regulamenta	Lei n° 9.472/1997 - Dispõe sobre a organização dos serviços de telecomunicações, a criação e funcionamento de um órgão regulador e outros aspectos institucionais, nos termos da Emenda Constitucional n° 8, de 1995.
Publicação	Diário Oficial da União, Seção 1, 23-09-2014, pág. p. 57
Temas	Temas : Administração do Setor de Telecomunicações : Fiscalização das Telecomunicações Temas : Atores no Setor de Telecomunicações : ANATEL Temas : Políticas de Telecomunicações : Controle Social, Hierárquico e Interorgânico

Súmula da ANATEL n° 17, de 13 de novembro de 2014

Ementa	No exercício do juízo de retratação, não será cabível novo recurso administrativo caso a autoridade recorrida profira decisão acolhendo parcialmente o pedido recursal, devendo o recurso administrativo já interposto ser encaminhado à autoridade hierarquicamente superior, notificando-se o interessado da decisão meramente para fins de ciência.
Órgão Emissor	ANATEL - Conselho Diretor.
Início Vigência	17/11/2014
Dispositivos	LGT, Art. 19, inciso XVI; LGT, Art. 19, inciso XXV; LGT, Art. 175, Parágrafo Único.
Regulamenta	Lei n° 9.472/1997 - Dispõe sobre a organização dos serviços de telecomunicações, a criação e funcionamento de um órgão regulador e outros aspectos institucionais, nos termos da Emenda Constitucional n° 8, de 1995.
Publicação	Diário Oficial da União, Seção 1, 17-11-2014, pág. p. 64
Temas	Temas : Administração do Setor de Telecomunicações : Fiscalização das Telecomunicações Temas : Atores no Setor de Telecomunicações : ANATEL Temas : Políticas de Telecomunicações : Controle Social, Hierárquico e Interorgânico

Súmula da ANATEL n° 18, de 24 de dezembro de 2014

Ementa	Os pedidos de anuência prévia para transferência de controle poderão ser apresentados à Agência pelo grupo econômico em requerimento único, desde que contenham a representação legal e as informações necessárias de todas as empresas afetadas direta ou

	indiretamente pela transferência de controle que possuam outorga perante a Anatel e que sejam exigidas pela respectiva regulamentação.
Órgão Emissor	ANATEL - Conselho Diretor.
Início Vigência	26/12/2014
Dispositivos	LGT, Art. 7º, § 1º; LGT, Art. 19, inciso XIX; LGT, Art. 71, caput; LGT, Art. 97, caput.
Regulamenta	Lei nº 9.472/1997 - Dispõe sobre a organização dos serviços de telecomunicações, a criação e funcionamento de um órgão regulador e outros aspectos institucionais, nos termos da Emenda Constitucional nº 8, de 1995.
Publicação	Diário Oficial da União, Seção 1, 26-12-2014, pág. p. 38
Temas	Temas : Administração do Setor de Telecomunicações : Fiscalização das Telecomunicações
	Temas : Atores no Setor de Telecomunicações : ANATEL
	Temas : Atores no Setor de Telecomunicações : Prestadora / Operadora
	Temas : Políticas de Telecomunicações : Concorrência no Setor de Telecomunicações

relativos ao preço público pela outorga e expedição de concessão, permissão e autorização para exploração de serviços de telecomunicações, pela autorização de uso de radiofrequência, pela autorização de uso de numeração e pelo direito de exploração de satélite à, **287**
[Portaria ANATEL nº 407, de 16 de maio de 2014]

Avaliação de Conformidade
(*ver* **Certificação**)

B

Banda Larga, 257
Banda Larga
(*ver também* **Programa Nacional de Banda Larga**)
Câmara de Gestão e Acompanhamento do Desenvolvimento de Sistemas de Comunicação Máquina a Máquina criação da, **272**
[Portaria MC nº 1.420, de 8 de outubro de 2014]
Regime Especial de Tributação do Programa Nacional de Banda Larga para Implantação de Redes de Telecomunicações
regulamentação do, **269**
[Portaria MC nº 41/2014]
Sistemas de Comunicação Máquina a Máquina
definição de, **267**
[Decreto 8234/2014]
Tecnologias das Informação e Comunicação
alteração do objetivo 0521 do Programa 2058 da Política Nacional de Defesa para desenvolvimento de TIC visando assegurar a capacidade de defesa cibernética no campo militar e contribuir com a segurança cibernética nos campos civil e industrial, **264**
[Lei nº 12953/2014]
Banda Larga Móvel de Quarta Geração

(*ver* **Quarta Geração de Tecnologia de Telefonia Móvel (requisitos da UIT IMT-Advanced)**)
Base de Custos Correntes, 279
[Resolução da ANATEL nº 639, de 1º de julho de 2014]
Base de Custos Históricos
(*ver* **HCA**)
Biblioteca Pública
Inclusão Digital
contratação de serviços de conectividade para inclusão digital no âmbito do GESAC, **272**
[Portaria MC nº 2.662, de 13 de novembro de 2014]
Bissexual
Classificação Indicativa
regulamento do Ministério da Justiça sobre classificação indicativa para classificação como inadequadas as obras audiovisuais com conteúdos homofóbicos, rascistas ou degradantes, **268**
[Portaria MJ nº 368, de 11 de fevereiro de 2014]
Blu-ray
Classificação Indicativa
regulamento do Ministério da Justiça sobre, **268**
[Portaria MJ nº 368, de 11 de fevereiro de 2014]
Bolsa Família
Set-top_box
exigência de incorporação de capacidade de executar aplicações interativas no set-top-box para distribuição às famílias cadastradas no bolsa família quando da transição da TV analógica para a digital, **271**
[Portaria nº 481/2014]

C

Câmara de Gestão e Acompanhamento do Desenvolvimento de Sistemas de Comunicação Máquina a Máquina
criação da, **272**
[Portaria MC nº 1.420, de 8 de outubro de 2014]

Câmera Fotográfica
dispensa precária e temporária de autorização de uso temporário de radiofrequências, **285**
[Ato da ANATEL/SORP nº 5.095, de 9 de maio de 2014]
Canalização
(*ver* **Distribuição de Canais**)
Caráter Primário
exigência de licitação para outorga de nova faixa em caráter primário, **286**
[Acórdão do Conselho Diretor da ANATEL, de 18 de fevereiro de 2014 (Ref. nº 79/2014)]
Caráter Secundário, 286
[Acórdão do Conselho Diretor da ANATEL, de 18 de fevereiro de 2014 (Ref. nº 79/2014)]
Spectrum Cap
limites de quantidade de espectro a um mesmo grupo econômico não se aplica a autorizações de uso de radiofrequência em caráter secundário, **286**
[Acórdão do Conselho Diretor da ANATEL, de 18 de fevereiro de 2014 (Ref. nº 79/2014)]
Uso Temporário de Radiofrequências sua autorização em caráter secundário, **277**
[Resolução da ANATEL nº 635, de 9 de maio de 2014]
Cartão Indutivo
Regulamento para Utilização de Cartão Indutivo em Telefone de Uso Público do STFC
revogação do, **278**
[Resolução nº 638/2014]
CCA
(*ver* **Base de Custos Correntes**)
Célula Indutiva
(*ver* **Cartão Indutivo**)
Certificação, 290
(*ver também* **Homologação**)
[Portaria ANATEL nº 789, de 26 de agosto de 2014]
Manual de aplicação da metodologia de cálculo do valor base das sanções de multa relativa à utilização de produtos não homologados/certificados; do uso incorreto ou alteração de características técnicas em produtos homologados; da fabricação de produto em desacordo

com a certificação/homologação; da utilização indevida do selo; do descumprimento dos compromissos que ensejaram a homologação (ausência de selo) e da comercialização de equipamento não homologado aprovação do, **290**
[Portaria ANATEL nº 789, de 26 de agosto de 2014]
Certificação / Homologação, 231
Chefe de Estado
Uso Temporário de Radiofrequências para visita oficial de autoridade estrangeira, **277**
[Resolução da ANATEL nº 635, de 9 de maio de 2014]
Cinema, 257
Cinema
Classificação Indicativa regulamento do Ministério da Justiça sobre, **268**
[Portaria MJ nº 368, de 11 de fevereiro de 2014]
Classificação Indicativa
regulamento do Ministério da Justiça sobre, **268**
[Portaria MJ nº 368, de 11 de fevereiro de 2014]
CMPC
(*ver* **Custo Médio Ponderado de Capital**)
Código Nacional
(*ver* **Código Nacional (Serviço Telefônico Fixo Comutado)**)
Código Nacional (Serviço Telefônico Fixo Comutado)
(*ver também* **Área de Tarifação**)
alteração de, **281–282**
[Resolução da ANATEL nº 643, de 2 de dezembro de 2014] [Resolução da ANATEL nº 644, de 2 de dezembro de 2014]
Comercialização
Cartão Indutivo condições de comercialização do, **278**
[Resolução nº 638/2014]
Comitê de Uso do Espectro e de Órbita
alteração do regimento interno do, **282**
[Resolução da ANATEL nº 645, de 16 de dezembro de 2014]

Multiprogramação
equiparação da EBC aos órgãos da
União para fins de procedimento de
consignação e requisitos de
operação, **267**
[Portaria MC n° 4/2014]
Rede Nacional de Comunicação Pública
sua gestão pela Empresa Brasil de
Comunicação, **267**
[Portaria MC n° 4/2014]
sua equiparação aos órgãos da União
para fins de procedimento de
consignação e requisitos de operação,
267
[Portaria MC n° 4/2014]
Enlace de Rádio de Curto Alcance
Transmissão de Dados
utilização de faixas de
radiofrequências acima de 70 GHz
para enlaces ponto-a-ponto de
sistemas ópticos de alta capacidade
de, **281**
[Resolução da ANATEL n° 642, de 3 de
outubro de 2014]
Enlace Ponto-a-Ponto
utilização de faixas de radiofrequências
acima de 70 GHz para, **281**
[Resolução da ANATEL n° 642, de 3 de
outubro de 2014]
Ensino
(*ver também* **Escola Pública**)
Máquina a Máquina
função da Câmara de Gestão e
Acompanhamento do
Desenvolvimento de Sistemas de
Comunicação Màquina a Máquina
de promoção e coordenação da
cooperação técnica entre
prestadoras de serviços de
telecomunicações , fabricantes de
equipamentos do setor de
telecomunicações e entidades de
ensino e pesquisa, **272**
[Portaria MC n° 1.420, de 8 de outubro
de 2014]
Equipamentos de Telecomunicações, 230
Equipamentos de Telecomunicações
(*ver também* **Antena**)
(*ver também* **Estação de**
Telecomunicações)
Sanção Administrativa

método de cálculo de multas relativas
à utilização de produtos não
homologados/certificados, uso
incorreto ou alteração de suas
características técnicas, fabricação
de produto em desacordo com a
certificação/homologação,
utilização indevida do selo,
descumprimento de compromissos
que ensejaram a homologação e
comercialização de equipamento
não homologado, **290**
[Portaria ANATEL n° 789, de 26 de
agosto de 2014]
método de cálculo do valor base das
sanções de multa relativa ao
licenciamento irregular de estações
de telecomunicações, **291**
[Portaria ANATEL n° 790, de 26 de
agosto de 2014]
Era da Informação, 227
Escola Pública
(*ver também* **Ensino**)
Inclusão Digital
contratação de serviços de
conectividade para inclusão digital
no âmbito do GESAC, **272**
[Portaria MC n° 2.662, de 13 de
novembro de 2014]
Espécies de Outorga, 238
Espectro de Radiofrequência, 232
Espectro de Radiofreqüências
(*ver também* **Distribuição de Canais**)
Autorização de Uso de Radiofreqüência
procedimento especial para
autorizações de uso temporário de
radiofrequências para a Copa do
Mundo de 2014, **284**
[Ato do Conselho Diretor da ANATEL
n° 139, de 10 de janeiro de 2014]
Distribuição de Canais
condições de uso de radiofrequências
nas faixas de 71 GHz a 76 GHz e
de 81 GHz a 86 GHz, **281**
[Resolução da ANATEL n° 642, de 3 de
outubro de 2014]
Faixa de 698 a 806 MHz
vedação de outorgas de novos
Serviços de Radiodifusão de Sons
e Imagens e de Retransmissão de
Sons e Imagens na faixa de 698

Programa Nacional de Banda Larga
vedação de outorgas de novos
Serviços de Radiodifusão de Sons
e Imagens e de Retransmissão de
Sons e Imagens na faixa de 698
MHz a 806 MHz (Dividendo
Digital), **273**
[Portaria MC n° 4.123, de 30 de dezembro
de 2014]
Faixa de 700 MHz
(*ver* 700 MHz)
Faixa de Radiofreqüência
(*ver* Espectro de Radiofreqüências)
Família
Proteção dos Valores Éticos e Sociais
da Família
regulamento do Ministério da Justiça
sobre, **268**
[Portaria MJ n° 368, de 11 de fevereiro
de 2014]
Fins Exclusivamente Militares, 233
Fiscalização das Telecomunicações, 235
FM
(*ver* Frequência Modulada)
Fórmula 1
(*ver* Evento Esportivo)
Fórmula Truck
(*ver* Evento Esportivo)
Franquia
(*ver* Assinatura Básica)
Frequência Modulada
Rádio AM
disciplina da extinção do serviço de
radiodifusão sonora em ondas
médias e sua possível adaptação de
instrumentos de outorgas para os
de execução do serviço de
radiodifusão sonoram em
frequência modulada, **270**
[Portaria n° 127/2014]
Fundamentos, 227
Futebol
Copa do Mundo
procedimento especial para
autorizações de uso temporário de
radiofrequências para a Copa do
Mundo de 2014, **284**
[Ato do Conselho Diretor da ANATEL
n° 139, de 10 de janeiro de 2014]

G

Gay
Classificação Indicativa
regulamento do Ministério da Justiça
sobre classificação indicativa para
classificação como inadequadas as
obras audiovisuais com conteúdos
homofóbicos, rascistas ou
degradantes, **268**
[Portaria MJ n° 368, de 11 de fevereiro
de 2014]
GESAC
(*ver* Governo Eletrônico – Serviço de
Atendimento ao Cidadão)
GINGA
(*ver também* TV Digital)
Set-top_box
exigência de incorporação de
capacidade de executar aplicações
interativas no set-top-box para
distribuição às famílias cadastradas
no bolsa família quando da
transição da TV analógica para a
digital, **271**
[Portaria n° 481/2014]
Governo Eletrônico – Serviço de
Atendimento ao Cidadão
Inclusão Digital
contratação de serviços de
conectividade para inclusão digital
no âmbito do GESAC, **272**
[Portaria MC n° 2.662, de 13 de
novembro de 2014]
objetivos do programa GESAC, **272**
[Portaria MC n° 2.662, de 13 de
novembro de 2014]
Gradação da Infração
Definição, **288, 291**
[]
Guerra Cibernética
Defesa Cibernética
alteração do objetivo 0521 do
Programa 2058 da Política Nacional
de Defesa para desenvolvimento de
TIC visando assegurar a capacidade
de defesa cibernética no campo
militar e contribuir com a segurança
cibernética nos campos civil e
industrial, **264**
[Lei n° 12953/2014]

H

HCA, 279
[Resolução da ANATEL n° 639, de 1° de julho de 2014]

Homofobia
Classificação Indicativa
regulamento do Ministério da Justiça sobre classificação indicativa para classificação como inadequadas as obras audiovisuais com conteúdos homofóbicos, rascistas ou degradantes, **268**
[Portaria MJ n° 368, de 11 de fevereiro de 2014]

Homologação
(*ver também* **Certificação**)
Manual de aplicação da metodologia de cálculo do valor base das sanções de multa relativa à utilização de produtos não homologados/certificados; do uso incorreto ou alteração de características técnicas em produtos homologados; da fabricação de produto em desacordo com a certificação/homologação; da utilização indevida do selo; do descumprimento dos compromissos que ensejaram a homologação (ausência de selo) e da comercialização de equipamento não homologado aprovação do, **290**
[Portaria ANATEL n° 789, de 26 de agosto de 2014]

I

Imposto sobre Produtos Industrializados
Incentivo Fiscal
para capacitação e competitividade do setor de tecnologia da informação, **265**
[Lei n° 13.023, de 8 de agosto de 2014]

Inclusão Digital
(*ver também* **Universalização**)
contratação de serviços de conectividade para inclusão digital no âmbito do GESAC, **272**
[Portaria MC n° 2.662, de 13 de novembro de 2014]

Indébito
Regularização de Indébitos
disciplina de, **292**

[Portaria ANATEL n° 1.125, de 24 de outubro de 2014]

Indébitos
Definição, 292
[]

Information and Communication Technology
capacitação e competitividade do setor de, **265**
[Lei n° 13.023, de 8 de agosto de 2014]

information_and_communication_technology
(*ver* **Tecnologias das Informação e Comunicação**)

Infração, 285
(*ver também* **Sanção**)
[Acórdão do Conselho Diretor da ANATEL, de 19 de novembro de 2013 (Ref. n° 578/2013)]
Definição, 291
[]

Infração Administrativa
compete à ANATEL, no âmbito de aplicação de sanção a entidades outorgadas para os serviços de radiodifusão, as irregularidades relacionadas aos aspectos técnicos do uso do espetro, à certificação dos equipamentos e à segurança, enquanto compete ao Ministério das Comunicações infrações relacionadas à programação, ao conteúdo, à licença ou a outros deveres provenientes de determinações do Ministério, **285**
[Acórdão do Conselho Diretor da ANATEL, de 19 de novembro de 2013 (Ref. n° 578/2013)]

Infraestrutura de Telecomunicações, 228
Infraestrutura e Recursos do Setor de Telecomunicações, 228

Instalação
Antena
método de cálculo do valor base das sanções de multa relativa ao licenciamento irregular de estações de telecomunicações, **291**
[Portaria ANATEL n° 790, de 26 de agosto de 2014]

Interatividade
Set-top_box
exigência de incorporação de capacidade de executar aplicações interativas no set-top-box para

[Decreto nº 8184/2014] [Decreto nº 8194/2014]

Long Term Evolution

700 MHz

   regulamento sobre Condições de Convivência entre os Serviços de Radiodifusão de Sons e Imagens e de Retransmissão de Televisão do SBTVD e os Serviços de Radiocomunicação Operando na Faixa de 698 MHz a 806 MHz, **280**

   [Resolução da ANATEL nº 640, de 11 de julho de 2014]

   vedação de outorgas de novos Serviços de Radiodifusão de Sons e Imagens e de Retransmissão de Sons e Imagens na faixa de 698 MHz a 806 MHz (Dividendo Digital), **273**

   [Portaria MC nº 4.123, de 30 de dezembro de 2014]

LRIC, 279

   [Resolução da ANATEL nº 639, de 1º de julho de 2014]

LTE

(*ver* Long Term Evolution)

M

Manual de aplicação da metodologia de cálculo do valor base das sanções de multa relativa a descumprimentos a direito dos Usuários previstas na regulamentação

aprovação do, **291**

   [Portaria ANATEL nº 791, de 26 de agosto de 2014]

Manual de Aplicação da Metodologia de cálculo do valor base das sanções de multa relativa a descumprimentos às metas de qualidade e dos procedimentos de coleta, cálculo e consolidação dos indicadores de qualidade previstos na regulamentação

aprovação do, **288**

   [Portaria ANATEL nº 784, de 26 de agosto de 2014]

Manual de aplicação da metodologia de cálculo do valor base das sanções de multa relativa à execução sem outorga de serviço de telecomunicações ou pelo

uso não autorizado do espectro de radiofrequências

aprovação do, **290**

   [Portaria ANATEL nº 788, de 26 de agosto de 2014]

Manual de aplicação da metodologia de cálculo do valor base das sanções de multa relativa à utilização de produtos não homologados/certificados; do uso incorreto ou alteração de características técnicas em produtos homologados; da fabricação de produto em desacordo com a certificação/homologação; da utilização indevida do selo; do descumprimento dos compromissos que ensejaram a homologação (ausência de selo) e da comercialização de equipamento não homologado

aprovação do, **290**

   [Portaria ANATEL nº 789, de 26 de agosto de 2014]

Manual de aplicação da metodologia de cálculo do valor base das sanções de multa relativa ao licenciamento irregular de estações de telecomunicações

aprovação do, **291**

   [Portaria ANATEL nº 790, de 26 de agosto de 2014]

Manual de aplicação da metodologia de cálculo do valor base das sanções de multa relativa ao uso irregular do espectro de radiofrequências na execução de serviços de radiodifusão

aprovação do, **289**

   [Portaria ANATEL nº 786, de 26 de agosto de 2014]

Manual de aplicação da metodologia de cálculo do valor base das sanções de multa relativa ao uso irregular do espectro de radiofrequências na execução de serviços de telecomunicações

aprovação do, **289**

   [Portaria ANATEL nº 787, de 26 de agosto de 2014]

Máquina a Máquina

R

Racismo
Classificação Indicativa
regulamento do Ministério da Justiça
sobre classificação indicativa para
classificação como inadequadas as
obras audiovisuais com conteúdos
homofóbicos, rascistas ou
degradantes, **268**
[Portaria MJ nº 368, de 11 de fevereiro
de 2014]

Radioastronomia
utilização pelo Serviço Fixo de faixas
do serviço de, **281**
[Resolução da ANATEL nº 642, de 3 de
outubro de 2014]

Radiodifusão, 247

Radiodifusão
(*ver também* **Empresa Brasil de
Comunicação**)
(*ver também* **Programação Televisiva**)
(*ver também* **Radiodifusão Educativa**)
(*ver também* **Radiodifusão Sonora**)
(*ver também* **Sistema Brasileiro de
Televisão Digital Terrestre**)
Competência
compete à ANATEL, no âmbito de
aplicação de sanção a entidades
outorgadas para os serviços de
radiodifusão, as irregularidades
relacionadas aos aspectos técnicos
do uso do espetro, à certificação dos
equipamentos e à segurança,
enquanto compete ao Ministério das
Comunicações infrações
relacionadas à programação, ao
conteúdo, à licença ou a outros
deveres provenientes de
determinações do Ministério, **285**
[Acórdão do Conselho Diretor da
ANATEL, de 19 de novembro de 2013
(Ref. nº 578/2013)]
Cronograma de Desligamento da TV
analógica
sua disciplina ministerial e fixação
de condições de cobertura e
competências da Anatel no processo
correspondente, **271**
[Portaria nº 481/2014]
Cronograma de Implantação da TV
Digital

aprovação do, **270**
[Portaria MC nº 477, de 20 de junho de
2014]
Interatividade
exigência de incorporação de
capacidade de executar aplicações
interativas no set-top-box para
distribuição às famílias cadastradas
no bolsa família quando da
transição da TV analógica para a
digital, **271**
[Portaria nº 481/2014]
Manual de aplicação da metodologia de
cálculo do valor base das sanções de
multa relativa ao uso irregular do
espectro de radiofrequências na
execução de serviços de radiodifusão
aprovação do, **289**
[Portaria ANATEL nº 786, de 26 de
agosto de 2014]
Set-top_box
exigência de incorporação de
capacidade de executar aplicações
interativas no set-top-box para
distribuição às famílias cadastradas
no bolsa família quando da
transição da TV analógica para a
digital, **271**
[Portaria nº 481/2014]

Radiodifusão Comunitária
Manual de aplicação da metodologia de
cálculo do valor base das sanções de
multa relativa ao uso irregular do
espectro de radiofrequências na
execução de serviços de radiodifusão
aprovação do, **289**
[Portaria ANATEL nº 786, de 26 de
agosto de 2014]

Radiodifusão Educativa
(*ver também* **Radiodifusão**)
Manual de aplicação da metodologia de
cálculo do valor base das sanções de
multa relativa ao uso irregular do
espectro de radiofrequências na
execução de serviços de radiodifusão
aprovação do, **289**
[Portaria ANATEL nº 786, de 26 de
agosto de 2014]

Radiodifusão Sonora
(*ver também* **Radiodifusão**)
Ondas Médias

equipamentos e à segurança, enquanto compete ao Ministério das Comunicações infrações relacionadas à programação, ao conteúdo, à licença ou a outros deveres provenientes de determinações do Ministério, **285**
[Acórdão do Conselho Diretor da ANATEL, de 19 de novembro de 2013 (Ref. nº 578/2013)]
Manual de aplicação da metodologia de cálculo do valor base das sanções de multa relativa a descumprimentos a direito dos Usuários previstas na regulamentação
aprovação do, **291**
[Portaria ANATEL nº 791, de 26 de agosto de 2014]
Manual de aplicação da metodologia de cálculo do valor base das sanções de multa relativa à execução sem outorga de serviço de telecomunicações ou pelo uso não autorizado do espectro de radiofrequências
aprovação do, **290**
[Portaria ANATEL nº 788, de 26 de agosto de 2014]
Manual de aplicação da metodologia de cálculo do valor base das sanções de multa relativa à utilização de produtos não homologados/certificados; do uso incorreto ou alteração de características técnicas em produtos homologados; da fabricação de produto em desacordo com a certificação/homologação; da utilização indevida do selo; do descumprimento dos compromissos que ensejaram a homologação (ausência de selo) e da comercialização de equipamento não homologado
aprovação do, **290**
[Portaria ANATEL nº 789, de 26 de agosto de 2014]
Manual de aplicação da metodologia de cálculo do valor base das sanções de multa relativa ao licenciamento irregular de estações de telecomunicações
aprovação do, **291**
[Portaria ANATEL nº 790, de 26 de agosto de 2014]

Manual de aplicação da metodologia de cálculo do valor base das sanções de multa relativa ao uso irregular do espectro de radiofrequências na execução de serviços de radiodifusão
aprovação do, **289**
[Portaria ANATEL nº 786, de 26 de agosto de 2014]
Manual de aplicação da metodologia de cálculo do valor base das sanções de multa relativa ao uso irregular do espectro de radiofrequências na execução de serviços de telecomunicações
aprovação do, **289**
[Portaria ANATEL nº 787, de 26 de agosto de 2014]
Saúde, 245
SBTVD
　(*ver* Sistema Brasileiro de Televisão Digital)
SBTVD-T
　(*ver* Sistema Brasileiro de Televisão Digital Terrestre)
Segurança Cibernética
　(*ver também* Defesa Cibernética)
　Tecnologias das Informação e Comunicação
　　alteração do objetivo 0521 do Programa 2058 da Política Nacional de Defesa para desenvolvimento de TIC visando assegurar a capacidade de defesa cibernética no campo militar e contribuir com a segurança cibernética nos campos civil e industrial, **264**
　　[Lei nº 12953/2014]
Serviço Científico
　(*ver* Serviço Especial para Fins Científicos ou Experimentais)
Serviço de Acesso Condicionado (SeAC), 255
Serviço de Comunicação Multimída (SCM), 255
Serviço de Exploração da Terra por Satélite
　(*ver* Exploração da Terra por Satélite)
Serviço de Pesquisa Espacial
　(*ver* Pesquisa Espacial)
Serviço de Pesquisa Espacial, 281
　[Resolução da ANATEL nº 642, de 3 de outubro de 2014]

Dados da Publicação

Editor responsável: Prof. Márcio Iorio Aranha (Universidade de Brasília - BRAZIL)
Conselho Editorial: Prof. André Rossi (Utah Valley University - USA), Prof. Clara Luz Alvarez (Universidad Panamericana - MEXICO), Prof. Diego Cardona (Universidad de Rosario - COLOMBIA), Prof. Francisco Sierra Caballero (Universidad de Sevilla - SPAIN), Prof. Fabio Bassan (Universitá degli Studi Roma Tre - ITALIA), Prof. Judith Mariscal (CIDE - MEXICO), Prof. Hernán Galperin (Universidad de San Andrés - ARGENTINA), Prof. João Alberto de Oliveira Lima (Universidade do Legislativo Brasileiro - BRAZIL), Prof. Liliana Ruiz de Alonso (Universidad San Martín de Porres - PERU), Prof. Lucas Sierra (Universidad de Chile - CHILE), Prof. Luís Fernando Ramos Molinaro (Universidade de Brasília - BRAZIL), Prof. Murilo César Ramos (Universidade de Brasília - BRAZIL), Prof. Raúl Katz (Columbia University - USA), Prof. Roberto Muñoz (Universidad Técnica - CHILE).
Coordenador Executivo: André Moura Gomes.
ISSN: 1984-9729
EISSN: 1984-8161
Periodicidade: (mínima) anual
Linha editorial: http://www.getel.org/GETELSEER/index.php?journal=rdet&page=about&op=editorialPolicies#focusAndScope
Avaliação das submissões: método de avaliação cega por pares (duplo cego), por intermédio de submissões eletrônicas administradas no sistema SEER, do IBICT, no link http://www.getel.org/GETELSEER/index.php?journal=rdet&page=information&op=authors, em que os manuscritos são distribuídos aos avaliadores sem identificação de autoria.
Política de arquivamento: sistema LOCKSS, da Universidade de Stanford (*Stanford University Libraries*); projeto de preservação de longo prazo do DOAJ (*Directory of Open Access Journals*); e-Depot, *National Library* (Haia, Países Baixos, www.kb.nl/e-Depot); e Biblioteca do Senado Federal do Brasil.
Indexação em bases de pesquisa: Scopus (Elsevier); EBSCO*host* research databases (EBSCO Publishing Inc.); Gale Group; OAI (*Open Archives Initiative*) - DOAJ (*Directory of Open Access Journals*); WorldCat; Google Scholar; The European Library; Sistemas SEER e Diadorim, do IBICT.
Indexação em bibliotecas: Rede Virtual de Bibliotecas do Congresso Nacional (RVBI); HELKA (Union Catalogue of Helsinki University Libraries); University of Saskatchewan; Erasmus Universiteit Rotterdam; Koninklijke Bibliotheek (National Library of the Netherlands); Universiteit Twente; Bibliotheek Rijksuniversiteit Groningen.

Normas para Submissão de Manuscritos

Procedimento de submissão: http://www.getel.org/GETELSEER/index.php?journal=rdet&page=information&op=authors
Data de publicação da RDET: anualmente, no mês de maio.
Data limite de submissões: submissões encaminhadas até 15 de janeiro serão consideradas para publicação no volume do ano correspondente, podendo-se estender o prazo a critério do Conselho Editorial.
Idiomas aceitos: português, inglês e espanhol.
Especificações de forma: os manuscritos deverão ser encaminhados por intermédio do sistema eletrônico de submissão constante do link acima (*procedimento de submissão*) em formato *Microsoft Word*, *LibreOffice* ou *iWorks*, em espaço simples, fonte Times New Roman 12 ou equivalente, com mínimo de três mil palavras (em torno de 15 páginas) e máximo de vinte mil palavras (em torno de 50 páginas), dele constando as referências bibliográficas segundo modelo de citação no próprio texto (AUTOR ano) ou em referências completas em notas de rodapé.
Resumo/Abstract: os manuscritos deverão ser precedidos de resumo em língua portuguesa de até 150 palavras e de sua tradução para a língua inglesa (*abstract*).
Palavras-chave/Keywords: o autor deve propor 5 palavras-chave em português e 5 em inglês.
Biografia: a biografia sintética do autor de até 5 linhas deverá ser preenchida no sistema de submissões online da RDET quando do encaminhamento do artigo para avaliação. A biografia encaminhada pelo autor será incorporada ao volume de publicação em caso de aprovação do manuscrito.
Modelos a serem seguidos para submissão:
    - de artigos: http://www.getel.org/0MODELOartigoRDET.doc, inclusive resumo e abstract estruturados.
    - de resenhas: http://www.getel.org/0MODELOresenhaRDET.docx.

www.ingramcontent.com/pod-product-compliance
Lightning Source LLC
Chambersburg PA
CBHW070850180526
45168CB00005B/1758